FOR THE
FUTURE
OF CHILDREN II

POLICY RESEARCH ON EXPANDING SUPPLY OF
HIGH-QUALITY PRESCHOOL EDUCATION SERVICES

为了孩子，为了明天（第二部）

扩大学前教育高质量供给的政策研究

佘宇 等◎著

中国发展出版社
CHINA DEVELOPMENT PRESS

图书在版编目（CIP）数据

为了孩子，为了明天. 第二部，扩大学前教育高质量供给的政策研究 / 佘宇等著. — 北京：中国发展出版社，2022.12

ISBN 978-7-5177-1202-2

Ⅰ. ①为… Ⅱ. ①佘… Ⅲ. ①学前教育—教育事业—研究—中国 Ⅳ. ①G619.2

中国版本图书馆CIP数据核字（2021）第023969号

书　　名： 为了孩子，为了明天（第二部）
著作责任者： 佘　宇　等
责 任 编 辑： 郭心蕊
出 版 发 行： 中国发展出版社
联 系 地 址： 北京经济技术开发区荣华中路22号亦城财富中心1号楼8层（100176）
标 准 书 号： ISBN 978-7-5177-1202-2
经　销　者： 各地新华书店
印　刷　者： 北京市密东印刷有限公司
开　　本： 710mm × 1000mm　1/16
印　　张： 27.5
字　　数： 380千字
版　　次： 2022年12月第1版
印　　次： 2022年12月第1次印刷
定　　价： 88.00元

联 系 电 话：（010）68990630　82097226
购 书 热 线：（010）68990682　68990686
网 络 订 购： http://zgfzcbs. tmall. com
网 购 电 话：（010）88333349　68990639
本 社 网 址： http://www.develpress. com
电 子 邮 件： 174912863@qq. com

本书课题组

课题负责人

佘　宇，国务院发展研究中心社会和文化发展研究部一级调研员、研究员

课题组成员

洪秀敏，北京师范大学学前教育研究所教授

李克建，浙江师范大学杭州幼儿师范学院教授

易凌云，中国教育科学研究院教师发展研究所研究员

高丙成，中国教育科学研究院基础教育研究所副研究员

龚　欣，华中师范大学教育学院副教授

宋映泉，北京大学中国教育财政科学研究所副研究员

刘　颖，南京师范大学教育科学学院副教授

曹启挺，长沙民政职业技术学院社会工作学院副教授

赵　端，香港大学博士研究生

李凌方，长江教育研究院助理研究员

单大圣，国务院发展研究中心办公厅（人事局）副研究员

郝志荣，中国国际发展知识中心副研究员

史　毅，中国人口与发展研究中心副研究员

刘厚莲，中国人口与发展研究中心副研究员

卜　凡，清华大学公共管理学院博士研究生

朱文婷，北京师范大学学前教育研究所博士研究生

张明珠，北京师范大学学前教育研究所博士研究生

陆　浩，浙江师范大学杭州幼儿师范学院博士研究生

黄曼菁，浙江师范大学杭州幼儿师范学院硕士研究生

曾淑琴，浙江师范大学杭州幼儿师范学院硕士研究生

罗媛媛，浙江师范大学杭州幼儿师范学院硕士研究生

前 言

学前教育是终身教育的开端，在国民教育体系中具有重要的基础性地位。新中国成立70多年来，学前教育从理念到实践都经历了深刻的转变，学前教育事业也在转变中不断发展，为保障儿童权利、促进儿童早期人力资本开发发挥了积极作用。

新中国成立后，党和国家高度重视学前教育事业，通过单位（城市）和集体（农村）提供各类幼儿教育服务，主要是为了解除女性的后顾之忧，以动员其更好地投入社会主义建设。这一阶段的学前教育作为一项单位福利制度，贯彻的是“为国家建设服务”的方针。改革开放以后，随着经济社会体制的变化，特别是在剥离单位办社会职能的过程中，学前教育的经济基础和组织基础受到了巨大冲击，许多单位举办的幼儿教育机构在社会化改革中难以为继，学前教育事业发展一度出现重大滑坡。基于当时的国情，国家有限的财力只能优先保障义务教育这个“重中之重”，没有也不可能把学前教育包下来，实际上采取了主要鼓励社会力量兴办、公办与民办并举的学前教育发展思路。虽然在政策支持下，民办学前教育机构发展很快，但仍然难以从根本上满足庞大的学前教育需求，“入园难、入园贵”问题在世纪之交日益凸显，公众反映强烈。《国家中长期教育改革和发展规划纲要（2010—2020年）》（以下简称《教育规划纲要》）两次公开征求意见时，“入园难、入园贵”更是连续成为排名居首的重大教育民生问题。

针对人民群众的重要关切，从2011年起，国家连续实施三期学前教育三年行动计划。各级政府持续加大财政投入，实施重大工程项目，扩大资源总量，主要支持中西部农村地区、贫困地区学前教育发展。这一时期，各级财政对学前教育的投入和支持力度在历史上是空前的，使“入园难”问题在极短时间里得到了极大缓解。在此基础上，学前教育制度机制建设也明显加快，发布《幼儿园工作规程》《3~6岁儿童学习与发展指南》以及各类标准体系，完善学前教育教研工作机制，确立“国务院领导、省市统筹、以县为主”的管理体制等，为学前教育规范管理以及科学的保育和教育提供了制度保障。我国学前教育发展历程详见下表。

表　我国学前教育发展历程回顾

	1949—1977年	1978—1992年	1993—2002年	2003—2009年	2010年至今
事业属性	基础教育的第一阶段； 单位福利的组成部分	定位于“单位福利”“地方性、群众性”福利事业； 具有社会公共福利性质	既是教育事业，又具有福利性和公益性的特点	基础教育的重要组成部分	重要的社会公益事业； 必须坚持公益性和普惠性
办园体制	政府是主要办园主体，同时调动厂矿、企业等，基本全部为公办园： 城市——主要由教育部门、厂矿、企业、机关、团体及群众举办； 农村——提倡由农业生产合作社举办	继续坚持和巩固“两条腿走路”的方针； 公办园为主体，社会力量逐步参与	国有企业单位改制背景下的社会化办园； 部门办园大量减少，民办园开始逐渐增多	民办园快速发展； 以社会力量兴办幼儿园为主体	政府主导下的公办园、民办园并举格局逐步形成
管理体制	以老解放区的经验为基础，以苏联为样本（1949年）； “条块”结合，以“块块”为主（1954年）	政府牵头、各部门共同管理（1978年）； 实行“地方负责，分级管理”和有关部门分工负责的原则（1987年）； 坚持实行“地方负责，分级管理”和有关部门分工负责的幼儿教育管理体制，建立由教育部门牵头、有关部门参加的幼儿教育联席会议制度（2003年）			国务院领导、省市统筹、以县为主（2017年）

续表

	1949—1977年	1978—1992年	1993—2002年	2003—2009年	2010年至今
经费投入	20世纪50年代以来，经费投入逐渐呈现分散化的格局	恢复和巩固分散化的财政投入体制： 政府、部队和事业单位办园，列支在政府和事业单位的经费之中； 国有企业办园，以“合理留利”方式支持； 城镇街道和农村大队办园，由集体经济负担运营	办园社会化加速，公共投入的主体及分担比例减少	民办园快速发展，家长分担较高的办园成本： 有公共经费投入的企事业单位办园大幅减少； 几乎少有财政支持的民办园成为主体	努力建设与学前教育公共服务体系相适应的财政投入体制

可以说，随着《教育规划纲要》的颁布和学前教育三年行动计划的实施，特别是党的十八大以后，学前教育资源短缺局面得到根本扭转，学前教育在国家发展中的基础性地位更加突出，我国不仅建成世界规模最大的学前教育体系，而且保障基础更加牢靠，公平性不断扩大，管理逐步科学化规范化，事业发展进入新阶段。

在政府政策和项目推动下，我国学前教育事业在短短几年里实现了跨越式发展。经过集中攻坚和重点建设，应该说，前一阶段比较突出的“有没有”的问题已经得到初步解决。学前教育体量大、线长面广，历史欠账较多、保障水平不高，与此同时，又面临生育政策变化和快速城镇化带来的供求矛盾，发展不平衡不充分问题较为突出。虽然“入园难、入园贵”现象仍然存在，但表现形式发生了变化，主要体现为入优质幼儿园“难”“贵”以及背后的社会公平问题。也就是说，学前教育领域的主要矛盾已经从“有没有”向“好不好”“公不公”转变。在这里，“好不好”说的是质量问题，“公不公”说的是结构问题。

从世界范围看，各国都普遍重视学前教育发展，并提出了很高的目标要求。例如，联合国2030年可持续发展议程将“发展普惠而有质量的学前教育”列为重要目标，提出到2030年，确保所有男女童获得优质幼儿发展、看护和学前教育，为他们接受初级教育做好准备；又如，联合国教科文组织《仁川宣言》提出，鼓励提供至少一年的免费、义务、优质的学前教育，让所有儿童接受优质的幼儿发展、保育和教育；联合国教科文组织发布的“教育2030行动框架”再次明确提出，“鼓励由训练有素的教育者们提供至少一年免费、义务、有质量的学前教育”。可见，国际社会对学前教育的重视已经不仅限于“普及”这个基本要求，而是更多强调“普惠”和“质量”两个因素。这不仅是学前教育发展进入更高水平的要求，也是由学前教育自身性质决定的。

一些经济学家在我国开展的社会干预实验和实证研究也表明，儿童早期是人力资本最佳投资时期以及投资回报率最高的黄金时期，高质量的学前教育将对幼儿成年后的健康、收入、阶层社会流动产生积极的影响，带来个人和社会巨大的经济和社会收益，比成年后的补偿性政策干预效益高得多，是阻断贫困代际传递、扩大社会公平的重要工具，也是扩大未来高质量人力资源供给、应对人口老龄化的基础性工作。我国2017年底的中央经济工作会议将解决好婴幼儿照护和儿童早期教育服务问题作为推动经济高质量发展的重要任务，2018年更是进一步提出要增加对学前教育、农村贫困地区儿童早期发展等的投入，即反映了这种认识。

综上所述，学前教育关系“亿万儿童的健康成长、千家万户的切身利益、国家和民族的未来”，学前教育事业不仅是民生，也是国计，对于国家发展具有基础性、长远性意义。我国学前教育已经走过了总量增长和规模扩张的外延式发展阶段，学前教育资源配置和管理工作重点应当越来越集中到促进公平、提高质量等内涵要素上来。2018年11月，中共中央、国务院印发《关于学前教育深化改革规范发展的若干意见》，提出新时代推进学前教育普及普惠安全优质发展的目标，这充分体现了党和政府对进一步办好学前教育的高度自觉。2021年，中共中央、国务院作出“一对夫妻可以生育三个子女”的重大决策，推动“三孩”生育政策有效落实，学前教育服务的有效供给同样是重要的配套支持措施。但是，在一个具有14亿多人口、发展很不平衡的国家发展覆盖全民的学前教育是十分艰巨的工作，而为4800多万在园幼儿提供普惠而有质量的学前教育则是更为艰巨的工作。

有鉴于此，迫切需要顶层设计谋划学前教育管理体制改革完善，迫切需要推进学前教育领域大力度的供给侧改革，迫切需要通过“放宽准入+科学监管”释放学前教育领域的市场活力，最终实现学前教育的高质量供给。

目　录

CONTENTS

综合报告

专题报告

教育服务供给明显不足。民办园的发展前途和竞争优势是加强内涵建设、提供个性化的学前教育服务。在坚持普惠为主的基础上，应充分考虑公众需求差异，梳理社会资本进入学前教育领域的难点和堵点。

一方面，通过所得税减免、享受民用水电气价格等一般竞争性行业的优惠政策加大鼓励和支持力度，并根据区域实际情况，在保障安全的前提下，适当调整或放宽现有的场地、面积等准入门槛；另一方面，完善监管机制，把握好监管的方式、力度和节奏，进一步强化办园行为和保教质量的事中监管，充分利用互联网等信息化手段，加强对办园行为的社会监督，充分发挥幼儿园家委会作用，推动家长有效参与幼儿园重大事项决策和日常管理。既抑制民办园盲目扩张和过度逐利行为，又促进其规范健康发展，扩大个性化、多样化资源供给。

当前，民办园普遍面临着艰难的发展转型，要加强分类指导，特别是一些面向进城务工人员随迁子女、低收入家庭的小规模、低收费的民办园，对保障入园机会公平起着重要的补充作用，但普遍存在办园条件不达标的情况。对此，不能简单罚款整改或者一关了之，而是要多一些关切，多到实地开展调查研究，帮助其解决问题、改进提高。

三、其他需要解决的关键性问题

（一）调整公办园建设思路，切实发挥好基础性作用

《若干意见》明确提出，要“大力发展公办园，充分发挥公办园保基本、兜底线、引领方向、平抑收费的主渠道作用”。近年来，在党和政府各项政策支持下，公办园数量和在园幼儿数量不断增加。截至 2018 年底，全国共有公办园 10.09 万所，占比为 37.83%；公办园在园幼儿 2016.6 万人，占比为 43.3%[1]。公办园已经成为发展普及普惠安全优质学前教育的中

---

① 截至2020年，公办园在园幼儿占比已实现2018年11月《若干意见》提出的“全国原则上达到50%”的目标。

流砥柱，大力推进公办园建设更是成为完善学前教育基本公共服务体系的基本保障。

但在相当长一段时期内，为解决比较突出的“入园难”问题，各地或多或少还是采取重点建设的思路，即财政资金优先投入城市地区以及各类“示范园”“优质园”和乡镇中心幼儿园。虽然在极短的时间内扩大了学前教育资源，却表现出“扶强扶优”的倾向，这是需要高度警惕的。部分公办园及保教环境创设存在高投入、贵族化、过度装饰的现象同样值得关注。这种办园方式导致了公共资源在不同群体间分配差异问题，同时也在客观上挤压了民办园市场。

学前教育对国计民生作用的有效发挥，不仅取决于数量的增长，也取决于资源分配的公平程度。好在学前教育仍在扩面的路上。建议尽快对一些地方学前教育非均衡发展模式进行纠偏，参照义务教育均衡发展标准，配置包括园所建设、师资和玩教具等各种资源，加快扭转差距扩大的趋势。在学前教育公共服务体系构建中，应明确公办园作为主体发挥“覆盖”“主导”“保底”的功能。打破办园体制和收费制度之间的简单关联，建立合理的定价机制，收费标准制定应切实考虑实际办园成本，价格制定还要充分考虑家长承受能力、当地经济发展水平等因素。

（二）采取综合手段，支持社会力量办园健康发展

公办民办并举的普惠性学前教育服务结构，是在当前财政投入不足以支持大规模公办园建设的情况下，通过发挥财政资金对社会力量办园的导向作用，扩大本应由政府投入的公办园资源。各地对普惠性民办园的认定条件集中于对收费标准的约束，而对布局规划、园所质量、服务对象等关注不够，且现有的认定标准中对于收费也没有达成共识。绝大多数地方是执行或者参照同类公办园收费标准，有的允许适当上浮（个别地区最高可到 2.5 倍）。但公办园的收费标准并非经过全成本核算确定，实际享受了较大的财政补贴和优惠政策。

从实际出发，按照“两条腿走路”、有计划有重点地发展幼教机构的方针，从工厂、企业逐步向机关、学校及郊区农村拓展，形成以政府办园为示范、厂矿企业和农村集体为主的办园体制。

需要指出的是，虽然当时的国情条件还不允许在农村大力发展幼教机构，然而，1958 年“大跃进”开始后，农村学前教育却超常快速发展，一些地方提出 3~5 年普及幼儿教育、实行寄宿制、全托化等不切实际的口号，农村幼教机构从 1957 年的 8600 处猛增至 1958 年的 68.6 万处[①]，造成了一定程度的混乱，直到 1961 年才恢复稳定。“文化大革命”期间，学前教育事业虽然也有了长足的发展，但是突出“政治”和“阶级斗争”以及对新中国成立以来学前教育路线的批判，也使学前教育事业遭受了严重挫折。由于教育部幼教机构在国民经济恢复整顿时期被撤销，学前教育事业在很长一段时期里缺少宏观规划和指导，尤其是分散附着在城乡各类单位的幼儿教育机构，其在体制上体现为城市的单位福利和农村的集体福利，具有很强的自主性和封闭性，其主要功能是在学校教育的预备阶段提供社会化看护服务，为职工、社员减轻负担，使他们安心生产和工作，这一机构定位对学前教育发展影响深远。

（二）学前教育的恢复与曲折发展（1978—2010 年）

改革开放以后，教育部首先在 1978 年恢复了学前教育处。1979 年召开的全国托幼工作会议，决定恢复托幼工作秩序，当年年底，教育部发布《城市幼儿园工作条例》，对幼儿园的机构性质、目标、内容和制度做了规定，学前教育发展逐步走上正轨。1979 年，全国幼儿园 16.65 万所、在园幼儿 879.23 万人、教职工 53.27 万人，比 1965 年分别增长了 8.7 倍、5.1 倍、3.29 倍[②]。

---

① 史慧中：《中华人民共和国幼儿教育50年大事记（三）》，《幼儿教育》，1999年第12期，第13-15页。

② 梁慧娟：《改革开放 40 年我国学前教育事业发展的回望与前瞻》，《学前教育研究》，2019年第1期，第9-21页。

受经济和人口的制约，当时的学前教育在发展思路上仍然坚持“两条腿走路”的方针，即动员各方面的力量，多渠道、多形式发展幼教事业。政府在举办幼儿园的同时，也鼓励单位、集体、团体、个人举办幼儿园，在大力发展正规机构教育的同时，也鼓励发展非正规的适宜的教育形式，如游戏小组、幼儿活动站、草原流动幼儿园、巡回辅导班、“大篷车”流动服务组等。针对农村学前教育薄弱的情况，国家于 1983 年、1986 年先后出台文件，提出农村以群众集体办园为主、县镇鼓励社会力量（机关、厂矿、企事业、街道等）办园、支持群众个人办园、办好幼儿学前班的思路，推动了农村幼教快速发展，特别是幼儿学前班异军突起，成为农村普及学前教育的一种有效形式。这一时期，各地还加强幼儿园的科学管理，1987 年国家确定学前教育实行“地方负责、分级管理和各有关部门分工负责”的管理体制，1989 年颁布的《幼儿园管理条例》《幼儿园工作规程（试行）》，进一步对幼儿园管理及运行机制作了详细规定，确定了学前教育的基本政策框架。

1992 年邓小平南方谈话以后，学前教育发展进入新的历史时期。1993 年《中国教育改革和发展纲要》提出“大中城市基本满足幼儿接受教育的要求，广大农村积极发展学前一年的教育”的目标。1994 年通过的《中华人民共和国教育法》将学前教育纳入学校教育制度。这一时期，中国政府还集中签署了《儿童生存、保护和发展的世界宣言》《执行九十年代儿童生存、保护和发展世界宣言行动计划》《儿童权利公约》，颁布了《中华人民共和国未成年人保护法》《中华人民共和国母婴保健法》等，包括学前教育在内的儿童发展事业受到了前所未有的重视。然而，由于当时改革的主要精力集中在以国有企业改革为中心环节的经济体制改革，学前教育事业并没有形成自主的改革思路，而主要是为经济体制改革配套。为配合企业转换经营机制，1995 年国家教委等颁布的《关于企业办幼儿园的若干意见》提出“逐步改变幼儿园经费由企业全部承担的状况，积极稳妥推进幼儿教育逐步走向社会化”。之后，随着经济体制改革进一步深化，特别是在剥离单位办社会职能过程中，厂矿企业、事业单位所办的幼儿园逐步走向社会化，大多“关、停、并、转、卖”，“两条腿走路”的办园体制逐步瓦解。

幼儿园机构的社会化，虽然仅仅是经济体制改革的配套工程，却间接打破了学前教育条块分割管理的体制，为学前教育从单位福利转变为社会公共服务创造了条件。但问题是，在工作实践中，一些地方简单地套用企业改制的做法，将幼儿园直接推向市场，政府对转制后的幼儿园没有进行很好的规划和指导，导致大量具有长期历史积淀、优质的企业办园资源流失。与此同时，政府也没有做好将学前教育作为社会公共服务加以建设的准备，虽然提出幼儿教育经费由政府、社会、单位、家庭等多种渠道解决，但由于财政投入和公办幼儿园建设的不足，造成极大的供给缺口，导致了学前教育的大面积滑坡。对这一时期的农村来说，集体办园早已随着集体经济瓦解而解体，而“地方负责、分级管理”的学前教育管理体制在实践中变成事实上的乡镇（街道）管理为主的体制，当时正面临着分税制改革后乡镇财力十分薄弱的情况，导致农村学前教育的财政保障明显不足，农村幼儿园从 1997 年的 10.7 万所降至 2002 年的 4.9 万所，在园幼儿数从 1997 年的 1453 万降至 2002 年的 1005 万①。

针对学前教育供给严重不足的情况，2003 年《关于幼儿教育改革与发展的指导意见》提出以公办幼儿园为骨干和示范、以社会力量为主体兴办幼儿园的发展思路，加上《社会力量办学条例》（1997 年）和《中华人民共和国民办教育促进法》（2002 年）的推动，极大激发了社会力量办园的活力，民办学前教育从改革开放之初的“零起点”快速发展，民办教育机构的数量、教职工数、专任教师数等一度占据了学前教育的半壁江山，成为扩大学前教育供给的主导力量。不过，社会办园虽然扩大了学前教育资源，但由于政府在财政投入上的职能缺位，幼儿园供给仍然不能满足巨量

① 孙美红：《改革开放40年我国农村学前教育的变迁与政府责任》，《学前教育研究》，2019年第1期，第33–34页。

的社会需求，而且逐利性的民办幼教机构大多只能提供基于家庭经济承受能力的选择性服务，服务质量也不高，在当时造成了极大的社会不公平。农村的情况更为严重，一方面因为农村点散面广，办园成本高、规模效益差、盈利空间较小，民间资本不愿意进入；另一方面，以乡镇政府为主的管理体制难以支持公办幼儿园的全覆盖，旨在提高城镇化水平和办学效益的新一轮农村中小学校布局调整，又导致大量小学和学前班被撤并，使农村学前教育发展遭受严重挫折。

（三）学前教育快速健康发展（2010 年至今）

学前教育的滑坡，在 21 世纪初造成了严重的“入园难、入园贵”问题。这个问题在《国家中长期教育改革和发展规划纲要（2010—2020 年）》研究制定期间受到了极大的关注，社会反映强烈，也因而在颁布后成为落实纲要的重要突破口。2010 年，国务院印发《关于当前发展学前教育的若干意见》，从规划、投入、办园、管理等方面提出要求，要求建立以政府为主导、社会参与、公办民办并举的办园体制。国家设立“中西部农村学前教育推进项目”，解决边远贫困和农村地区资源短缺问题。地方政府作为责任主体，在中央财政奖补支持下，以县为单位连续在 2011—2013 年、2014—2016 年、2017—2020 年实施三期学前教育行动计划，分别着重解决资源短缺、长效机制、公益普惠等问题，并采取多种途径加强幼儿园教师队伍建设。可以说，这一时期，各级财政对学前教育的投入和支持力度在历史上是空前的，使“入园难”问题在极短时间里得到了极大缓解。在此基础上，学前教育制度机制建设也明显加快，发布《幼儿园工作规程》《3–6 岁儿童学习与发展指南》以及各类标准体系，完善学前教育教研工作机制，确立“国务院领导、省市统筹、以县为主”的管理体制，为学前教育规范管理以及科学的保育和教育提供了制度保障。2012 年，教育部还在部分地（市）开展了 0~3 岁婴幼儿早期教育试点，进一步丰富了学前教育的内涵。

2017 年，党的十九大首次提出“办好学前教育”、实现“幼有所育”，赋予了学前教育新的内涵和更高的要求。2018 年，中共中央、国务院出台《关于学前教育深化改革规范发展的若干意见》，提出构建以普惠性资源（含公办园和普惠性民办园）为主体的办园体系，健全公共服务保障体系、提高保教质量、促进学前教育健康协调发展等，标志着学前教育的工作重点逐步从规模扩张向扩大公平、提高质量等内涵要素延伸。2018 年开展幼儿园“小学化”专项治理，推进幼儿园科学保教，以及 2019 年开展城镇小区配套幼儿园治理，让适龄幼儿就近接受普惠性服务，均鲜明体现了这一政策导向。此外，为满足人民群众对婴幼儿照护服务的需求，2019 年，国务院办公厅出台文件，对 3 岁以下婴幼儿照护服务发展提出指导意见，明确家庭对婴幼儿照护负主体责任，鼓励发展多种形式的婴幼儿照护服务机构，公共政策的干预重点是为家庭提供支持和养育指导，并对困难家庭提供必要的服务。

二、70 年来学前教育发展的成就

70 年来，学前教育从理念到实践都经历了深刻的转变，学前教育事业也在转变中不断发展，特别是 2010 年以来对学前教育的高度重视，使学前教育面貌发生了历史性变化。

（一）学前教育在国家发展中的基础性地位更加突出

经过 70 年的艰辛探索，学前教育的性质和地位作用在认识上和实践上都有了丰富和发展。在事业的属性上，学前教育从计划经济时期仅仅作为解放妇女劳动力、解除劳动者后顾之忧的重要手段转变为以“幼有所育”为目标的社会民生事业，并进一步确定为“终身学习的开端，国民教育体系的重要组成部分，重要的社会公益事业”。随着“儿童优先”理念逐步深入人心，学前教育关系“亿万儿童的健康成长、千家万户的切身利益、国家和民族的未来”正在成为广泛共识，人们越来越意识到，学前教育事业不仅是民生，也是国计，对于国家发展具有基础性、长远性意义。

一些经济学家在中国开展的社会干预实验和实证研究表明，儿童早期是人力资本最佳投资时期以及投资回报率最高的黄金时期，高质量的学前教育将对幼儿成年后的健康、收入、阶层社会流动产生积极的影响，带来个人和社会巨大的经济和社会收益，比成年后的补偿性政策干预效益高得多，是阻断贫困代际传递、扩大社会公平的重要工具，也是扩大未来高质量人力资源供给、应对人口老龄化的基础性工作①。2017 年底的中央经济工作会议将解决好婴幼儿照护和儿童早期教育服务问题作为推动经济高质量发展的重要任务，2018 年更是进一步提出要增加对学前教育、农村贫困地区儿童早期发展等的投入，即反映了这种认识。

（二）建成世界规模最大的学前教育体系

随着学前教育从主办单位自行解决经费的单位福利转变为国家财政保障下的社会公共服务，各级政府切实承担起发展学前教育的责任，将普惠性学前教育服务纳入基本公共服务予以保障，并通过各种方式引导社会力量积极投资办园、捐资助园，“政府主导、社会参与、公办民办并举”的学前教育公共服务体系逐渐建立。与此同时，改革开放以来城乡居民收入的普遍提升以及随之形成的对儿童早期发展重要性的觉醒，也激发了亿万家庭对幼儿看护服务、学校服务、个性化早教服务等不同层次的消费需求，形成了改革开放以来推动学前教育发展最持久的动力。

在政府、社会、家庭的共同投入下，学前教育在资源总量上有了极大扩展，供给长期不足的局面得到根本扭转。全国幼儿园从 2009 年的 13.82

---

① 王梦奎：《反贫困与中国儿童发展》，中国发展出版社2013年版第20-30页。蔡昉：《学习贯彻党的十九大精神笔谈——按照更高要求推进学有所教》，《劳动经济研究》，2017年第6期，第3-6页。中国发展研究基金会：《中国儿童发展报告2017：反贫困与儿童早期发展》，中国发展出版社，2018年版第17-18页。〔美〕詹姆斯·赫克曼、〔美〕罗斯高：《世界经验对中国儿童早期发展的启示——罗斯高（Scott Rozelle）与詹姆斯·赫克曼（James Heckman）的问答录》，《华东师范大学学报（教育科学版）》，2019年第3期，第129-133页。宋晓梧：《应对银发浪潮需要关注的几个问题》，《北方经济》，2019年第5期，第9-12页。

万所增加到 2018 年的 26.67 万所，幼儿园教职工从 2009 年的 157.08 万人增加到 2018 年的 453.15 万人，专任教师从 2009 年的 98.59 万人增加到 2018 年的 258.14 万人，在园幼儿从 2009 年的 2657.81 万人增加到 2018 年的 4656.42 万人，大致相当于一个中等人口国家的人口数，可以说建成了世界规模最大的学前教育体系。

（三）学前教育的保障基础更加牢固

70 年来，在政府及社会各界的共同努力下，学前教育的保障条件有了很大的改善。全国学前教育经费总投入从 2009 年的 244.79 亿元增加到 2018 年的 3672 亿元，生均教育经费总支出从 2009 年的 3901.22 元增加到 2018 年的 10648 元①。经费保障条件的改善主要是靠扩大财政投入贡献的，通过财政投入事权提高到县级以上政府、学前教育经费列入财政预算、新增教育经费向学前教育倾斜、制定生均公用经费标准，以及一些地方规定了财政性学前教育经费在同级财政性教育经费中的比例要求，中国初步建立起生均拨款、收费、资助一体化的学前教育投入和运行保障机制，国家财政性学前教育投入占财政性教育投入的比重从 2010 年的 1.7% 提高到 2017 年的 4.6%，北京、上海均超过 10%②，彻底扭转了长期以来政府对学前教育投入不足的状况。社会和家庭也分担着学前教育成本，形成了多渠道筹措学前教育资金的机制。

与此同时，学前教育师资保障也不断增强，教师培养培训体系初步建立，师资配备力量不断加强，师幼比从 2010 年的 1∶23 提高到 2018 年的 1∶18；教师专业能力不断提升，专科及以上学历的园长和专任教师占比从 2010 年的 61.47% 提高到 2018 年的 81.88%。

---

① 2009年数据出自《中国教育经费统计年鉴2010》；2018年数据出自《教育部关于2018年全国教育经费统计快报》，http://www.moe.gov.cn/jyb_xwfb/gzdt_gzdt/s5987/201904/t20190430_380155.html。

② 陈宝生：《国务院关于学前教育事业改革和发展情况的报告——2019年8月22日在第十三届全国人民代表大会常务委员会第十二次会议上》，http://www.npc.gov.cn/npc/c30834/201908/1c9ebb56d55e43cab6e5ba08d0c3b28c.shtml。

（四）学前教育公平性不断扩大

在初步解决资源短缺、供给不足的问题后，中国确立以普惠性幼儿园（含公办园和普惠性民办幼儿园）为主的办园体制，着力增强学前教育的公益性。一方面大力发展公办园，发挥公办园促进教育公平的主体作用；另一方面通过购买服务、综合奖补、减免租金、派驻公办教师、教研指导、培训教师等方式引导民办园提供普惠性服务，使城乡居民均能享受收费合理、质量合格的教育服务。2018 年，普惠性幼儿园占比达 68.57%，在园幼儿占比为 73.07%[①]。

为缩小教育差距，中央财政还加强统筹引导，通过设立专项资金、奖补等形式，对中西部贫困地区进行扶持，区域间学前教育发展差距明显缩小；各地政府也加强城乡统筹，财政投入向农村和薄弱园倾斜，普遍对在艰苦边远地区和乡镇工作的幼儿园教师实行工资倾斜政策。教育救助体系不断完善，逐步建立对家庭经济困难儿童、孤儿和残疾儿童进行资助的制度，2018 年资助幼儿 951.57 万人次，资助金额 111.91 亿元[②]。经过不懈努力，中国适龄幼儿受教育机会不断扩大，学前教育三年毛入园率从 2009 年的 50.9% 提高到 2018 年的 81.7%。

（五）学前教育管理逐步科学化规范化

70 年来，随着经济社会的发展和改革的深化，学前教育的办园体制发生了深刻的变化，从过去单位和集体举办、人财物由举办单位自我管理的体制，演变为公办民办并举的社会化的办园体制。2018 年，民办幼儿园 16.58 万所，占比 62.16%，在园幼儿 2639.78 万人，占比 56.69%。与其他阶段教育相比，学前阶段的民办教育发展更为充分，极大增强了办学活

---

① 教育部发展规划司：《2018年全国教育事业发展基本情况年度发布》，http：//www.moe.gov.cn/fbh/live/2019/50340/sfcl/201902/t20190226_371173.html。

② 全国学生资助管理中心：《2018年全国学生资助工作进展情况》，http：//www.moe.gov.cn/fbh/live/2019/50353/sfcl/201902/t20190228_371562.html。

力。在新的办学体制下，政府职能相应的从计划经济时期的业务指导转变为全行业管理，包括对学前教育行业的规划、投入、监管，政府以公共管理者身份对各级各类幼儿园进行规范管理。

特别是党的十八大以来，学前教育的宏观管理明显加强，准入、安全、营养膳食、卫生保健、经费使用和收费等方面的监管不断强化，促进了幼儿园规范发展；各级政府也逐步建立质量评估体系，开展以保育教育、教师资质、师德师风、内部管理等为重点的督导评估，将监管进一步向办园行为延伸，从整体上提高办园水平和保教质量；政府推动下的教研指导也不断加强，推动了幼儿园业务水平提升。

在肯定成绩的同时，也要看到，中国学前教育发展还存在一些不容忽视的问题，还有进一步改善提高的空间，主要是资源短缺、发展不平衡的问题依然存在，幼儿园教师队伍薄弱、科学的教育理念尚未树立，等等。但总的来说，70 年来学前教育事业的发展，成绩是主要的。在一个十几亿人口的国家普及学前教育的道路虽然是曲折艰辛的，但是也积累了宝贵的经验，使中国在迈向教育现代化和国家现代化的征程中更加从容坚定。

三、建设更加公平更高质量的学前教育

中国学前教育已经取得了巨大成就，站在新的历史起点，对照党的十九大提出的国家现代化目标及 2018 年全国教育大会提出的 2035 年“总体实现教育现代化、迈入教育强国行列”的宏伟目标，中国学前教育也要进一步加快发展，向着现代化的目标加快迈进，重点是在公平和质量上下功夫。

（一）提高学前教育经费保障水平

发展高水平的学前教育，没有充足的经费保障，是万万不行的。首先是要持续稳定加大对学前教育的财政性投入，推动各级政府落实按照生均

财政拨款标准进行制度性投入的机制。考虑到学前教育没有义务教育那样的强制性，也缺乏升学教育那样的政绩驱动力，很容易被忽视，需要对各级政府的财政投入责任提出硬的约束。从国外情况看，学前三年毛入园率在 80% 以上的国家，公共教育经费中学前教育支出占比平均为 9.67%，毛入园率在 60%~80% 的国家，占比平均为 7.73%，学前教育发达的经济合作与发展组织（OECD）国家和地区占比平均约为 13%，联合国教科文组织（UNESCO）数据库中有数据可得的 78 个国家 2014 年的这一占比平均为 7.64%。2017 年，中国以仅仅 4.6% 的财政教育经费支撑了接近 80% 的学前教育普及，保障能力明显不足，建议在国家层面提出财政性教育经费中学前教育投入比例为 8% 的目标要求，并争取在“十四五”期间实现。

要在县级为主的管理体制基础上，进一步提高财政保障重心，加强省级统筹，参照义务教育经费保障机制做法，划分各级政府学前教育财政投入的分担比例。同时，也要让社会和家庭合理分担学前教育投入，形成有效的激励约束机制，但家庭分担比例也要考虑社会承受力、家庭收入水平，保持在适度水平，尤其对于老少边穷地区和农村地区，家庭分担比例不宜过高。从长期看，应建立以公共财政投入为主的学前教育成本分担机制，这是政府的职责，也是确保学前教育公平与质量的基础条件。有关研究表明，近 7 成的 OECD 国家学前教育财政支出占比超过 50%。事实上，公共财政投入为主的经费分担机制，有利于将各类学前教育机构纳入宏观管理，加强师资培训和质量评估，提供更多入园机会，保证教育质量①。

（二）构建公办园为主的学前教育服务体系

中国学前教育服务体系经过反复调整，已经初步形成以普惠性幼儿园（公办园和普惠性民办幼儿园）为主的办园格局（2020 年的规划覆盖率

① 李宏堡、王海英：《OECD国家学前教育成本分担现状及其启示》，《学前教育研究》，2015年第3期，第26–37页。

将超过 80%）。需要指出的是，“普惠性”并不是严格的法律概念，主要是指幼儿教育机构面向社会提供服务的性质，主要特征是“面向大众、收费较低”，重点强调的是“经济可承受”，区别于市场机构提供的基于供求关系、服务质量的“选择性”服务，旨在解决学前教育在地理上和经济上的可及性问题。财政保障的公办幼儿园当然应该提供普惠性服务并发挥主导和引领示范作用，民办园在获得政府的限价补贴下也可以提供低收费的普惠性服务。公办民办并举的普惠性服务结构，是在当前财政投入不足以支持大规模公办园建设的情况下，通过发挥财政资金对社会办园的导向作用，扩大本应由政府投入的公办园资源。从长期看，学前教育财政投入还要继续增加，也仍然可以加大对民办园的扶持力度。但是，如果仅仅将扶持的着眼点定位在“收费较低”上，而不是布局规划、园所质量、服务对象等方面，则是片面和有害的。

当前，随着学前教育逐步普及和居民消费结构升级，供需矛盾已经转移到服务质量差异上来，服务质量必须以充足的经费保障为前提。对于追求自我收支平衡的民办园来说，除非政府能够提供充分的经费保障（这恰恰是做不到的），否则“低收费”只能以降低教育质量为代价，带来学前教育供给的新一轮分化，与“普惠性”的改革方向背道而驰。事实上，一些地方对民办园的限价扶持反而更加强化了“低收费、广招生”的外延式发展模式，使民办园锁定在低质量发展的水平上，不利于其健康发展。民办园的发展前途和竞争优势是加强内涵建设、提供个性化的服务，而不是提供基本公共服务。政府的投入重点应该是加强公办园建设，加大保障力度，兜住底部，引导整个学前教育向着保基本、有质量的方向发展。此外，还要在幼儿园建设之外创新学前教育提供方式，比如适应城市家庭需求，发展社会化的看护服务；适应边远贫困地区办园规模效益差的情况，探索季节班、巡回辅导站、游戏小组、流动大篷车等。

（三）均衡发展学前教育

学前教育对国计民生作用的有效发挥，不仅取决于数量的增长，也取决于资源分配的公平程度。当前的学前教育服务体系是在对计划经济时期的单位福利体系进行重构的基础上建立起来的，虽然改革过程中有阵痛，但是原有服务体系的瓦解反而提供了较少受既得利益羁绊的改革起点。社会福利与公共服务改革的国际经验表明，福利的既得利益一旦固化，再进行结构调整将面临激烈的反抗。从这个角度看，改革开放后的中国学前教育完全可以避免重蹈中小学教育“集中有限资源建设重点学校，造成积重难返的择校难”的弯路，而是从一开始就应该走均衡发展的道路。但是，在相当长一段时期里，为解决比较突出的“入园难”问题，各地或多或少还是采取重点建设的思路，即财政资金优先投入城市地区以及各类“示范园”“优质园”和农村乡镇中心园。虽然在极短的时间里扩大了学前教育资源，却表现出“扶强扶优”的倾向，这是需要高度警惕的。好在学前教育仍在扩面的路上，因此，建议尽快对一些地方学前教育非均衡发展模式进行纠偏，比照义务教育均衡发展标准，均衡配置包括园所建设、师资和玩教具配置等各种资源，加快扭转差距扩大的趋势，同时，进一步完善学前教育资助制度，真正在学前这个阶段让每一个适龄幼儿享受大致均等的服务。

其中，尤其要加强农村学前教育，除了要重视补齐农村学前教育办园条件较差、师资力量薄弱、质量偏低等短板外，考虑到幼儿园服务半径小，布局规划不能仅仅集中于乡镇，而是必须送教进村，切实解决农村就近入园难的问题，比如利用现有闲置资源、招募当地幼教志愿者，探索边远贫困地区学前教育提供方式。中国发展研究基金会在贫困地区开展的社会实验显示，山村幼儿园志愿者薪酬和所需的公用经费，平均在每个孩子身上的支出仅为1700元。此外，0~3岁婴幼儿养育虽然以家庭为主，但考虑到农村劳动力外出务工、婴幼儿普遍缺乏父母尤其是母亲的养育照料、看护人缺乏相关养育知识等现实情况，对农村贫困地区家庭养育的政策干预十分必要，也很有意义。

（四）加强幼儿园教师队伍建设

只有数量充足、素质合格的幼儿园教师，才能支撑起有质量的学前教育。学前教育点散面广，教师需求量巨大，短期内要用好存量，加强对现有幼儿园教师的全员培训特别是科学保教专业能力培训，形成教师专业成长的长效机制。同时，要拓宽教师补充渠道，鉴于现有的公办教师编制远远难以满足庞大的教师需求缺口，必须创新补充机制，比如政府购买服务、特岗计划、接收免费师范生等。幼儿园教师队伍建设的深层次问题是职业吸引力弱，关键是真正提高教师地位和待遇。现实中，幼儿园教师待遇普遍偏低，不同的身份不同的待遇，有的工资完全依靠保教费收入支撑，这对其心理状态、流动状况的负面影响很大，教师缺乏安全感和职业尊严，当然也不可能潜心热心从教，给幼儿提供好的服务。

幼儿园教师岗位虽然平凡却责任重大，对幼儿的认知、语言及终身发展具有重要影响，切莫将幼儿园教师视为“低技术”的工种和巨大的财政负担，而应该把培养造就高质量幼儿园教师看作对国家长远发展具有极高收益的预投资。因此，建议尽快改变当前针对幼儿园教师的应急性、临时性的政策支持策略，从国家战略高度对幼儿园教师队伍建设进行长远设计，出一些真招硬招，确保其能获得与同等资质、同等工作年限、同等职称的专业人员相当的待遇。20 世纪 80 年代，中国曾经用中等师范层次的教师培养体系以及与之配套的免学费、定向分配、城镇户口和干部身份等政策，打造了高质量、稳定的农村中小学教师队伍，这些政策有效性的社会历史条件虽然已经不复存在了，但是经验值得借鉴。

从各地调研的情况来看，在支持幼儿园教师的保障措施中，编制手段往往最直接、最管用，是一把金钥匙，建议下决心统筹各方面的编制资源，按照幼儿园教职工编制配备标准真正补足补齐教师，优先在农村贫困地区落实，保障他们的工资和福利待遇，在艰苦边远地区探索实施幼儿园教师生活补助政策。民办园教师的工资虽然自主决定，政府也要综合采取制度激励、法律约束、完善社会保障体系等措施，努力实现民办园教师收入水平与当地公办园教师待遇水平大体相当。与此同时，还要完善幼儿园教师培养培训体系，支持各地幼儿师范院校和专业建设，探索公费培养、初中毕业起点的定向培养等方式，吸引优秀生源从事幼教事业，提高人才培养质量，提供差异化、更加贴近工作实际需要的在职培训，不断提高教师专业素质和保教能力，扩大有质量的师资供给。

（五）坚持和加强学前教育全行业管理

随着学前教育办学活力不断释放，各种类型的机构充分发展，对学前教育行业的管理亟待加强。要针对前一段时期幼儿园分散建设导致的条块分割弊端，尽快推动学前教育属地化和全行业管理。城镇小区配套幼儿园治理首先是要将幼儿园移交当地教育行政部门归口管理，逐步将机关、企事业单位、街道集体办幼儿园纳入属地化管理，让其面向社会而不是仅仅面对举办单位的职工提供公共服务。最终的目标是要实现所有幼儿教育机构，不论所有制、投资主体、隶属关系和经营性质，均由所在地教育行政部门进行统一规划、统一准入、统一监管。

要强化区域规划，加强与城乡规划、土地利用规划等衔接，加强对学前教育需求的综合研判，优化配置学前教育资源，新增资源重点投向农村和边远贫困地区，保证学前教育服务方便可及；综合考虑“二孩政策”及人口城镇化等因素，在科学预测城市尤其是特大城市未来人口增长的基础上，加大用地投入和园所规划建设，从空间布局和资源配置两个方面，盘活存量、用好增量；统筹区域内幼儿园教师资源，打破所有制、单位、学校的界限，引导优秀师资向农村园和薄弱园流动。按照“放管服”改革要求，政府要转变职能，切实发挥在规划指导、标准制定、行业准入、安全和质量监管等方面的主导作用，要按照管办分开的原则，转变对公办幼儿园的管理方式，落实和扩大公办园自主权。

尽快建立对营利性和非营利性民办园进行分类管理的基本制度和配套政策，继续加大对民办园的扶持力度，综合采取政府奖励、购买服务、减免租金税费、派驻公办教师、教师培训、办园指导等支持措施，同时完善民办园的准入、监管、行业自律和评估制度。强化对民办园的监管，不是为了限制民办园的发展，而是要促进行业的规范健康发展，保障儿童的生命安全和健康成长。当前民办园普遍面临着艰难的发展转型，要加强分类指导，把握好监管的方式、力度、节奏，特别是一些面向农民工随迁子女、低收入家庭的小规模、低收费的民办园，对保障入园机会公平起着重要的补充作用，但普遍存在办园条件不达标的情况，对此，不要简单地罚款整改或者一关了之，而是多一些关切，多到实地开展调查研究，帮助其解决问题、改进提高。

（六）提高幼儿园保教质量

有质量的学前教育，才能对幼儿提供科学有效的干预，促进其健康成长，反之则会影响幼儿的终身发展。幼儿园保教质量问题，近年来越来越受到重视，特别是日趋严重的幼儿教育“小学化”倾向、个别地方发生的幼儿园虐童事件，已经不仅是教育质量问题，而是触及道德底线的安全和违法问题。

一是要强化安全保卫和监管。加强对幼儿园办园条件、教职工资质、收费行为、环境卫生、经费管理、保教质量等方面的常态化监管，动员家庭、社会等多方面的力量以及运用信息化手段，努力形成严密的幼儿安全防护体系。

二是要切实改善办园条件。建议参照义务教育“全面改薄”工程的做法，明确幼儿园基本办学条件的底线要求，采取标准化建设的方式，精准改善办园条件。在托底的同时，也要防止一些地方在园所及保教环境创设中高投入、贵族化甚至过度装饰的现象，必须以幼儿为中心开展创设，要更多考虑幼儿园自身的条件，统筹好成本控制和质量提升。

三是要坚持科学保教。坚持在小学一年级按国家课程标准零起点教学，引导规范幼儿园教学行为，实现课程与监测体系、学习与生活情境、幼儿园与小学教师的意识和能力等多维度的双向衔接。进一步控制班级规模，继续降低师幼比，加强对教师的教研指导，提升师幼交流互动质量，努力构建丰富、适宜、有效的师幼关系。创设丰富的保教环境，探索适宜的教学模式，尊重幼儿身心发展规律和学习特点，合理安排幼儿学习生活，保教结合，让幼儿在游戏化的学习活动中健康成长。

四是要强化质量评估。加快完善幼儿园质量评估标准，充分发挥专业机构和人员作用，建立对各类幼儿园开展常态化质量评估的长效机制。此外，还要面向家长和社区开展公益性宣传指导，普及科学的育儿理念，提升家园共育水平，从整体上提升学前教育质量。

执笔人：佘宇　单大圣

（原文载于《发展研究》2019年第10期）

第三章
努力发展普惠而有质量的学前教育

学前教育是教育体系和终身学习的开端，对于人的成长成材、促进社会公平具有基础性作用。新中国成立以来特别是改革开放以来，受经济社会变革的影响，我国学前教育的发展几经起落，经历曲折的发展过程。随着《国家中长期教育改革和发展规划纲要（2010—2020年）》（以下简称《教育规划纲要》）的颁布和学前教育三年行动计划的实施，党的十八大以后，学前教育资源严重短缺局面终于得到根本扭转，事业发展进入新阶段。面向未来，必须进一步加大工作力度，努力发展普惠而有质量的学前教育，为“幼有所育”提供坚强保障。

一、学前教育进入内涵式发展新阶段

新中国成立后，党和国家高度重视学前教育事业，通过单位（城市）和集体（农村）提供各类幼儿教育服务，主要是为了解除女性的后顾之忧，以动员其更好地投入社会主义建设。这一阶段的学前教育作为一项单位福利制度，贯彻的是“为国家建设服务”的方针。改革开放以后，随着经济社会体制的变化，特别是在剥离单位办社会职能的过程中，学前教育的经济基础和组织基础受到了巨大冲击，许多单位举办的幼儿教育机构在社会化改革中难以为继，学前教育事业发展一度出现重大滑坡。基于当时的国情，国家有限的财力只能优先保障义务教育这个“重中之重”，没有也不可能把学前教育包下来，实际上采取了主要鼓励社会力量兴办、公办与民办并举的学前教育发展思路。虽然在政策支持下，民办学前教育机构发展很快，但仍然难以从根本上满足庞大的学前教育需求，“入园难”“入园贵”问题在世纪之交日益凸显，公众反映强烈。《教育规划纲要》两次公开征求意见时，“入园难”“入园贵”更是连续成为排名居首的重大教育民生问题。

针对人民群众的重要关切，从2011年起，国家连续实施三期学前教育三年行动计划。各级政府持续加大财政投入，实施重大工程项目，扩大资源总量，主要支持中西部农村地区、贫困地区学前教育发展。在政府政策和项目推动下，学前教育在短短几年里实现了跨越式发展，2017年全国幼儿园25.5万所，在园幼儿4600万人，学前三年毛入园率达79.6%，超过了中高收入国家的平均水平，比2012年提高15.1个百分点[1]。经过集中攻坚和重点建设，应该说，前一阶段比较突出的“有没有”的问题已经得到初步解决，但是普及成果还很脆弱、质量还不高。我国学前教育体量大、线长面广，历史欠账较多、保障水平不高，与此同时，又面临“全面二孩”政策和快速城镇化带来的供求矛盾，发展不平衡不充分问题较为突出。国务院发展研究中心“中国民生调查”课题组对8省的入户问卷调查显示，2016年对学前教育不满意的选项排在前三位的依次为“入园贵”“入园难”“教育质量差”，占比分别为42.2%、15.6%、11.9%；2017年分别是“入园贵”“入园难”“学不来什么东西”，占比分别为42.2%、14.1%、9.8%；2018年同样为“入园贵”“入园难”“学不了什么东西”，占比分别为38.1%、10.4%、9.3%。进一步分析发现，虽然“入园难”“入园贵”现象仍然存在，但表现形式却发生了变化，主要体现为入优质幼儿园“难”“贵”以及背后的社会公平问题。也就是说，学前教育领域的主要矛盾已经从“有没有”向“好不好”“公不公”转变。

“好不好”说的是质量问题。学前教育是在儿童成长特定时期开展的教育活动，有质量的学前教育才能真正促进幼儿的健康成长，才能为整个教育体系可持续发展奠定坚实基础。除了关注幼儿园数量、幼儿园教师数量及入园率等数量指标外，更要关注学前教育财政投入、师资水平和课程内容、学习环境、教学方式等质量因素，以及幼儿的身心健康、习惯养成、智力发展等情况。前一阶段，我国学前教育的快速普及是在特定条件下依靠超常手段实现的，是低水平的普及，总体质量不高。由于学前教育成本分担和运行保障机制尚不健全，一些幼儿园尤其是农村幼儿园运转困难，幼儿园教师数量不足、待遇偏低、专业素质不高等问题十分突出，这些都直接或间接影响到学前教育的质量。另外，由于考试招生制度改革滞后，应试教育的弊端正从小学阶段向学前教育阶段传导，有的幼儿园开展“揠苗助长”式的超前教育和强化训练，导致学前教育“小学化”倾向，令人担忧。

“公不公”说的是结构问题。学前教育普及水平和发展速度虽然有了很大提高，但是城乡、区域差距仍然较大。由于自然条件、历史和体制等因素制约，中西部农村特别是集中连片特困地区、少数民族地区、人口分散地区的学前教育发展始终较弱，入园率较低，留守幼儿等困难群体“入园难”问题还比较突出。2017 年农业普查结果表明，全国 59 万个行政村中，只有 19 万个有幼儿园。而且，越是欠发达地区，发展学前教育的成本越高、难度越大，对此必须有特殊的解决办法。此外，区域内普惠性学前教育资源（含公办园和普惠性民办园）占比仍然偏低。2017 年，公办园占比为 44.1%，普惠性民办园占比为 26.5%，二者合计为 70.6%[①]。这意味着还有近 30% 的幼儿没有获得普惠性学前教育服务。究其原因，主要是没有解决好举办主体问题。过去一段时期，关于这个问题的指导思想并不明确，只是笼统地强调办好公办园和普惠性民办园。政府举办的幼儿园当然应当面向辖区居民提供普惠性服务，但是如果没有财政支持，恐难获得大

---

① 《解读〈中共中央 国务院关于学前教育深化改革规范发展的若干意见〉，介绍有关情况》，教育部网站，2018年11月28日，http: //www.moe.gov.cn/jyb_xwfb/xw_fbh/moe_2069/xwfbh_2018n/xwfb_20181128/201811/t20181128_361651.html。

的发展；社会力量举办的幼儿园，扩大了学前教育资源总量，在政府引导下也能提供普惠性服务，但社会力量办园的体制决定了其总体上还是要面向特定人群提供选择性服务，否则不可持续。

总的来看，我国学前教育已经走过了总量增长和规模扩张的外延式发展阶段，学前教育资源配置和管理工作重点应当越来越集中到促进公平、提高质量等内涵要素上来，这也标志着学前教育开始进入内涵式发展新阶段。

二、普惠而有质量是学前教育发展的必然要求

党的十九大报告从中华民族伟大复兴的基础工程的高度提出建设教育强国、加快教育现代化、努力让每个孩子都能享有公平而有质量的教育的目标，要求在幼有所育、学有所教上不断取得新进展[2]。作为国民教育体系重要组成部分的学前教育，目前仍是各级各类教育中的短板，毫无疑问应该得到重视并加快发展。但是，从更宽的视角来看，发展学前教育的意义绝不仅限于提供某种教育服务、享受某种教育权利，更是关系到亿万儿童健康成长，关系到社会和谐稳定，关系到党和国家事业未来。在这方面，首先要解决好认识问题，才能在实际行动上更加重视学前教育发展。国际经验表明，学前三年毛入园率在 80% 以上的国家，财政性教育经费支出学前教育经费占比平均为 9.67%；毛入园率在 60%~80% 的国家，财政性教育经费支出学前教育经费占比平均为 7.73%。2017 年，我国学前教育三年毛入园率已经达到 79.6%，但财政性学前教育经费 2016 年占比仅为 4.2%。

要清醒认识我国学前教育发展还不充分的现实，继续加大投入力度，切实保障儿童基本的教育需求。在这一点上，笔者认为，其他事情可以等，唯有孩子的事情不能等。国际大量实证研究表明，儿童发展是基因和外部环境共同作用的结果。儿童发展早期，大脑和各种能力迅速发育形

成。如果此时语言和游戏等养育刺激缺失，或者长期生活在贫困和缺少关爱的环境中，儿童成长将错失关键窗口期。这不仅会导致语言、认知等能力发展滞后，更会严重阻碍大脑的发育并对其造成终身损害。而投资学龄前儿童的教育，在儿童成长的早期进行积极的投资和政策干预，则可以有效扭转儿童先天的不利地位，比儿童成长后期的补救性干预效果更好、收益更高，对于促进社会公平具有基础性、先导性作用[3]。因此，必须从国家战略高度充分认识学前教育的重要性。鉴于此，当今世界各国都普遍重视学前教育发展，并提出了很高的目标要求。例如，联合国 2030 年可持续发展议程将"发展普惠而有质量的学前教育"列为重要目标，提出到 2030 年，确保所有男女童获得优质幼儿发展、看护和学前教育，为他们接受初级教育做好准备；又如，联合国教科文组织《仁川宣言》提出"鼓励提供至少一年的免费、义务、优质的学前教育，让所有儿童接受优质的幼儿发展、保育和教育"，其发布的"教育 2030 行动框架"再次明确提出"鼓励由训练有素的教育者们提供至少一年免费、义务、有质量的学前教育"。由此可见，国际社会对学前教育的重视已经不仅仅局限于"普及"这个基本要求，而是更多强调"普惠"和"质量"两个因素，这不仅是学前教育发展进入更高水平的要求，也是由学前教育自身性质决定的。

有关研究[4]表明，对于包括学前教育在内的各种社会服务，如果政府放任不管，完全由私人机构根据居民付费能力提供，必然造成巨大的社会不公；如果政府仅向贫困人口提供公共服务，则往往受发展阶段和政府治理能力制约，难以准确认定受益人身份，难以确保大多数穷人实际受益，服务质量往往也较差。因此，只有按照普惠制的政策思路，由政府提供覆盖全民、有限目标的"服务包"，才能为所有人群特别是贫困人口提供可靠的社会服务。至于质量，则是学前教育永恒的追求，大量的实证研究表明，学前教育必须保证较高的质量，才会对儿童发展产生积极效果，质量差的服务（例如"小学化"的学前教育）比不提供服务对儿童产生的伤害更大。

当然，作为一种美好的教育理想，普惠而有质量的学前教育是全人类共同的追求，同时也是极富理论张力的学术概念，关键是要确立一条符合自身国情和时代要求的学前教育发展道路。笔者认为，普惠而有质量的学前教育至少应包括（或遵循）以下五个要素（或基本原则）[5]。

一是服务提供的可及性。通过社会各方共同努力，提供充裕的学前教育资源，结合本地服务半径、服务人口、交通资源、城镇化进程及适龄人口流动和变化趋势，合理配置教育资源，因地适宜设置幼儿园，从关注面上普及到重点补齐短板，特别是村一级幼儿园的设置，真正建成覆盖城乡、布局合理的学前教育公共服务体系，让适龄幼儿在居住地能够方便、就近入园。

二是服务价格的可承受。政府切实落实投入责任，在充分考虑经济社会发展水平、物价正常增长以及办园成本、社会可承受程度等因素的基础上，适时调整保教费标准，使学前教育成本得到合理分担，保证普惠性幼儿园得到合理补偿、机构安全平稳运行、保教质量稳步提高。在此前提下，绝大多数幼儿家庭都能以承受得起的相对低廉的价格获得服务，家庭经济困难儿童、孤儿和残疾儿童等“弱势儿童”则在政府资助下获得服务。

三是服务水平的均等化。均等化不是指简单的平均化，而是指区域内所有幼儿都能公平地获得大致均等的服务。以标准化、法制化为抓手，建立学前教育均衡发展保障机制，均衡配置办园条件、教师、玩教具、图书、园舍等资源，向贫困地区、薄弱环节、重点人群倾斜，循序渐进，首先在县（区）域内实现均衡发展，再逐步实现城乡、区域均衡发展。

四是服务对象的普惠性。所谓“普惠性”，是相对于“选择性”而言的，即在现有学前教育体系中，绝大多数幼儿园应该以可负担的成本为所有有需求的适龄幼儿提供基本的、有效的学前教育服务，特别是留守儿童、流动人口子女等困难群体，真正消除身份差异，实现服务对象的“普惠”，极少部分的民办幼儿园可以基于市场价格针对少数有支付能力的家庭提供更加多样化的选择性服务。“普惠性”还体现在每个孩子在园期间都能得到公平的对待，都能充分发展自己的潜能和优势。

五是服务内容和标准的适宜性。学前教育发展要兼顾需要和可能，既尽力而为又量力而行，遵循幼儿教育规律，走“适宜”的发展道路。充分考虑各地发展阶段和财政可承受程度，普惠性幼儿园的办园标准和设施设备配置必须“适宜”，不能盲目追求“高新尖”，提供超出“保基本”范畴、过高标准的服务。教学内容也要是“适宜”的，坚持科学保教，坚持幼儿身心发展规律，以游戏为基本活动，严禁提前教授小学教育内容。

三、政策建议

2018 年 11 月，中共中央、国务院印发《关于学前教育深化改革规范发展的若干意见》，提出新时代推进学前教育普及普惠安全优质发展的目标，这充分体现了党和政府对进一步办好学前教育的高度自觉。但是，在一个拥有 13 亿多人口、发展很不平衡的国家发展覆盖全民的学前教育是十分艰巨的工作，而为 4600 多万在园幼儿提供普惠而有质量的学前教育则是更为艰巨的工作，但也是很崇高、光荣的事业。为了实现这一目标，未来一个时期，需要着力在以下六个方面采取有针对性的政策措施。

一是落实政府发展学前教育的主体责任。发展学前教育是各级政府义不容辞的责任，必须切实履行其保障公平、加大公共财政经费投入、进行“兜底”的职责。建立健全“国务院领导、省市统筹、以县为主”的学前教育管理体制，充分发挥中央支持政策的引导和激励作用，加强省市两级统筹、落实县级主体责任、充分发挥乡镇街道作用，适当提高经济欠发达地区财政投入重心。进一步明确学前教育经费投入及增长机制、学前教育经费在同级财政性教育经费中的比例等，加紧制定公办园生均公用经费财政拨款标准和企事业单位办园、集体办园、普惠性民办园补助标准，以标准促进投入稳定增长，调整优化经费使用结构，重点向机构运转、教师保障、提升保教质量倾斜。

二是发挥公办园在提供普惠性服务方面的主体作用。一方面，要根据我国国情和发展阶段特点，进一步探索提供普惠性学前教育服务的有效实现形式。实践证明，学前教育布局结构中，新改扩建一批公办园，保持政府举办的幼儿园相当比例（《关于学前教育深化改革规范发展的若干意见》要求，公办园在园幼儿占比到2020年全国原则上达到50%），提供保基本的公共服务，发挥公办园对其他各类幼儿园的公益导向作用，尤其是抑制民办园盲目扩张和过度逐利行为，是保证学前教育普惠性的压舱石。需要注意的是，许多地方是在空白的基础上发展公办园的，利益调整的难度虽然较小，但一定要吸取中小学教育发展的教训，不能再走重点建设的路子[①]——也就是集中有限资源建设一批优质幼儿园、人为拉大差距；而是应该从一开始就要走均衡发展的道路，尤其在财政拨款、教师配置、信息化等方面重点向农村、边远贫困地区和薄弱园所倾斜，要警惕以所谓提升质量为名集中优势资源发展示范园、特色园、中心园的思路——这实际上是不正确的学前教育政绩观。发展有质量的学前教育，是要办好每一所幼儿园而不是打造“盆景工程”，一旦教育差距的利益格局固化，就很难进行纠偏，就会发生颠覆性的错误。另一方面，学前教育布局结构中，也要整合并统筹利用好社区层面的各种资源（包括国有企事业单位等其他公共或集体资源力量），严格落实城镇小区配建幼儿园政策，确保小区配套幼儿园办成公办园或委托办成普惠性民办园，完善管理体制，强化教育行政部门对各类公办园、集体办园的统一规划、统一管理。继续采取政府购买服务、减免租金、以奖代补、减免税费、免费提供场地、派

① 计划经济时期，为培养高质量的专门人才，国家集中较大力量办好一批重点学校，逐渐形成重点学校制度和教育资源优先向重点学校倾斜的制度，导致不同人群之间享有优质教育资源的机会不平等，形成后来旷日持久的择校问题，教训深刻。

驻公办教师、名园输出管理、享受公用事业减免费用、教研指导等支持方式，鼓励和引导民办园提供普惠性服务。目前，国家已经明确建立民办学校（幼儿园）分类管理制度，要在分类管理的制度框架下，更多鼓励非营利性民办园发展，结合国家事业单位改革，探索将非营利性民办园纳入事业单位范畴，并配套解决教师身份、职称评定、社会保障待遇等问题。

三是进一步探索边远贫困地区学前教育提供方式。贫困地区群众居住分散，各村幼儿数量有限，民办园因无法营利（或营利困难）往往不去设点，而公办园在村设点效益太低，大多止步于乡镇。边远贫困地区儿童没有机会接受学前教育，是当前比较突出的问题。对此，必须创新思路，探索适宜边远贫困地区特点的学前教育提供方式。在这方面，中国发展研究基金会于2009年发起的“山村幼儿园计划”（“一村一园”计划）值得借鉴。该计划在村一级设立山村幼儿园，充分利用乡村现有闲置资源，招募当地幼教志愿者，为偏远贫困村落3~6岁儿童提供低成本、有质量的免费学前教育。中西部9个省19个贫困县共设立2300所村级幼儿园，累计受益儿童约为17万，学前三年毛入园率均接近或超过90%。据测算，山村幼儿园志愿者薪酬和所需的公用经费每园每年约5万元，平均到每个孩子身上的支出仅为1700元。

四是加强幼儿园教师队伍建设。要将幼儿园教师队伍建设作为提高学前教育质量最重要的基础性工作，学前教育财政投入增量主要应向幼儿园教师倾斜。完善幼儿园教师培养培训机制，支持不同层次的幼儿师范学校建设，突出专业学习和综合能力培养，根据各地实际，探索从本地生源招生、以初中毕业为起点、主要服务当地学前教育事业的幼儿园教师培养模式，对幼儿园教师等保教人员提供差异化、更加贴近工作需要的在职培训，不断提高专业素质和实践能力。加强师德师风长效机制建设，引导教师热爱学前教育事业，爱护幼儿、潜心育人。健全公办园教职工编制核定和补充制度，按照配备标准及时配足配齐教职工。创新专任教师补充方式，探索将幼儿园教师招聘纳入县级“特岗计划”，通过招募志愿者、购买服务等方式补充幼儿园教师和保教人员。完善幼儿园教师工资待遇保障机制，当前重点是强化政府责任、提升财政保障层次、创新制度机制，提高公办园非在编教师和集体办园教师工资待遇，对乡村公办园教师探索实行生活补助政策，结合机关事业单位养老保险制度改革，建立全覆盖的、统一的幼儿园教师养老保险制度。

五是坚持科学保教。贯彻落实《幼儿园工作规程》和《3–6岁儿童学习发展指南》，倡导幼儿园和家庭尊重幼儿身心发展规律和学习特点，合理安排幼儿学习生活，创设丰富的教育环境，保教结合，让幼儿在游戏化的学习活动中得到健康成长。进一步控制班级规模，提高玩教具和图书的配备水平，降低幼师比，提升教师的专业素养。加强教研指导，发挥教研在提升学前教育质量方面的专业作用。深化专业课程和教学改革，探索合适的教育教学模式，提升师幼交流互动质量，努力建立起丰富、适宜、有效的师幼关系。坚持在小学一年级按国家课程标准零起点教学，引导规范幼儿园教学行为。面向家长和社区开展公益性宣传指导，提高家长科学育儿能力，提升家园共育水平。

六是建立学前教育质量评价监测体系。评估和监测是提高学前教育质量的基础性工作，要按照管办评分离的原则，基于学前儿童身心发展规律的科学研究，抓紧研究建立学前教育质量评价监测体系。根据我国幼儿园种类多、性质和水平各异的实际情况，充分发挥专业机构和人员作用，精准制定国家“3–6岁学前教育质量标准指南”，引导各地完善分类定级质量评估体系。鼓励幼儿园开展自评，建立委托专业机构和社会组织开展第三方评估的制度。用好评估和监测结果，配套建立公示、奖惩、整改等制度，使评估监测真正起到反馈、指导进而提高学前教育质量的作用。对幼儿园进行评估监测，目的是督促引导幼儿园科学保教，从整体上提升学前教育质量，也有利于改进对学前教育的行政管理，例如，通过分类评级对幼儿园发展进行有效激励，增强学前教育的发展活力；但这种管理方式必须是动态的，不能为了管理便利，将评价结果固化为身份，造成不同幼儿园之间的身份壁垒，形成资源分配的不均，这是需要避免的。

执笔人：佘宇　单大圣

（原文载于《行政管理改革》2019 年第 2 期）

参考文献

[1] 爬坡过坎步入“幼有所育”新时代——党的十八大以来我国教育改革发展述评·学前教育篇［N］.中国教育报，2018-09-08.

[2] 习近平.决胜全面建成小康社会，夺取新时代中国特色社会主义伟大胜利——在中国党第十九次全国代表大会上的报告［M］.北京：人民出版社，2017.

[3] 李伟.在第六届反贫困与儿童早期发展国际研讨会上的致辞［N］.中国经济时报，2018-11-07.

[4] 贡森、葛延风.福利体制和社会政策的国际比较［M］.北京：中国发展出版社，2012.

[5] 佘宇 等.为了孩子，为了明天——促进学前教育健康发展研究［M］. 北京：中国发展出版社，2015.

专题报告

第四章
促进公办园健康长效发展

一般来说，政府举办的公办园致力于向公众提供公平普惠的服务，在保基本、兜底线、引领方向、平抑收费等方面发挥着主渠道作用，是缓解“入园难、入园贵”的重要支撑。按照办园体制的不同，可分为教办园和公办性质园两种类型。其中，教办园是指举办主体为教育行政部门、办园经费基本由财政全额拨款的幼儿园；公办性质园的举办主体为除教育部门以外的政府及其他部门、公有组织、集体，其资产产权归属于国有或公有，管理上受举办方和教育行政部门的共同管理，按照不同举办方，公办性质幼儿园主要包括其他部门办园、地方企业办园、事业单位办园和集体办园。历经三期学前教育三年行动计划，公办学位资源总量快速扩充、师资规模不断壮大，实现了跨越式发展。截至 2019 年，全国共有公办园 10.80 万所，比 2010 年增加 5.98 万所，增长了 1.2 倍；公办园在园幼儿 2064.24 万人，比 2010 年增长了 487.04 万人，增长了 30.88%；公办园教职工为 171.02 万人，比 2010 年增加 102.93 万人，增长了 1.51 倍。截至 2020 年，公办园在园幼儿占比已实现 2018 年 11 月中共中央、国务院印发的《关于学前教育深化改革规范发展的若干意见》提出的“全国原则上达到 50%”的目标。如何巩固当前取得的阶段性目标成果并实现公办园可持续发展，已成为今后一段时期普惠性学前教育公共服务体系建设的重中之重。

一、我国公办园的发展历程及基本现状

（一）公办园（含公办性质园）的发展历程

1. 新中国成立初期至十一届三中全会前，形成单位（集体）为主、教育行政部门负责业务管理的体制

新中国成立初期，为了最大限度地让更多的劳动力参与社会建设，幼儿园作为看护幼儿的机构受到了特别的重视。这一时期学前教育事业的基本属性是单位福利性。这种背景下，国家的基本政策是鼓励各单位、厂矿、企业、集体等举办公办性质幼儿园。教育部门也举办少数幼儿园，仅仅作为一种示范，并非举办幼儿园的主体。这一时期的办园体制是以公办性质园为主、教育部门办园为辅。其中，城市的幼儿园主要由教育部门、厂矿、企业、机关、团体及群众举办；农村的幼儿园则提倡由农业生产合作社举办。

在管理体制上，各单位、厂矿、企业、集体举办的公办性质幼儿园实行行政管理由举办单位负责、业务管理由教育部门负责的双重管理体制。当时政策虽然提出各单位、企业等在举办幼儿园方面有困难时可以寻求教育行政部门的支持和帮助，但由于当时整个社会的资源并不丰富，教育部门的资源也非常有限，事实上也无法提供更多的支持和帮助。为了理顺公办性质园和教育行政部门之间的关系，国务院于1955年1月印发的《关于工矿、企业自办中、小学和幼儿园的规定》指出，“由于各种条件限制，当前教育行政部门统一设置的中、小学和幼儿园远不能满足广大职工子女上学的要求……各地教育行政部门应帮助工矿、企业自办或者联合举办中、小学和幼儿园”。为了将厂矿企业纳入国家教育建设事业的轨道，厂矿企业举办的幼儿园除了由上级部门核准外，还需要按照要求向教育部门报告备案各种数据。工矿企业举办的幼儿园，基建纳入整体基建规划，经费列入计划外开支，生均经费等必须和公办园保持一致。在经费投入上，

20 世纪 50 年代以来，经费投入逐渐呈现出分散化的格局。例如，政府、部门和事业单位办园，按照中央规定的人员编制和经费标准开支，列支在政府和事业单位的经费之中，带有强烈的老根据地色彩；国有企业以“合理留利”方式支持，给企业留下一定的计划利润；城镇街道和农村大队由集体经济负担运营，未纳入国家统一分配体系。在这一时期，以公办性质园为主的公办学前教育成为解决家庭后顾之忧，全力参与社会建设和社会工作的重要力量。

2. 十一届三中全会至 1992 年，恢复、巩固单位（集体）办园体制

十一届三中全会召开后，“文革”时期遭到破坏的学前教育事业以及基本确立的办园体制很快得到恢复。为了加快幼儿教育事业的发展，1979 年 7 月，经中央批准，教育部、卫生部、劳动总局、全国总工会和全国妇联 5 部门召开了全国托幼工作会议。会议形成的《全国托幼工作会议纪要》提出，由教育部、卫生部、计委、建委、农委、财政部、商业部、民政部、劳动总局、城建总局、全国总工会、全国妇联、中国人民保卫儿童全国委员会 13 个单位组成全国托幼工作领导小组，负责领导和推进全国托幼工作；各部门负责在各自的职权范围内推动幼儿教育事业的恢复和发展工作。从《全国托幼工作会议纪要》的内容分析，其旨在恢复和重新确立“大跃进”前的幼儿园办园基本体制，这也意味着以公办性质园为主的办园基本体制在十一届三中全会后仍将恢复和继续坚持。随后，教育部于 1979 年 11 月发布了《城市幼儿园工作条例》，1983 年 9 月又发布了《关于发展农村幼儿教育的几点意见》，国务院办公厅于 1987 年 10 月转发了国家教委等部门的《关于明确幼儿教育事业领导管理职责分工的请示》，国家教委经国务院批准于 1989 年发布了《幼儿园管理条例》。这一系列政策文件的出台，及时解决了当时学前教育发展存在的诸多问题，明确了学前教育在举办、管理与经费投入等方面的方针政策。

这一阶段学前教育事业属性在定位于“单位福利”的基础上，开始增加了“地方性、群众性”等属性，初步具有了社会公共福利性质。在管理体制上，从1978年实行的“政府牵头、各部门共同管理”开始转变为1987提出的“地方负责、分级管理和有关部门分工负责的原则”；对于机关、部队、学校、工矿、企事业单位举办的公办性质园的领导工作，继续坚持业务管理与行政管理的双重管理体制。对于幼儿园的办园体制，坚持和巩固“两条腿走路”的方针，以公办园为主体，社会力量逐步参与；仍继续提倡机关、部队、学校、工矿、企事业单位恢复和举办公办性质园。对于投入体制，恢复和延续上一时期分散化的财政投入体制。

3. 1992年至2002年，单位（集体）办园体制的瓦解和社会办园的逐步兴起

1992年10月，党的十四大提出了要建立社会主义市场经济体制。从计划经济体制向市场经济体制的转变，意味着我国社会生产方式和分配方式的变革。企业在这一变革中首当其冲，事业单位也受到波及，部队、农村集体等或多或少受到影响。据统计，1992—2000年，教育部门办园快速增长，由12761所增加到35219所，八年增长22458所，增长了近1.8倍。公办性质园却急剧减少，由原来的127132所减少到96300所，减少了30832所，减少24.25%。这意味着公办园的办园体制、投入体制、管理体制的时代背景发生重大转变。

自新中国成立以来逐步建立、十一届三中全会后恢复和发展起来的以公办性质园为主的办园方针面临着市场经济体制改革的重大冲击。1993年，国务院印发了《中国教育改革和发展纲要》，由要求和鼓励各单位举办幼儿园转变为各单位自愿、量力举办。在市场经济体制改革背景下，企业幼儿园大幅减少。1997年7月，国家教委发布的《全国幼儿教育事业“九五”发展目标实施意见》中提出，“仍应鼓励和大力支持企业、事业单位、社会团体、街道居委会，农村乡、镇和村委会，公民个人举办幼儿园……

有条件的企、事业单位还应继续办好所属幼儿园，不得随意关、停、并、转。对于部分不具备独立办园条件和具备了分离幼儿园条件的企、事业单位，可本着平稳过渡原则，在政府统筹下，将所办的幼儿园交给当地教育行政部门规划、或由社区办或由具备条件的团体、个人承办，多形式地继续办好”。然而，虽然国家出台了限制企事业单位随意关、停、并、转幼儿园的一些政策，但是公办性质园快速减少的整体趋势并没有得到明显的遏制。

在这一时期，学前教育既是教育事业，又具有福利性和公益性的特点。在办园体制上，教育部门办园开始增加，而其他部门办园则急剧减少；在管理体制上，公办性质园面临着改制的冲击，管理体制亟待更新以跟进市场经济体制改革的步伐；在办园投入和经费上，《全国幼儿教育事业“九五”发展目标实施意见》重新肯定了对于机关、部队、集体等举办的幼儿园由各举办单位负责筹措方式进行保障。至此，关于公办性质园的政策基本上趋于稳定，至今在办园体制、管理体制、投入体制等方面没有新的实质性突破。

4. 2003 年至 2009 年，公办园的徘徊发展和民办园的快速发展

2003 年，教育部、中央编办、国家计委、民政部、财政部、劳动保障部、建设部、卫生部、国务院妇儿工委以及全国妇联联合颁布的《关于幼儿教育改革与发展的指导意见》对公办幼儿园的转制进行了明确的规定，在一定程度上减缓了公办园快速减少的趋势。该文件的第 6 条提出，“地方各级人民政府要加强公办幼儿园建设，保证幼儿教育经费投入，全面提高保育、教育质量。不得借转制之名停止或减少对公办幼儿园的投入，不得出售或变相出售公办幼儿园和乡（镇）中心幼儿园，已出售的要限期收回。公办幼儿园转制必须经省级教育部门审核批准。城乡中小学布局调整后，空余校舍要优先用于举办幼儿园。此外，开始积极鼓励和提倡民办园”。该文件的第 7 条提出，“积极鼓励和提倡社会各方面力量采取多种形

式举办幼儿园。社会力量举办的幼儿园，在审批注册、分类定级、教师培训、职称评定、表彰奖励等方面与公办幼儿园具有同等地位。各级教育部门要加强对社会力量举办幼儿园保育、教育工作的指导和监督，规范办园行为，保证办园的正确方向”。

在这一时期，学前教育是基础教育的重要组成部分。在办园体制上，提倡通过实施联办、承办、国有民办等办园体制改革，保证国有资产不流失，提高办园效益和活力。在此背景下，公办园开始徘徊发展，社会力量举办的民办园快速发展，且民办园逐渐成为办园主体；在管理体制上，仍然坚持实行地方负责、分级管理和有关部门分工负责的幼儿教育管理体制，并建立由教育部门牵头、有关部门参加的幼儿教育联席会议制度。

5. 2010 年至今，大力发展公办园成为扩大学前教育资源供给的重要渠道

2010 年，《国家中长期教育改革和发展规划纲要（2010—2020 年）》颁布，明确提出“基本普及学前教育”“明确政府职责”“重点发展农村学前教育”的目标。学前教育在教育中长期发展的大背景下进入了快速发展与扩容的时期。2010 年，《国务院关于当前发展学前教育的若干意见》进一步明确了学前教育发展的目标和内容，要求多种形式扩大学前教育资源；大力发展公办幼儿园，提供“广覆盖、保基本”的学前教育公共服务；加大政府投入，新建、改建、扩建一批安全、适用的幼儿园。针对公办性质园提出了“制定优惠政策，支持街道、农村集体举办幼儿园”。这是时隔 13 年，国家政策文本中再次出现对公办性质园的关注和支持。此后，自 2011 年以来实行的三期学前教育三年行动计划中，均提出要大力发展公办幼儿园，提供“广覆盖、保基本”的学前教育公共服务，鼓励社会力量以多种形式举办幼儿园，积极扶持普惠性民办园发展，努力扩大农村学前教育，在投入上提出多渠道扩大学前教育投入。

可见，自2010年以来，我国学前教育事业属性明确为重要的社会公益事业，强调坚持公益性和普惠性；在办园体制上坚持政府主导下的公办园、民办园并举格局；管理体制上明确了国务院领导、省市统筹、以县为主；经费投入上努力建设与学前教育公共服务体系相适应的财政投入体制。2018年11月，中共中央、国务院印发《关于学前教育深化改革规范发展的若干意见》，指出公办园资源不足的城镇地区新建、改建、扩建一批公办园。大力发展农村学前教育，每个乡镇原则上至少办好一所公办中心园。大力发展公办园，充分发挥公办园保基本、兜底线、引领方向、平抑收费的主渠道作用。提出了公办园在园幼儿占比偏低的省份，逐步提高公办园在园幼儿占比，到2020年全国原则上达到50%，各地可从实际出发确定具体发展目标。总之，坚持公益普惠学前教育离不开政府主导办园，公办园在其中发挥着重要的作用，成为提高普及率、维护社会和谐稳定的重要力量。

（二）公办园（含公办性质园）的基本现状

一是公办学前教育资源总量持续扩容，公办园在园幼儿数逐步增加。自2010年以来，我国幼儿园数量尤其是公办园数量增长显著。2019年，全国幼儿园共有28.12万所，比2010年增加13.08万所，增长86.97%。

教育部门办园数量增速明显，从2010年的2.93万所增加到2019年的9万所，增长了2.07倍；公办性质园整体呈减少趋势，从2010年的1.89万所减少到2019年的1.79万所，减少5.29%。截至2019年，我国教育部门办园占比增长至32.01%、公办性质园占比降至6.37%，见图4–1。教育部门办园在园幼儿数迅速增加。2019年全国在园幼儿数为4713.88万人，比2010年增长58.36%，其中，教育部门办园在园幼儿数为1728.18万人，占比36.66%，占比呈逐年缓慢上升趋势；公办性质园在园幼儿数为336.06万位，占比7.13%，相对稳定，见图4–2。

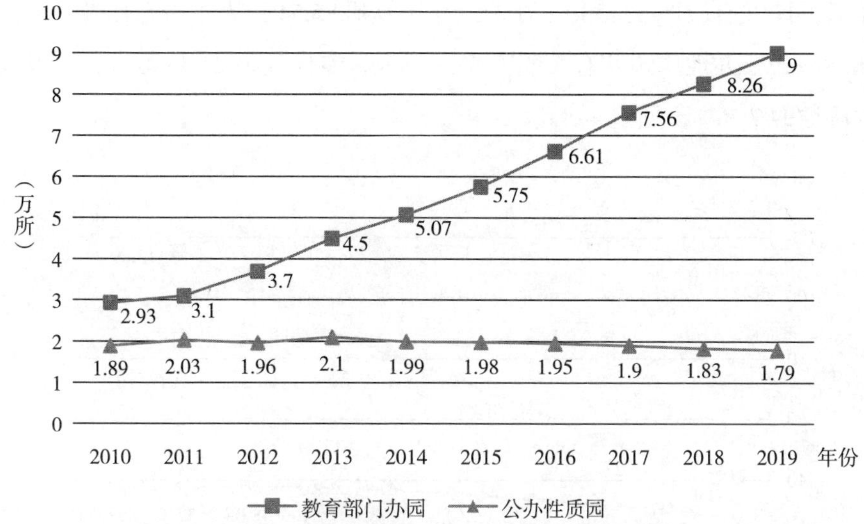

图4-1　公办园数量变化趋势（2010—2019年）

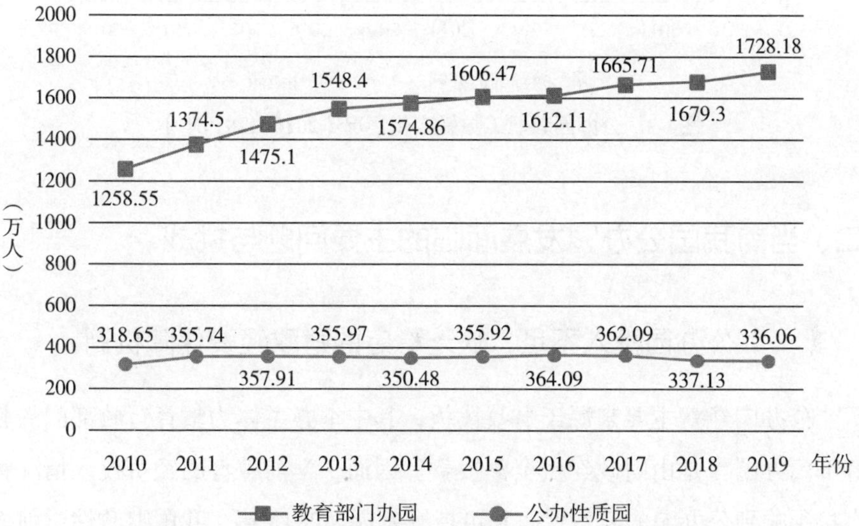

图4-2　公办园在园幼儿数变化趋势（2010—2019年）

二是公办园教职工数量显著增加，教师队伍规模不断壮大。2010年，全国幼儿园教职工共有184.93万人，专任教师114.42万人；截至2019年，全国幼儿园共有教职工491.57万人，专任教师276.31万人，相比2010年，教职工总量和专任教师总量分别增长了1.66倍、1.41倍。其中，2019

年教办园共有教职工 133.12 万人，专任教师 85.54 万人，占专任教师数的 30.96%；公办性质园共有教职工 37.9 万人，专任教师 21.45 万人，占专任教师数的 7.76%，见图 4–3。

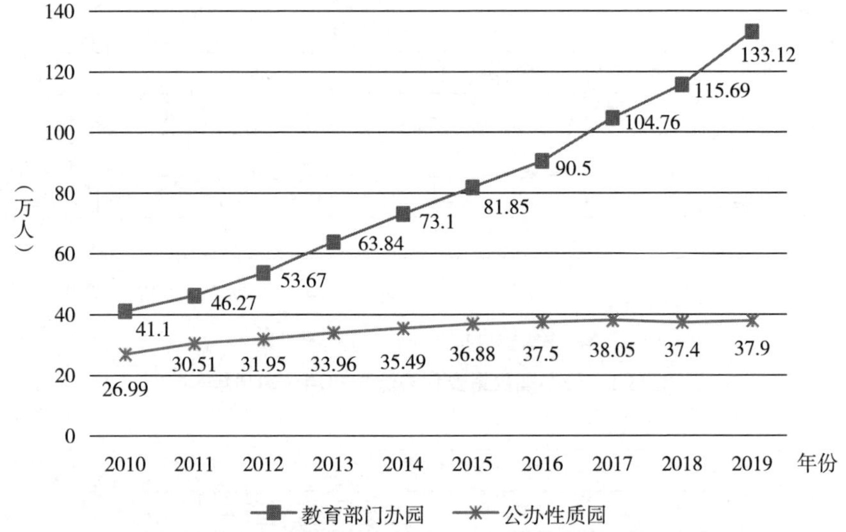

图4-3　公办园教职工数量变化情况（2010—2019年）

二、当前我国公办园发展面临的主要问题与挑战

（一）公办园投入不足，缺乏稳定的财政经费保障机制

公办园经费主要来源于财政拨款，其中举办主体为教育行政部门的教育部门办园更是由财政经费全额拨款。因而，学前教育的经费投入情况将直接影响到公办园的经费保障和可持续发展。2018 年，我国财政性学前教育经费投入额为 1773.94 亿元，比 2010 年增加 1529.59 亿元，增幅为 6.3 倍左右；学前教育财政性经费投入占财政性教育投入和国内生产总值的占比也都整体呈上升趋势（如图 4–4 所示）。但是，公办园财政投入仍面临缺乏稳定财政经费保障、投入体制机制不健全等突出问题。

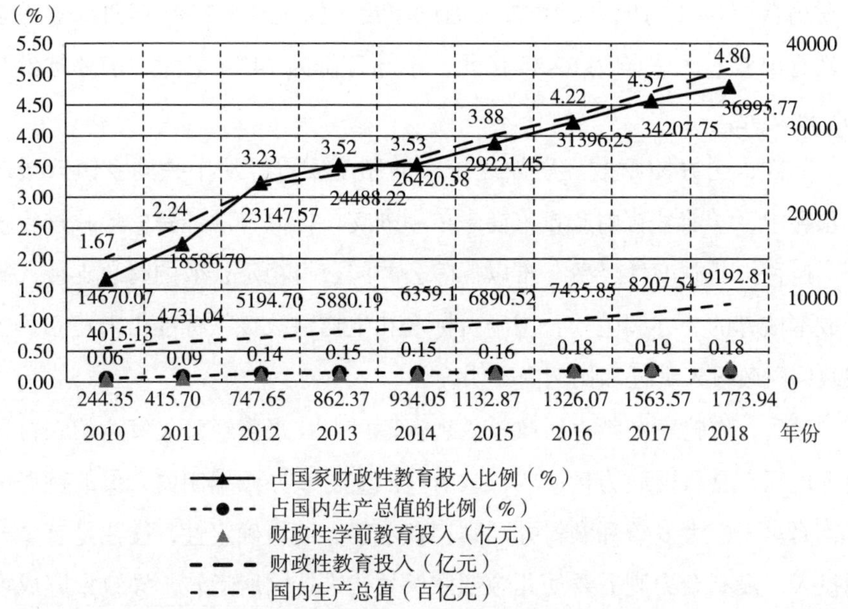

图4-4　中央财政投入学前教育经费情况（2010—2018年）[①]

首先，学前教育财政投入总额不足，且存在地区差异。2018 年，学前教育财政性经费仅占全国财政性教育经费的 4.80%[②]。而同年，初等教育、中等教育和高等教育财政性经费分别占全国财政性教育经费的 32.34%、30.31% 和 20.40%。尽管 2010 年以来中央不断增加对学前教育的经费投入，但是目前投入总量仍无法满足普惠性学前教育事业快速发展的需要。此外，当前我国学前教育原则上实行“地方负责，分级管理”的财政投入体制，以地方财政投入为主体的筹资机制导致了各地对学前教育的投入与其经济发展水平密切相关。学前教育三年行动计划实施以来，在中央专项转移支付的基础上，财力较为雄厚的地区对学前教育投入了大量资金；

① 资料来源：财政性经费来源于《中国教育经费统计年鉴》；国内生产总值来源于中华人民共和国国家统计局官网；比例由笔者计算所得，占国家财政性教育投入比例=财政性学前教育投入/财政性教育投入，占国内生产总值的比例=财政性学前教育投入/国内生产总值。

② 从国外情况看，学前三年毛入园率在80%以上的国家，公共教育经费中学前教育支出占比平均为9.67%，毛入园率在60%~80%的国家，占比平均为7.73%，OECD国家占比平均约为13%。2018年，我国学前教育毛入园率已达81.7%。

而财力薄弱地区的地方财政投入力度不足。据统计，2017 年西部省份学前教育财政投入平均为 62.54 亿元、中部省份为 74.14 亿元、东部省份为 238.54 亿元。

其次，公办园财政经费缺乏统一的制度安排。从中央到乡镇五级政府预算中，学前教育财政投入尚未单项列支，仍以专项经费的形式进行投入，这种“非制度性经费”难以保障公办园获得稳定长效的财政支持；基于成本核算的公办园生均公用经费标准和生均财政拨款标准仍未建立，各级政府财政投入责任和比例尚不明确。

最后，农村学前教育财政投入远远落后。在很多经济欠发达的农村和边远地区，县级财政力量薄弱，政府仅能支付教办园编制内人员的待遇保障，而对于广大乡镇和农村办园则存在着很大的不确定性，往往是有余力则投入，没有余力则需要幼儿园依靠保教费维持园所运转，导致家庭成本分担过高。

（二）公办园的快速发展面临着编制管理的严格约束

在我国，编制直接影响财政部门对公办园进行财政预算和核拨经费，编制配备不足成为掣肘公办园可持续发展的一大顽疾。

一是由于历史欠账较多，大量公办园无机构编制的情况普遍存在，尤其是部分新建公办园的机构编制存在难以落实的困境。非独立设置的幼儿园大量存在，由于没有独立的法人单位和事业单位组织机构代码，因此无法获得机构编制审批。在城市地区，公办性质园占比较大，但这些园所大部分是非独立设置的机构，尚未纳入机构编制管理；在农村地区，公办园主要以乡村小学附设园或学前班为主，未独立设置机构、核定编制。

二是新建公办园的教师编制数量差额较大。“总园有编、分园无编”的现象突出。“名园办分园”“教育集团办园”中的名园、总园作为示范性公办园常被纳入机构编制管理之中，而分园内部多体制并行、性质模糊，很难纳入机构编制管理之中。一些附属幼儿园无独立的法人单位，也没有独立的事业单位组织机构代码。调研中，还有部分幼儿园园长反映，园里有编制的只有园长一人，其他教师均无编制，此类情况较为普遍。

（三）在编教师和非在编教师的待遇保障差距大，教师队伍不稳定

目前，公办园非在编教师与在编教师的薪资待遇存在不公平现象，非在编教师的合法权益未得到保障，这也成为制约公办园教师队伍建设的关键因素。

首先，大部分非在编教师与在编教师在薪酬待遇、职称评定、评优评先、培训进修机会等方面差距较大。课题组在北京、广东、山东、辽宁、福建、河南、山西、贵州、四川、宁夏共 10 个省份开展的 17971 份问卷调查发现，87.50% 的公办园非在编教师的工资低于 4000 元，这一比例比在编教师高 30 个百分点；五险一金享有情况不容乐观，51.90% 的公办园非在编教师不享有住房公积金、66.85% 的暂无职称、41.11% 的反映无评优评先机会，上述比例分别比在编教师高 41.6%、48.65% 和 16.01%。

其次，“同工不同酬”的现象严重影响了教师的工作积极性及热情，造成非在编教师专业发展效能感、职业价值感和尊严感较低，工作流动性大。调研显示，与在编教师相比，非在编教师离职倾向显著较高，如果有更好的工作，非在编教师很有可能会离开现在的工作单位或幼教行业。

（四）公办性质园的投入和管理体制不明确，机构可持续发展受到影响

公办性质园是新中国成立后为满足社会生产与经济发展需要而产生的特有的学前教育办园形式，在历史上曾为广大城乡家庭提供学前教育服务、解放妇女劳动力、促进经济社会发展做出了积极贡献。20 世纪 90 年代初，随着国有企业剥离办社会职能、机关事业单位后勤社会化以及集体经济的瓦解，公办性质园的发展受到巨大冲击，或关、停、并、转，或出

租甚至出售，园所数量出现断崖式下跌（如图 4–5 所示）。公办性质园陷入了办园体制与管理体制不明、无人管理现象突出的困境。

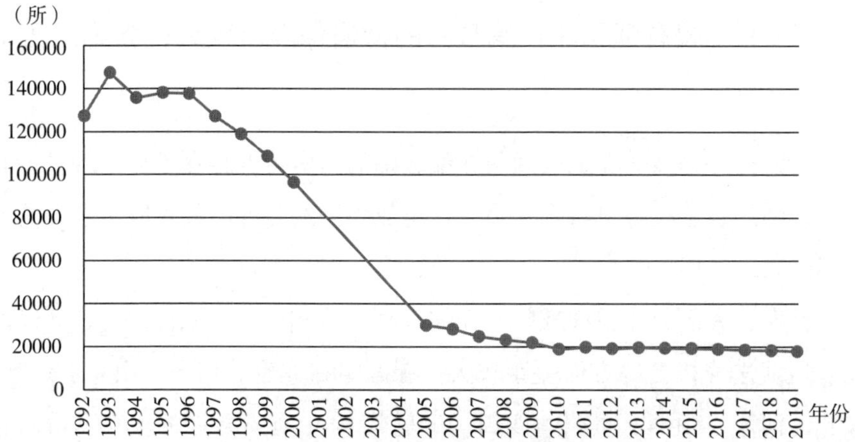

图4-5　公办性质园数量变化情况（1992—2019年）①

具体来说，一是公办性质园“非公非民”，两头不靠，缺乏政府财政投入。公办性质园因其具有“公”的属性，需按规定提供普惠性学前教育服务，但不享有与教育部门办园同等的财政投入的“待遇”。公办性质园的“权利”和“义务”严重不对等。二是举办单位的扶持不足，公办性质园运营压力较大。经济体制改革以后，单位渐渐不再承担公办性质园的财政投入，幼儿园仅依靠较低的保教费维持运转，常处于入不敷出的境况，举步维艰。三是实行事业编制总量控制以来，大量公办性质园难以纳入机构编制管理，教师编制配备更是严重不足，教师的身份地位难以得到认可，工资和待遇均难以得到保障。

三、巩固夯实公办园发展条件的若干建议

新发展阶段如何巩固夯实公办园发展条件，有效解决长期以来资源总量不足、普惠供给不充分的问题，已成为学前教育政策和实践领域的关键课题。

① 数据来源：《中国教育事业统计年鉴》，2001年至2004年无公办性质幼儿园统计数据。

（一）正确认识公办园的地位作用，合理确定规模和布局

如前所述，公办园自产生之日起就致力于向公众提供普惠性服务，在提供学位、提高学前教育普及率以及解决家庭后顾之忧等方面有着重要作用，充分发挥了“保基本、兜底线、引领方向、平抑收费”的主渠道作用。考虑到现阶段的财政能力并不足以支持公办园资源全覆盖的需求，应实事求是，合理扩大公办园规模，重点向农村、边远贫困地区布局。

一是提高认识，把推进公办园均衡发展摆上重要位置和议程。各地应立足实际，充分考虑学前教育的发展状况、人口变动状况和人民群众的经济承受能力，按照实事求是、稳中求进、因地制宜的原则，研究提出本地区推进公办园均衡发展的目标任务、实施步骤和政策措施，并纳入当地教育改革和发展的总体规划，以及地方各级政府及其主要负责人的重要考核内容。

二是超前谋划，根据新型城镇化发展、常住人口规模变动情况，科学测算公办园学位需求，编制公办园布局规划并严格实施。

三是采取积极措施，加快缩小城乡差距，公办园布局重点向农村、边远贫困地区倾斜，制定农村公办园布局专项规划，处理好学前教育质量提升与方便就近入园的关系，努力满足农村适龄幼儿就近享有优质普惠学前教育的需求。

（二）建立稳定的财政投入长效机制，健全公办园财政支持体系

一是要加大财政投入力度，明确中央、省、市、县四级政府的责任分担，建立财权与事权相统一的公共财政制度安排；压实各级政府对于公办学前教育财政投入的主体责任，有条件的地区要逐步明确投入比例，提高公办学前教育财政性经费在总经费中的占比。

二是在国家层面上尽快推动研制和落实统一的公办园生均财政拨款标准和生均公用经费标准，并探索建立与办园成本、物价水平相适应的生均公用经费稳定增长机制。

三是调整和优化财政投入结构，国家可通过专项补助形式加大对欠发达省份、地区公办园的支持力度，同时要逐步建立规范的、能够适应各地区财政能力的转移支付制度，保障各地区的财政投入均衡。加强对农村地区公办园经费的专项投入力度，以制度性经费保障农村公办园公共投入的长效性和稳定性，切实减轻广大农村家庭的经济负担和养育压力。

（三）多措并举，整体提高公办园教师待遇水平

针对公办园非在编教师面临的“同工不同酬”的问题，亟须改革当前以编制为主的薪酬待遇管理方式，探索建立公平、竞争、激励相结合的公办园教师薪酬待遇保障机制。

一是加强对公办园教师编制核定的规范管理。对缺口较大且编制紧缺的地区，可对公办园经费投入的标准进行调整和改革，由原来按照编制对幼儿园进行经费拨付、专项投入的办法，转变为根据生均经费标准，足额纳入同级财政预算的新方法。

二是制定教师工资基线标准，保障非在编教师工资。建议参照义务教育教师收入水平合理制定公办园教师最低工资标准并与经济社会发展水平动态接轨，支持公办园非在编教师依法获得合理工资报酬。

三是建立非在编幼儿园教师收入动态增长机制。实行岗位绩效薪酬制，将教师工资与教师的能力和业绩相挂钩，多劳多得，完善收入分配制度。

四是创新非在编幼儿园教师管理制度。通过政府购买服务、幼儿园教师人事代理制度等新型的管理方式，由地方财政根据相关标准对非在编教师的工资、五险一金等待遇保障予以拨付，努力实现同岗同质则同酬。

（四）明确公办性质园的性质地位，建立支持保障制度

公办性质园对学前教育公共服务体系的构建具有重要价值。针对目前面临的身份不明、运转困难等困境，应着力建立支持保障制度，管理和扶持并举，促进公办性质园发展。

首先，政府需明确公办性质园的性质地位，不仅要在教育统计和管理范畴中将其归为公办园，更要给予其与公办园身份相符的地位和权益保障。建议采取“一园一策”的方式，对符合条件的公办性质园按照国家有关规定完成事业单位登记。

其次，突破旧有的公办性质园财政投入体制，采取“基础＋激励＋倾斜”的投入方式。一是通过“基础性投入”建立保工资、保运转、保发展的公办性质园长效机制，重点将符合条件的公办性质园非在编教师工资与教育部门办园在编教师的工资待遇、五险一金、职称评定、评优评先等权益保障保持一致。二是加大“激励性投入”，对办园条件改善、扩学位补助、办园质量较优的公办性质园实行专项奖补，提高办园积极性。三是通过“倾斜性投入”，尽快改善幼儿园运转状况，确保公办性质园发展的底线均衡。

（五）加强公办园内涵建设，示范带动学前教育健康发展

一是以党的各项教育方针政策为引领，落实县域学前教育普及普惠督导评估制度，建立健全幼儿园保教质量科学评价体系和常态化监测机制，以评提质，全面改善办园条件，使幼儿园的质量发展获得持续不断的内在驱动力。

二是从科学幼小衔接的角度深入治理幼儿园“小学化”。公办园要率先响应教育号召，协同小学做好入学准备和入学适应教育工作，减缓衔接坡度，以游戏为基本活动，严禁提前教授小学教育内容。

三是积极发挥示范作用，以先优质带动后优质。探索创新“名园＋新

园”“名园 + 弱园”“名园 + 村园”等手拉手办学模式，充分发挥公办园在科学化办学、提供优质保教服务方面的有益经验和探索，以优质公办园带动各类幼儿园向优质化方向发展；逐步形成横向联动、纵向深入的全覆盖的公办、民办联动教研体系，全面提高保教质量，切实发挥公办园的示范辐射帮扶作用。

执笔人：洪秀敏　佘宇　朱文婷　张明珠

第五章
鼓励和规范发展社会力量办园

我国的官方教育统计资料中从 1994 年才开始明确使用“民办园”这一概念。在此之前，政策文件中一般使用“社会力量办园”的概念来指“企事业组织、社会团体及其他社会组织和公民个人利用非国家财政性教育经费，面向社会举办的幼儿园”[①]。从我国幼儿园发展的历史来看，“社会力量办园”既包括民营企业、民间团体及个人举办的幼儿园，也包括国有企事业单位、街道集体、政府机构所属的社会团体组织（如妇联、共青团等）占有部分产权，但没有直接或间接利用国家财政性拨款举办的幼儿园，前者就是指通常意义上的民办幼儿园，后者通常被称为集体性质幼儿园或公办性质园。本章重点在于探讨民办园的发展问题，但鉴于在 1994 年之前我国政策中“民办园”属于“社会力量办园”的一种，因此在政策演进部分这两个概念先后出现但所指基本相通，在现状问题和政策建议部分则聚焦于民办园。

① 《社会力量办学条例》，中华人民共和国国务院令（第226号），1997年7月31日。

一、我国关于社会力量办园的政策演进

（一）1949—1978 年：萌芽阶段，以公办园为主，社会力量办园数量少

新中国成立以来，我国托幼工作本着“为培养社会主义新一代、为生产服务、为人民生活服务”的目的，遵循“自力更生、勤俭办园”的精神，采取了公办和民办“两条腿走路”的方针，调动一切积极因素，从实际出发办起了多种形式的托儿所、幼儿园，取得了很好的成绩。1951 年 8 月召开的中央人民政府第一次全国初等教育会议提出了幼儿教育的工作方针，鼓励私人开办幼儿园并加强领导，做到公私兼顾办园。1952 年，一部分私立幼儿园被教育行政部门接管改为公立园，但是有一部分办得较好的私立园还是采取了“保护维持、加强领导、逐步改造”的方针，依然保持存在[①]。1956 年，教育部等部门联合发出《关于托儿所幼儿园几个问题的联合通知》，提出托儿所、幼儿园应按照全面规划、加强领导和又多又快又好又省的方针，根据需要与可能积极发展。在城市中提倡由工矿、企业、机关团体、群众举办，在农村提倡由农业生产合作社举办，教育部门办的幼儿园主要起示范、引领作用[②]。这一政策激发了群众和社会团体举办幼儿教育事业的热情，企事业单位办园获得稳步增长。因此，在改革开放之前，社会力量办园主要是指在教育部门和政府机关之外的其他企事业单位所举办的集体性质办园，真正意义上的民办幼儿园虽然存在但数量极少。

（二）1979—1996 年：复苏阶段，从法律上明确社会力量办园的地位

1979 年，全国托幼工作会议召开。会议分析了托幼工作的情况，并在

① 朱家雄、张婕：《我国民办幼儿教育的发展与展望》，《学前教育研究》，2004年第7期，第29–31页。

② 唐淑、何晓夏：《学前教育史》，辽宁师范大学出版社，2001年版第240页。

《全国托幼工作会议纪要》中重申要坚持“两条腿走路”的方针，恢复、发展、整顿、提高各类托幼组织。积极恢复和发展卫生部门、教育部门办的示范性托儿所、幼儿园，提倡机关、部队、学校、工矿、企事业单位积极恢复和建立托儿所、幼儿园。同时指出，随着生产的发展和国民经济管理体制的改革，生活服务事业将逐步向社会化的方向发展，托幼事业社会化也是必然趋势[①]。这是我国首次从学前教育社会化的角度看待并倡导社会力量办园。

1983 年，教育部在《关于发展农村幼儿教育的几点意见》中首次提出了支持个人办园的思路，其中指出，“农村以激励为主，县镇则应大力提倡机关厂矿、企事业，街道办园并支持群众个人办园”[②]。但对如何支持个人办园、从哪些方面支持并没有进行详细的规定。

随着国家层面关于社会力量办园思路的提出，各地根据本区域学前教育发展的情况，出台了一些有关社会力量办园的具体办法。1984 年，北京市政府出台了《北京市社会力量办学试行办法》，明确规定“政府鼓励社会力量依照法律规定单独或联合举办学前教育等各级各类教育事业”。并对如何鼓励和支持社会力量办学也有了较为明确的规定：区、县人民政府教育行政部门和社会各方面应支持和帮助社会力量办学，在政治上一视同仁，在物质供应上，与企业事业组织办学同等对待[③]。

1985 年全国教育工作会议召开，这是中国教育改革开启的标志性事件。此次会议后发布的《关于教育体制改革的决定》，规定了“基础教育由地方负责”的原则，学前教育作为基础教育的一部分也包含在内。1989 年国家教委发布了《幼儿园管理条例》，明确规定“地方各级人民政府可以根据本条例举办幼儿园，并鼓励和支持企业事业单位、社会团体、居民委员会、村民委员会和公民举办幼儿园或捐资助园”[④]。社会和个人可以举

① 中国学前教育研究会：《中华人民共和国幼儿教育重要文献汇编》，北京师范大学出版社，1999年版第118页。

② 《教育部关于发展农村幼儿教育的几点意见》，《幼儿教育》，1983年第10期，第2–3页。

③ 《北京市社会力量办学试行办法》，《中华人民共和国国务院公报》，1984年第15期。

④ 《幼儿园管理条例》，《中华人民共和国国务院公报》，1989年第22期。

办幼儿园被确定在具有准法律效力的、由国家教委颁布的《幼儿园管理条例》中，标志着国家层面社会化办园合法性的确立。

1993 年，《中国教育改革和发展纲要》首次提出了民办教育发展的 16 字方针，即国家对社会团体、公民个人依法办学采取“积极鼓励、大力支持、正确引导、加强管理”的方针。1995 年颁布的《中华人民共和国教育法》以教育根本法的地位再次认可了国家对民办教育的鼓励和支持，同时提出“任何组织和个人不得以营利为目的举办学校和其他教育机构”。1996 年国家教委颁布的《幼儿园工作规程》对民办园的经费来源和使用作出了具体规定。

（三）1997—2009 年：鼓励阶段，社会力量举办民办园得到快速发展

1997 年，国务院颁布《社会力量办学条例》，首次较为完整地对社会力量兴办教育机构的设立、教学行政管理、财务管理、保障与扶持政策等基本事项进行了规范。社会力量办园的发展进入有法可依的时期。这一时期社会力量办园特别是民办园得到迅速发展，这是我国教育体制改革的必然结果，也是随着经济发展，社会对幼儿教育的需求多样化的积极应对。

2003 年《国务院关于幼儿教育改革与发展的指导意见》再次使用了“社会力量办园”这一概念，指出要“形成以公办幼儿园为骨干和示范，以社会力量兴办幼儿园为主体，公办与民办、正规与非正规教育相结合的发展格局……积极鼓励和提倡社会各方面力量采取多种形式举办幼儿园。社会力量举办的幼儿园，在审批注册、分类定级、教师培训、职称评定、表彰奖励等方面与公办幼儿园具有同等地位。各级教育部门要加强对社会力量举办幼儿园保育、教育工作的指导和监督，规范办园行为，保证办园的正确方向”。这一文件对幼儿教育的价值，功能定位、政府责任、管理体制、发展格局、发展目标等方面做出了明确的规定，从而提出了与当时改革开放相适应的、新的、系统的幼儿教育体制框架，可以说是幼儿教育

社会化办园政策的成熟性标志。

但该文件中并没有对参与办园的社会力量包含哪些方面进行具体说明。同年《中华人民共和国民办教育促进法》正式颁布实施，《社会力量办学条例》同时废止，这标志着我国民办教育法律体系的正式建立，“民办园”的概念几乎替代“社会力量办园”的概念。2004 年国务院出台《中华人民共和国民办教育促进法实施条例》，2005 年《民办教育收费暂行管理办法》、2007 年《关于加强民办学前教育机构管理工作的通知》和《关于加强民办幼儿园安全检查工作的通知》等一系列政策文件相继公布。这些国家和地方法律法规的出台，为民办幼儿园的发展带来了新的机遇，民办幼儿园得到迅速发展。

（四）2010 年至今：规范阶段，支持引导社会力量举办普惠性民办园

2010 年《国家中长期教育改革和发展规划纲要（2010—2020 年）》和《国务院关于当前发展学前教育的若干意见》明确指出“鼓励社会力量以多种形式举办幼儿园。通过保证合理用地、减免税费等方式支持社会力量办园。积极扶持民办幼儿园，特别是面向大众收费较低的普惠性民办幼儿园发展。采取政府购买服务、减免租金、以奖代补、派驻公办教师等方式，引导和支持民办幼儿园提供普惠性服务。民办幼儿园在审批登记、分类定级评估指导、教师培训、职称评定、资格认定、表彰奖励等方面与公办幼儿园具有同等地位”。2011 年的《财政部、教育部关于加大财政投入支持学前教育发展的通知》对如何积极扶持民办幼儿园发展提出了具体要求：“各地要制定优惠政策，通过保证合理用地、减免税费等方式，鼓励和支持社会力量以多种形式举办民办幼儿园；采取政府购买服务、减免租金、以奖代补、派驻公办教师等多种方式，引导和支持民办幼儿园提供普惠性、低收费服务。中央财政安排‘扶持民办幼儿园发展奖补资金’，根据各地扶持普惠性、低收费民办幼儿园发展的工作实绩给予奖补。”

2018 年 11 月，中共中央、国务院印发《关于学前教育深化改革规范发展的若干意见》，指出“到 2020 年，全国学前三年毛入园率达到 85%，普惠性幼儿园覆盖率（公办园和普惠性民办园在园幼儿占比）达到 80%”，要求“积极扶持民办园提供普惠性服务，规范营利性民办园发展，满足家长不同选择性需求”，强调“要鼓励社会力量办园，政府加大扶持力度，引导社会力量更多举办普惠性幼儿园。2019 年 6 月底前，各省、自治区、直辖市要进行进一步完善普惠性民办园认定标准，补助标准及扶持政策，通过购买服务、综合奖补、减免租金、派驻公办教师、培训教师、教研指导等方式。支持普惠性民办园发展，并将提供普惠性学位数量和办园质量作为奖补和支持的重要依据”。

可以看出，不同历史时期、不同的政策文本对社会力量办园和民办园有不同的具体解释和政策定位，这种不同理解受制于特定的社会背景下的经济模式和社会治理模式，以及教育发展模式和学前教育发展程度。时至今日，民办园已经成为社会力量办园中的主体力量，需要政府从政策支持、制度协调与法律规范等各个方面进行鼓励、引导，调动更多的社会力量举办幼儿园，共同促进我国学前教育的发展，满足人民群众对高质量学前教育的多样化需求。

二、我国民办园的现状与问题

（一）现状

1. 公办民办并举的办园格局基本形成

经过几十年来的政策调整和持续推进，特别是党的十八大以来近十年的跨越式发展，我国已经初步建立了广覆盖、保基本、有质量的学前教育公共服务体系。2019 年，学前三年普及率达到 83.4%，幼儿园总数已达 28.12 万所，其中民办幼儿园总数为 17.32 万所，占全国幼儿园总数的比例为 61.59%；全国在园幼儿总数已达 4713.88 万人，其中民办园在园幼儿为 2649.44 万人，占全国在园幼儿总数的比例为 56.21%；全国幼儿园共有教职工 491.57 万人，其中民办园教职工人数为 320.52 万人，占全国幼儿园教职工总数的 65.20%；全国幼儿园专任教师已达 276.31 万人，其中民办园专任教师数为 169.30 万人，占全国幼儿园专任教师总数的 61.27%。可以看出，民办园是我国学前教育资源供给的重要力量。

此外，还可以从历史的角度纵向地看出近年来民办幼儿园的发展趋势。《国家中长期教育改革和发展规划纲要（2010—2020 年）》颁布以后，从 2009 年到 2019 年的十年间，我国逐渐明确了公益普惠的发展方向，建立政府主导、社会参与、公办民办并举的办园体制，公办园和民办园在此期间均在稳步增长，初步形成公办民办共同发展的新格局。从公办园和民办园的数量来看，二者比例一直保持在 4 ：6 左右（见图 5-1）；从公办园和民办园的在园幼儿数来看，民办园的在园幼儿数增长速度较公办园更快，2019 年全国民办园在园幼儿数占比已经达到 56.2%，比 2009 年的 42.7% 增加了 13.5 个百分点（见图 5-2）。虽然公办园和民办园的具体变化趋势有所差异，但公办民办并举的办园格局基本稳定。

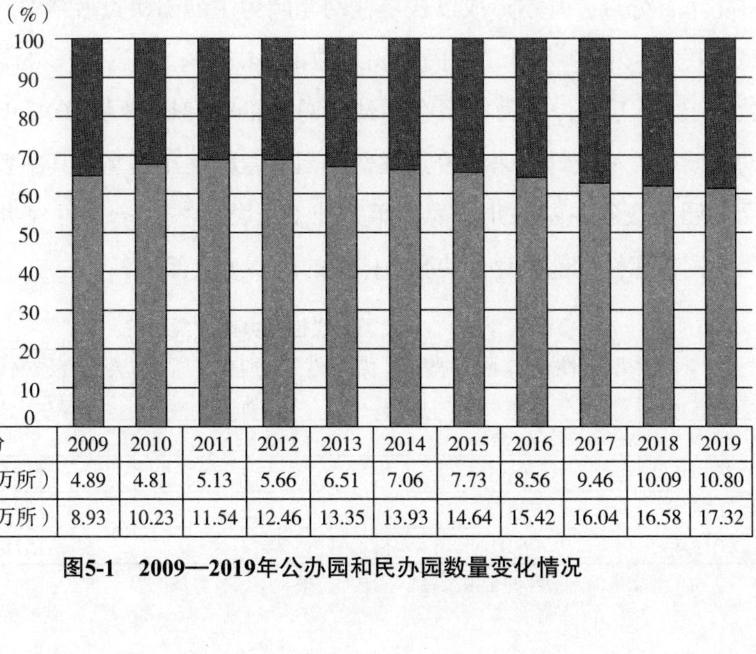

年份	2009	2010	2011	2012	2013	2014	2015	2016	2017	2018	2019
■公办园（万所）	4.89	4.81	5.13	5.66	6.51	7.06	7.73	8.56	9.46	10.09	10.80
■民办园（万所）	8.93	10.23	11.54	12.46	13.35	13.93	14.64	15.42	16.04	16.58	17.32

图5-1 2009—2019年公办园和民办园数量变化情况

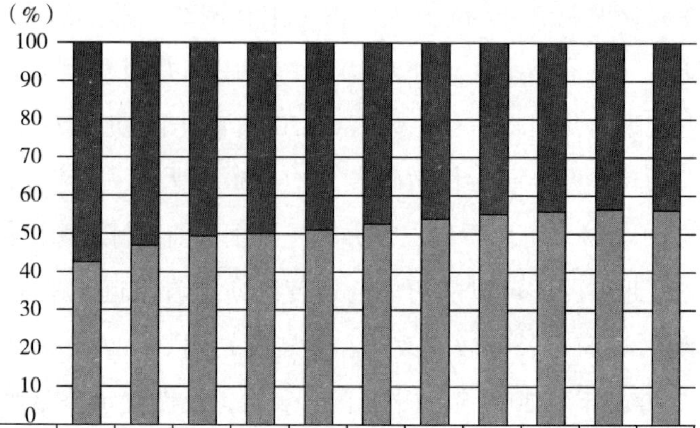

年份	2009	2010	2011	2012	2013	2014	2015	2016	2017	2018	2019
■公办园在园幼儿数（万人）	1524	1577	1730	1833	1904	1925	1962	1976	2028	2017	2064
■民办园在园幼儿数（万人）	1134	1399	1694	1853	1990	2125	2302	2438	2572	2640	2649

图5-2　2009—2019年公办园和民办园在园幼儿数变化情况

2. 普惠性民办园已成为普惠性学前教育资源供给的重要主体

2019 年，普惠性幼儿园为 20.29 万所，普惠性幼儿园在园幼儿数达到 3582.95 万人，全国普惠性幼儿园覆盖率达到 76.01%，比 2016 年提高了 8.71 个百分点，基本形成以普惠性幼儿园为主的园所类型结构。其中，普惠性民办园 9.49 万所，占民办园总数的 54.79%，普惠性民办园在园幼儿数 1518.51 万人，占民办园在园幼儿总数的 57.31%。从 2016 年有普惠性幼儿园覆盖率统计以来，普惠性幼儿园覆盖率逐年提高，其中普惠性民办园的园所数和在园幼儿数都逐年上升（见表 5–1），普惠性民办园已经成为我国普惠性学前教育公共服务体系的重要组成部分。

表5-1　　我国普惠性民办园发展情况

	普惠性幼儿园覆盖率（%）	普惠性民办园园所数（万所）	普惠性民办园在园幼儿数（万人）
2016年	67.3	5.8	994.30
2017年	70.63	7	1221.20
2018年	73.07	8.2	1385.59
2019年	76.01	9.49	1518.51

注：数据来源于历年的全国教育事业统计公报、中国教育概况等。

3. 民办园发展在"支持和规范"的政策下机遇与挑战并存

目前，我国社会正处在"两个一百年"的历史交汇期，也处在各项社会事业快速发展期和转型期。进入中国特色社会主义新时代，我国社会的主要矛盾已转变为人民日益增长的美好生活需要与不平衡不充分的发展之间的矛盾，在学前教育领域则体现为人民对幼儿园有园上、上好园的需要与学前教育资源特别是普惠性学前教育资源发展不平衡不充分之间的矛盾。2017 年，党的十九大报告确定了"到 2020 年我国要全面建成小康社会""到 2035 年基本实现社会主义现代化""到 2050 年把我国建成富强民主文明和谐美丽的社会主义现代化强国"三步走的社会发展路线图。2019 年，中共中央、国务院印发《中国教育现代化 2035》提出"到 2035 年我国应全面普及学前三年教育，建成覆盖城乡、布局合理的学前教育公共服务体系，形成完善的学前教育管理体制、办园体制和政策保障体系，为幼儿提供更加充裕、普惠、优质的学前教育"。同年，国家发展改革委等 18 部门印发《加大力度推动社会领域公共服务补短板强弱项提质量促进形成强大国内市场的行动方案》要求"在推进基本公共服务均等化、普惠化、便捷化的同时，推动非基本公共服务市场化、多元化、优质化"。随着社会发展目标的逐步实现，我国学前教育事业发展也必然会逐步达到教育体制完善、园所数量充足、保教质量优质的目标。民办幼儿园的未来发展也需要在这个大的社会改革背景和趋势下进行考量。

关于民办园的法律规定和政策体系也在不断完善。2016 年修订的《中华人民共和国民办教育促进法》(以下简称《新民促法》)明确提出"支持民办教育健康发展，并要求民办教育按照营利性和非营利性分类管理"；同年，国务院出台《关于鼓励社会力量兴办教育促进民办教育健康发展的若干意见》、教育部等五部门发布《民办学校分类登记实施细则》、教育部等三部门发布《营利性民办学校监督管理实施细则》，这一系列有关民办教育的法律法规的相继出台，为民办幼儿园的依法治理和规范发展奠定了法律基础和制度保障，民办园面临着前所未有的发展机遇。

同时，新时代新形势对学前教育事业发展提出了更高要求，也为民办园的发展提供了更大挑战。坚持普惠性和公益性是未来学前教育发展的基本政策方向，为广大人民群众提供优质安全的学前教育服务、同时兼顾社会的多样化需求是未来学前教育资源供给的基本策略。根据分类管理的原则，民办园自由选择发展定位和发展方式，一部分民办园在政府的支持下为广大适龄儿童提供普惠性服务，另一部分民办园则为有更高质量需求并愿意为之支付更多费用的家庭提供个性化的学前教育服务以满足多样化的需求。民办园到底是办成普惠园还是高端园，都将在依法依规的基础上逐步实现“治理现代化”。对于民办园的投资者和举办者而言，选择什么样的园所定位和发展方向，都需要在保证幼儿园保教质量的基础上综合考虑政府和市场的实际情况而做出判断，才可能保持民办园的可持续发展。

（二）问题

1. 民办园准入资质简单地采用“整齐划一”的标准，不利于社会力量因地制宜开办各种类型的民办园

民办园认定标准中对硬件设施的高要求，导致了社会力量举办幼儿园的门槛过高。从幼儿园的准入资格来说，我国各地幼儿园的认定标准中都对幼儿园的硬件设施、户外活动场地面积、设施设备配备、幼儿园师资队伍等进行细致的规定，这是保障幼儿园能够开展基本的保教活动的基础。但调查发现，由于幼儿园准入标准中对活动室面积和户外活动场地的大小、设施设备的数量、注册资金的多少等都进行了明确的量化要求且属于必要条件，很多民办园因为各种原因难以达到这些量化要求而不能获得办园资质，甚至导致了部分无证园的出现。例如，一般而言，城市商业地段、人口密集区、城乡接合部等区域都面临着普惠性学前教育资源短缺的问题，但却很难找到户外活动面积、房屋产权属性、房屋建筑设计都符合准

入标准要求的场地，这种状况在很大程度上打击了社会力量举办幼儿园的积极性，也加大了这些地区入园难问题解决的难度。很多研究者也认为，学前教育是一项综合性的公共服务事业，应该提倡政府、市场、社会力量等多方参与，提供多元服务，不宜用整齐划一的标准办幼儿园；这既不利于满足人民群众的多样化需求，也不利于一个国家或地区幼儿园发展的多元性要求。

2. 民办园管理工作机制中依然存在以审代管的现象，不利于对民办园办园过程的严格监管

我国实施的是“国务院领导、省市统筹、以县为主”的学前教育管理体制。各级政府对学前教育事业管理采取的是“教育部门主管、有关部门分工负责”的工作机制，教育、编制、发展改革、财政、城建、卫生等部门根据职能分工，对幼儿园实施管理职责。但实际上这种多头管理给以审代管带来了寻租空间。政府各相关部门对民办园进行行政审批后，对幼儿园疏于过程性监管。于是出现了部分民办园将获取经济利益放在首位，盲目扩大班额、降低教师工资、保教质量低下等问题，办园行为的规范性难以保证。行政审批一般是指相关行政职能部门根据自然人、法人或者其他组织提出的申请，经过依法审查，采取“批准”“同意”“年检”发放证照等方式，准予其从事特定活动、认可其资格资质、确认特定民事关系或者特定民事权利能力和行为能力的行为。民办园管理工作中“以批代管、只批不管、不批不管”的“重审批轻监管”问题依然存在，甚至在部分地区对民办园管理中出现了“一次审批、终身免检”的现象，民办园办园过程中需要关注的办园行为、安全保障、保教质量等都难以得到及时监管和有效支持。

3. 政府为民办园发展提供的支持性环境不够充分，民办园发展潜力尚未完全释放

政府对民办园的支持需要建立一个从政策法规到制度建设再到具体举措的体系，只有这样，才能真正将支持性政策落实到具体实践。我国一直

坚持“积极鼓励、大力支持社会资金举办民办幼儿园”的基本政策方向，要求“各地政府加大扶持力度，引导更多民办园提供普惠性服务”，地方政府在国家相关政策的框架下根据本区域的实际自行制定实施细则。近年来各地陆续出台了一系列的规章制度，采取了各具特色的民办园扶持举措。各地在政策执行过程中还存在着理解不深、形式单一、举措不力、选择性执行等情况，还没有建立起对民办园的系统性、有效性的支持体系。各地一般是通过财政补贴办园经费、支持民办园教师专业学习与培训、办园行为和教研指导等方式支持民办园的发展；但很多举措主要针对普惠性民办园，且财政补贴的标准随意性较强，教师培训多以宣讲幼教政策为主，真正划拨供地和减免租金等举措较少。应该说，目前各级政府对于民办园发展提供的支持性环境和条件还不够充分。相关行政部门涉及学前教育发展和民办园管理的机构缺失、人员不足，职责不清、管理模式不合理、管理水平良莠不齐等问题较为普遍，管理过程出现了很多“缺位”“错位”“越位”的现象。

此外，各地对民办园质量提升也缺乏有效的管理和支持。对幼儿园进行等级评定是推动幼儿园保教质量提升的有效举措，也是各地政府行政管理的主要方式。等级评定的标准是衡量或判断幼儿园价值程度的准则与标尺。但综合各地的等级评定政策特别是层级评定标准，大多缺乏对当时民办园实际保教质量的考量，使得部分民办园难以参与到等级评定中。缺少科学的评价标准去衡量民办园质量，也会导致之后对民办园的管理与扶持缺乏针对性，同时也会对民办园开办之后的办园行为和保教质量难以进行有效监管。

4. 民办园分类管理政策实施进程缓慢，一定程度上影响了民办园的整体发展

2015 年《中华人民共和国教育法》完成修订，删除了“不以营利为目的”等有关条款，意味着正式开放了营利性民办学校的准入；2016 年

《新民促法》正式确立了我国民办学校营利性和非营利性分类管理的法律框架，随后相关部门相继颁布了《关于加强民办学校党的建设工作的意见（试行）》《关于鼓励社会力量兴办教育促进民办教育健康发展的若干意见》《关于〈营利性民办学校监督管理实施细则〉的通知》《关于印发〈民办学校分类登记实施细则〉的通知》《中华人民共和国民办教育促进法实施条例》等一系列政策文件。上述法律法规的修订与出台，构建了我国民办教育的基本政策体系。而占据我国民办教育半壁江山的民办园，则是分类管理政策实施的重点。

就法律和政策方面而言，我国“允许营利性民办园发展，同时引导社会力量捐资举办非营利性民办园”的导向十分明确。根据各省出台的民办教育新政实施意见和相关细则，绝大多数省份都预留了民办学校分类登记的过渡期，一般为5~10年不等。2018年11月，中共中央、国务院印发的《关于学前教育深化改革规范发展的若干意见》明确要求“2019年6月底前，各省（自治区、直辖市）要制定民办园分类管理实施办法，明确分类管理政策。现有民办园根据举办者申请，限期归口进行非营利性民办园或营利性民办园分类登记”。这无疑加快了民办园的分类登记进程，有利于《新民促法》的落地实施。

但很多调查也发现，各地在民办园分类管理的过程中也存着各种问题。一是地方政府有关部门对法律概念的“营利性”“非营利性”与政策概念的“普惠性”“非普惠性”的理解存在分歧和差异。两组概念在政策实施时如何区分、是否可以兼容，目前并没有达成一致。比较部分省份的相关政策发现，辽宁、陕西等地将“非营利性民办园”和“普惠性民办园”直接等同，浙江等地则将“非营利性民办园”和“普惠性民办园”并列兼容。二是部分民办园举办者在选择“非营利性”和“营利性”之间举棋不定，这主要是由于其对于分类管理政策还不完全理解甚至存在误解；还有少部分举办者甚至存在一定的投机侥幸心理，认为这场民办园分类管理的改革中还有很多政策漏洞可以利用。可以说，政府和民办园举办者对民办教育分类管理改革的理解还有不少偏差，这种状况既影响了民办园分类管理的推进，也影响了整个民办学前教育的发展。

5. 对普惠性民办园的财政支持有限，普惠性幼儿园收费补贴机制需要进一步完善

自从2010年国务院颁布的《关于当前发展学前教育的若干意见》首次提及“普惠性”以来，各级政府相继出台了扶持和发展普惠性民办园的政策，对普惠性民办园的认定办法、评估标准、奖励和扶持举措等做出了详细规定，推动了我国普惠性民办园的发展。北京、上海、浙江、江苏、广东等省（直辖市）已经初步构建了较为完善的普惠性民办园发展支持体制机制。从各地的已有政策来看，政府对普惠性民办园的支持举措主要有购买服务、补贴租金、培训教师、经费奖补、添置大型设备设施和配备玩教具、税费减免、教科研支持、纳入和公办园统一的质量监控体系等。可以说，“政府应该承担发展普惠性民办园的主导责任”政策理念已经形成。

但从现实来看，政府对普惠性民办园的财政经费投入仍然制约着现有民办园发展潜力。

一是各地对普惠性民办园的认定条件主要集中于对收费标准的约束，绝大多数是执行或者参照同类公办园收费标准，有的允许适当上浮（个别地区最高可到2.5倍）。但是，同等的收费标准，相比于公办园的保障水平，普惠性民办园获得的政策扶持远远不够，不利于持续健康发展[①]。

二是政府对普惠性民办园的财政投入有限，对普惠性民办园的财政补助标准普遍偏低，加上收费标准偏低，部分普惠性民办园面临着办园成本加财政补助难以覆盖支出的困境。据2018年的一项面向湖南、湖北、河南三个中部省份的调研显示，54.39%的民办园接受政府财政补贴总额为1万~2万元/年，有26.09%的民办园接受的政府财政补贴在每年1万元

① 佘宇：《究竟什么是普惠性民办园？》，《人大复印资料·幼儿教育导读》，2019年第11期。

以下，有 7.56% 的普惠性民办园接受的政府财政补贴为每年 2 万 ~3 万元，只有 11.96% 的普惠性民办园接受的政府补贴在每年 3 万元以上[①]。例如，北京市从 2019 年开始全市普惠性幼儿园按照学前教育绩效成本预算管理模式配套政策设计，经评估合格的普惠性幼儿园在收费与扶持方面按“统一收费标准，统一财政补贴”方式进行管理，收费与补贴将根据学前教育事业发展、财政状况、物价变动等因素进行动态调整。这一政策已经实施一段时间，但部分普惠性民办园出现了财政补贴加保教收费的总体收入难以维持办园基本运转的现象，有些幼儿园通过降低教师工资和基本玩教具投入压缩成本，保教质量出现了一定程度的下降。可以说，公共财政投入的有限和实际需要之间的矛盾依旧十分突出。

三是政府对民办园的财政补贴方式单一。政府一般以幼儿生均经费补贴的形式为主支持民办园，还有按园所等级实行学位、班额补贴和按项目补贴等方式，但很少在民办园的教师工资待遇或专业发展、幼儿园教科研方面给予经费支持。基于我国普惠民办园发展的政策设计，政府的财政投入是保障民办园能够实现“普惠性”的基础。

因此，如何在政府限价和财政补助之间取得平衡以保障普惠性民办园的可持续发展成为现阶段面临的困境。这种状况一方面和各地还基本没有形成科学的普惠性民办园成本分担机制有关，另一方面和各级政府还没有形成合理的学前教育财政投入层级有关。从现实情况来看，“以县为主”的管理体制意味着普惠性民办园的财政支持主要来源于区县层面的投入，财政投入的行政层级过低导致了普惠性民办园财政投入过少。

6. 对民办园保教质量的评估、监测与支持一体化机制尚未建立，难以保障民办园提供有质量的学前教育服务

让适龄儿童能够接受安全有质量的学前教育，是当前办好人民满意的

① 王声平、皮军功、关荆晶：《政府发展和管理普惠性民办幼儿园的现状及其改进建议》，《学前教育研究》，2018年第8期，第17–27页。

学前教育的出发点，保障和支持民办园提供有质量的学前教育是政府的基本职责。目前，各地民办园的保教质量良莠不齐，有“高端”民办园提供质优价高的学前教育服务，也有“低端”民办园的教育质量难以达到基本的要求。特别是作为普惠性学前教育资源重要组成部分的普惠性民办园，教育质量与公办园相比存在着较大差距，影响了我国普惠性学前教育资源供给的整体质量。公办园由于有稳定的政府财政投入，在软硬件方面都有保障，而且收费较低，提供的是价廉质优的学前教育服务；但由于政府对普惠性民办园的投入相对较少且很不稳定，在低收费、缺扶持的情况下，很多地区的普惠性民办园通过降低教师薪资待遇和扩大班级规模、压缩玩教具成本等维持运行，以致教育质量不仅难以提高，甚至出现了下滑。

政府行政部门对民办园保教质量的管理通过认定与准入、支持与引导、评估与监测等一系列过程来实现。其中，评估和监测是政府对幼儿园的过程性管理行为，目的在于规范民办园办园行为和提高民办园办园效率，是民办园教育质量保障机制的重要组成部分。目前各地对民办园保教质量的评估监测体系尚未建立。虽然教育部于2017年颁布实施《幼儿园办园行为督导评估办法》，要求以区县为单位对包括民办园甚至“未取得办园许可的幼儿园”实行全覆盖式督导评估，但这一文件规定的督导评估的内容仅聚焦在幼儿园的办园行为方面，具体包括办园条件、安全卫生、保育教育、教职工队伍和内部管理五个方面，并没有完全涵盖幼儿园保教质量。

通过分析民办园评估政策可以发现：首先，政府对民办园的评估内容主要以幼儿园的收费标准、幼儿园户内外活动场地面积与设备、班额人数与师幼比、校车安全等几项指标为重点；评估方式多以每年定期到幼儿园进行检查和评估（一般称为“年检”）为主，个别地区还会随机入园评估和要求民办园提供自评报告。其次，政府对民办园评估反馈结果主要集中在幼儿园安全管理、幼儿园卫生保健、幼儿园硬件设施等方面，大多以书面或电话的形式直接反馈给幼儿园举办者或园领导。最后，各地多是通过自上而下的外部评估来对民办园的保教质量进行监测管理，民办幼儿园在评估中基本处于被动地位，民办园举办者、园长和教师、幼儿家长和社区人员等相关利益者对幼儿园保教质量的责任感和主体作用没有得到激发和发挥。因此，这种终结性评估机制也难以真正对民办园的办园质量产生实质性的促进作用。

三、促进我国民办园发展的政策建议

新时代我国学前教育事业发展的任务是“推进学前教育普及普惠安全优质发展，满足人民群众对幼有所育的美好期盼，为培养德智体美劳全面发展的社会主义建设者和接班人奠定坚实基础”。基于此，促进民办园发展的目的是“扩大学前教育资源供给的数量，提高学前教育资源供给的质量，优化学前教育供给的结构”。为了更好地鼓励和支持民办园发展，需要从以下六个方面入手。

（一）实现民办园的提质增效有赖于相关政策真正落地

无论是从我国民办园的政策演进、发展历程还是现有状况来看，民办园一直都作为学前教育事业发展的有机组成部分，为满足适龄儿童接受合格的学龄前教育发挥了重要作用。新时代以来，党和政府高度重视和积极鼓励社会力量兴办教育，引领我国民办园的发展方向，指导我国民办园的发展路径，推动我国民办园为办好人民满意的学前教育做出新的贡献。在中央高度重视的背景下，地方各级政府对民办园的重视程度也越来越高，政府将支持和规范民办园的发展作为法定职责，相关政策在不断完善，发展环境在不断优化，民办园规模也在不断扩大。

目前，民办园改革发展的总体方向是提质增效，需要各级政府继续强化政策的落地，从制度设计、管理体制、运行机制、扶持举措等不同层面和各个方面落实对民办园发展的政府职责。一是完善顶层设计，各级政府要将民办园的发展纳入经济社会发展和学前教育事业发展的整体规划，以国家相关法律和中央文件精神为依据，结合本地区实际需求的科学预测，制定本地区民办园发展的总体规划，以政策引领民办园的发展方向。二是政府相关行政部门通过制定行业标准、出台实施细则、健全评估监督、统筹协调工作等具体管理手段将对民办园的支持落到实处。三是不同职能部门形成联动机制，打破束缚民办园发展的体制机制障碍，改变在民办园管理中多头管理、条块分割的传统体制，形成民办园管理部门协同、联勤联动的“新常态”[①]。

（二）通过深化“放管服”改革激发民办园活力

民办园准入门槛过高和准入机制缺乏灵活性、民办园管理过程中出现的“以审代管”现象，其实质都是政府教育行政管理体制与学前教育事业发展不相适应的表现。因此，加快教育行政管理体制改革，提升政府教育治理体系的现代化水平，纵深推进教育领域放管服改革，是进一步激发民办园、提高民办园管理效率的根本举措。

首先，在保证幼儿安全和支持正常保教活动开展的前提下适当调整现有的幼儿园准入标准。特别是对园所位置、场地面积、设备标准等外在的非关键性要素在准入标准中要设置一定的弹性调整空间，而不是采取“一刀切”的硬性规定，以适应不同地域办园需求。需要强调的是，降低准入门槛并不是简单地降低现有的设置标准，而是在办园标准的各个要素上有更大的选择和腾挪空间，以丰富办园形式，增加学前教育供给的多样性。实际上，北京、广州、上海等地区已经在调整准入标准方面进行了尝试。例如，北京市在2017年就通过设立“社区办园点”的方式将一部分原来“不达标”的幼儿园纳入规范管理，从《北京市学前教育社区办园点安全管理工作基本要求（试行）》中的相关规定可以看出，在保证安全的基

---

① 周海涛、景安磊、刘永林：《助力支持和规范民办教育发展》，《教育研究》，2017年第12期，第38–41页。

础上，“社区办园点”的准入标准在师幼比、生均幼儿活动室面积等方面都降低了要求。广州市天河区 2018 年出台了《微小型幼儿园开办工作指引》，基于规范化幼儿园设立审批的标准和程序，实行了“两放宽、两提高”，即放宽面积和规模限制，提高师资学历和监管要求，鼓励社会力量举办园所规模在 5 个班及以下、服务灵活、优质多元的微小型幼儿园。事实上，这些依托社区、因需而生、因地制宜的小型幼儿园在一定程度上解决了特定区域、特定人群的入园困境，满足了家长多元化的需求，也使学前教育供给系统更为多元和丰富。

其次，将民办园管理的“基于准入标准的前置审批”改革为“基于行业标准的事前登记备案、事中事后行业监管”。传统的行政管理以前置审批为中心，严把市场准入的门槛，并以审批手续作为后期监管的基本依据和惩治手段，以审代管是主要的管理方式。党的十八届三中全会以后，我国提出和推进“放管服”改革：“放”即简政放权，降低准入门槛；“管”即创新监管，促进公平竞争；“服”即高效服务，营造便利环境。“放管服”改革以放松管制、减少审批、简化流程和强化监督为主要内容，要求政府行政从关注“入口”的审批转向对行为主体的全过程监管和服务，工作重心和行政资源配置向事中事后监管转变。在对民办园的管理中，应该将“严进宽管”转为“宽进严管”，政府要将直接管理的行政审批改为通过制定行业标准的登记备案制度，放宽准入门槛（并设置弹性调整空间），加强对民办园的过程监管，引导民办园规范办园、良性竞争和有序发展。

最后，推进教育治理能力现代化，提高民办园管理水平。从管理学的角度来说，完整和科学的制度安排、协调有效的组织体系和灵活的运行机制、有效解决教育领域现实矛盾和问题的能力是教育治理体系和治理能力现代化的三大标准。为了达到这样的标准，需要抓住两个核心——建立协调有效的组织架构和形成科学完备的制度安排。将对民办园的审批从监管中分离，意味着针对民办园管理的行政方式、运作流程、资源配置等必须发生一系列的改变，本质上要求民办园的审批部门与监管部门在责任界定清晰的基础上能够统一标准、共享信息、协同配合，这给相关地方行政部门在惯性思维、固有利益、监管能力等方面都带来了挑战。因此，应该优化民办园管理中的权责配置，根据“谁审批、谁负责；谁主管、谁监管”的原则，理顺和衔接相关行政部门各自职责，形成分工明确、节点控制的审管协同结构与职责体系。审管部门之间还要建立联席会议机制，专项协调具体事务。

（三）建立差别化的民办园发展“分类扶持”体系

首先，完善民办园分类管理政策的系列配套文件是基础。2016 年《新民促法》颁布之后，各地就开始着手营利性民办园和非营利性民办园分类管理，但由于各地对政策的认识理解水平不一、民办教育的发育程度不一、学前教育的发展基础不一、人民群众的接受能力不一，因此民办园分类管理政策推进的进程也不一样。从总体看，绝大多数地区还没有形成较为完善的民办园分类管理政策制度设计，也没有细化民办园分类管理的实施细则，更没有出台切实可行的时间表和路线图。我国民办园的规模大、类型多，产权归属和管理体制复杂，实施民办园分类管理是一项系统的工程，需要各级政府明确各自的职责。从纵向看，目前国家层面的民办教育分类管理法律体系和政策体系已经基本确立，各省的配套实施细则也在陆续颁布。但省市、区县层面还需要细化幼儿园分类的政策，在民办园的法人属性、出资回报、产权处理、税收政策、土地政策、收费政策、补贴政策等方面出台系列配套政策文件进行明确规定；与此同时，还要最大限度地简化分类程序，降低分类管理改革的制度性交易成本，确保分类管理的改革能够平稳有序推进。

其次，强化对民办园的规范管理，根据分类管理原则制定并实施差别化的民办园分类扶持政策是关键。根据民办园营利性和非营利性的分类，在登记、用地、财政、税收、收费、扶持、退出等方面都应建立差别化的政策体系。分类扶持的原则有两个要点：一是对所有的民办园都应该进行鼓励和支持，但扶持的方式和力度有所差别，对非营利性民办园的财政扶持力度要大于营利性民办园；二是对民办园的扶持要兼顾效率与公平，即从效率的角度对高质量的民办园扶持力度更大，从公平的角度而言对承担普惠性任务的民办园扶持力度更大[①]。差别化扶持政策是否明确全面和能否有效落实，影响着民办园举办者分类选择的意愿和方向，决定了民办园分类管理改革的成效。因此，各地应该在法律框架下，根据本地财政经济状况，对财政专项资金、政府购买服务、办园基金奖励等做出详细规定，给予民办园举办者信心和动力。

最后，依法为营利性民办园提供发展空间和制定扶持措施。在引导和鼓励社会力量举办公益普惠幼儿园的基础上，也需要充分尊重营利性民办园的选择和理解营利性民办园的价值。营利性民办园在扩大学前教育资源供给、满足人民群众的差异化需求等方面发挥着重要作用。在“遏制过度逐利行为”的前提下，政府应该支持营利性民办园合法依规办园，重点在设置审批、质量保障、规范办学、风险防控等方面不断完善管理政策，建设营利性幼儿园监督管理与风险防控体系，引导营利性民办园合作设立投资基金，用于幼儿园创新发展，防范办园风险。

（四）建立普惠性民办园经费保障和财政补助动态调整机制

首先，厘清普惠性民办园与非营利性民办园的关系有助于普惠性民办园扶持政策的实际推行。就目前的法律法规体系而言，“普惠性幼儿园”并不是法律概念，而是政策语言，本质上是作为政府调控、引导民办园办园行为的管理手段。在政策文件中普惠性民办园主要指的是“面向大众、收费较低、质量合格”，强调的是“经济上的可承受”，是从幼儿园面向社会提供服务的性质来界定的，解决的是学前教育在地理上和经济上的可及性问题。“非营利性民办园”则在法律上有严格的限定，根据2016年《新

① 高姣姣：《分类管理背景下政府扶持民办幼儿园发展的对策研究》，渤海大学硕士学位论文，2018年，第30–35页。

民促法》，其核心特征是“不得取得办学收益，学校的办学结余全部用于办学”，主要区别于依照公司法运行的营利性民办园。就两者关系而言，从理论上说，任何类型的民办园，包括营利性和非营利性的民办园都可以被政府认定为普惠性民办园；从实践来看，非营利性民办园由于普遍得到政府扶持，又没有经济收益的刺激，因此，一般会提供收费较低的服务，而被政府认定为普惠性幼儿园①。

其次，加大政府财政对普惠性民办园的投入、提高政府财政补助标准是落实普惠性民办园扶持政策的关键。在 2018 年 11 月，中共中央、国务院印发的《关于学前教育深化改革规范发展的若干意见》中明确提出“2019 年 6 月底前，各省（自治区、直辖市）要进一步完善普惠性民办园认定标准、补助标准及扶持政策”。全国各地相继出台了普惠性民办园扶持的相关政策，并在近年内不断完善各项标准和出台新的方案。今后一段时期的重点是将扶持政策和方案真正落地实施。2020 年的一项针对普惠性民办园园长的调查显示，普惠性民办园面临的三大主要困难是经费短缺、招生困难和教师的流动性大，最需要得到的三大支持举措是提高教师待遇、政府加大投入和优化内部管理。目前，各地基本是根据本地政府的重视程度和财政能力确定补助标准和补助方式，由于财政补贴实施的是区县统筹，导致即使是同一个地市，区县之间的补贴政策也存在很大差异。要改变这种财政投入状况，需要提高学前教育投入中财政性学前教育经费的占比，达到实现普及普惠的学前教育公共服务体系的发展目标的要求；同时，将普惠性民办园财政补贴统筹上升到地市层级或者省市层级。实际上，这与《新民促法》中“非营利性民办学校收费的具体办法，由省、自治区、直辖市人民政府制定”的规定一致。

最后，尽快建立普惠性幼儿园财政补贴与收费标准、绩效考核联动的动态调整机制。各地亟须根据新形势及时调整完善幼儿园收费管理政策，

① 佘宇：《究竟什么是普惠性民办园？》，《人大复印资料·幼儿教育导读》，2019年第11期。

组织发展改革、教育、财政等相关部门，完善普惠性幼儿园收费标准和财政补贴联动的动态调整机制，适时研究调整普惠性幼儿园收费标准，避免出现财政补贴加保教收费的总体收入难以支持办园支出的困境，进而带来办园质量下滑的隐患。与此同时，各地要尝试建立以绩效预算管理为核心的学前教育财政投入机制，建立财政补助与绩效考核挂钩机制，一方面考虑政府对普惠性民办园采取“弥补成本＋绩效奖励”的奖补政策；另一方面，在普惠性民办园收费收入和财政生均定额补助基本满足幼儿园日常运转的基础上，根据普惠性民办园办园质量督导评估结果给予一定的绩效奖励，引导促进普惠性民办园安全优质发展。

（五）加强民办园师资队伍建设

教师是教育的第一资源。目前，民办园的师资队伍专业素质是制约民办园保教质量的关键因素，需要在政策层面构建相应的激励与保障机制来推进民办园教师专业发展。

首先，将民办园师资纳入与公办园师资统一的师资管理队伍体系，让民办园教师在资格审核、职称评审、培训教研等方面享有和公办园教师同等的机会和权益，这也是避免民办园教师无序流动和快速流失的管理保障。

其次，制定相关法律、法规提高民办园教师的福利待遇，并保障其合法权益。民办园教师长期以来处于弱势地位，其社会地位、职业地位、经济地位都没有得到落实，因此需要通过政策法规如明确规定幼儿园的经费支出机构中用于人员工资待遇的支出比例不少于70%，以保障民办园教师的各项福利待遇，尤其是在参加社会保险方面能够得到落实，满足其最基本的需求，解决其后顾之忧，从而激发其工作激情。

最后，激励和支持民办园举办者多在教学科研方面下功夫，应该以科研促进教学并鼓励教师在教学中反思实践以提高保教质量。要引入竞争机制，使幼儿园教师的综合素质始终处于积极向上的发展变化之中。要通过“请进来”“走出去”“相互交流”等多种形式进行教师交流与合作。总之，根据教师成长的规律和需求，构建物质激励和精神激励相结合的激励机制，通过科学合理的激励策略来提升民办园教师归属感和工作积极性。

（六）健全民办园考核检查和督导评估监测体系

一是构建并实施幼儿园办园行为督导和办园质量评估体系。2018 年中共中央、国务院《关于学前教育深化改革规范发展的若干意见》等文件要求，“国家制定幼儿园保教质量评估指南，各省（自治区、直辖市）完善幼儿园质量评估标准、健全分级分类评估体系”“将各类幼儿园全部纳入质量评估范畴”“以区县为单位进行全覆盖式督导评估”。这些规定从制度上明确了各级政府在民办园督导评估中的具体职责，同时也体现了政府将督导评估作为推动幼儿园规范办园行为、提高保教质量的重要抓手。下一步，需要尽快出台国家层面的幼儿园保教质量评估指南，各地根据国家层面的指南制定本地的评估标准和评估实施细则，通过对普惠性民办园的保教质量进行全面督导实现对民办园质量的引领，推动普惠性民办园保教质量的全面提升。

二是积极推进管评分离，探索引入有资质的第三方机构开展质量评估。加强政府对民办园的督导评估并不是把督导评估作为控制和指挥民办园的“行政管制手段”，而是要真正通过督导评估发挥专家咨询和建议的“管理服务”，以督促改。将民办园的自我评估和政府委托的第三方专业机构评估结合，建立内外结合的评估体制，在评估内容、方式、程序和工具等方面不断进行专业化设计，并且政府在检查评估的过程中通过委派行政管理人员和专家学者入园指导等多种形式，将督导评估变成民办园保教行为规范和保教质量优化的过程。督导评估的结果应及时反馈给幼儿园并积极听取幼儿园举办者、园长、教师和家长等利益相关者对督导结果的建议，使督导反馈成为一个多方对话、协商和交流的过程。

三是建立一支立足实践、熟悉业务的专业化质量评估队伍，全面实施幼儿园责任督学挂牌督导制度，对幼儿园实施经常性督导。国家、省、地市、区县各级教育督导评估机构都有各自的职责，各级都需要组建一支数量充分、结构合理、素质较高、专业较强的学前教育专兼职督查队伍，面向各类幼儿园定期实施全覆盖、拉网式的督导。

四是注重评估结果的运用，建立“评估—监测—支持”一体化民办园质量保障机制。对民办园的督导评估是判断幼儿园保教质量水平和对幼儿园进行分类定级的手段，更重要的是要充分发挥督导评估的监督、指导、激励和导向作用。因此，需要对民办园的保教质量实施定期动态评价，评估内容与管理标准互通衔接，评估结果面向社会公布，并且建立财政资金补贴数量、教科研指导力度等相关支持举措与民办园提供的普惠性学位数量和办园质量直接挂钩的制度。

执笔人：易凌云　佘宇

第六章
究竟什么是普惠性民办园

一、什么是普惠性民办园

需要指出的是，“普惠性”并不是严格的法律概念，主要指的是幼儿园面向社会提供服务的性质，主要特征是“面向大众、收费较低、质量合格”，主要强调的还是“经济可承受”，区别于市场机构提供的基于供求关系、服务质量的“选择性”服务，旨在解决学前教育在地理上和经济上的可及性问题。

确定普惠性民办园的收费价格，要在充分考虑经济社会发展水平、物价正常增长以及办园成本、社会可承受程度等因素的基础上，适时调整保教费标准，使学前教育成本得到合理分担，保证幼儿园得到合理补偿、机构安全平稳运行、保教质量稳步提高。其中，最关键的就是政府必须切实落实投入责任。

二、营利性民办园也可以是普惠性的

普惠性民办园和非营利性民办园在概念上不能简单等同。前面提到，普惠性民办园的“普惠性”指的是机构所提供服务的性质，这种服务强调的是收费价格的可承受，也就是说，绝大多数幼儿家庭都能以承受得起的相对低廉的价格获得服务，家庭经济困难儿童、孤儿和残疾儿童等“弱势儿童”则在政府资助下获得服务，政府根据一定的标准对提供这种服务的民办园进行“普惠性”认定并提供相应的扶持。它不是一个法律概念，而是作为政府调控、引导民办学校办学行为的管理手段。从理论上说，任何类型的民办园，包括营利性和非营利性的民办园都可以被政府认定为普惠性民办园。

非营利性民办园的“非营利性”则是指一种机构的法人类型，它在法律上有严格的限定，根据2016年修订后的《中华人民共和国民办教育促进法》，其核心特征是“不得取得办学收益，学校的办学结余全部用于办学”，这就区别于依照公司法运行的营利性民办园。非营利性民办园的办学行为虽然是自主的，但是由于它们普遍得到政府扶持，又没有经济利益的刺激，因此，一般会提供收费较低的服务，而被政府认定为普惠性幼儿园。

三、收费低和保教质量如何兼得

如前所述，收费高低并不是区分营利性和非营利性的关键，普惠性民办园也可以是营利性的，营利性民办园在获得政府的限价补贴条件下也可以提供低收费的普惠性服务。

这里需要强调的是，如果政府仅仅将扶持的着眼点定位在“收费较低”上，而不是布局规划、园所质量、服务对象等方面，则是片面和有害的。对于追求自我收支平衡的营利性民办园来说，除非政府能够提供充足的经费保障，否则“低收费”只能以降低保教质量为代价，或者通过扩大班额来缩减成本，或者降低保教人员的工资待遇，或者减少玩教具的设备，或者挤占幼儿的伙食费，或者加收其他的费用，这无形当中就降低了保教质量。事实上，一些地方对民办园的限价扶持反而更加强化了“低收费、广招生”的外延式发展模式，使民办园锁定在低质量发展的水平上。

四、目前扶持政策存在的不足

目前，普惠性民办园的认定标准和支持政策还存在诸多不足。各地对普惠性民办园的认定条件主要集中于对收费标准的约束，绝大多数是执行或者参照同类公办园收费标准，有的允许适当上浮（个别地区最高可达到2.5倍）。但是，在同等的收费标准下，相较于公办园的保障水平，普惠性民办园获得的政策扶持远远不够，不利于持续健康发展。

因此，科学核算生均成本、规定生均拨款标准并将其纳入预算将是保障财政投入公平与长效的关键。只有政府分担达到一定比例（超过50%），才能保证普惠性民办园的公益性并实现有质量的发展。成本分担比例应当与家庭经济状况挂钩，对于老少边穷地区、欠发达地区和农村地区，家庭分担比例应进一步降低。只有通过建立政府、社会和家庭共同参与的合理的成本分担机制，调整学前教育财政支出结构，提高人员支出占比，才能保证合格幼儿园教师数量增加、保教质量提升和家长负担问题改善。

此外，除了要重视补齐农村幼儿园办园条件较差、师资力量薄弱、质量偏低等短板外，考虑到幼儿园服务半径小，布局规划不能仅仅集中于乡镇，而是必须送教进村，切实解决就近入园难的问题。例如，利用现有闲置资源、招募当地幼教志愿者，探索季节班、巡回辅导站、游戏小组、流动大篷车等学前教育提供方式，这些都可以作为政府补贴的内容。

五、构建公平发展的长效机制

“普惠性”是政府对学前教育进行调控的政策工具，意图是在扩大学前教育普及的同时增进教育公平。从这个意义上说，普惠性学前教育资源覆盖率达到80%的目标并不难实现，但是更重要的工作是构建学前教育公平发展的长效机制。

首先，要持续稳定增加对学前教育的财政性投入，推动各级政府落实按照生均财政拨款标准进行制度性投入的机制。在以县为主的管理体制基础上，进一步提高财政保障重心，加强省级统筹，参照义务教育经费保障机制做法，划分各级政府学前教育财政投入的分担比例。

其次，要构建以公办园为主的学前教育服务体系。财政保障的公办幼儿园当然应该提供普惠性服务并发挥主导和引领示范作用。公办民办并举的普惠性服务结构，是在当前财政投入不足以支持大规模公办园建设的情况下，通过发挥财政资金对社会办园的导向作用，扩大本应由政府投入的公办园资源。民办园的发展前途和竞争优势是加强内涵建设、提供个性化的服务，而不是提供基本公共服务。政府的投入重点应该是加强公办园建设，加大保障力度，兜住底部，引导整个学前教育向着保基本、有质量的方向发展。

再次，要均衡发展学前教育。尽快对一些地方学前教育非均衡发展模式进行纠偏，比照义务教育均衡发展标准，均衡配置包括园所建设、师资和玩教具配置等各种资源，加快扭转差距扩大的趋势，同时，进一步完善学前教育资助制度，真正在学前这个阶段让每一个适龄幼儿享受大致均等的服务。

最后，要加强幼儿园教师队伍建设。短期内要用好存量，加强对现有幼儿园教师的全员培训特别是科学保教专业能力培训，形成教师专业成长的长效机制。同时，要拓宽教师补充渠道，鉴于现有的公办教师编制远远难以满足庞大的教师需求缺口，必须创新补充机制，比如政府购买服务、特岗计划、接收免费师范生等。从国家战略高度对幼儿园教师队伍建设进行长远设计，出一些真招硬招，确保其能获得与同等资质、同等工作年限、同等职称的专业人员相当的待遇。

执笔人：佘宇

（原文载于中国人民大学复印报刊资料《幼儿教育导读》2019年11月1日）

第七章

探索农村学前教育有效供给模式

农村[①]学前教育是我国学前教育改革和发展的重要领域。教育部统计数据显示，2018 年农村（含镇区和乡村）在园幼儿数 2882.82 万人，占全国在园幼儿数的 61.91%[②]。2019 年全国幼儿园数达 28.12 万所，其中，城区 8.96 万所、镇区 9.29 万所、乡村 9.87 万所，农村幼儿园数量占比达 68.14%[③]。长期以来，我国农村学前教育面临很多问题，城乡学前教育发展的差距尤为突出。近年来，随着政策推进力度持续加大，农村学前教育得到了一定程度的发展，且正面临着进一步发展的良好机遇。为此，需要在考虑农村独特背景与条件的基础上，探索农村学前教育的有效供给模式，通过创新的办法适度调整供给结构和方式，提高供给质量和效率，推进农村学前教育健康有序发展。

---

① 关于农村的定义，包括城市和农村并列的用法，城镇与农村（乡和村）的用法，以及城、乡镇、村三级的用法等。在本章中，农村的定义包含镇（城关镇除外）、乡、村，与“城市”概念相对。这与《中国农村学前教育发展报告》中的“镇区+乡村”定义一致。

② 数据来源：《中国教育概况——2018年全国教育事业发展情况》，教育部网站，2019年9月29日，http：//www.moe.gov.cn/jyb_sjzl/s5990/201909/t20190929_401639.html。

③ 数据来源：《中国教育统计年鉴2019》。

一、探索农村学前教育有效供给模式的必要性

（一）扩大农村学前教育供给重要而紧迫

我国城乡经济社会发展不够均衡，农村发展相对落后，学前教育公共服务体系尚不健全。国内外许多研究表明，学前教育对于弱势群体的作用更为明显。发展农村学前教育有助于缩小城乡教育差距，打破贫困陷阱。学前教育对当期贫困和贫困的代际传递具有重要影响，其有效供给将有利于打破贫困陷阱。一方面，从提供照料服务的角度看，农村生育率普遍较高，一些母亲将幼儿交给祖辈照料，还有相当一部分没有祖辈帮忙照料幼儿的母亲需要花费大量时间在家照料幼儿，如果没有学前教育机会，母亲将无法为家庭创收。另一方面，也更为重要的是，良好的学前教育有助于切断贫困的代际传递。学前教育扶贫更能够帮助困难群体（幼儿）积累人力资本，对减轻贫困的作用时间更长，也更具有根本性。人生前期基础素养缺陷的负面影响在后期将逐渐放大，使其在未来的劳动力市场竞争中处于劣势，从而更容易跌入贫困陷阱。农村家庭父母由于自身知识水平和观念的局限，不能为子女提供优质的照料条件和教育引导，由祖辈照料的农村留守幼儿尤其如此，而学前教育供给不足使得农村幼儿的认知能力和非认知能力的劣势明显。良好的学前教育有助于提高农村家庭幼儿养育质量和儿童未来发展潜力。

（二）当前农村学前教育供给总量不足、质量不高

我国学前教育结构性短缺的重要表现之一，就是农村学前教育供给不足。随着经济社会的发展，农村家长对子女接受学前教育的需求日益强烈。国家通过实施“农村学前教育推进工程”等举措，在很大程度上缓解了供需不平衡的问题；但由于我国幅员辽阔、各地经济社会发展不平衡，农村学前教育仍然存在有效供给不足、特别是高质量供给不足的问

题。对于农村学前教育供给而言，学位数量缺口属于局部但仍然十分重要的问题，而质量缺口则是普遍的问题。长期以来，我国城乡学前三年毛入园率差距始终存在，农村学前教育供给缺口很大，且远大于城市，是我国学前教育结构性短缺的重要区域。2010 年，城乡学前三年入园率差距为 42.21%（城乡分别为 77.93% 和 35.72%）[①]；2015 年，我国学前三年毛入园率达 75%，其中，城市地区已接近 100%，但农村地区仅为 60% 左右[②]。近年来这样的差距虽有下降趋势但仍然存在；对于集中连片贫困地区而言，供需矛盾尤为突出。与此同时，农村学前教育质量缺口更大。城乡二元分割的办园资源分配导致城乡学前教育发展不均衡，优质的学前教育资源更多集中于城市和县城，农村幼儿园（特别是村级幼儿园）总体办园条件较差，师资力量薄弱，质量偏低，公办园比例不高，未注册的民办园数目多。尽管有研究预测人口高峰期后，适龄幼儿数量会下降，但质量方面的缺口也将持续存在。在已有的农村学前教育资源中，价格合理且质量较好的普惠性学前教育供给缺口仍然较大。

（三）扩大农村学前教育供给存在更多的特殊困难和突出问题

学前教育发展的重点和难点在农村，特别是中西部集中连片特困地区、少数民族地区、人口分散地区、留守幼儿集中地区。这些区域“入园难”比较突出。与城市相比，农村学前教育面临更多的发展挑战，例如园所布局分散、规模效益差、办园成本高、条件艰苦不能吸引教师、社会力量不愿投资、落后地区政府财力不足、管理人员素质不高、家长教育理念偏差等，需要探寻更适合农村学前教育发展的策略。在幼儿园布局方面，由于农村人口分布相对分散，园所分布存在天然的分散性；但与此同时，随着城镇化的发展，农村人口大量流入城市。如果地方政府在规划时不注

---

① 洪秀敏、罗丽：《公平视域下我国城乡学前教育发展差异分析》，《教育学报》，2012年第5期，第73–81页。

② 刘航、兰峤：《农村学前教育；不可忽视的“最短板”》，《光明日报》2017年3月23日第14版。

意提前预测人口流动趋势和关注农村家庭需求，而将园所集中于乡镇，就会造成部分村庄的适龄幼儿就近入园难，影响学前教育的普及，实际上也的确存在这样的现象。另外，部分乡镇幼儿园分布又过于集中，中心幼儿园选址不合适。但是，过度分散又会造成幼儿园建设缺乏规模效益，增加办园成本。此外，农村地区因为条件较差，很难吸引和留任优秀教师（“下不去、干不好、留不住”），办园质量较低，如何设计有效的激励机制提升农村幼儿园教师质量也是实践中面临的重要问题。

（四）从理论与实践相结合的角度探索农村学前教育的有效供给方式

2010年国务院《关于当前发展学前教育的若干意见》（“国十条”）、2016年国务院办公厅《关于加快中西部农村学前教育发展的指导意见》、2017年教育部等四部门《关于实施第三期学前教育行动计划的意见》、2018年中共中央、国务院《关于学前教育深化改革规范发展的若干意见》等一系列重要文件的陆续颁布，都为农村学前教育发展提供了政策支持和发展机遇。相关政策举措在很大程度上扩大了农村学前教育的供给总量，接下来需要进一步攻克剩下的“最难啃的骨头”，将基础性学前教育服务输送给仍未享受到的地区和人群。经济落后、交通不便或者集多种苦、难因素于一体的地区尤其需要重点关注。受到发展阶段的限制，初期很多地方的学前教育三年行动计划几乎都只关注供给总量，现阶段需要在继续扩大供给总量的同时重视供给质量，以及反思供给效率和供给效果。加强农村学前教育，除了要重视补齐办园条件较差、师资力量薄弱、质量偏低等短板外，考虑到幼儿园服务半径不宜过长等因素，布局规划不能仅仅集中于乡镇，而是应该因地制宜，对于人口分散、交通不便的村庄可以送教进村，切实解决农村就近入园难的问题，并积极探索边远贫困地区学前教育的有效提供方式。

在探讨农村学前教育有效供给模式时，应该坚持以下四个原则：一是根据需求谈供给，关注农村儿童的学前教育需求；二是坚持公平、普惠、优质、高效；三是结合农村特点选择合理的学前教育供给模式；四是根据人口、地理、经济、社会等条件，因地制宜厘清供给思路。

二、农村学前教育的供给现状、改进目标和改进方式

从经济学视角看，农村学前教育供给是指一定经济社会条件下，为满足农村学前儿童入园需要，国家和社会学前机构愿意并且能够提供的教育机会和教育资源，主要包括供给数量、质量、规模和层次。不仅需要思考要不要建园、建多少园的问题（总量判断），还要思考建什么园（结构和质量要求）、在什么地方建园（布局当否）、以什么方式提供服务（服务模式）等问题。供给模式一般包含供给目标、供给主体、办园体制、资金来源、服务内容、布局形式、管理体制等。农村学前教育供给的目标应当是提供公平而有质量的普惠性学前教育公共服务，尤其要注重普惠性和乡土特色。因此，必须积极转变农村学前教育供给思路，健全和完善供给机制，提高供给的质量和效率，满足农村家庭有质量、多样化、可选择的学前教育需求，增强学前教育对农村家庭、社区和社会的影响。结合供给现状，具体可从以下六个方面进行改进：扩大供给总量；优化供给结构；创新供给方式；提高服务质量；增强供给效率；完善约束保障机制。

（一）扩大供给总量

2019 年，全国学前教育毛入学率为 83.4%，农村预计为 75% 左右。2020 年全国学前教育毛入学率提高到 85.2%，农村的最新统计数据尚未公布。国家为中西部地区农村设立的学前三年毛入园率目标是在 2020 年实现 70%。2016 年底，中西部的连片贫困地区，学前教育三年毛入园率普遍在 50% 以下，不少贫困县甚至仅有 30%~40%[①]；云南省昭通市巧家县 2014

① 庞丽娟：《学前教育要发展加快立法很关键》，《光明日报》2018年3月29日第14版。

年的入园率仅为10%左右[1]。虽然近年来农村幼儿园数目增加较快，但在“三区三州”等偏远落后地区，普及学前教育的任务依旧艰巨。因此，近期仍然要继续扩大农村学前教育机构的供给总量，选择合适的供给模式，增加存在入园缺口地区的幼儿园数量，为适龄幼儿提供充足的学位，并保证园长、教师、保育员等专业人员的配备。此外，人口流动的向城趋势和部分地区天然分散性特征之间的矛盾并不是根本性的，不必过于担心供给扩大会造成资源浪费。对于2022年以后适龄儿童数量下降的预测[2]，可考虑利用人口下降的机会自然缩小生师比，提高保教质量；条件合适的情况下，还可以考虑合并一些园所。

供给总量的增加需要充足的政策、财力和管理保障，应继续加大对农村地区的倾斜性投入。美国等国入园率提升空间不足，在一定程度上源于文化因素，如西班牙裔家庭送儿童接受正式学前教育的意愿不强，而我国尚未接受学前教育的农村儿童则更多是因为供给缺位或家庭支付能力较低造成的。目前，很多农村幼儿园存在经费问题。即使在发达地区，村办园也面临“政府财政投入普遍较少、办园经费严重不足”“师资建设问题突出”等困境[3]。为此，需要科学核算生均成本，结合乡村振兴战略的发展契机，加大政府财政投入，切实落实投入责任。2010—2016年，中央和地方政府5000亿元的投入是很好的起点，应持续进行。虽然国家“农村学前教育项目”重点支持的是中西部地区，但覆盖的地区和建设的幼儿园数量仍然有限。根据幼儿园的成本核算，为实现“广覆盖、有质量”的城乡学前教育服务体系，仍需加大对农村地区的投入。这方面，2021年《中华人民共和国国民经济和社会发展第十四个五年规划和2035年远景目标纲要》已经提出了契合需求的普惠性幼儿园提质扩容工程：以人口集中流入地、

① 庞丽娟、王红蕾、吕武：《对“全面二孩”政策下我国学前教育发展战略的建议》，《北京师范大学学报（社会科学版）》，2016年第6期，第12–21页。

② 李玲、黄宸、李汉东：《“全面二孩”政策下城乡学前教育资源需求分析》，《教育研究》，2018年第4期，第42–52页。

③ 尹坚勤：《农村学前教育公共服务研究》，教育科学出版社，2019年版第149页。

农村地区和“三区三州”为重点，新建、改扩建2万所幼儿园，增加400万个以上普惠学位。在扩大要素供给上，国家学前教育改革试验区的相关经验值得借鉴。例如，唐山市丰南区建立了“政府主导、以县为主”的投入和保障机制，加大投入，通过“指标占用中小学编制”来扩充幼儿园教师编制，每年还以“劳务派遣”方式招聘补充幼儿园教师70~80人。江西赣县采取政府购买服务方式补充乡镇中心幼儿园非事业编教师100名，县财政给予每人每月1000元的资金补助，并办理“五险一金”。教师供给方面还可以鼓励有条件的地方试点实施乡村公办园教师生活补助政策，以稳定教师队伍。此外，对于在一些农村地区仍然起着重要作用的社会力量办园，应继续推行鼓励和支持政策，鼓励其进入普惠性民办园序列，同时做好监管工作。考虑到不少农村地区吸纳社会资本能力不足，应当积极探索更加有效的激励机制。

（二）优化供给结构

1. 以普惠性幼儿园特别是公办园为主，提高学前教育服务的可及性

在办园形式方面，近年来我国农村民办园仍然占很大比例（如图7–1所示）。为了发展更加普惠的学前教育，应强化政府对农村学前教育的责任，大力发展公办园，建成广覆盖、保基本的农村学前教育公共服务体系。公办园运用公共财政并主要依托公共财政运营，是多种形式扩大学前教育资源的首要手段。公办园不仅包括教育部门办园，也包括街道、农村集体、行政事业单位和国有企业办园。应通过新建、改扩建、鼓励优质公办园举办分园或合作办园等方式增加公办园供给。同时，应积极扶持民办园的发展，特别是经济条件允许的地区，可通过财政补助、政府购买等方式引导其提供普惠性学前教育服务。政府是农村地区学前教育发展的投入主体，继续提升财政投入比重；财力有所不足的地区在等待转移支付的同

时可以在短期内探索公私合作的 PPP 模式，通过各种合理的方式引入社会资本。

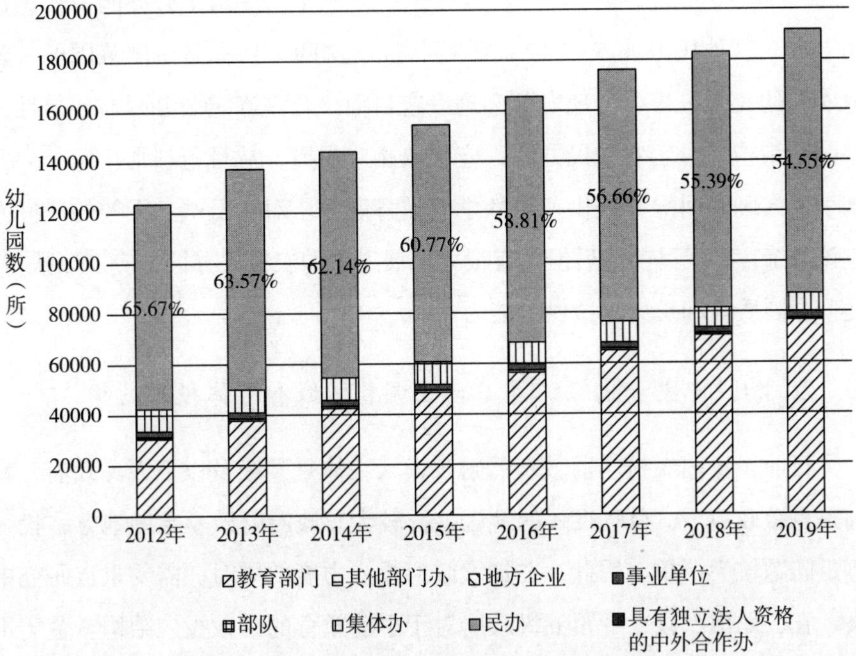

图7-1　2012—2019年我国农村各类园所分布情况

考虑到农村家庭支付能力较低，应逐步提高农村普惠幼儿园比例。相对城市，农村幼儿园更应该是普惠的。“普惠性”主要是指幼儿园面向社会提供服务的性质需要“面向大众、收费较低、质量合格”，旨在解决学前教育在地理上和经济上的可及性问题[①]。一般而言，公办园和收费较低、质量达标的民办园都为普惠性幼儿园。目前来看，农村地区的普惠性幼儿园比重不高，特别是中西部地区普惠性幼儿园占比较低，西部地区非普惠性民办园占 67%[②]，中部有些地方（如江西农村）公办园不多，许多乡镇

① 佘宇：《究竟什么是普惠性民办园？》，《人大复印资料·幼儿教育导读》，2019年第11期。

② 朱永新：《教育供给侧改革的问题与对策》，《河南教育（基教版）》，2017年第1期，第4–8页。

只有1所新建的公办园，有的乡镇连1所已经建成投入运营的公办园都没有，或者只有名义上存在的“自收自支”的公办园。2017年，国家提出了2020年普惠园占比80%的一般性目标；2018年，提出了公办园、普惠性民办园、其他民办园5∶3∶2的结构目标。这两个目标是全国范围的，各地农村幼儿园可根据当地实际合理设定目标，合理确定公办园与普惠性民办园的结构。对于农村民办园，应采取相应举措，从规范与帮扶两个方面入手，鼓励和引导其提供普惠性学前教育服务。对于低端、无效的民办园应该取缔；对于目前落后但具有很大发展潜力的农村民办园，应加以扶持，提升办园质量和扩大学位供给能力。

2. 加强中央和省级统筹，合理调整区域和群体投入结构

目前，我国农村学前教育的财政投入主体是县级及以下人民政府，特别是乡镇政府[①]，财政投入的地区差异较大。政府财政不足的地方，投入不足问题较为严重。因此，在加大政府投入力度的同时，需要重点研究中央、省、地市、县、乡镇五级政府对于学前教育的财政投入结构。鉴于不少贫困农村地区县级财力有限，需要将财政投入的主体提到地市政府、省政府和中央政府层面，加强中央和省级统筹。对于非贫困农村地区，特别是县域经济发达的地区，则可以考虑继续保留当前以县为主的投入体制。可喜的是，中央政府已经将农村学前教育投入放到重点保障的战略地位，明确以地方为主、中央政府财政投入重点扶弱，确立了以纳入预算为基础、以项目为依托、以农村弱势地区为重点的学前教育财政投入体制。未来需要进一步在实践中找到各级政府投入的最佳平衡点。中央政府除了“制定有关幼儿教育的法规、方针、政策及发展规划”，还应投入足够的专项经费，加强国家层面对学前教育的投入；省级政府统筹制定规划，也要推进专项投入和财政转移支付制度，对农村和老少边穷地区学前教育进行扶持；地市政府应该统筹本市的学前教育资源规划建设，制定相关政策，

① 尹坚勤：《农村学前教育公共服务研究》，教育科学出版社，2019年版第149页。

确保学前教育资源充足，在财政分配方面向贫困县区和农村倾斜；县级政府要担负主要管理责任，重点进行规划布局，确定县乡两级政府财政投入责任分担比例；乡镇政府是最直接的管理政府，负责举办乡镇中心幼儿园，筹措经费，改善办园条件。特别需要指出的是，根据历年《中国教育经费统计年鉴》，地方农村幼儿园的生均一般公共预算教育事业费和基本建设支出仅相当于地方幼儿园生均水平的60%~70%。相关研究也发现，农村学前教育财政经费缺失的劣势并未根本扭转①。需要加大对农村幼儿园的财政倾斜力度。

要合理调整区域和群体投入结构。各级政府在投入时都要注意公平问题，对连片特困等学前教育发展薄弱地区、薄弱幼儿园以及留守儿童、精准扶贫建档立卡户等弱势群体继续加大补助力度。这方面，江苏句容对于薄弱乡镇的幼儿园给予了一定的经费补助和奖励，是一个较好的案例②。与此同时，还应鼓励发达地区和城市对口精准帮扶落后农村地区。

3. 优化区域布局结构，着重加强村一级幼儿园建设

目前，不少地方的农村学前教育布局存在问题。以湖北某国家级贫困县为例，该县基本上每个乡镇都有1所中心幼儿园，但有些乡镇中心幼儿园的选址较偏僻，又无校车，不便于家长接送。另外，有些镇（街道）上面的民办园分布过于集中，恶性竞争明显，不利于当地学前教育的长远发展。在地形以山区为主的另一个国家级贫困县，某些儿童不得不去临近乡

① 刘颖：《城乡学前教育财政经费分配更公平了吗?——2010年来我国城乡学前教育财政公平的进展》，《当代教育论坛》，2019年第5期，第17–24页。

② 《江苏省学前教育条例（2017）》第三十三条规定，县级人民政府教育行政部门应当均衡配置本行政区域内幼儿园保育教育力量，在岗位设置、培养培训、骨干保育教育人员配备等方面，对农村地区和薄弱幼儿园给予扶持。句容市在这方面做得比较好，在规定颁布前已经开展相关工作：幼儿园建设经费由市、乡镇两级财政统筹支出，各乡镇每年会划拨一定经费用于解决薄弱园的条件改善和师资培训，将偏远农村地区幼儿园的建设作为重中之重来抓，使得农村幼儿园的发展面貌得到了较好的改变。例如，该市率先在镇江地区成功创建4所村级省优质园，2016年农村优质园比例达81.5%。又如，在句容市下蜀镇亭子村办点，两个幼儿班拥有4个在编本科学历教师。

镇的民办园就读，这在一定程度上说明某些乡镇的中心幼儿园选址可能存在问题，辐射范围有限。在一项调查研究中，访谈对象普遍反映所在地基本都做到了建设公办园，但不少处于闲置空转状态，没有发挥应有功能；甚至出现“明明旁边就有一所或几所民办园或其他园，已经供大于求，还依旧新建一所公办园，好像只为完成任务”的情况①。有关部门不仅应该思考公办园的布局问题，也要思考包括民办园在内的所有幼儿园的布局问题。从公办园供给来看，全国乡镇中心园数量不足，结构性短缺现象较为严重。从全部幼儿园的布局来看，各类幼儿园之间的距离、数量等也应该纳入规划。2017 年河南农村民办示范园被拆的用地困境被广泛报道，如果地方政府对全县的幼儿园提前进行了统一规划，就不会出现这类问题。

对于我国农村而言，区域布局结构需要考虑两个方面：一是区域之间，比如东中西部地区、经济发达与落后地区、省内各县之间等，需要实现较为均衡的发展；二是县域内部，这个部分尤其要加以重视。在县域内部，幼儿园布局需要与学前人口分布相一致②，形成连片的覆盖网络，并根据乡镇分布实际情况确定中心幼儿园类型为“辐射型”还是“集团型”。为满足农村幼儿就近入园的需求，尤其需要注意保留村级幼儿园③，基于村级幼儿的学前教育需求加强村级幼儿园建设，实行大村独立建园、小村联合办

---

① 吴玲、汪秋萍、葛文怡：《农村幼儿园布局调整的挑战、评价与策略——基于安徽省各地市学前教育的调查分析》，《安徽师范大学学报（人文社科版）》，2016年第6期，第771-779页。

② 从乡镇幼儿园的分布来看，湖北W县16个乡镇大多数幼儿园都分布在乡镇街道上，村屯里很少。以S镇为例，该镇共有7所幼儿园，其中1所公办园、6所民办园。从这些幼儿园分布的地理位置看，布局并不合理。表现在：镇中心幼儿园坐落在该镇比较偏僻的地方；4所民办幼儿园都分布在该镇的主街道上，相距不到500米，其中有2所家庭作坊式幼儿园对门而建；另有2所幼儿园分别分布在距镇中心约3千米的两个行政村。全镇共有13个行政村，但仅有2个行政村拥有独立的幼儿园。这类布局不仅增加了幼儿上学的距离和成本，还容易引发校车安全事故。园所过于集中在乡镇加剧了各园之间的恶性竞争，通过迎合家长超前教授拼音算术和降价等策略争抢生源的现象十分普遍，一方面造成农村学前教育资源的浪费，另一方面也会造成农村学前教育质量低下。表面上看，降价似乎有利于幼儿家长节约费用，但这些民办园往往通过压缩其他资源投入（教师工资、玩教具设备）节约成本，最终还是会损害家长和儿童的利益。

③ 江苏句容确定了“保留偏远村园、扩建人口密集中心园、重建城区优质园”的布局方向；四川泸州泸县构建了“镇（街道）中心幼儿园—片区幼儿园—村级幼儿园”三级服务网络。

园，同时优先利用中小学或教学点的闲置校舍改建为幼儿园，或者依托于各行政村的小学举办附属幼儿园。把普惠性幼儿园建设纳入城乡公共服务设施统一规划，确保优先建设。统筹考虑人口变化和城镇化进程等因素，科学预测学位需求，合理设置办园规模，防止大量学位闲置。此外，需要构建农村幼儿园布局调整的评价指标，为优化布局结构调整提供参考。建议通过乡村规划建设进行园点布局或建设，建设新农村配套幼儿园。目前，一些地方已经有相关方案。例如，山东农村幼儿园建设将被纳入乡村振兴战略和美丽乡村建设体系，对各区域农村中小学闲置校舍、可以附设幼儿园的农村小学进行全面摸底排查，摸清可利用的教育资源情况，科学规划幼儿园布局，保障农村地区方圆 1.5 千米之内有普惠性幼儿园。

（三）创新供给方式

1. 调整学前教育服务结构，探索多样化办园形式

从农村家庭对学前教育的多样化需求看，农村学前教育的办园形式也应该多样化。具体来说，包括：（1）亟须改变过去农村幼儿园主要注重满足看管需求的低端供给模式，促进低端产品转型升级或者淘汰退出。通过家园共建、教师培训、教学督导等方式改善家长教育观念，规范农村幼儿园的保教行为。（2）考虑到边远山区的地域特征和人口居住特征，应拓宽办园思路，改革和创新办园形式，提供诸如游戏小组、流动大篷车、巡回指导站等非正规学前教育，全日制、半日制、计时制均可采用[①]。从分班形式来看，既可以是按年龄分班的标准园所，也可以是混龄班的幼教点或教学点。（3）从服务内容上看，需要增加针对农村学前留守儿童和特殊儿童的服务。建议借鉴江苏的彩虹伞模式，开展相应的志愿服务。江苏彩虹伞的服务遍及该省 30 多个农村幼儿园和办园点，主要由学前教育专业大

---

① 佘宇：《农村学前教育发展需完善制度机制（下）》，《中国经济时报》，2015年4月10日。

学生志愿者利用周末、暑假等假期时间，对3~6岁农村留守儿童开展绘本阅读、亲子游戏、艺术活动以及弱势家庭儿童的入户陪伴等形式多样的活动，丰富当地农村留守儿童的假期生活，为当地农村留守儿童提供切实的教育支持、适宜的情感陪伴和专业化的心理健康指导服务①。

此外，针对农村学前教育发展的特殊困难和突出问题，还应创新问题解决思路，更好地办好各类幼儿园。其中，办园成本高和规模效益不大是既定事实，需要政府的持续投入。在鼓励社会力量投资方面，应该创新激励机制。除了传统的税收减免、场所提供、财政补贴等激励手段，还可以在考虑地方经济社会发展水平、物价正常增长以及办园成本、农村家长可承受程度等因素的基础上，适时调整保教费标准，推进普惠性民办园的建设；继续营造良好的公益氛围，吸引更多公益慈善资金进入农村，探讨公益部门与政府部门合作的有效方式。针对教师留任困难的问题，改革学前教育管理制度和人员选聘方式，借力国家精准扶贫政策，将扶贫方向定位于有需要的农村学前教师，提高农村教师补贴额度。

2. 兼顾需要和可能，合理把握幼儿园建设的节奏与重点

一次性供给还是分批次建设幼儿园？每次建设多少幼儿园？对于此类问题，地方政府面临多种选择。有些地方急于表现政绩或完成任务，但又没有足够的资金，园所建好了，教师还没有配齐；有些地方资金充足但没有考虑到地方儿童的需要，建得过快；有些地方的学前教育三年行动计划中与农村学前教育发展相关的一些目标设立过高或太低。时间上的节奏也很重要，既要满足需求，又要避免浪费。应根据当地财力、经济社会条件等实际情况确定供给时间规划，确定发展目标，分解年度任务，不宜一蹴而就。这方面，江西弋阳“分步、按需、高效”的农村学前教育公共服务提供的思路值得借鉴。

---

① 尹坚勤：《农村学前教育公共服务研究》，教育科学出版社，2019年版第131页。

(四)提高服务质量

调研发现，我国很多地方农村学前教育的质量与家庭需求和儿童发展需要还存在一定的距离，办园条件差，玩教具种类单一、室内外环境创设单调，教师专业对口率低，保教质量不高。未来应顺应农村居民消费结构升级的趋势，推进农村学前教育供给侧结构性改革，促进低端学前教育产品的转型升级，提高各类幼儿园特别是薄弱幼儿园的质量。按照“建成一所、合格一所、保质一所”的建设思路，保证有质量的底线要求，同时根据实力稳步提高质量。在乡镇设立辐射村级幼儿园的课程管理资源中心，提升村办园的办园质量。

农村学前教育供给质量重点体现为师资及其输出的保教服务和安全卫生等方面的质量。其中，就数量和质量方面的师资缺口而言，可通过加强教师工资、编制等方面的保障吸引和留任优秀教师，通过有针对性的培训、建立结对帮扶机制等措施提升教师保教水平和形成科学的学前教育质量观。在提升教师教育程度、专业对口率、资格证持有率等结构指标的同时，也要注重师幼互动类过程质量和儿童发展结果。应设立教师发展专项经费，将该项经费单列并设置额度或占比要求。具体来说，各级政府[①]可共同出资建立教师发展专项经费，依照中小学教师培训经费设定农村幼师培训经费标准，如按每年不少于当地教师工资总额的1.5%[②]安排专项资金用于培训[③]，或者参考挪威等国经验按照教育预算的一定比例确定教师发展专项经费额度[④]。此外，不少地方都规定幼儿园要从事业收入中足额提取3%~5%的经费作为专用基金用于学生减免学费和提供特殊困难补助，农村幼儿园也可借鉴这一方式，设立教师发展专项经费，根据实际需要和财

① 对于农村特别是贫困农村，最好是中央政府投入专项培训资金。

② 浙江省这一比例为3%，长沙市为1.5%。

③ 其中民办园教师工资可按照公办园教师的额度来计算，培训机会面向全体公、民办幼儿园教师开放，贫困地区优先。

④ 挪威政府规定教育预算2%以上用于教师培训，1995年挪威该项指标居世界首位。参见周兢：《国际学前教育政策比较研究》，华东师范大学出版社，2012年版第128页。

力设立此项经费占总经费的比重[①]。同时，在乡镇设立辐射村级幼儿园的课程管理资源中心。

建立和完善农村学前教育质量标准，除设施设备配备、技术装备等标准外，加快设置师资配备和教育过程评估标准。根据《3–6岁儿童学习与发展指南》和儿童发展特征选用合适的教学内容与方式，注重农村特色素材的体现。与此同时，适时提供家长教育机会，通过多种形式帮助农村家长了解幼儿身心发展的基本规律，提高育儿水平和家园共育能力。由于不同地区学前教育事业发展存在差异，用不同层次的质量标准衡量不同地区的学前教育事业发展具有更强的针对性和指导性。

（五）增强供给效率

根据公共服务供给的三个效率标准审视已有的供给行为，增强农村学前教育供给效率。

1. 技术效率：公共服务供给的技术效率是指公共部门在既定的技术水平和投入水平下获得最大产出水平的能力。目前，不少地方缺乏一套切实可行的学前教育投入机制，相关决策和执行随意性强、成本高。调研发现，不少中心幼儿园往往出现硬件投入过多、玩教具购置不当的问题。对此，需要探讨构建学前教育供给的投入—产出指标体系，全面评估政策、经费、教学等方面的供给效率，探索改进方式。

2. 分配效率：坚持公平的原则，优先投入到落后地区和弱势群体；对于农村学前教育而言，公平和效率需要兼顾，但尤其要注重公平，保障偏远村庄儿童接受学前教育的机会。在发展农村学前教育的过程中，公平和效率的兼顾也可以体现分配效率。

3. 制度效率：相关机制的设立和运行有效。需要构建农村学前教育管理的宏观和微观机制。农村学前教育一般由县乡共管，可以设立两级管

---

① 公办园可根据《教师教育振兴行动计划（2018—2022年）》的要求，将教师培训经费列入财政预算，按照年度公用经费预算总额的5%安排教师培训经费。

理中心，加强两级管理部门之间的交流。此外，河南民办园因为土地问题被拆除的例子体现了管理制度低效，地方教育部门和土地管理部门信息不对称、标准不统一，可考虑引入区块链、大数据等现代信息技术解决部门分散、条块分割和管理部门“信息孤岛”问题。可借鉴贵州铜仁的经验，建立精细化管理制度，加强对幼儿园财务及资产的精细化管理。

（六）完善约束保障机制

制度的生命力在于执行，政策的有效性在于落实。思考将学前制度转换为治理效能的有效机制意义重大。各级政府要高度重视农村学前教育的发展。不仅政策文件要求重视，按照“国十条”要求，地方各级政府要安排专门资金重点建设农村幼儿园，而且要建立切实的激励机制，设定绩优奖励制度等激励机制，提高政府供给意愿。例如，将学前教育纳入地区反贫困战略，构建学前教育 GDP 考核指标。在资金投入方面，可以考虑在地方设定政府负担比例的绩效考核指标，保障农村学前教育投入的稳定增长。

既要坚持“省级统筹，以县为主，乡镇参与”的农村学前教育三级管理体制，又要鼓励各个地方积极探索学前教育微观管理机制，充分发挥地方和基层活力。具体来看，应调整各级政府在学前教育管理、投入、权力等方面的配置，进一步明确管理部门职责。明确县级政府的监督管理责任，适度强化顶层设计[①]。推动我国学前教育的管理体制由“多部门共管”向“教育部主管、有关部门分工负责”转变，创新联动机制。建立持续性的政策体系，与之相对的运动式教育治理容易造成教育发展的波动性。

---

① 江西赣县在创新联动机制方面的经验可供借鉴。具体来看，该县成立了以县长为组长、相关单位和部门主要负责人为成员的学前教育改革发展领导小组，建立了学前教育联席会议制度。县财政局、发展改革委、生态环境局、国土局、住房和城乡建设局、审计局、教育局等相关部门明晰责任。县人大和县政协多次组织学前教育的专题视察和调研活动审议学前教育工作情况。此外，电视台、报纸、政府网站等新闻机构广泛宣传学前教育发展的重要意义和政策法规。

三、农村学前教育有效供给的模式选择

对于以上六个方面的供给目标与供给方式，各地的实践经验从办园形式、供给主体、资金来源和管理体制等方面解读，从整体来看已经形成了一些模式。发展农村学前教育，需要继续以国家项目为依托推进农村学前教育普及，积极鼓励各地探索符合当地实际、能够反映当地家庭和社会需求的做法。因地制宜选择有效的学前教育供给模式是最佳做法。

（一）供给模式实践探微：主要类型和区域差异

从农村学前教育的办学形式上看，实践中主要有乡镇中心模式、城乡一体化模式、农村小学附设模式、小幼连贯制办学、社区幼儿班、民办小微幼儿园模式[①]等。其中，乡镇中心模式最为常见，以乡镇中心幼儿园为中心示范引领和辐射管理，有利于覆盖周边适龄学前儿童，方便管理。城乡一体化模式的特点为区域整体推进，往往采用集团化发展模式，通过以城市优质公办园为龙头建立幼教集团或者名园办分园、一园多点等方式发展农村学前教育，适合较为发达的地区和平原地区，有利于较快实现城乡学前教育均衡发展。农村小学附设模式也较为常见，能够利用小学闲置资源，也方便学生连贯地接受教育，同时需要注意预防“小学化”现象。小幼连贯制办学是针对村级教学点而做的创新[②]。社区幼儿班是村集体或者公益组织在农村开办的，为附近的幼儿提供学前教育服务。民办小微幼儿园模式是在公共学前教育资源不足的乡村地区自然形成的模式，由个体利用自家房屋或租用场地开

---

① 何静、严仲连、王海英：《我国农村学前教育现行主要发展模式探析》，《教育导刊（下半月）》，2011年第11期，第17–20页。

② 例如，贵州黔东南州针对居住分散、交通不便、学前教育延伸到边远村和小村难的现状，探索了小幼连贯制学校办学模式，将保留的村小或教学点向前延伸三年学前教育，成为小幼五年（学前三年和小学一至二年级）或小幼九年（学前三年和小学一至六年级）连贯制学校。这是一个新模式，2018年遴选锦屏、天柱、剑河、台江、麻江五县试点，通过专家指导，以点带面实施。据报道，该模式取得了一定的效果，外出务工人员逐步返乡就业创业，该州返乡就读的适龄农村儿童约5000人。此外，该模式让幼儿园和小学低年级孩子资源共享，幼儿的玩教具变成小学的教具，能够从源头上克服幼儿园“小学化”问题。更多信息参见：http：//www.gz.xinhuanet.com/2019-02/21/c_1124146836.htm。

办小型家庭作坊式幼儿园，适合人口不很集中、财力有限的地方。

此外，财政资金拨付方面主要有政府全部投入和部分投入两种模式，社会力量投入方面则根据是否有公益慈善经费介入划分两个子类型。在管理体制上存在着“责任上收、责任分担、责任下放”三种不同的政府间责任重心分类，在管理模式上存在“小幼一体化”和“独立建制、镇村一体化”两种实践类型①。

从东、中、西部的地域划分来看，三个区域的农村学前教育发展方式也有所不同。东部如浙江②、江苏和山东等地学前教育公共资源普及率较高，公共财政投入较好，同时民办资金也较为充足，乡镇中心园辐射管理和一园多点的集团办园方式并存③。中部地区的典型模式是符合国家政策基本导向的“乡镇中心园模式”，不过民办园比重较高，其中还有不少小微型家庭作坊式幼儿园④。西部宁夏⑤、贵州、云南等地更多依靠国家资源和公益慈善资源，村小附设幼儿园或幼儿班较为常见。

---

① 李琳、张霞：《农村学前教育普及中管理体制及其管理模式的地区适宜性决策——以四地农村个案调查为例》，《教育学报》，2016年第5期，第97–105页。

② 浙江将农村学前教育普及作为全省学前教育事业发展的重点，建立了省、市/县、乡镇共同负责的农村学前教育管理体制，实施乡镇中心幼儿园独立建制，采用乡镇中心园辐射管理村园模式。2017年至2018年全省共新建、改扩建幼儿园553所，改造薄弱幼儿园200多所，杭州、湖州、嘉兴、绍兴等市已实现每个乡镇公办幼儿园建成率100%。接下来将加快推进农村幼儿园补短提升工程，力争每年改造约1000所农村薄弱幼儿园。杭州市余杭区形成了发展农村学前教育“六统一”“一园多点”发展模式。新昌县鼓励多方办园，实行集团化发展，创建民办共同体。安吉县“镇村一体化管理”供给模式也较为有名。

③ 许游、李晓波：《东部农村地区学前教育公共资源的供给与启示——基于S镇70年变迁分析》，《上海教育科研》，2019年第8期，第10–14页。张霞、夏婧、杨冬梅：《强化政府职责，加大财政投入，推进农村学前教育普及——来自浙江省的经验及其启示》，《学前教育研究》，2010年第8期，第10–15页。

④ 根据我们的调研，在中部地区的湖北W县，农村学前教育发展模式属于一个乡镇至少1所中心幼儿园的方式，与此同时，该地的民办园也较多。2017年统计显示，该县全县共有幼儿园144所，比2012年增加了112所，其中公办园17所，民办园127所（占比为88%）。具体而言，城区幼儿园共63所，其中公办园1所，民办园62所；乡镇幼儿园共81所，其中公办园16所，民办园65所。基本实现了每个乡镇建设1所公办幼儿园的目标。H县也如此。

⑤ 宁夏X县自 2001 年以来先后实施了教育部—联合国儿童基金会“早期儿童发展项目”和“学前儿童发展项目”，建设了县幼儿园等 5 个幼教资源中心，辐射带动了周边 21个幼教活动点开展活动，初步建立了服务、管理和评价机制。参见高扬、曾晓东：《绩优奖励制度能有效激励农村地方政府的学前教育服务供给吗?——基于宁夏X县的案例研究》，《宁夏社会科学》，2015年第6期，第90–94页。

（二）经济维度下农村学前教育有效供给的模式选择

1. 贫困农村地区

首先需要加大中央和省市层面的公共财政投入。贫困农村地区由于民间资本吸引力弱[①]、县乡政府财力有限，特别适合选用小学附设幼儿园、政府资金办园、公益慈善办园的模式。对于地理条件较差的地区，可通过政府购买农村学前教育“走教点”服务岗位，采用社区幼儿班、办园点、大篷车、补充部分远程教育等灵活的学前教育服务形式，并提高幼儿园教师待遇保障。从投入体制上看，在经济社会发展水平相对较低的农村地区，特别是乡镇财力严重不足的地区，中央政府和省市政府应该加大投入，县级政府应多渠道筹资，推进各类普惠性、非营利性民办园的建设，积极引导和逐渐形成以公办园为主体、民办园为补充、公办民办并举的办园格局。

与此同时，应该继续鼓励公益慈善组织的介入，充分发挥其在第三次分配中的作用。中西部地区应更多发挥公益慈善组织吸引力相对较强的优势。建议在此类地区积极推广“山村幼儿园”模式。近年来，中国发展研究基金会通过“一村一园：山村幼儿园”项目与地方政府合作开展早期儿童发展干预，在中西部落后地区创办山村幼儿园，使用本土化的课程资源，在实现普惠的同时，资金投入效率也较高，而且产生了较好的效果。截至 2018 年，已经在 10 个省份建立了约 2300 所山村幼儿园。项目提高了试点地区的学前三年毛入园率，达到 90% 以上，相当于给每个家庭每年节约了 4000 元的学前教育费用，有效地促进了幼儿认知、语言、动作和社会情感发展水平，也促进了当地年轻人的职业发展[②]。大规模纵向追踪研究也表明，与同类儿童相比，山村幼儿园儿童的学业表现和

---

① 宋映泉：《我国学前教育事业发展主要矛盾与公共财政投入改革方向》，《教育经济评论》，2019年第3期，第 19–48页。

② 资料来源：《中国发展研究基金会八年在9个省（区）设立山村幼儿园近1800所》，多彩贵州网，http://www.gog.cn/zonghe/system/2017/09/19/016110620.shtml?from=groupmessage。

大学入学率明显提升[①②③]。

该模式的优点在于：一是灵活利用闲置小学教室、村级公共场所和党员活动室等提供正式和非正式的学前教育活动，通过在本地招聘至少具有高中学历的志愿者老师并提供职后培训解决师资问题。例如，贵州铜仁招募了志愿者，同时对小学教师进行转岗培训，再招聘保育员，实现每班“一教一保”的配置。二是成本不高。从基本投入看，每年每所幼儿园的投入为 3 万元，相当于每年每个学生 1500 元，一个教师平均带 22 个孩子。志愿者老师的工资目前大约为 1800~2000 元（2009 年为 1200 元）[④]。但也要注意，加上政府额外投入后的实际投入数额更高，条件允许的地方在借鉴经验时应增加投入。三是以点带面带动当地整个学前教育事业发展。例如，贵州铜仁山村幼儿园的建设投入主体是政府，社会捐赠为辅，多渠道保障[⑤]，随着项目推进，生均公用经费实施范围不再局限于山村幼儿园，而是扩大到乡镇幼儿园，政府购买服务范围也从山村幼儿园志愿者教师扩大到保育员、食堂工勤人员，再到乡镇公办园的非在编教师[⑥]。当然，除了山村幼儿园计划，互满爱人与人[⑦]“希望幼儿班”、西部阳光童趣园项目、乐平公益基金会千千树农村幼儿园教师培训项目等做法也可借鉴。

---

① 赵晨、陈思、曹艳：《“一村一园”项目对农村儿童学业成绩的长效影响研究》，《人的发展经济学研究中心（CCEHD）工作论文》，2019年第4期。

② 赵晨、陈思、曹艳、凯瑟琳·斯诺、卢迈：《教育精准扶贫：“一村一园”计划对农村儿童学业成绩的长效影响研究》，《华东师范大学学报（教育科学版）》，2020年第38（02）期，第114–125页。

③ “一村一园”计划课题组：《教育精准扶贫：“一村一园”计划乐都十周年效果评估》，《华东师范大学学报（教育科学版）》，2021年第39（07）期，第107–126页。

④ 《卢迈：贫困地区0到6岁儿童约有2000万，他们的教育问题怎么解决呢？》，http://www.sohu.com/a/347062747_484992。

⑤ 该市连续三年缩减行政经费5%~6%用于加大财政教育经费投入，整合扶贫项目和社会募集资金，2014年和2015年两年投入财政资金3亿元，相当于平均每园投入近15万元（含志愿者每人每月2000元补助）。

⑥ 尹坚勤：《农村学前教育公共服务研究》，教育科学出版社，2019年版第135–136页。

⑦ “互满爱人与人”（Humana People To People）是一个由32个非营利组织组成的国际网络，在全球43个国家（欧洲、非洲、亚洲和北美洲）从事教育、健康和农村发展工作。

2. 非贫困农村地区

非贫困农村地区则可根据政府财力和家长需求等情况，选择集团化办学，采用城乡一体化发展、区域整体推进学前教育发展的模式，注重质量建设。可以考虑以县为单位建立学前教育共同体，并以区县中的优质幼儿园和乡镇中心幼儿园为中坚力量，组建学前教育集团。经济发达的地区更有实力实现城市反哺农村。通过完善农村幼儿园镇域一体化管理委员会制度、建立城乡幼儿园对口帮扶机制、支持优质示范园与农村幼儿园结对帮扶等措施，提高保教质量。

为了保证供给质量，应结合相关政策设定普惠性民办园的收费标准。允许动态调整，适度调整价格浮动范围，以减少民办园压低人员工资招聘非专业人员的行为，激发市场活力，让教师要素的回报体现市场价值。同时，动态收费管理机制应与园所质量目标和合理的第三方质量评价机制相结合，激励民办园提升品质，建设一支高素质的教师队伍。

这方面，浙江通过多种方式加大对普惠性民办园的扶持力度，主要包括保证合理用地、租金减免、政府购买服务、综合奖补、派驻公办教师、提供教师培训与教研指导，同时，为普惠性民办园提供生均公用经费补助，标准与同等级公办园一致。江西赣县也有类似做法①，其吸引社会资本的方式可资借鉴。随着政府财力的增强，如果公众也认可，可以探索将各类民办园改制成公办园。

（三）人口维度下农村学前教育有效供给的模式选择

1. 人口集中地区

人口更为集中的农村地区，如中东部平原地区，可以根据适龄幼儿的分布特点、地形地貌和村落分布情况进行幼儿园布局与建设，幼儿园可以

① 国家学前教育发展试验区之一的江西赣县（已经脱贫）对社会力量办园实行优惠政策，优先落实办园用地，减免相关税费。此外，该县还通过免费培训师资力量等方式扶持普惠性民办园发展。

有一定的规模，其分布也可以相对集中。县乡政府根据地方财力和社会力量状况综合确定当地农村幼儿园的公民办比例，不要搞“一刀切”，可以考虑乡镇中心园、城乡一体化、一园多点、公民办并举等办学模式。

具体而言，可以推广乡镇中心幼儿园模式，在乡镇建立规模较大的一所或几所幼儿园，发挥对乡村学前教育机构的辐射带动与示范作用，同时考虑发展若干民办园，允许适度竞争，适应农村家庭与儿童的多样化需求；村级层面保留正规的村办幼儿园、村小附属幼儿园或者其他类型的幼儿园——大村可设中心园分园或独立建园，而对于小村，由于人口集中地区村与村之间距离不远，可以实现“小村联合办园”。有条件的地区，建议较少使用缺乏独立建制、问题较多的小学附属幼儿园模式。鼓励民办园的发展，营造民办园顺应市场需求合理发展的氛围，吸引品牌幼儿园或幼教集团进入农村办园，提高农村整体质量，推进质量分层。

从实践上看，中东部地区地形以平原丘陵居多，经济社会发展水平和城镇化率更高，人口更为集中，不少农村在镇的层面很早就有中心幼儿园，公办园比例高于西部。西部人口集中地区可借鉴相关模式。

2. 人口相对分散地区

人口相对分散的农村地区，如中西部山区，因为村落离乡镇中心较远，且村落之间的距离较大，不仅不在乡镇中心幼儿园的覆盖范围，也无法实现“小村联合办园”，可以采用山村幼儿园、村民集体举办幼儿班、公益组织牵头举办的幼儿班[①]等模式。这类模式不仅可以实现“一村一园”的目标，方便幼儿就近入园，而且成本较低，质量也有一定保证。

例如，山村幼儿园设在公办园覆盖不到、民办园不去办的村寨[②]，由志愿者教师提供保教服务；而互满爱人与人“希望幼儿班”的老师是受过

---

① 彭俊英：《探索适合偏远农村地区的学前教育发展模式——来自云南镇康县社区幼儿班的经验》，《幼儿教育》，2014年第10期，第44-46页。

② 中国发展研究基金会：《中国西部学前教育发展情况报告》，《华东师范大学学报（教育科学版）》，2020年第1期，第97-126页。

培训的村民或家长。目前，山村幼儿园已经覆盖到青海、贵州、湖南、新疆、甘肃、山西、河北、云南、江西等地，未来可继续推广到全国同类山区（包括东部山区）。此外，也可尝试采用游戏点、游戏小组、学前教育中心、亲子活动中心、家庭辅导站、流动大篷车等形式提供非正规学前教育，巡回开展教育活动，充分发挥教育设备、玩教具及师资力量的作用，避免教育资源闲置和浪费。教师培训方面，对于交通不便但网络信号较好的地方，可以考虑运用互联网提供在线教育。

3. 人口更为分散地区

人口更为分散的地区，如内蒙古、新疆、青海、西藏等地的草原牧区，可以借鉴中国发展研究基金会“慧育中国”、陕西师范大学教育实验经济研究所和国家卫生健康委干部培训中心“养育未来”、中国－联合国儿童基金会贫困地区儿童早期综合发展试点等在内的多个项目经验，采取“巡回指导”的方式，由专业教师或志愿者以巡回的方式到教学点服务或入户服务（或二者结合），每周 1~2 次或每月 1~2 次，儿童与家长共同参与。家长学会科学保教后，可在其余时间为幼儿开展保教活动。

特别是对于草原深处的牧区，家庭之间的距离较远，无法集中到教学点上学，家长也很难带着孩子定期走很远的路到教学点，采取入户服务的方式开展巡回保教和家庭教育指导更为适宜。目前，内蒙古自治区教育厅已经拨出专款用以建设草原流动幼儿园，并根据建设情况奖励玩具和图书，还有牧民自愿参与捐资办园。例如，呼伦贝尔大草原深处的陈巴尔虎旗采用了流动幼儿园形式，配备专门的教师和车辆到各个牧民家门口，每月至少一次，为幼儿开展教育活动，为家长提供育儿指导，取得了一定成效①。

需要指出的是，对于地广人稀的农村地区（包括“三区三州”等深度

① 王凯、张慧颖、常永才：《让牧区每个孩子都能接受良好教育——内蒙古陈巴尔虎旗“伊博乐流动幼儿园”案例分析》，《中国民族教育》，2014年第6期，第10–12页。

贫困区），究竟采取何种有效的学前教育供给模式，特别是巡回指导频次、保教内容等具体细节，过于分散性服务的成本与效益以及可持续性等，都需要进一步做好评估研究。当然，另一个思路是从扶贫搬迁、人口集聚和城镇化的角度，通过进一步完善相关公共政策和公共服务，真正解决此类地区的学前教育有效供给问题。但这是一个长期的过程，不太可能立竿见影。因此，仍然需要继续加强相关研究，允许尝试一些理论层面提出的新模式，并在实践中不断改进，最终形成符合当地实际的农村学前教育有效供给模式。

执笔人：龚欣　佘宇　李凌方

第八章
扩大高质量幼儿教师队伍供给

2010年以来，在大力度的政策支持下，我国学前教育普及率迅速提升，幼儿园数量明显增长。未来，为满足适龄儿童接受学前教育的需求，实现幼有所育，提高社会大众的幸福感、获得感，我国还将持续扩大学前教育资源，尤其是优质、安全、普惠的学前教育资源。然而增加优质学前教育资源的供给并非仅仅需要增加园所、场地等硬件资源，更关键的是要确保人力资源——优质的幼儿教师队伍的充分供给。只有这样，才能让前期的财力和物力的投入转变为真正可以持续有效使用的学前教育资源。教师是影响学前教育过程质量的关键因素。“高质量的学前教育需要营造一种既重视儿童也重视教师的环境”[①]。要支撑高质量学前教育供给的扩大，需要保证高质量幼儿教师的可持续供给。事实上，当前制约我国实现普及普惠目标、快速有效扩大学前教育资源的突出瓶颈和最大短板就是学前教师数量短缺，特别是专业的合格教师匮乏[②]。同时，在数量紧缺的幼儿教师队伍中，专业的合格师资缺口更大。无论是在中西部地区，还是在东部发达地区，均存在着不少未受过或缺乏专业训练的教师[③]。

① Whitebook M， Phillips D， Howes C. Worthy work， STILL Unlivable Wages： The Early Childhood Workforce 25 Years after the National Child Care Staffing Study[R]. Berkeley， CA： Center for the Study of Child Care Employment， 2014：p.3.

②③ 庞丽娟：《多元快速有效扩充我国学前教师队伍》，《教育研究》，2019年第3期，第12–15页。

一、促进高质量幼儿教师队伍供给的政策

为了解决人民群众对子女接受公平有质量学前教育的强烈需求与学前教育事业发展不平衡不充分之间的矛盾，近年来，中央政府出台了一系列政策，以建设高质量幼儿教师队伍为抓手，努力扩大学前教育的供给。

（一）将教师队伍建设作为学前教育事业发展的重点

自 2010 年《国务院关于当前发展学前教育的若干意见》（以下简称“国十条”）颁布以来，幼儿园教师队伍建设已经成为中央政策文本中的重点议题。例如，2012 年颁布的《教育部关于加强幼儿园教师队伍建设的意见》、2013 年颁布的《幼儿园教职工配备标准（暂行）》等。而且，在学前教育事业发展的纲领性文件当中，也反复明确加强幼儿园教师队伍建设的重要性。

2010 年，“国十条”在阐述发展学前教育的十项意见共 3796 字当中，使用了约 14% 的篇幅阐述了如何“多种途径加强幼儿教师队伍建设”。2014 年，教育部、国家发展改革委、财政部《关于实施第二期学前教育三年行动计划的意见》的六项具体举措当中，以占据总举措篇幅约 20% 的比例论述了加强幼儿园教师队伍建设的具体方式。2017 年，教育部等四部门《关于实施第三期学前教育行动计划的意见》以占据主要举措 24% 的篇幅规划了如何“构建幼儿园教师队伍建设支持体系”。2018 年，中共中央 、国务院《关于学前教育深化改革规范发展的若干意见》（以下简称《若干意见》）也以约占具体措施 20% 的篇幅阐述了如何“大力加强幼儿园教师队伍建设”。在 2020 年颁布的《县域学前教育普及普惠督导评估办法》当中，“幼儿园教师待遇保障”也成为督导政府保障的重要方面，“教师配足配齐”和“教师管理制度严格”是督导幼儿园保障的重要方面。

由此可见，在 2010 年以后，配齐配足教师队伍、提高幼儿园教师地位待遇、完善教师培养培训、加强教师师德建设等教师队伍建设的举措已经成为中央推动学前教育事业改革和发展的重点，且其重要性日益凸显。

（二）颁布幼儿园教师专业标准，强化师德建设

为推进幼儿园教师的专业化发展，教育部分别于2012年和2015年出台了《幼儿园教师专业标准（试行）》（以下简称《专业标准》）和《幼儿园园长专业标准》这两项重要的专业标准。前者旗帜鲜明地提出了“幼儿为本”“师德为先”“能力为重”“终身学习”的理念，从专业理念与师德、专业知识和专业能力三个方面设定了标准；后者从规划幼儿园发展、领导保育教育、引领教师成长等六个方面设定了要求。这两个专业标准为我国幼儿园教师和园长的培养培训、准入与评价、日常管理以及专业发展等都提供了重要的依据。

《专业标准》将专业理念与师德、专业知识和专业能力三个方面作为幼儿园教师必备的基本素质与条件。其中，专业理念与师德在幼儿园教师的专业素养中处于核心地位[①]。教育对象的年龄越小，教师师德就越重要。近十年来，国家十分重视幼儿园教师队伍的师德建设[②]。2018年出台了《新时代幼儿园教师职业行为十项准则》《幼儿园教师违反职业道德行为处理办法》，针对现实中的突出问题，对幼儿园教师在坚定政治方向、自觉爱国守法、传播优秀文化、爱岗敬业、关爱幼儿、遵循教育规律、诚实守信、廉洁自律等方面划定了基本底线，对幼儿园教师违反师德行为的处理办法做出了规定。

（三）扩大人才培养规模，拓宽幼儿园教师补充渠道

在教师的职前培养，2010年“国十条”规定要办好学前教育三级师范，加大面向农村的幼儿教师培养。“国十条”颁布以后，扩大学前教育专业招生规模的途径主要包括新增一部分幼儿师范专科学校、办好高等师

① 易凌云：《幼儿园教师专业理念与师德的定义、内容与生成》，《学前教育研究》，2012年第9期，第3–11页。

② 田涛：《改革开放40年幼儿教师队伍发展的回顾与展望》，《四川师范大学学报（社会科学版）》，2019年第46（01）期，第69–77页。

范院校和幼儿师范学院的学前教育专业、扩大免费师范生学前教育专业招生规模、推进初中毕业起点五年制学前教育专科学历教师培养。在扩大培养规模以外，为缓解教师数量紧张的局面，“国十条”提出，鼓励非师范专业毕业生通过培训取得幼儿教师资格从事学前教育工作，中小学富余教师经培训合格后可转入学前教育，并且部分地区得到了落实。但在实施一段时期以后，该政策措施未在第二期、第三期行动计划中出现。为扩大供给端提供的人才数量，应对快速普及的需要，各地努力拓宽学前教育人才培养渠道，扩大培养规模。例如，《上海市学前教育三年行动计划（2019—2021 年）》中指出，要“扩大高校和职业院校的学前教育专业招生规模，学前教育专业招生人数每年达到 3000 人以上，幼儿园教职工人数增加 10%，达 7.3 万人左右”。《河北省学前教育专业人才培养方案》计划在 2018—2022 年通过招生计划的增量安排或存量调整，扩大学前教育专业招生规模，基本解决学前教育专业人才需求的有效供给；2018 年，确保全省招生规模比 2017 年增长 10% 以上。2018 年，《若干意见》强调建好学前教育二级师范教育体系，扩大本专科层次培养规模及学前教育专业公费师范生培养规模，鼓励师范院校在校生辅修或转入学前教育专业，扩大有质量教师供给。

（四）建立多层次幼儿园教师培训体系

我国幼儿园教师队伍体量大、水平参差不齐，加强在岗教师培训，是全面提升幼儿园教师队伍质量的必要条件。幼儿园教师培训的工作在 2010 年以后得到前所未有的重视。“国十条”提出，要争取在三年内完成对 1 万名幼儿园园长和骨干教师的国家级培训，同时要求各地结合实际情况，在坚持公益性和普惠性的原则下，五年内对幼儿园园长和教师进行一轮全员专业培训。

为加强农村学前教师队伍建设，2011 年 9 月，教育部、财政部联合发布《关于实施幼儿教师国家级培训计划的通知》，决定从 2011 年起实施“幼儿教师国家级培训计划”，所需经费由中央财政安排专项资金予以支持。2012 年，《关于做好 2012 年“国培计划”实施工作的通知》强调在培训课程内容上一方面要贯彻落实教师专业标准；另一方面要加强教师培训需求调研，提高培训实效。2014 年，《关于实施第二期学前教育三年行动计划的意见》（以下简称《二期行动计划》）明确提出，“加强幼儿园教师队伍建设，建立满足不同层次和需求的培训体系，各地 2015 年底前完成对幼儿园园长和教师的全员专业培训”，幼儿园教师培训政策日趋完善。据统计，幼儿教师“国培计划”中央财政投入 30 多亿元，培训中西部农村幼儿园骨干园长和教师 170 多万人次。

（五）制定幼儿园教职工配备标准，保障教师工资待遇

制定幼儿园教职工的配备标准，能够约束举办者依据适宜的师幼比为幼儿园配备教职工、配备编制，以保障幼儿园教师的供给。教育部于 2012 年制定了《幼儿园教职工配备标准（暂行）》（以下简称《配备标准》），规定所有幼儿园要在三年内达到《配备标准》要求。按照要求，全日制幼儿园教职工与幼儿之比应为 1∶5 至 1∶7，保教人员与幼儿之比应为 1∶7 至 1∶9，全日制幼儿园每班配备 2 名专任教师和 1 名保育员，或配备 3 名专任教师。而且，《配备标准》还规定了园长、卫生保健人员等类型工作人员的配备要求。同时，针对幼儿园教职工尤其是公办园教师的补充问题，《二期行动计划》提出要“通过多种方式补足配齐各类幼儿园教职工，有条件的地方出台公办幼儿园教职工编制标准”，《若干意见》等文件也反复强调，“各地要及时补充公办园教职工，严禁‘有编不补’等现象”。此外，各地也根据自身实际情况，制定了本地区的教职工配备标准。有近 20 个省份制定了公办幼儿教职工编制标准，并以多种方式补足配齐幼儿园教师。多数地方对教职工编制按照教职工与幼儿的一定比例核定，比例从 1∶5 到 1∶10 不等。例如，新疆为 1∶5 至 1∶7，北京为 1∶5.5 至 1∶6，广东为 1∶7 至 1∶10。一些地方明确专任教师按班师比或生师比确定。又如，

浙江按班师比 1∶1.5 至 1∶2 的标准执行，安徽、江苏分别按照师生比 1∶15 和 1∶16 的比例核定。同时，多数省份也考虑了增编因素，按照教职工编制总量的一定比例核增附加编制[①]。同时，各地根据标准对编制进行动态核定，加大工作力度。例如，陕西省安康市根据《陕西省幼儿园编制标准（暂行）》，对全市建成并投入使用的公办幼儿园，按教职工编制与在园幼儿 1∶7.5 标准核定编制，扣除公办园教师编制以后，缺额编制从富余的中小学编制中调剂解决。

有关待遇保障的措施则散见在各项纲领性文件当中。"国十条"要求要完善落实幼儿园教职工工资保障办法，《二期行动计划》明确要解决好公办园非在编教师、农村集体办幼儿园教师工资待遇问题，逐步实现同工同酬，引导和监督民办园依法保障教师工资待遇。《若干意见》则要求确保公办园教师工资及时足额发放、同工同酬；民办园要参照公办园工资收入水平合理确定。此外，在财政投入方向下，《若干意见》也强调了要建立与保障幼儿园教师待遇相一致的财政投入体制，支出结构强调要从对物的投入转向对运转的投入，"主要用于扩大普惠性资源、补充配备教师、提高教师待遇、改善办园条件"。

二、幼儿教师队伍供给现状与问题分析

在国家层面颁布的一系列有关幼儿园教师队伍建设的政策法规文件指引下，在各地学前教育改革发展的实践探索中，我国幼儿园教师队伍供给在过去十年间取得了举世瞩目的成就（见图 8–1）。幼儿园教师规模迅速扩大，教师队伍质量有明显提升。但对照学前教育普及普惠优质安全发展的要求，高质量幼儿园教师队伍的供给仍然存在着总体性不足和结构性不足的问题。

---

① 教育部办公厅关于各地出台公办幼儿园教职工编制标准情况的通报。

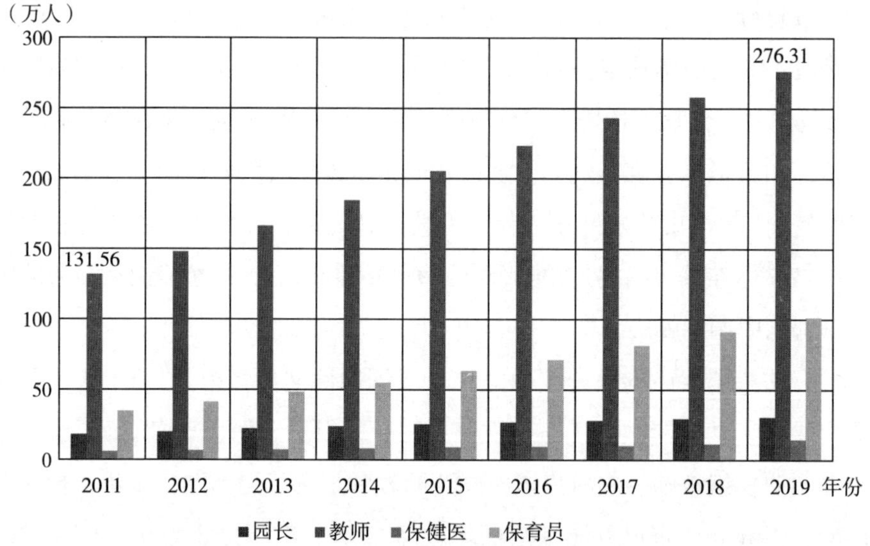

图8-1 幼儿园师资队伍数量（2011—2019年）

（一）总量快速增加，质量有所提高

2010 年以后，伴随着我国学前教育普及率的迅速提升，幼儿园教师队伍数量也迅速扩大。其中，幼儿园教师数量从 2011 年的 131.56 万人增长到 2019 年的 276.31 万人，增长 110.03%。与此同时，幼儿园教职工队伍中其他类型人员也随着学前教育资源规模的扩大迅速增长。2011 年到 2019 年，幼儿园园长数量从 18 万人增长到 30 万人，保育员数量从 34.48 万人增长到 101.25 万人，保健医生数量则从 5.89 万人增长到 14.39 万人，增长幅度分别达 66.67%、193.65% 和 144.32%。如此迅速地扩大规模，在世界范围内都是令人瞩目的发展势头。正是由于幼儿园师资队伍的迅速扩大，因此尽管我国过去十年在园幼儿从 3424 万增长到 4713.88 万人，但师资保障水平并没有落后，幼儿园的幼师比反而持续降低。如图 8–2 所示，幼儿与专任教师的人数之比从 2011 年的 26.03：1 下降到 2019 年的 17.06：1，而幼儿与保教人员的人数之比则从 2011 年的 20.62：1 下降到 2019 年的 12.49：1。师幼比正在逐步接近《配备标准》的规定，以及国际研究认可的较为合理的比例[①]。幼师比的降低，使得教师在活动当中更能关注儿童个体，让活动更有可能适宜儿童个体的发展水平、需要和特点等。

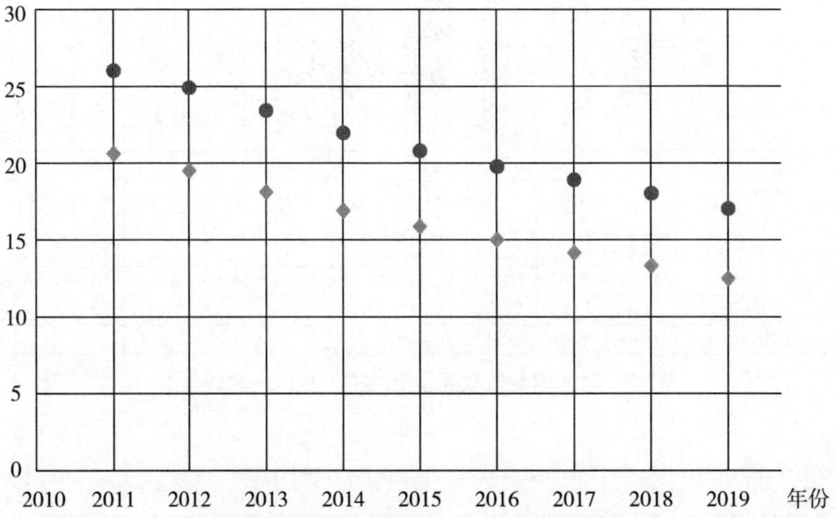

图8-2 幼儿园幼师比（2011—2019年）

自2010年以来，我国幼儿园教师队伍质量亦有明显改善。从最关键的学历指标来看，我国幼儿园教师专科及以上学历占比逐年增长，学历结构改善明显（见图8-3）。其中，专科及以上学历的幼儿园专任教师占比从2010年的60.30%增长到2019年的82.73%，与此同时，本科以上学历的专业教师占比也有所提升，从11.88%提升到24.04%。除师资结构以外，幼儿园教师经过了学前教育专业的职前教育的人数占比也不断提高，从2011年的63.71%逐步增长到2019年的71.33%，充分的职前专业教育或培训为幼儿园教师队伍的专业化发展奠定了坚实基础（见图8-4）。

① NAEYC. Staff-to-Child Ratio and Class Size. https：//www.naeyc.org/sites/default/files/globally-shared/downloads/PDFs/accreditation/early-learning/staff_child_ratio_0.pdf.

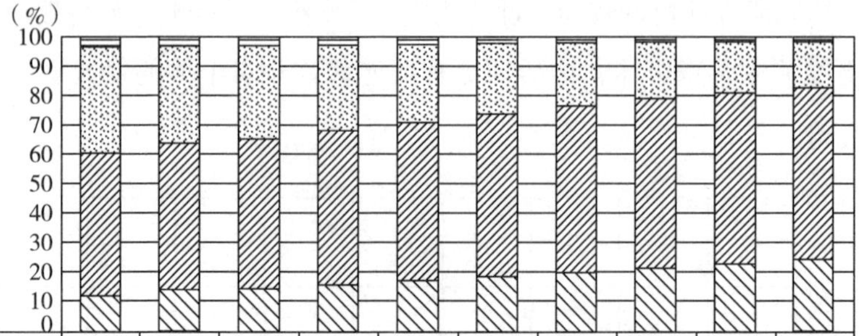

年份	2010	2011	2012	2013	2014	2015	2016	2017	2018	2019
专科以上（%）	60.30	63.67	65.13	68.15	70.89	73.80	76.54	79.05	80.97	82.73
高中阶段以下毕业（%）	3.47	3.12	3.04	2.83	2.59	2.21	1.98	1.76	1.64	1.63
高中阶段毕业（%）	36.23	33.21	31.83	29.02	26.52	23.99	21.47	19.19	17.39	15.64
专科毕业（%）	48.32	49.61	50.74	52.39	53.68	55.31	56.69	57.75	58.25	58.49
本科毕业（%）	11.88	13.87	14.28	15.62	17.06	18.33	19.68	21.12	22.53	24.04
研究生毕业（%）	0.10	0.20	0.11	0.13	0.15	0.16	0.17	0.18	0.19	0.20

图8-3　幼儿园专任教师学历结构（2010—2019年）

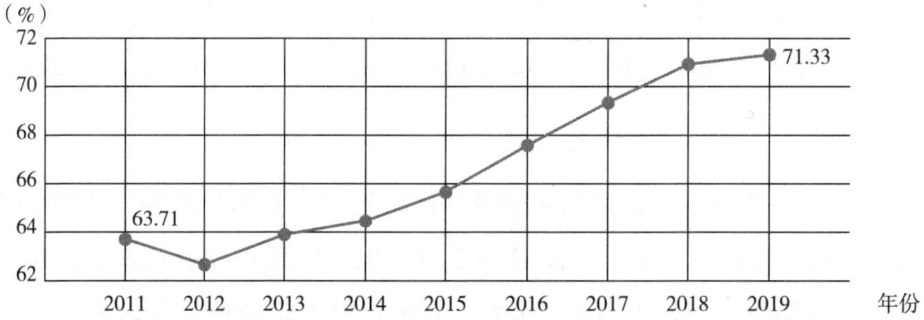

图8-4　幼儿园专任教师具有学前教育背景的人员占比（2011—2019年）

（二）高质量教师供给总体不足

尽管在过去十年，我国幼儿园教师队伍建设取得了显著的成绩，但挑战和问题仍然存在，其中，最为突出的就是高质量幼儿教师的供给不足。事实上，我国不仅面临着高质量幼儿教师供给不足的难题，即便在不考虑质量的情况下，幼儿教师总体数量也难以支持学前教育事业持续快速发展的需求。过去十年中，幼儿教师师资队伍的扩大适应了资源扩大和事业发展的需求，支持着我国学前三年毛入园率从 2010 年的 50.9% 提高 2019 年的 83.4%。按照《若干意见》的要求，到 2020 年我国学前三年毛入园率将达到 85%，到 2035 年将全面普及学前三年教育。这意味着在未来一段时期内，学前教育事业发展对幼儿教师的供给仍然有较高的要求。同时，也应该看到，按照《配备标准》的要求，当前幼儿园专任教师和保育员仍存在明显缺口。若按照保教人员与幼儿 1∶9 的比例进行估算，2019 年在园幼儿约 4714 万人需要保教人员约 524 万人，尚有 147 万人的缺口；若以较高标准的 1∶7 的比例进行估算，则需要保教人员约为 673 万人，尚有 296 万人的缺口。若按照“两教一保”的标准来进行估计，则需要 314 万余名专任教师、157 万名保育员，尚缺少 38 万名专任教师和 56 万名保育员。若随着此后学前三年普及率持续提升，在未来一段时间内，专任教师和保育员的缺口问题仍然不容忽视。

从师资队伍的质量看，我国幼儿园教师的学历层次结构和职前专业训练的状况仍然有待改善。美国国家研究委员会（National Research Council）在《渴望学习》（Eager to Learn）的报告（2001 年）中就建议，每个孩子都应拥有一名具有儿童早期保育和教育学士学位的老师。各州的幼儿班（prekindergarten，Pre-K）项目也普遍认为，幼儿园教师的高素质意味着教师要拥有学士学位[①]。美国国家研究委员会出版的《改革 0-8 岁幼儿教师队伍：建立统一的基础》一书建议，至少要将幼儿园主班教师的学历提高到本科水平[②]。但是，截至 2019 年，我国幼儿园教师本科以上学历仅占 24.24%。而美国 2012 年的统计数据显示，托幼机构的幼儿保教人员本科及以上学历的人员占比已经达到 35%，OECD 国家中的芬兰等国幼儿保教人员入职的学历起点即为本科[③]。我国小学教育阶段本科及以上学历的教师

---

① Maxwell, K. L., Lim, C. I., & Early, D. M. Early childhood teacher preparation programs in the United States: National Report. Chapel Hill, NC: FPG Child Development Institute, University of North Carolina, 2006.

② National Research Council. Transforming the workforce for children birth through age 8: A unifying foundation. National Academies Press, 2015.

③ https://cscce.berkeley.edu/files/2017/05/1-About-the-Workforce.pdf.

已达 59.12%。可见，从学历层次看，我国幼儿园教师的学历水平不仅落后于 OECD 国家，与其他基础教育阶段也有较大的差距。而且，与其他国家相比，我国幼儿园教师在情感支持和班级组织上的表现相对靠后，尤其在尊重儿童观点等方面的表现有待提高①。

（三）高质量教师供给的城乡差异缩小，但资源分配仍不公平

我国幼儿园教师队伍的配置在城乡之间，尤其是高质量幼儿园教师的配置有明显的差异。由图 8-5 可知，与城区、镇区相比，乡村幼儿教师数量明显偏少。在过去几年中，随着农村学前教育的发展，农村幼儿园教师数量逐步扩大，但其与城区幼儿教师和乡镇幼儿教师的数量差异进一步拉大。2011 年，乡村和城区的幼儿教师数量相差约 46 万人，而到 2019 年，这一差距扩大到 89 万人。

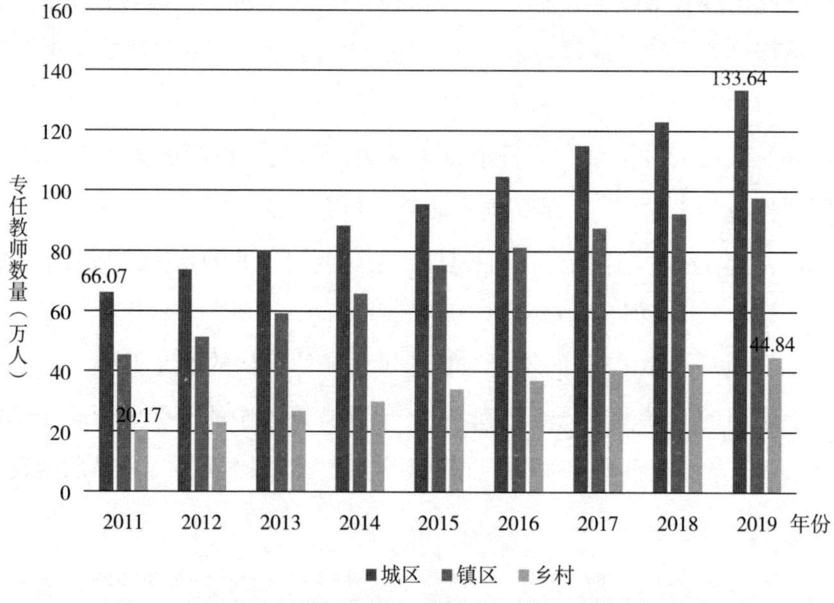

图8-5 我国城乡不同地区幼儿园教师数量（2011—2019年）

---

① 蒋路易、郭力平、吕雪：《CLASS视角下师幼互动研究的元分析——基于中国14省市892名教师的师幼互动质量评估结果》，《学前教育研究》，2019年第4期，第32–44页。

当然，随着人口城镇化进程不断推进，有相当数量的适龄儿童随着父母从农村进入城市接受学前教育。与城区和镇区相比，乡村在园幼儿人数在过去几年增长相对缓慢。但是，目前城乡之间幼儿教师数量上巨大的缺口，仍然导致城乡幼儿园师幼比的巨大差异（尽管这一差异在过去几年已经缩小）。2019 年，在园幼儿人数与城区幼儿园专任教师的比值已经下降到 14.08：1，这一水平已经略高于国家要求的“两教一保”标准。但是在镇区和乡村，幼儿与专任教师的比值仍然处于 18.18：1 和 23.50：1 的高水平（见图 8–6）。如果考虑更为稀缺的保健医生资源，城乡之间差异更大，而且都无法达到《托儿所幼儿园卫生保健管理办法》中所规定的标准。2019 年，城区大约每 236.44 个幼儿配备 1 名保健医生，镇区的这一数值则提高到了 405.14：1，乡村更是高达 516.64：1。镇区和乡村远未达到“以收托 150 名儿童至少设 1 名专职卫生保健人员的比例配备卫生保健人员”的标准，甚至按照一所幼儿园 12 个班进行估计（约 360 人），仍有相当多的镇区和乡村的幼儿园并未配置专职的卫生保健人员（见图 8–7）。

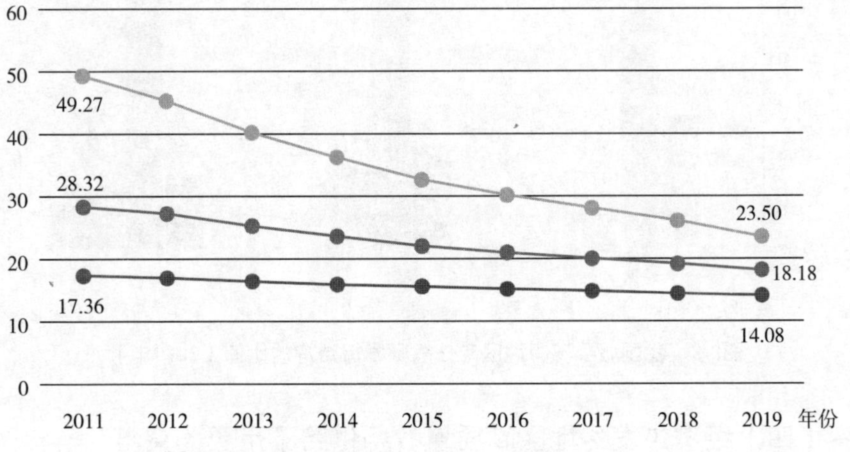

图8-6　我国城乡不同地区专任教师与幼儿比值（2011—2019年）

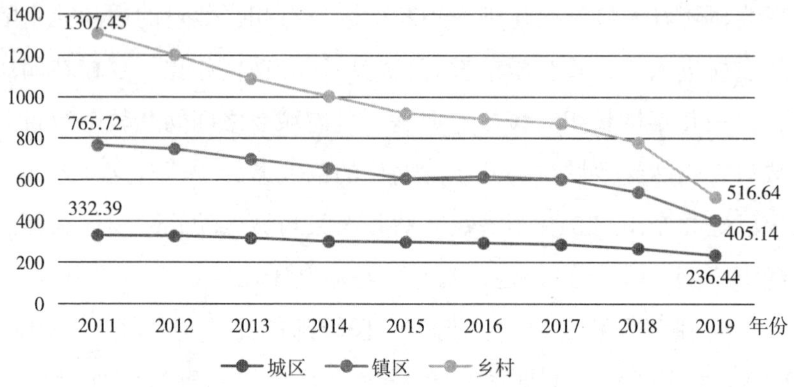

图8-7 我国城乡不同其地区保健医生与幼儿的比值（2011—2019年）

城乡教师供给的差异，不仅体现在教师数量上，更体现在师资结构上。与城区相比，乡村幼儿园教师的学历在高中及以下的占比为29.40%，而城区幼儿园教师的这一占比仅为11.33%。高学历（本科以上学历）幼儿教师在城乡之间分布仍不均衡（见图8–8）。

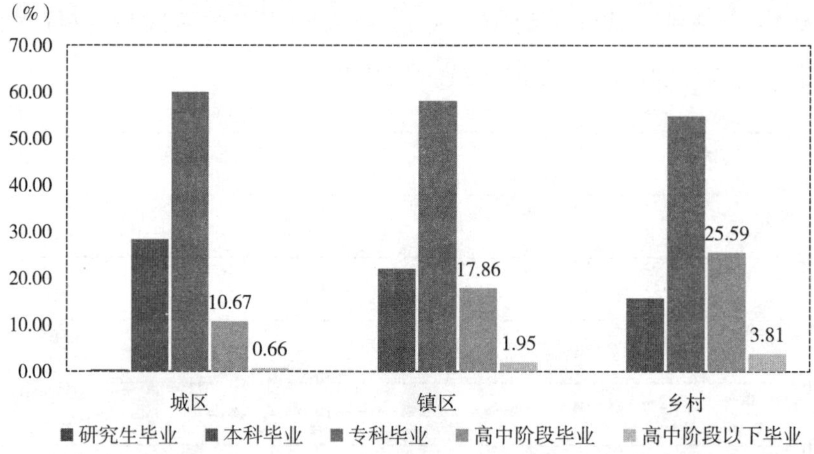

图8-8 我国城乡不同地区专任教师学历结构的比值（2019年）

（四）经济欠发达地区高质量教师供给不足更为突出

从幼儿教师供给的空间布局来看，我国各地区表现出明显的不平衡状况。以2019年专任教师与在园幼儿人数的比值来看，31个省级行政区（不含港、澳、台地区，下同）中，东部及东北地区的幼儿园教师供给数量更多，相对处于更为合理的水平；而中部及西部地区幼师比较高，最高的达到了22.63∶1，可能会对师幼互动和课程的质量造成负面的影响（见图8–9）。

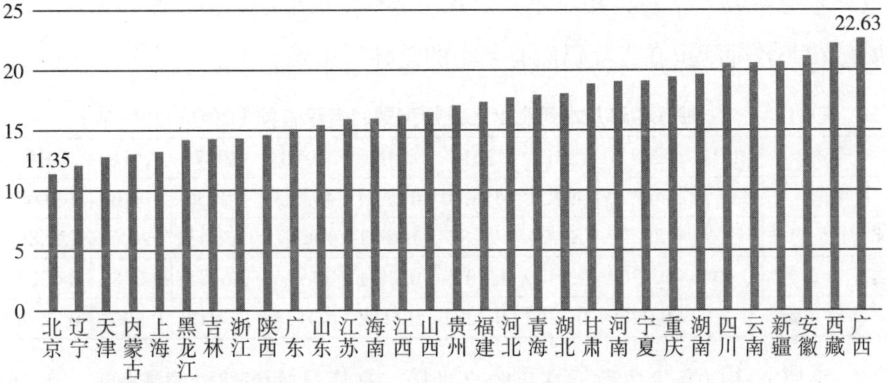

图8-9　我国不同省级行政区幼儿与专任教师的比值（2019年）

如果关注幼儿教师质量，则不难看出幼儿园专任教师学历结构在不同地区的表现也有不同。由图8–10可知，东部地区的师资结构优于其他地区，尤其是幼儿园教师本科以上学历所占的比例，东部地区（占比为38.03%）高于其他地区；而中部地区（占比为17.39%）在这一指标上表现最差，一定程度上存在“中部塌陷”的问题。

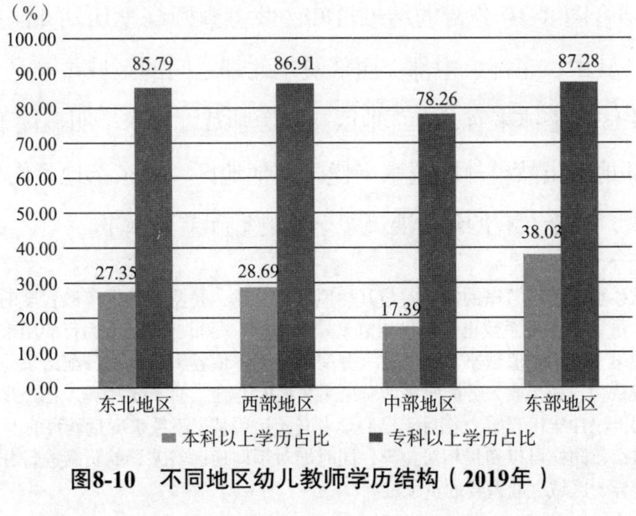

图8-10　不同地区幼儿教师学历结构（2019年）

本研究同时考虑了在园幼儿人数对高质量师资配置的影响，以每万名幼儿配置的本科以上教师人数为指标分析地区差异发现，2011 年到 2019 年，省际绝对差异在不断扩大（以极差和标准差指标反映），而从变异系数和基尼系数[①]来看，相对差异则有一定程度的缩小，但是整体来看，高质量幼儿教师配置在省际仍然有不小的差异（见表 8-1）。

表8-1　每万名幼儿本科及以上教师配置的省际差异（2011—2019年）

年份	2011	2012	2013	2014	2015	2016	2017	2018	2019
极差	337.00	365.70	397.50	438.70	445.94	462.13	478.56	506.67	540.00
标准差	73.40	80.76	89.02	98.82	102.31	106.07	111.43	120.64	127.83
变异系数	0.9048	0.8760	0.8309	0.8039	0.7481	0.6946	0.6635	0.6382	0.6223
基尼系数	0.3207	0.3259	0.3263	0.3282	0.3182	0.3123	0.3015	0.3004	0.2898

本研究还以泰尔指数[②]来反映高学历、高质量师资配置均衡状况，并通过泰尔指数的分解来探知高质量师资配置差异主要是来自东部、中部、西部及东北地区区域之间的差异，还是来自区域内部的差异（见表 8-2）。从数据走向来看，泰尔指数如同其他反映相对差异的指标，同样反映出我国幼儿园高学历师资配置不公平的问题有所改善，但省际差异仍然存在。进一步分析发现，这种差异主要来自区域之间而非区域内部。尽管在 2011—2019 年，区域之间的差异已经有明显缩小的趋势，但仍然是总体泰尔指数的主要贡献来源。结合图 8-10 分析的结果可知，我国省际高学历幼儿园教师配置仍然不均衡，其中，东部、中部、西部及东北部之间的区域差异是省际差异的主要贡献来源，整体来看，东部地区高学历师资配置水平明显优于其他地区。同时，东部地区虽然整体配置水平优于其他地区，但东部地区内部的省际差异却非常大，甚至在有的年份要高于全国的省际差异水平。

---

① 变异系数是一组数据的标准差与其均值的百分比，是测算数据离散程度的相对指标，是一种相对差异量数。基尼系数也是衡量相对差异的指标，是目前国际上通行的用来考察收入不平等的指标，值域为[0,1]，值越小，说明收入分配越公平；值越大，说明分配结果差异越大，即越不公平。一般认为，如果收入分配水平的基尼系数在0.4以上，那么集中程度已经很高，处于非均衡状态。从20世纪70年代开始，国际上已有学者开始运用基尼系数来度量教育的不公平状况。

② 泰尔指数同样可以衡量相对差异，同时能对不同地区对差异的贡献进行分解，从而理解诸如区域内差异、区域之间差异的贡献量。

表8-2 本科及以上学历教师配置的泰尔指数及其分解（2011—2019年）

年份	2011	2012	2013	2014	2015	2016	2017	2018	2019
泰尔指数	0.1675	0.1705	0.1700	0.1716	0.1609	0.1541	0.1438	0.1425	0.1328
区域间差异	0.1139	0.1137	0.1102	0.1116	0.1025	0.0977	0.0880	0.0866	0.0805
区域内差异	0.0536	0.0568	0.0598	0.0600	0.0584	0.0564	0.0558	0.0559	0.0523
东部地区泰尔指数	0.1747	0.1789	0.1770	0.1858	0.1697	0.1603	0.1461	0.1416	0.1296
中部地区泰尔指数	0.0328	0.0391	0.0370	0.0335	0.0333	0.0348	0.0343	0.0330	0.0306
西部地区泰尔指数	0.1197	0.1111	0.1050	0.1035	0.0944	0.0892	0.0760	0.0770	0.0728
东北地区泰尔指数	0.0337	0.0311	0.0245	0.0223	0.0154	0.0111	0.0109	0.0077	0.0071

（五）公办园教师数量更为紧缺，民办园更难留住高质量教师

从全国的统计数据看，民办园的幼师比状况要优于公办园，民办幼儿园在专任教师、保健医生、保育员的配置上都更为充足。民办幼儿园在园幼儿与专任教师的比值接近国家所规定的“两教一保”的标准。与此相对应，公办园的师幼比则偏高（见表8-3）。针对家长择园的调查也指出，相比民办园，家长更倾向于公办幼儿园[①]，因此可能出现大量幼儿涌入有限的公办幼儿园的情况。同时也反映了当前在建设普惠性学前教育资源时，不仅应该关注房屋园舍的建设，更应该保障幼儿教师的供给，避免因大量幼儿挤进公办园而造成教育资源的稀释。

表8-3 不同类型幼儿园幼师比状况（2019年）

	幼儿与专任教师之比	幼儿与保健医生之比	幼儿与保育员之比
公办幼儿园	19.29	532.11	68.55
民办幼儿园	15.65	252.13	37.24

① 刘颖：《充足、公平和效率视角下的学前教育财政政策研究》，南京师范大学博士学位论文，2017年。

很多关于幼儿园教师流动意向的研究发现，相比于公办幼儿园，民办幼儿园教师的流动意向更高。杜屏等对我国 4 省市 649 名幼儿园教师的问卷调查发现，公办园幼儿教师的流动倾向相对于民办园幼儿教师来说较低[①]。而从实际的流动行为来看，也有地域性的研究发现，民办幼儿园教师三年的实际流失率明显高于公办幼儿园，影响了民办园幼儿园教师队伍的稳定性，阻碍了教育教学工作的正常开展，扰乱了幼儿园管理秩序，同时也对幼儿的身心健康发展造成了不良的影响[②]。

三、制约高质量幼儿教师队伍供给的原因分析

随着近年来学前教育普及率的不断提升，对优质幼儿园教师的需求通过市场信号传导给供给端，大量的大中专院校、中职高职院校都参与到幼儿园师资的培养队伍当中来。与此同时，中央有关幼儿园教师队伍建设的政策文件也密集出台，从扩大人才培养规模、加强幼儿园教师培养培训、推进幼儿园教师专业化等方面入手，力图强化幼儿园教师“量”和“质”的供给。但是，市场的供需机制和政府的“有形之手”仍未能很好地解决高质量幼儿园教师队伍供给的问题。究其原因，主要包括以下五个方面。

（一）幼儿园教师社会地位不高，工资待遇未能得到保障

当前，幼儿园教师社会地位低、工资待遇差等问题成为阻碍优秀人才进入学前教育行业的重要障碍，也是导致教师产生离职意向乃至实际离职行为的主要原因[③]。OECD 的国际学生评估项目（The Program for International Student Assessment，PISA）的问卷调查发现，并非与幼儿一起工作的工作

① 杜屏、朱菲菲、杜育红：《幼儿教师的流动、流失与工资关系的研究》，《教育与经济》，2013年第6期，第59-65页。

② 戴鑫：《民办幼儿园教师流失的原因分析及对策研究》，内蒙古师范大学硕士学位论文，2015年。

③ Clarke C Miho A.Good practice for good jobs in early childhood education and care.OECD，Paris，France，2019.

性质本身不吸引人，大多数青少年对早期教育和保育工作是感兴趣的。在2015年的调查当中，1.7%的回答者希望能从事与早期教育和保育相关的工作。虽然这相比医生、工程师而言，占比并不高，但相对于护士、小学教师和中学教师等幼儿园教师的“竞争性职业”，比例更高[①]。然而，幼儿园教师实际的社会地位和薪资待遇却成为毕业生尤其是家庭经济支持较少的优秀学生选择远离幼儿园教师职业的重要原因。

从微观的调查数据来看，72.6%的幼儿教师对其经济收入不满意，39.7%的幼儿教师月薪在800~1500元，58.9%的幼儿教师月薪在1500~3000元，仅有1.4%的幼儿教师月薪在4000元以上[②]。另一项针对农村幼儿园教师的调查发现，5年以下的普通教师的月工资普遍在1000~2000元，10年以上的普通教师工资在2000~3000元，15年以上的年级主任和园长的工资在3000~4500元[③]。对东部某县的调研也发现，有相当比例的幼儿园教师的工资收入水平仍然在该地区最低工资收入水平的1倍左右。

从《中国教育经费统计年鉴》和《中国教育统计年鉴》所获得的全国及31个省级行政区的宏观数据进行估算，2018年，我国幼儿园教职工（包括园长、专任教师、保健医生和保育员）的平均工资（包括基本工资、津贴补贴、奖金及绩效工资和社会保障缴费等）为46723元，仅相当于同年城镇单位就业人员平均工资的56.69%[④]。国家统计局公布的19个行业的城镇单位人员就业工资，幼儿园教职工的工资仅高于农、林、牧、渔业城镇单位就业人员平均工资，低于其他18个行业城镇就业人员的平均工资，也远低于教育行业的城镇就业人员的平均工资82413元[⑤]（见图8–11）。而

---

① Clarke C，Miho A.Good practice for good jobs in early childhood education and care.OECD，Paris，France，2019.

② 夏小书：《幼儿教师社会地位相对偏低的表征、归因及解决路径》，《教师教育论坛》，2016年第12期，第37–40页。

③ 丁彩云、时松：《某县农村幼儿教师社会地位现状调查研究》，《包头职业技术学院学报》，2016年第3期，第38–41页。

④ 因《中国教育经费统计年鉴》等数据有滞后性，因此仅统计到2018年的数据。

⑤ 数据来自《中国教育统计年鉴2017》《中国教育经费统计年鉴2018》。

从 31 个省级行政区来看，也仅有上海、天津、北京、西藏四个地区的幼儿园教职工平均工资达到了城镇就业人员的平均工资；绝大多数地区教职工平均工资仅相当于城镇就业人员平均工资的 50%~60%（见图 8-12）。

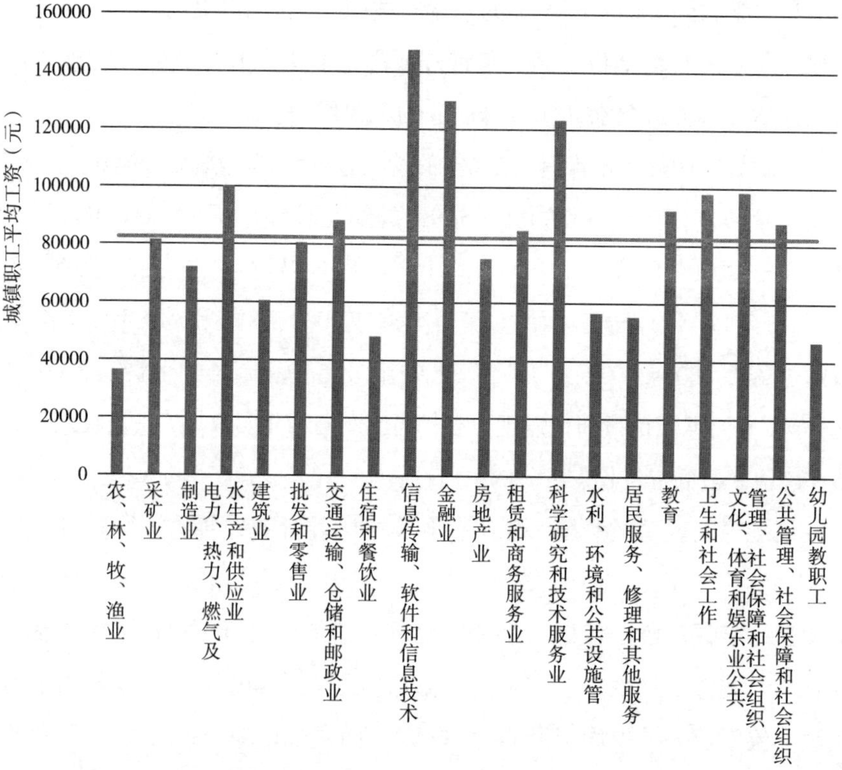

图8-11　幼儿园教职工平均工资与其他行业平均工资比较（2018年）

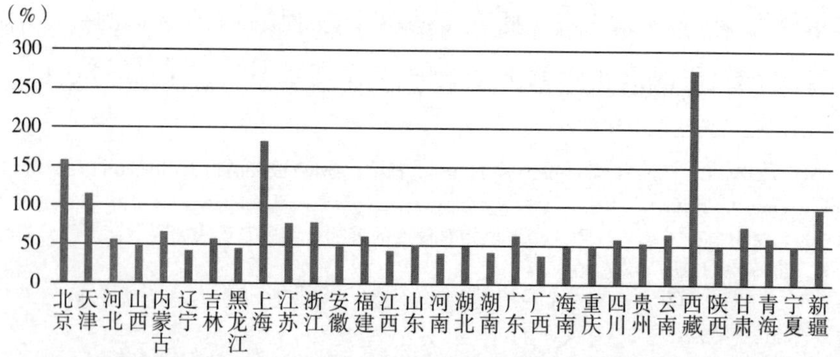

图8-12　幼儿园教职工平均工资占城镇就业人员平均工资之比（2018年）

此外，在幼儿园教师内部，薪资待遇也存在很大差异，同工不同酬问题突出。李华凤发现，在编幼儿教师的工资是非在编幼儿教师工资的近2倍；非在编幼儿教师的工资待遇明显低于在编幼儿教师[①]。蔡雯指出，民办幼儿园教师工资待遇很低，不能满足幼儿教师的日常开销，甚至存在工资不能及时发放或足额发放的情况，有的甚至还长期拖欠[②]。

完善的社会保险是让幼儿园教师工作无后顾之忧的必然要求，也是加强幼儿园教师队伍建设、提高幼儿园教育质量的重要条件。社会保险制度是为劳动者在年老、患病、工伤、失业、生育等情况下提供的帮助和补偿，确保劳动者为退休等情况做好经济上的准备。对幼儿园教师而言，这也尤为重要[③]。首先，目前多数幼儿园教师收入较低，当下的收入水平很难为退休、生病等情况进行足够的储蓄。其次，社会保险是幼儿园教师重要的福利之一，而国外学者的实证研究也发现，幼儿园教师的福利也对幼儿园教师的工作满意度有影响，进而会影响师幼互动的质量[④]。但是，从相关调查研究的数据来看，幼儿园教师并未全部参保。一部分幼儿园未按照相关法律规定给幼儿园教师缴纳任何社会保险费。例如，2016年对湖南省幼儿园教师的调查发现，仍然有25.5%的幼儿园教师没有参加任何社会保险项目[⑤]。有学者对东部某市非在编幼儿园教师参加养老保险的情况进行的调

① 李华凤：《鄂尔多斯市非在编幼儿园教师生存状态调查研究》，河北大学硕士学位论文，2015年。

② 蔡雯：《河南省城市民办幼儿园教师生存状态的调查研究》，河南大学硕士学位论文，2010年。

③ Schmitz K. A Pay Raise Is Only the Beginning： Pre-K Teachers Need Retirement Security Too. https：//www.teacherpensions.org/blog/pay-raise-only-beginning-pre-k-teachers-need-retirement-security-too，2018-02-15.

④ Doherty G，Lero DS，Donna S，Goelman H，LaGrange A，Tougas J.You bet I care!：A Canada-wide study on wages，working conditions，and practices in child care centres[R]. University of Guelph Centre for Families，Work and Well-Being Canada，Ontario，2000.

⑤ 杨莉君、邱诗琦：《幼儿园教师享有权益的现状调查研究——以湖南省40所幼儿园为样本》，《湖南师范大学教育科学学报》，2016年第6期，第68-75页。

研发现，参保比例仅为35.30%，而该市农村非公办幼儿园教师参加养老保险的比例甚至仅为2.69%[①]。事实上，低工资和低福利是影响招聘和留住优秀教师最重要的因素[②]。

（二）编制比例偏低，存在整体缺编和结构性缺编的问题

尽管中央要求各地要补齐补足公办园教师，有条件的地区要出台公办园教师编制标准。但编制政策在各地落实状况不一，公办园教师缺编的情况普遍存在，同时还存在结构性缺编的问题。

从全国范围的数据来看，截至2018年底，全国公办幼儿园专任教师总数为97.2万人，事业编制总量55.6万名，实有在编人数44.8万人[③]，公办园实有在编人数占专任教师总人数比例仅为46.09%。2010年以后，多个省份出台了公办幼儿园教职工编制标准。多数地方对教职工编制按照教职工与幼儿的一定比例核定，比例从1∶5到1∶10不等。一些地方明确专任教师按班师比或生师比确定[④]。然而课题组针对全国3583所公办园的调研发现，专任教师的编制实际的核定和配备状况都离标准还有较大距离。25.87%的幼儿园完全没有在编专任教师，达到各地所规定的最宽泛的1∶16标准的幼儿园仅占18.11%。

此外，公办园教师队伍结构性缺编的现象也需要得到重视。课题组的研究发现，在编专任教师与幼儿的比值（H=270.185，p=0.000）存在显

---

① 济南市财政局、山东大学财政学系课题组：《发展和普及普惠性学前教育的财政政策研究》，《中国财政学会2012年年会暨第十九次全国财政理论讨论会》，中国财政经济出版社，2012年版。

② Barnett，W. S.Low wages= low quality：Solving the real preschool teacher crisis.Preschool policy matters，2003，3（8）.

③ 陈宝生：《 国务院关于学前教育事业改革和发展情况的报告——2019年8月22日在第十三届全国人民代表大会常务委员会第十二次会议上》，http：//www.npc.gov.cn/npc/c30834/201908/1c9ebb56d55e43cab6e5ba08d0c3b28c.shtml。

④ 如浙江按班师比1∶1.5~1∶2的标准执行，安徽、江苏分别按照师生比1∶15和1∶16的比例核定。参见《教育部办公厅关于各地出台公办幼儿园教职工编制标准情况的通报》，2020年8月20日，http：//www.moe.gov.cn/srcsite/A10/s7030/201707/t20170721_309827.html。

著的园所性质差异。其中，教育部门办园表现最好（p=0.000），集体办园的编制配备状况最差（p=0.000）。就城乡不同地区幼儿园编制配备状况来看，在编专任教师与幼儿的比值（H=148.951，p=0.000）及在编专任教师与班级的比值（H=266.340，p=0.000）均存在显著的城乡差异。两个指标反映的县城公办幼儿园的编制配备状况均最好，而乡村公办幼儿园的编制配备状况最差。就不同区域幼儿园教师编制配备状况来看，在编专任教师与幼儿的比值（H=38.62，p<0.01）存在显著的地区差异。东北地区的比值显著地低于东部地区（p=0.000）、中部地区（p=0.001）和西部地区（p=0.000），其他地区之间不存在显著差异。东北部地区的编制配备弱化的状况需要得到关注。

所谓功能性缺编，是指幼儿园人员编制的配备难以满足幼儿园工作的需求。由于幼儿园保育教育的特殊性，幼儿园工作人员类型也较为复杂，如需要配备一定数量的卫生保健人员。同时，由于常常会有教师进修、培训、支教、休产假等，还需要配备一定的机动人员。幼儿园的管理人员、教师、保育员和教辅人员等各类编制应当形成合理的结构比例。课题组的调研发现部分地区存在一线教师编制不足的隐患。需要关注的是，虽然目前有一些幼儿园在编教师占总编制比例很高，但由于总在编人数很少且新增在编人员数量非常有限，随着在编骨干教师开始承担管理工作或退休，一线在编教师比例会进一步下降。部分幼儿园还存在其他专业技术岗编制配备不到位的状况。在幼儿园中，保健医生、财务人员等都属于专业性较强的工作，很多地方性的幼儿园编制标准中都规定每所幼儿园要按照规定设置保健医生的编制[①]。课题组调研发现，在3923所幼儿园当中，仅有16%的幼儿园为其他工作人员（如保健医生、保育员等）配备编制，84%的幼儿园保健医生等专业技术岗位没有编制。而在2666所在园幼儿人数大于等于

① 例如，《甘肃省公办幼儿园编制标准（试行）》指出，“卫生保健人员一般每园配1名，寄宿制或幼儿超过200名的幼儿园可酌情增加”。《广东省幼儿园编制标准（试行）》规定，“幼儿数超过150名或幼儿数不到150名但有寄宿班的幼儿园可增加1名专职卫生保健人员编制；幼儿数超过150名且有寄宿班的幼儿园增加2名专职卫生保健人员编制”。

150 人的幼儿园中，仅有 18.4% 的幼儿园为其他工作人员（包括保健医生）配备编制。此外，机动编制预留不足也是调研中反映的突出问题。

在双轨制环境下，有编制的幼儿园教师岗位更能吸引优秀人才、减少教师流动及流失。同时，本研究还发现学历层次越高、教育经验越丰富的优秀在岗教师离职意向越高。因此，编制缺失带来的教师流动和流失更可能是优秀教师的流动和流失，对幼儿园教师队伍数量和质量影响深远。

（三）政府职责有待加强，缺少上位法规范幼儿园教师队伍建设

在优质幼儿园教师队伍供给方面，政府职责还有待加强，还需要加强上位法律法规来规范幼儿园教师队伍建设。仅以教师工资待遇保障为例，就可以看到政府职责不到位的严重后果。学前教育领域存在着非常严重的信息不对称问题，幼儿园教师的工作很难量化，这一市场缺陷决定了如果完全按照市场机制来对幼儿园教师的劳动定价，会带来学前教育事业发展的扭曲，主要表现在：幼儿园不愿给出合理的高工资，吸引不到优秀的教师，教师流动更多，幼儿园越不愿意支付更高的工资[①]。此外，试图利用教师工会与雇主谈判的机制、提高教师工资的策略在我国也很难奏效。从我国企业用工领域施行的实际情况来看，资方的强势地位使得劳方个体很难与资方进行平等协商[②]。

事实上，政府的有效干预是加强幼儿园教师队伍建设的必要条件。但在我国四个独立的学段当中，唯独学前教育还没有专门的立法，未能对学前教育的性质与地位、政府的责任、管理体制、投入体制、办园体制和教师政策制度等影响事业发展的关键性问题做出明确的规定[③]。政府

① 曾晓东：《学前教育走向“普惠”，政府角色需进一步明晰》，https：//baijiahao.baidu.com/s?id=1620417742757097199&wfr=spider&for=pc。

② 梁慧娟：《完善我国非公办幼儿园教师政策的思考》，《学前教育研究》，2013年第8期，第3–8页。

③ 庞丽娟、王红蕾、贺红芳、袁秋红：《加快立法为学前教育发展提供法律保障》，《中国教育学刊》，2019年第1期，第1–6页。

部门自身对学前教育本身的专业性也认识不足，就教师队伍建设而言，尤其是尚未通过立法保障教师的法律身份与地位的情况下，未能保障大量的公办园非在编教师、公办性质幼儿园和普惠性民办幼儿园教师的合理待遇。

除此以外，尽管过去十年中央密集地出台了有关幼儿园教师队伍建设的政策文件。但总体来看，这些政策仍存在着改进空间：首先，制约幼儿园教师队伍建设的关键问题，诸如待遇保障，始终未能妥善解决。在“国十条”颁布以后，学前教育事业发展的重点一度放在“扩资源”上，同时，“扩资源”的重点仍以硬件设施为主，中央财政投入也主要导向“物”的投入。三期行动计划以后，中央逐渐强调要调整投入结构，投入要保运转、保师资。但由于我国既有的投入体制机制未能打破，大量编制外的公办园非编教师和民办园教师待遇无法得到制度性的财政支持和保障。换言之，保障幼儿园教师待遇的财政投入机制尚未建立。其次，在以县为主的管理体制下，诸如补齐补足编制、完善教师待遇保障机制等政策，既需要地方政府有较强的政策创新和执行能力，也需要其秉持对学前教育价值的正确认识，同时还依赖地方的经济发展水平和地方财力。以编制标准的制定和编制补充为例，目前我国中央层面的公办园编制标准并未出台，31个省份中有19个省份出台了编制标准。但各地编制标准的执行和督查情况不一，存在着“有编不补”“编制流失”等诸多问题。这一方面是由于中央政策中仅强调“有条件的地区出台编制标准”；另一方面是由于出台编制标准并严格核定编制、补齐补足编制需要地方政府在编制总量控制的背景下积极统筹协调。编制的增加会导致财政负担的增长，地方政府之间的GDP竞赛削弱了其对学前教育投入的热情，事权与财权的不匹配则意味着财力越弱的地区，越难以负担“吃财政饭”人员的增长。总体来看，中央政府投入不足，地方政策执行的力度差异，共同制约了中央有关幼儿园教师队伍建设的政策落地。

（四）幼儿园师资培养机构质量参差不齐，人才培养脱离幼儿园教育实践

当前，我国已经初步建立起以师范院校教育为主体的多元幼儿园教师培养体系。不仅幼儿师范学校、师范大学、师范院校、综合性大学中的师范学院、教育学院或相关学科在培养幼儿园教师，一些高职院校、中职院校也都参与到学前教育专业人才的培养当中。但是，从部分地区的统计数据来看，幼儿园教师培养的层次总体偏低，中专层次的院校及其培养规模仍然占据主体地位，本科院校的培养规模较小。以广西为例，学前教育专业在校生中，本科层次学生人数仅占全省师资培养规模的7.8%左右，中职中专则占到培养规模的64%[①]。与此同时，这些幼儿园师资培养机构质量参差不齐，很多院校是看到学前教育事业发展的“窗口”、学前教育专业毕业生就业率居高不下以后，匆匆上马开设专业，未能为培养优质的幼儿园教师做好相应的师资队伍、课程设置、实践场地等资源保障。另外，很多院校在课程设置中因循“三学六法”的课程体系，又或者过分强调艺术表现技能的培养，忽视了幼儿园教育实践当中所需要的课程建设的能力、观察评价儿童的能力等的专业技能培养。

从制度上来看，幼儿园教师培养质量保障体系还不完善。已颁布的《幼儿园教师专业标准》《教师教育课程标准（试行）》对幼儿园教师培养的目标和课程设置提出了指导性的意见，目前在普通高等学校师范类本科专业当中实施的专业认证，正以“学生中心”“结果导向”“持续改进”的理念倒逼本科院校提升学前教育专业本科人才培养质量。但是，总体上来看，目前并未形成完善的面向各个不同类型的幼儿园师资培养机构的资质标准和认证体系，并未提出明确的幼儿园师资培养质量标准与评估要求[②]，

---

① 张文军、管钰嫦：《幼儿园教师职前培养现状及其改革策略》，《学前教育研究》，2019年第8期，第81–84页。

② 夏婧、庞丽娟：《我国幼儿教师培养政策：特点、矛盾与建议》，《教师教育研究》，2014年第4期，第37–42页。

这极大地制约了幼儿园师资培养质量的提高。

（五）幼儿园教师培训的针对性和有效性有待提升

自1999年教育部《中小学教师继续教育规定》（包含幼儿园教师）颁布之日起，我国的幼儿园教师培训正式纳入国家继续教育体系[①]。尤其在2010年“国十条”和2012年《关于加强幼儿园教师队伍建设的意见》颁布以后，我国大力推进幼儿园教师全员培训，并为教师培训提供了经费等方面的保障。

但是，从目前来看，幼儿园教师在职培训仍然存在诸多问题：首先，幼儿园教师参与的内部动机不高。蔡迎旗和郑洁的研究发现，幼儿园教师参与培训的动力中“上级通知、领导要求”占比最高（91.1%），其次是“个人主动报名”（22.7%）。专业发展缺少内部动机，将极大地削弱了培训的有效性。其次，该研究还发现，不同职务教师期望增加的培训内容有显著差异，管理岗教师（正、副园长及保教干事）选择“幼儿园管理”的显著多于普通教师，而普通教师更希望获得有助于实践工作能力提升的培训机会[②]。目前，在针对各类教师的差异化学习需求，提供不同类型和层次的培训课程方面，还有待进一步改进。最后，培训机构准入不严格，培训效果的评估和把握不及时、不到位。由于各方利益驱动，当前参与幼儿园培训的高等院校、社会机构众多，不同培训主体在教师培训的内容、方式、资源组织等方面差异很大。有的幼儿园教师培训项目“挂羊头卖狗肉”，将与幼儿园教师专业素养相去甚远的内容也包装进教师培训体系当中。培训主体对培训效果较少进行反思，参训学员对培训实践的效果评价也往往流于形式。

---

① 曲铁华、王凌玉：《我国学前教师培训政策的演进历程及特点——基于1978—2016年政策文本的分析》，《河北师范大学学报（教育科学版）》，2018年第1期，第24-31页。

② 蔡迎旗、郑洁：《幼儿园教师培训需求的实证研究》，《教育研究与实验》，2018年第1期，第66-70页。

四、政策建议

（一）推进立法，提高幼儿园教师的社会地位

社会地位是吸引优秀人才进入行业的关键。幼儿园教师的社会地位主要反映在经济地位、非专业人形象和社会声望等方面。在传统观念中，幼儿园教育工作被视作主要由妇女承担的低技能工作，工作价值被大大低估。有研究发现，社会公众之所以认为幼儿园教师社会地位低，是因为他们认为幼儿园教师的专业门槛较低，获得工作所需要接受的专业培训较少，与其他专业性工作相比，相对容易①。提升幼儿园教师的社会地位是保障高质量幼儿园教师队伍供给的关键举措。

从国际经验来看，OECD 国家主要采用了下列方式提升幼儿园教师的社会地位（改善经济条件的方式和提高入职门槛将另行论述，在此不再详述）。首先，通过立法等方式明确幼儿园教师的身份地位。发达国家通过在法律文件当中明确幼儿教师的身份，保障幼儿教师的待遇。例如，日本的《教员许可法》《教育公务员特例法》规定了幼儿园园长、教师、专职教育研究人员“教育公务员”的身份。法国在《教育法典》等相关法律中明确由国家负担幼儿学校教师人员的工资，并确立了幼儿教师在住房、津贴、带薪休假上的待遇。其次，利用媒体和宣传来增进公众对学前教育工作的认可。例如，2012—2014 年，挪威开展了名为“世界上最好的工作还空缺”的全国性招聘宣传活动，旨在提高学前教育工作的社会地位并吸引新鲜力量进入学前教育行业②。新西兰教育部在其面向公众的网站上做出了巨大努力来增进公众对学前教育工作的认识。该网站有一部分专门面向

---

① Litjens I. and M. Taguma （2017）， Early childhood education and care staff recruitment and retention： A review for Kazakhstan， OECD， https：//www.oecd.org/education/school/Early-Childhood-Education-and-Care-Staff-Recruitement-Retention-Kazakhstan.pdf.

② Engel A. et al. （2015）， Early Childhood Education and Care Policy Review： Norway， OECD， Paris， http：//www.oecd.org/norway/Early-Childhood-Education-and-Care-Policy-Review-Norway.pdf.

父母和公众介绍学前教育的益处和学前教育工作人员所需要具备的专业能力，旨在对家长和公众进行教育，塑造学前教师的专业形象，提升学前教师的地位[①]。爱沙尼亚开展了“成为一名教师的学习”宣传活动，其中包括名人回忆幼儿园的视频以及老师解释为什么享受教育工作的视频。

结合我国幼儿园教师长期被视作“保姆”“阿姨”等非专业人士的现象，当前，首先应当以立法等方式明确幼儿园教师的身份、性质和地位。学前教育是基础教育的基础，是我国学校教育体系的重要组成部分，我国的幼儿园教师与中小学教师相同，同样承担着教书育人的工作。因此我国的幼儿园教师应当依法享有和中小学教师同样的法律身份地位，享有同样的政治地位、经济地位、职业地位和社会地位。在当前制定的学前教育法中，应当明确幼儿园教师的性质地位，即明确其依法享有与中小学教师同样的地位。其次要利用媒体和宣传来增进公众对幼儿园教师工作价值的认可。与我国学前教育事业迅速发展的局面不相称的是，幼儿园教师的社会地位和社会声誉很低，尤其是近年来屡见报端的幼儿园教师虐童事件，导致幼儿园教师的社会声誉和专业形象受到极为负面的影响。媒体形成的公共话语在很大程度上塑造了社会公众对幼儿园教师形象的认知。因此，政府应当寻求公共话语的改善，引导社会公众正确认识幼儿园教师工作的专业性及其价值，重塑幼儿园教师的专业形象。

（二）多举措改善幼儿园教师待遇

幼儿园教师薪资对幼儿园教育质量以及儿童发展结果影响巨大。首先，薪资待遇是吸引优秀人才进入教师行业、留任有较高资质教师的重要因素。薪资待遇过低，既无法满足个体的生活需求，难以与其工作价值匹配，也在一定程度上贬低了幼儿园教师职业的社会地位。当薪资待遇明显

---

① Litjens I. and M. Taguma（2017）， Early childhood education and care staff recruitment and retention：A review for Kazakhstan， OECD， https：//www.oecd.org/education/school/Early-Childhood-Education-and-Care-Staff-Recruitement-Retention-Kazakhstan.pdf.

低于其他专业领域时，很难吸引有资质的优秀毕业生从事学前教育工作；已在此行业工作、但薪资待遇与受教育水平和能力不相匹配的幼儿园教师则可能会选择离开，通过职业的跨行业流动来改善他们的生活处境、获得更好的自我发展。这个过程将一部分优质师资排斥在行业外部，从而造成幼儿园教师尤其是优质幼儿园教师数量的短缺。在公共投入不足的情况下，为满足学前教育事业发展对教师的数量需求，政府往往不得不放松对教师的资质要求，从而进一步强化社会对幼儿园教师能力的低期望，进而形成薪资水平维持或持续降低的恶性循环。也正是基于此，如果不能为幼儿园教师提供与其资质和能力相匹配、符合其专业贡献的薪资待遇，仅仅依靠提高幼儿园教师准入门槛、加强幼儿园教师培训来提高教师队伍的质量，难以达到理想的效果。因为教师的资质和能力越高，其人力资本投入越高，如果未能获得与其匹配的薪资待遇，受薪资外部竞争机制的影响，个体离开行业的可能性也就越大。

学前教育行业内部也存在着巨大的薪资差异，当园所薪资明显低于其他园所时，幼儿园教师也可能会选择从一个园所流动到另一个园所。无论是行业之间还是行业内部的流动，都会给幼儿园教育质量和儿童发展造成严重冲击。在学前教育阶段，持续、稳定、相互信任的师幼关系、亲师关系对儿童成长非常重要。频繁的教师流动则打破了园所中教师与儿童、教师与家长乃至教师之间已经建立的持续而稳定的关系，可能对幼儿的语言、社会性和情绪等方面的发展造成负面影响。

此外，低薪资即使尚未导致教师发生实际的流动行为，但也可能通过影响幼儿园教师的心理状态、教育教学行为，进而影响学前教育的质量和儿童发展的结果。有研究发现，教师的工作倦怠与低收入密切相关，由此导致教师对儿童不敏感，无法在班级中开展适宜、有效的教学[①]。当教师

---

① King，E. K.，Johnson，A. V.，Cassidy，D. J.，et al. Preschool Teachers' Financial Well-Being and Work Time Supports：Associations with Children's Emotional Expressions and Behaviors in Classrooms. Early Childhood Education Journal，2016，44（6）：545-553.

认为他们没有获得足够的收入，甚至还要为基本生活开支忧心时，他们生活的压力感增强，也不太可能全心投入工作当中，为儿童提供敏感的、回应性的互动。同样，低收入还削弱了教师进一步寻求学历提升和培训的动机。见图 8-13。

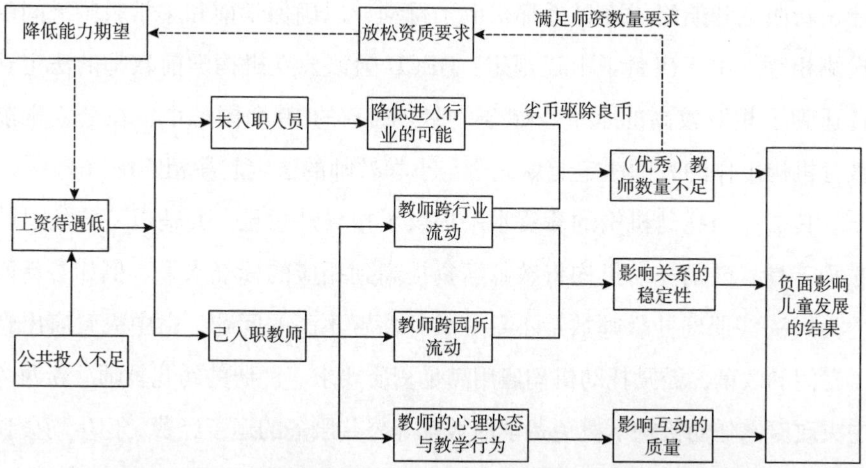

图8-13 幼儿园教师薪资水平对幼儿园教育质量的影响机制图

梳理幼儿园教师待遇保障的地方和其他国家的措施，主要可以分为以下几类。

其一，确定适宜的法定薪资水平，能够为幼儿园教师获得有专业尊严的薪资奠定法律保障，促进教师长期、稳定地从事学前教育工作，并潜心专业发展。多数国家和地区都通过在法律文件中明确公办幼儿园教师的待遇。日本的《教育公务员特例法》等法律明确规定了国立和公立的幼儿园园长、教师为“教育公务员”，《国家公务员法》《地方公务员法》《教育公务员特例法》等法律共同规定了教育公务员的录用、任免、薪资及福利待遇等政策①。近年来，日本大幅度提高幼儿教师的薪资待遇，对确定从教的学生实行奖励制度。幼儿教师受到社会各界的尊敬，其薪资比一般国家的

① 《教育公务员特例法》，2018年5月29日，http：//elaws.e-gov.go.jp/search/elawsSearch/elaws_search/lsg0500/detail?lawId=324AC0000000001#D。

公务员高 20% 左右[①]。又如，美国的《1989 年军事儿童保育法案》规定了儿童保育教师的培训和薪资水平，要求其薪资要等同于同等培训水平、级别和工作经验的军队其他雇用人员[②]。OECD 各国越来越普遍地将学前教师的工资与小学教育的教师的工资保持一致。捷克、匈牙利、韩国、葡萄牙、新西兰和斯洛伐克最近都采取了行动，以确保学前和小学教师之间的报酬相等。由于出台了上述规定，OECD 国家公立机构学前教师的法定薪资达到了相对较高的水平。如今，在 OECD 的 19 个国家中，在公立学前教育机构工作的教师法定起薪完全与小学教师的法定起薪相匹配[③]。

其二，为托幼机构的薪资水平提供了指导性意见，并辅以一定的财政激励工具，鼓励托幼机构将教师薪资提高到相应的标准水平。例如，新西兰为解决注册幼儿教师数量不足和教师薪资不高的问题，由中央政府出台了专门的政策，鼓励托幼机构雇用满足资质要求、注册的幼儿教师。新西兰中央政府向托幼机构下拨免费学前教育等公共服务的运营经费，但生均拨款标准与机构聘用的合格教师占比以及发放薪资水平有关。新西兰政府规定，聘用的合格教师占比越高，生均拨款标准越高。同时，机构必须为这些教师提供达到政府建议的最低标准的薪资。新西兰政府为合格教师制定的薪资标准随着教师资质的提升而增长，整体薪资标准还逐年递增[④]。有研究者指出，对教师薪资的补贴是新西兰政府自 2004 年以来最为成功的支出项目，其显著增加了注册教师的比例，激励托幼机构雇用更多的高水平师资[⑤]。

---

① 童宪明：《美国、日本、韩国幼儿教育政策法规的特点及启示》，《教育导刊（下半月）》，2010年第10期，第87–91页。

② Whitebook M， Phillips D， Howes C. Worthy work， Still unlivable wages： The early childhood workforce 25 years after the National Child Care Staffing Study. Center for the Study of Childcare Employment， 2014： p.73.

③ Clarke C， Miho A. Good practice for good jobs in early childhood education and care. OECD， Paris， France， 2019.

④ Attestation of certificated teachers’ salaries.[2018–05–30]. https： //education.govt.nz/ early–childhood/employment/attestation/.

⑤ New Zealand ECE Taskforce. An Agenda for Amazing Children： Final Report of the ECE Taskforce. Wellington， New Zealand： Department of Education， 2011： p.55.

其三，设立了幼儿园教师薪资提升的项目，拨付专门的财政资金，用于改善幼儿园教师的薪资待遇。2016年秋天，瑞典推出了“教师薪资提升”计划，这是一项政府资助的计划，旨在提高最有才华和最熟练的学前班和小学老师的薪资待遇。依据该计划，符合条件的师资的平均月薪能增加2500~3500瑞典克朗（230~330欧元）。市政当局、学校或中心领导者通过“教师薪资提升”计划来决定有多少名教师和哪些教师有资格获得加薪，遴选资格主要基于教师的技能，同时也会根据儿童的不同条件和需求在学校系统内分配资源。该计划的明确目标是提高对学前教育行业的认可度、招募更多的教师，激励新鲜力量成为教师，并鼓励现有员工留在该行业中。到目前为止，“教师薪资提升”计划为65000名教师每月增加2600瑞典克朗（240欧元）的工资[①]。我国也有一些地方政府采取了类似的措施，建立了与幼儿园教师人头挂钩的工资、待遇的专项补助，同时还设立了幼儿园教师的最低工资标准，从财政支持和政策规制两个层面提高工资待遇。例如，宁波市鄞州区对普惠性民办园中的非在编教师给予补助，对持有教师资格证、技术职称的非事业编制教师给予金额不等的工资补助；为保证经费确实用于提高教师待遇，该项补助直接打入教师的银行卡。又如，宁波市海曙区鼓励机构先行投入、保证园所中有教师资格证和专业技术职称的教师人均年收入达到当地社会平均工资的1.5倍以上；满足该项要求的园所，按教师人头进行补助。再如，广东省佛山市、深圳市在财政拨款提升保教人员待遇的同时，期望鼓励教师长期从事幼儿园保教工作，实施了与从教年限相关的从教津贴[②]。为避免提供补贴以后园所降低或抵扣教师原有工资福利，佛山市按照该市职工最低标准的2倍以上划定幼儿园专任教师最低工资指导标准[③]。除了给予工资补贴以外，镇江等地还对公办

---

① Clarke C， Miho A. Good practice for good jobs in early childhood education and care. OECD， Paris， France， 2019.

② 《保教人员长期从教津贴政策》，http：//www.sz.gov.cn/jyj/home/xxgk/flzy/zcfgjd/zcjd2/201412/t20141201_2716354.htm，2017年4月20日。

③ 《佛山幼儿园教师从教津贴拟增400元》，http：//gd.qq.com/a/20170309/011993.htm，2017年4月21日。

园非在编教师和普惠性民办园教师实施人事代理，地方财政对实施人事代理教师的社会保险、人事代理补助等进行奖补[①]。

其四，探索将教师培训、提高教职工待遇等纳入生均定额财政拨款的可用范畴。与大多数地区对普惠性民办园仅提供生均公用经费拨款不同，青岛、上海、北京等地则提供生均经费拨款，并规定可用于教师工资、培训。青岛市按照2400元/年（2017年提高到3600元/年）向普惠性民办园提供生均定额补贴，该经费可用于教师培训、提高教职工待遇等用途；上海市浦东新区对地段生提供生均3000元、4000元不等的补助；北京市面向普惠性民办幼儿园的补助要求人员经费支出比例占保教费收入和财政生均定额补助收入之和的比例原则上不低于70%。

总体来看，幼儿园教师待遇改善是影响我国高质量幼儿园教师队伍供给的关键问题。首先，我们要充分认识幼儿园教师获得合理薪资待遇的必要性，为建设一支专业化、高质量的教师队伍进行财政投入，为幼儿园教师获得良好的待遇提供充足的财政支持。其次，尊重和体现幼儿园教师专业人员身份的教师薪资，应该是能获得与同等资质、同等工作年限、同等职称的工作人员相当的待遇。目前，最适合的参照对象是小学教师。世界主要国家基本实现或正努力实现幼儿园教师与小学教师薪资待遇达到同等水平。要关注现有的财政投入结构的转向。与世界主要国家相比，近年来我国学前教育财政支出的重点在“物”。尽管目前人员经费占比仍然占到预算内学前教育经费支出的将近一半，但远低于世界各国和OECD国家和地区平均水平，也低于国外研究者微观调查的结果[②]，急需改变。投向幼儿园教师的经费，不仅要关注到幼儿园教师的培养和培训，还应充分考虑幼儿园教师待遇的改善。最后，要选择适宜的投入机制，建立保障幼儿园教

① 唐守伦：《镇江过半数编外教师实行人事代理制度》，《中国教育报》，2017年5月7日。

② Van Ravens J， Aggio C. Expanding Early Childhood Care and Education： How Much Does it Cost? A Proposal for A Methodology to Estimate the Costs of Early Childhood Care and Education at Macro-Level， Applied to the Arab States. Working Paper No. 46. The Hague， The Netherlands： Bernard Van Leer Foundation， 2008.

师薪资待遇的长效机制。尽可能采用非一次性补助的方式，将教师薪资纳入幼儿园办园成本，在此基础上制定生均拨款标准或人均定额补助标准，并辅以信息报告、财务审计等机制，确保拨款能切实用于保障和提升幼儿园教师薪资待遇。政府应该参照本地的经济发展水平和劳动力市场的薪资水平，通过立法等方式出台幼儿园教师最低薪资标准或薪资指导意见，制定合理的薪资增长结构，同时辅之以财政激励工具，即在财政投入机制中嵌套薪资标准要求，从而支持不同类型、不同收入水平的合格师资都能够获得满足生活需求、承认其专业身份和贡献的薪资待遇。

（三）多渠道扩大幼儿园教师来源

应对高质量幼儿园教师急缺的局面，应考虑多种渠道扩大优质幼儿园教师的来源。梳理 OECD 国家的经验，发现其主要策略可以分为三类。第一类策略是实行学徒制。学徒制面向非专业人员，将工作实践与学习培训结合起来，这对于没有参加完整的职前培养的人员而言比较具有吸引力。例如，英格兰就为那些未能获得资质的人员提供了初中起点和高中起点的学徒项目。每个项目的细节存在差异，但是学徒制都持续 1~2 年时间，在此期间学徒要在有资质的教师督导下工作，每周有一整天的时间学习。芬兰也广泛采用了学徒制，尤其是针对那些希望获得三年高中水平的“儿童教育者”（Lastenohjaaja）培训资质的人员。取得了此项资质以后，他们就能够作为支持教师的角色工作。近年来，德国的一些州也开始提供学徒制的途径来获取教师资质，学生在早期教育工作中将理论上的学习和有偿的工作结合在一起。第二类策略是为具有相关经验但并不能直接适用资格要求的人员提供快速的专业成长通道。例如，瑞典最近在有需求的地区实施了针对有教育、培训或工作经验的新移民的加速项目，包括那些有其他国家幼儿园或小学教师资质的移民，该项目为此类对象提供了比常规路径更加快速的专业成长道路。第三类策略是为非教育专业人员提供专业提升计划。举例而言，2007—2014 年，英格兰任何专业的大学毕业生都有机会获得早期专业人员地位（EYPS）。考虑到研究发现本科学位教师所在的机构其过程性质量更高[①]，政策就计划在通过一定时期的安置、培训和评估，或者非本专业的毕业生在经过一年专业培训项目以后，向其授予 EYPS 资质。这一政策主要是希望吸引和满足那些对学前教育有热情的高校毕业生，而不必让他们接受冗长的岗前培训。该计划在这一目标上取得了很大的成功——在引入 EYPS 资质授权之后的五年中，私立全日制托幼机构中本科毕业生的比例增加了一倍以上。但是，此后"早期专业人员地位"被"早期教师地位（EYTS）"代替，而 EYTS 更加重视有幼儿发展和教育专业学习背景的人员进行培训，并旨在与为中小学教师设定的标准相匹配。

而在我国，并不存在大量有经验移民可以成为幼儿园教师的可能，但我们仍然能够借鉴 OECD 国家和地区充分扩大渠道、吸引相关专业人员从事学前教育工作的思路。首先，可以在师范院校、综合性大学面向非学前教育专业学生开阔学前教育培养的路径，这些乐教、善教的非专业学生可通过转专业、辅修第二学位等方式获得学前教育专业培训。其次，通过开放性的幼儿园教师资格考试制度筛选有合格的学前教育专业知识和能力的人才，在补充幼儿园教师的招考中向此类人才敞开大门，并根据个人发展状况，委托专业机构进行适宜性、差异化的分层分类培训。最后，可面向富余的中小学教师提供向幼儿园转岗的机会，同时为这些转岗教师提供必要的专业培训，以保证其充分了解幼儿身心发展的规律和学习特点。

（四）严格幼儿园教师准入制度

资格要求代表着幼儿园教师掌握专业工作所必需的知识水平和技能。近几十年来，一些 OECD 国家提高或修订了学前教育工作者的最低资格要求。在许多 OECD 国家，确实出现了统一学前和小学教学资格要求的明显

① Saracho O N, Spodek B. Early childhood teachers' preparation and the quality of program outcomes. Early Child Development and Care, 2007, 177 (1): 71-91.

趋势[①]。例如，20 世纪 90 年代，芬兰将幼儿园教师的最低学历要求提高到了大学水平。1998 年，葡萄牙将学前教师的最低学历要求从三年制学士学位提高到四年制硕士学位，使得幼儿园教师职前教育的水平和小学、中学教师的要求相同。在 2009—2010 年度，韩国将学前教师的学历要求提高到了四年制学士学位。2011 年，作为覆盖面更普遍的教师职前培养改革的一部分，瑞典要求所有教职人员都必须拥有三年半的大学学位。如今，在 17 个 OECD 国家中，学前和小学教师同样需要学士学位才能入职，而在另外 6 个国家中，这两个层次的教师都需要硕士学位才能入职[②]。

当然，OECD 也认为，最低资格要求不应该全部提高到大学本科水平，否则可能会造成学前教育工作者供给数量上的不足。因此，OECD 给出了两个建议，在寻求入职门槛提高和保证师资供应数量上获得平衡。

其一，针对学前教育机构中某些重要的角色（如管理者）提高特别的资质要求，以确保教职工具备相应的知识和能力来提供高质量的学前教育服务。例如，英格兰规定对 3 岁以上的学前教育阶段，至少一名教师必须具有与“早期专业人员地位 EYPS”相对应的更高职业资格，而另一名教师大多数应具有高等职业资格。德国的一些州（不来梅州和萨克森州）规定，大型托幼机构中心的领导必须持有学前教育的大学学士学位，而其余人员的准入门槛为中学后非高等教育的标准职业资格。在挪威，尽管不是严格要求，但最新的“能力和招聘策略”非常强调鼓励中心领导者通过在职培训获得硕士水平的教育。

其二，实行渐进提高资质要求的策略。例如，在 21 世纪伊始，新西兰启动了增加学前教育系统中合格和注册教师人数的政策。除其他举措以外，还制定了逐步过渡的目标，要求相应机构在 2007 年之前至少有 50%

---

① OECD（2017），Starting Strong V：Transitions from Early Childhood Education and Care to Primary Education，Starting Strong，OECD Publishing，Paris，https：//dx.doi.org/10.1787/9789264276253-en.

② Clarke C，Miho A. Good practice for good jobs in early childhood education and care. OECD，Paris，France，2019.

或更多的受监管人员为注册教师，到2010年增加到80%，到2012年增加到100%。与其他改革措施一起，目标的逐步过渡保证了合格和注册教师的数量稳定持续增长[①]。

与大多数OECD国家相比，我国幼儿园教师准入的学历要求并不高。但在当前面临教师大规模短缺的背景下，急功近利地提升幼儿园教师学历的准入要求至本科水平既不现实，也容易导致幼儿园教师供给的进一步短缺。但这并不意味着我们对幼儿园教师准入应该完全放开要求。我们可以通过一些具体举措，在寻求教师入职门槛提升和保证师资供应数量方面获得平衡。其一，要严格幼儿园教师资格证制度，确保幼儿园教师持证上岗。杜绝不符合要求的教师群体流入幼教行业，同时尽快实行幼儿园教师职业资格证书定期更新制度。其二，通过政策倾斜、经费支持等方式，鼓励幼儿园教师通过在职培训的方式获得学历提升。其三，可以实行渐进性的政策，设置过渡性的目标，鼓励幼儿园逐步提高教师的本科及大专学历占比。

（五）强化幼儿园教师职前培养

学前教育的职前培养需要理论和实践相结合。尽管基于学前教育理论的课堂学习非常重要，但学生也需要具有教学实践经验，并需要有机会将其知识应用于实践环境当中。实践经验为新员工提供了一个机会，使他们熟悉情境中的教学动态，并有助于减少初次就业时的适应时间。具有更多实践经验的学生，其在行业内的留任率高于没有实践经验的学生[②]。

许多OECD国家已经在其职前培养计划中纳入了实践经验和基于工作场所的学习。其培养计划往往将大量的课程内容与基于幼儿园课堂的学

---

① Clarke C， Miho A. Good practice for good jobs in early childhood education and care. OECD， Paris， France， 2019.

② Totenhagen C J， Hawkins S A， Casper D M， et al. Retaining early childhood education workers： A review of the empirical literature. Journal of Research in Childhood Education， 2016， 30（4）： 585-599.

习方法结合在一起，通过长时间深入托幼机构实践中来积累经验。基于此，学生逐渐熟悉托幼机构的环境，将获得的知识付诸实践，并产生策略和创新实践。一些 OECD 国家提供了将实践经验纳入职前培养的案例。例如，丹麦就提供了最全面的案例——在那里，学前教育专业的师范生必须完成一年以上的实习工作。丹麦学前教育专业学习的三分之一由在托幼机构内的实习构成。其目的不仅在于帮助学生获得经验，而且在于帮助学生从实践中习得知识。实习分为四个部分：第一次实习持续 32 天，学生平均每天工作 6 小时。第二次实习和第三次实习持续 6 个月，平均每周工作 32.5 小时。第四次实习仅持续 16 天。在第一次和第二次实习期间，托幼机构和学生所在大学的主管将对学生的表现进行内部评估。在第三次实习期间，还将有一名外部评估员进行表现评估。在第四次实习期间，学生将收集实证数据以完成他们的研究论文。在整个实习期间，将指派一名合格的学前教师指导学生完成实习过程，指导教师将全天非正式地提供监督和指导，以及通过定期的会议提供更为正式的指导，指导会议平均每周 1 小时。此外，在整个实习期间学生都将获得补助。在第一个实习期和第四个实习期，学生将获得国家资助的学生补助金，而在第二个和第三个实习期，学生将获得托幼机构提供的补助金。

OECD 其他国家也非常重视实习在学生专业培养中的作用。例如，挪威要求学前教育专业的师范生完成至少 100 天的实习。意大利硕士水平的学前教师培养计划包括 600 小时的必修实习时间。德国各州的学前教育职前教师培养计划的细节各不相同，但通常包括一年的实习期。在瑞典，要成为学前教育老师，学生必须要完成为期 20 周的实习。

基于我国国情、形势与事业发展的需要，要建立以师范院校为主体、以幼儿师范学校为基础、综合性大学共同参与的开放、协同并三级联动的学前教师培养体系[①]。同时，在职前培养当中，尤其要关注学生实践能力的

---

① 庞丽娟：《多元快速有效扩充我国学前教师队伍》，《教育研究》，2019年第3期，第12–15页。

提升。当前很多高校的学前教育实习实践仍然不同程度地存在着“走马观花”“例行公事”等诸多问题，实习课程零散、安排随意，实践教学的有效性并不能得到保证。从其他国家的经验看，我们要将实践教学摆在人才培养的重要位置，根据人才培养的规律，将实习实践的经历和要求贯穿于本科四年培养的全过程当中，系统规划每个阶段实习实践的内容和要求，将短期的实习实践内容与理论课程学习紧密结合。同时，要从教育对象的多样性、机构性质的差异性等角度合理地为学生安排实习基地，尽可能保证学生在多样化的实习场地中获得专业成长的机会。

（六）鼓励在职培训和专业发展

扩大高质量幼儿园教师队伍供给，提高现有教师的专业水平是不可或缺的环节。无论职前教育系统质量如何，都无法期望幼儿园教师“一劳永逸”为他们的职业生涯中面临的每一个挑战做好准备。OECD 认为，需要对学前教育专业教师提供持续进行在职培训和专业发展的机会，使得他们能够及时地了解保教实践的最新进展，为他们提供有关课程改革的最新信息，并帮助表现不佳的教师更有效率。有研究表明，在职培训是提高过程质量和支持儿童发展、学习与幸福的最有效手段之一[①]。

在职培训有多种形式，可以“在工作中”进行，可以在机构外部进行，可以通过会议、工作坊、研讨会、主题培训、实地咨询培训、监督下的实践和指导等形式来展开。OECD 认为，为了提高培训的有效性，在职培训需要针对特定员工的需求量身定制、长期开展。关键在于，既要帮助员工了解专业最新的发展，又可以提供工具让接受培训的人员在他们的工作中运用这些知识。

提高在职培训有效性的主要挑战是激发员工的内部动机。鉴于学前教

① OECD（2018），Engaging Young Children：Lessons from Research about Quality in Early Childhood Education and Care，Starting Strong，OECD Publishing，Paris，https：//dx.doi.org/10.1787/9789264085145-en.

师常常面临低工资和恶劣的工作条件，他们在缺乏支持的情况下，可能会觉得没有时间或资源参加培训或专业发展活动。如果资源紧张且补偿不合理，机构本身可能也不愿意让教师参与培训。对此，OECD 国家采取了各种措施，以促进幼儿园教师参与在职培训。在一些国家，在职培训和职业发展是强制性的。例如，斯洛文尼亚的学前教师每年必须参加至少 5 天的在职培训，或者 3 年内分散参加 15 天的培训。在卢森堡，大多数教师每 2 年必须参加 32 小时的专业发展活动，每年至少要参加 8 小时。

除了强制性培训外，鼓励员工参与培训和专业发展的其他常见策略还包括提供财务支持，以支付培训费用和弥补因在职培训而减少的收入。例如，在斯洛文尼亚，接受在职培训的学前教师将获得带薪学习假、交通费和参与费的支出。在瑞典，根据 2009 年至 2011 年开展的“幼儿园支持”培训计划，参加大学课程的学前教师就能够带薪学习，在学习期间能够获得其薪水的 80%，费用由政府和薪资提供方共同承担。法国公立系统的学前教师中至少有三年合同的群体，能够获得一年的留职专业假。在此期间，教师将继续获得他们平常薪水的 85%。学习期间，教师需要每个月提交活动报告，同时也需要保证在他们回到岗位以后在公立机构中继续工作至少为休假时间 3 倍的时长。

一些国家还向进行职后专业发展的教师提供现金或薪资增长、晋升机会等其他形式的奖励。例如，美国就有一些地区为那些参与继续教育、在职培训的学前教师提供了奖学金和工资奖励。有证据表明，此类计划可以帮助鼓励员工参加教育和培训，也可以提高保留率。在西班牙，专业发展活动被视为“功绩”，有资格获得调动、晋升或加薪。在丹麦，如果学前教师在 2 年内完成了至少 6 周的专业发展活动并通过了评估，就有机会参加进一步的“文凭学习”课程，而该课程通常提供附加的其他专门资质[①]。

结合目前我国在职培训当中存在的问题，笔者建议从提高培训内容的

① Clarke C, Miho A. Good practice for good jobs in early childhood education and care. OECD, Paris, France, 2019.

针对性、培训动机提升等角度来改进我国的幼儿园教师培训。首先，建立健全幼儿园教师培训课程标准，明确幼儿园教师专业发展的核心素养，并调查不同区域、不同类型的幼儿园教师专业发展的现状和在职培训的需求，在明确现有水平、发展需求的前提下开展基于问题、内容上有针对性、方法上多样化的教师培训。其次，严格幼儿园教师培训机构的准入门槛，加强对培训效果的评估；充分利用师范院校、优质幼儿园等协同建立培训基地，实现幼儿园教师培养和培训一体化模式的建构。最后，明确幼儿园教师在职培训的全覆盖，同时，在培训经费上给予充分保障，为参加培训的教师、提升学历的教师提供职称晋升的机会和薪资待遇的保障。

执笔人：刘颖　佘宇

第九章
推进学前教育高质量发展

一、背景

在儿童发展与教育研究领域，国内外越来越多的研究证据表明，对于接受社会化托幼机构教育的学龄前儿童而言，提高教育质量至关重要[①]。高质量的托幼机构教育对于儿童的语言、认知、情绪、社会性以及入学准备技能发展均具有显著的短期或中长期积极作用[②]。尤其是处境不利儿童（如

① Love et al. Child Care Quality Matters： How Conclusions May Vary with Context. *Child Development*，2003，74（4）：1021–1033。Rao，N. & H.Li. Quality matters： early childhood education policy in Hong Kong，*Early Child Development and Care*，2009，179（3）：233–245。秦金亮：《基于证据的学前教育需求和质量研究》，北京师范大学出版社，2018年版。周欣：《托幼机构教育质量的内涵及其对儿童发展的影响》，《学前教育研究》，2003年第7–8期，第34–38页。

② National Institute for Child Health and Development， Early Child Care Research Network（NICHD ECCRN）. Child outcomes when child–care center classes meet recommended standards for quality. *American Journal of Public Health*， 1999， 7： 1072–1077. NICHD ECCRN. The relation of child care to cognitive and language development[J]. *Child Development*， 2000， 4： 960–980. NICHD ECCRN. Early child care and children's development in the primary grades： Results from the NICHD Study of Early Child Care. *American Educational Research Journal*， 2005， 3： 537–570. Peisner–Feinberg et al. The relation of preschool child care quality to children's cognitive and social developmental trajectories through second grade. *Child Development*， 2001， 72： 1534–1553.

来自低收入家庭）从高质量的托幼机构教育中受益更多[①]。在科学研究和社会需求的双重推动下，许多国家把学前教育发展与质量保障上升为国家战略，在均等提供更多学前教育机会的同时，更加重视保障和提升学前教育质量[②]。

国内的大规模实证研究也有类似的发现。基于浙江省178个班级、1012名儿童的样本数据，多层线性模型（HLM）结果表明，幼儿园教育质量与儿童发展结果之间存在线性相关，教学与互动质量能够有效预测儿童语言、早期数学、社会认知的发展结果[③]。基于全国8省区428个班级、2110名儿童样本数据，分段回归模型PRM结果发现，幼儿园教育质量对儿童发展结果存在显著的门槛效应：在门槛值以上，高质量的教学与互动对儿童的语言、早期数学、社会认知发展具有积极的预测效应；但在门槛值以下，低质量的教学互动与儿童的语言、社会认知之间不存在相关性，与儿童的早期数学学习结果之间存在显著的负相关[④]，而且上述两项研究均发现，在城乡差距的背景下，农村儿童从高质量幼儿园教育中受益更多。

---

① Burchinal et al. Children's social and cognitive development and child-care quality：Testing for differential *Applied Developmental Science*，2000，43：149-165. Peisner-Feinberg et al. The relation of preschool child care quality to children's cognitive and social developmental trajectories through second grade. *Child Development*，2001，72：1534-1553. Votruba-Drzal et al. Child care and low-income childrene childrennre quality to children's cognitive. *Child Development*，2004，75：296-312. Gormley et al. The effects of universal pre-k on cognitive development. *Developmental Psychology*，2005，6：872-884. McCartney et al. New findings from secondary data analysis - Results from the NICHD Study of Early Child Care and Youth Development. *Journal of Applied Developmental Psychology*，2007，28：411-426. Winsler et al. School readiness gains made by ethnically diverse children in poverty attending center-based childcare and public school pre-kindergarten programs. *Early Childhood Research Quarterly*，2008，3：314-329.

② 周兢：《国际学前教育政策比较研究》，华东师范大学出版社，2012年版第143页。

③ Kejian Li，Yi Pan，Biying Hu，Margqret Burchinal，Allison De Marco，Xitao Fan，Jinliang Qin. Early childhood education quality and child outcomes in China：Evidence from Zhejiang Province. *Early Childhood Research Quarterly*，2016，36：427-438.

④ Kejian Li，Peng Zhang，Bi Ying Hu，Margaret R. Burchinal，Xitao Fan，Jinliang Qin. Testing the 'thresholds' of preschool education quality on child outcomes in China. *Early Childhood Research Quarterly*，2019，47，445-456.

2019年，我国3~6岁在园幼儿4713.88万人，毛入园率为83.4%，比2010年分别增加了58.4%和26.8%[①]。当前，我国学前教育事业正处在从高速度增长转向高质量发展的关键时期，在“入园难”问题逐步缓解的情况下，幼儿园教育质量的保障和提升应提上重要日程。由于底子薄、欠账多，学前教育仍是整个教育体系的短板，质量不高、发展不平衡的问题十分突出。近年来，屡禁不止的“小学化”现象、令人震惊的“虐童事件”，无不凸显了学前教育基本质量保障与质量监控问题的极端重要性。

自20世纪80年代开始，我国各地陆续建立了教育行政部门主导的幼儿园评估体系，监管幼儿园教育质量，但由于这些评价标准往往未经信效度检验[②]，难以有效反映教育过程质量[③]。与此同时，有些学者也对多个省市的幼儿园教育质量进行了一些初步探索[④]，为了解幼儿园教育质量状况提供了有价值的信息。但由于样本、工具、评估方法等方面的局限，这些研究未能对我国幼儿园教育质量做出全面系统的评价，难以反映质量要素和作用机制方面存在的深度问题。

在此背景下，本文基于具有代表性的全国样本，采用自主研制、经过严格信效度检验的班级质量观察工具，以期全面评价和反映我国幼儿园教育质量的现状和问题，深入分析与揭示质量制约瓶颈和作用路径，进而提出保障与提升我国幼儿园教育质量的政策性建议。

---

① 数据来源：《2019年全国教育事业发展统计公报》。

② 戴双翔、刘霞：《我国现行托幼机构教育质量评价工具研究》，《学前教育研究》，2003年第7期，第39–41页。

③ 刘焱、何梦焱、李苏、胡娟：《“托幼机构环境评价量表”述评》，《学前教育研究》，1998年第3期，第17–20页。

④ 项宗萍，廖贻：《六省市幼教机构教育评价研究》，教育科学出版社，1995年版。刘占兰：《中国幼儿园教育质量评价——十一省市幼儿园教育质量调查》，教育科学出版社，2011年版。刘焱：《学前一年纳入义务教育的条件保障研究》，北京师范大学出版社，2014年版第127–134页。

二、我国幼儿园教育质量的现状、问题与成因

（一）调查设计与实施

1. 样本

采取分层随机抽样的方法选取“幼儿园—班级”观察样本。参照经济发展水平，确定了来自东、中、西部的8个样本省份的18个地区；根据各省份的城镇—乡村人口比例，确定“城镇—乡村”幼儿园的大致比例和数量。同时，为保证所抽样幼儿园的质量能够代表所在地区的总体水平，参照样本省份城镇、乡村各自的幼儿园等级分布比例（城镇大致为2 ∶ 3 ∶ 5，乡村大致为1 ∶ 2 ∶ 7），确定城乡不同等级幼儿园的数量。每所样本幼儿园依据其规模和幼儿年龄分布，随机选取2个不同年龄组的班级作为观察测评对象。最终，全国共获得193个样本幼儿园、428个样本班级；其中，东部86所幼儿园、167个班级，中部43所幼儿园、90个班级，西部64所幼儿园、171个班级。

2. 工具

（1）班级保教质量观察评价工具

采用《中国托幼机构教育质量评价量表（第三试用版）》[①]（以下简称《质量量表》）作为幼儿园班级保教质量观察评价工具。该量表包含7个子量表、53个评价项目、160个子项目、1127个精细指标。从空间与设施、保育、课程计划与实施、集体教学、游戏活动、互动、家长与教师7个方面评价幼儿园教育质量。量表采用9点评分方法，由低到高分别为：1分为“不适宜”，3分为“最低要求”，5分为“合格”，7分为“良好”，9分为“优秀”；量表的子量表得分、量表总分均采用项目均分，处于1~9

① 李克建、胡碧颖等：《中国托幼机构教育质量评价量表（第三试用版）》，2014年。

分。本研究中,《质量量表》在53个评价项目上，评分者间一致性信度系数（Kappa）处于0.611~0.883，均值为0.778；在7个子量表上，评分者间一致性信度系数处于0.833~0.954，均值为0.888。7个子量表的内部一致性信度系数（Cronbach's α）处于0.886~0.953，总量表为0.967[①]。不断累积的证据表明,《质量量表》具有良好的信度和效度，在我国学前教育情境中能够有效衡量和区分东中西部、城乡、不同类型幼儿园的教育质量（学习环境、教学与互动过程）。

（2）幼儿园、班级—教师调查问卷

通过《幼儿园情况调查问卷》和《幼儿园班级—教师基本信息表》来采集幼儿园层面的基本信息（名称、所在地、办园性质、园所等级、规模、师资队伍、经费等）、班级层面的基本信息（年龄组、人员配备、幼儿数量、年龄范围、民族分布、是否有特殊需求等），以及班级教师的基本信息（年龄、教龄、学历、专业、资格证、职称、编制、培训情况等）。

3. 数据采集

自2012年春季至2015年春季，整个调查过程历时三年，先后共计120名经过《质量量表》培训的学前教育专业研究生担任评估员参与了班级观察质量数据的采集。为提高班级观察评价的客观性和评分信度，一般由2名观察者同时进入该班级，各自独立进行观察和评分；各自独立评分结束后，进行小组协商评分；对于评分不一致的项目和指标，进行充分讨论并达成一致，最终确定该班级的小组评分结果。每次班级观察的时间大约为6.5小时（一般是上午4小时、下午2小时，在幼儿午休期间对班级教师进行约半小时的访谈，以获取无法直接观察的相关信息）。在班级观

① Li K, Hu B, Pan Y, Qin J, & Fan X. Chinese Early Childhood Environment Rating Scale (trial) (CECERS): A validity study. *Early Childhood Research Quarterly*, 2014, 29 (3), 268–282. Kejian Li, Yi Pan, Biying Hu, Margqret Burchinal, Allison De Marco, Xitao Fan, Jinliang Qin. Early childhood education quality and child outcomes in China: Evidence from Zhejiang Province . *Early Childhood Research Quarterly*, 2016, 36: 427–438.

察当天，调研人员在到达幼儿园和进入班级时，分别向园长和教师发放相应的问卷；在当天结束调查离开幼儿园之前回收问卷。

（二）调查结果与原因分析[①]

1. 幼儿园教育质量保障条件仍然存在短板

调查结果表明，幼儿园教育质量总体偏低，形势不容乐观。首先从班级规模和生师比这两个重要的结构性质量指标看，428 个样本班级中，平均班额约为 36 名幼儿（M=35.67，SD=10.16），而最大班额（某小学附设学前班）为 106 名幼儿；平均生师比为 20 ： 1，且差异巨大（SD=50），未达到国家标准规定的每班配备“两教一保”。国内外研究[②]表明，班级规模和生师比是影响班级教育过程质量的预测指标，尤其会影响教师和幼儿的情绪、教师的常规管理行为、幼儿的社会性行为和师幼互动的状态。欧美发达国家的班级规模和生师比的强制性标准一般依据所服务幼儿的年龄而定，3~5 岁年龄组的班级规模一般在 10~20 人，生师比一般在 8 ： 1~13 ： 1[③]。相比之下，我国幼儿园班级规模大，生师比过高，2018 年平均班级规模约为 28 人、平均生师比为 18 ： 1（乡村幼儿园平均为 26 ： 1）[④]，对教育过程质量形成制约。

班级观察评价结果表明，428 个样本班级总体教育质量尚未达到合格水平（以《质量量表》总分来衡量，M=4.90，SD=1.33）。从总体质量得分分布情况来看，53.04% 的班级处于低质量（未达到合格）水平，无法为学前儿

---

① 本部分内容主要基于国家社科基金教育学重点课题（项目编号：AHA20110006）“保障适龄儿童接受基本而有质量的学前教育政策与机制研究”成果，参阅结题专著：秦金亮：《基于证据的学前教育需求与质量研究》，北京师范大学出版社，2018年版第424–443页。

② 周欣：《托幼机构教育质量的内涵及其对儿童发展的影响》，《学前教育研究》，2003年第7–8期，第34–38页。Phillipsen，L. C.，Burchinal，M. R.，Howes，C.，& Cryer，D. The prediction of process quality from structural features of child care. *Early Childhood Research Quarterly*，1997，12（3）：281–303。Burchinal，M.，Howes，C.，& Kontos，S. Structural predictors of child care quality in child care homes. *Early Childhood Research Quarterly*，2002，17（1）：87–105。

③ 曹能秀：《学前比较教育》，华东师范大学出版社，2009年版第76–89页。

④ 根据《中国教育统计年鉴2018》相关数据自行计算。

童提供有质量的保育和教育服务；且其中近 8% 的班级总体质量处于“不适宜”——这一水平意味着这些班级的教育环境和保教过程存在严重的问题，可能对儿童的生命安全和身心健康发展造成伤害。在幼儿园教育的具体质量方面，五个方面的质量（空间与设施、保育、集体教学、互动、家长与教师）刚刚达到“合格”水平（5 分）；但游戏活动质量很低（M=3.59），刚刚达到“最低要求”（3 分），说明幼儿园班级中游戏材料普遍匮乏，游戏空间不足，各类游戏活动的开展机会不足，幼儿没有充分的自由游戏时间，游戏活动的内容与班级近期课程、教学活动内容以及幼儿学习与发展的关键经验缺乏必要的关联性，教师对幼儿游戏的观察评价水平、指导与互动水平严重不足；课程计划与实施质量尚未达到“合格”水平（M=4.63），说明幼儿园班级在课程结构的均衡性、课程内容与实施的整合性、课程计划制订的科学性与执行的灵活性上存在明显不足。由此可见，幼儿园教育过程质量总体不高，尤其是游戏活动质量亟待提升，课程计划与实施质量有待改善。

影响和制约我国幼儿园教育质量的原因是复杂的，除了长期以来的学前教育投入少、底子薄、历史欠账多以外，还有两个可能的重要原因：一是，近年来社会对学前教育的需求增长很快，“入园难”问题突出，政府的主要精力集中在学前教育资源的扩大和普及率的提升，对改善学前教育质量的投入相对不足，也没有把质量放到与普及同等重要的地位。在低质量普及的情况下，入园率迅速提高，质量提升得不到保障。二是，我国尚未建立全国统一的幼儿园教育质量标准体系和质量监管体系，各地制定和执行质量标准和质量管理制度的情况很不平衡。幼儿园教育基本质量保障制度尚未普遍建立，有的地方没有基本的办园标准，有的地方准入门槛太低，起不到应有的质量保障作用，或者迫于“入园难”的压力，许多地方的准入标准并未严格执行。这是造成目前幼儿园教育质量不高的重要原因。

2. 区域之间、城乡之间幼儿园教育质量差距大

调查结果显示，幼儿园教育质量在不同区域之间很不均衡；东中西部

之间、城乡之间，幼儿园教育质量均存在着显著差距。从东、中、西部差距来看，东部幼儿园教育质量总体平均水平在《质量量表》界定的合格水平之上，而中部和西部地区幼儿园平均水未达到合格水平；在质量等级分布上，东部地区仅28%的样本班级处于低质量水平（合格水平以下），而中部和西部的比例分别为62%和73%；无论是幼儿园班级总体质量，还是每个方面的质量（以子量表得分衡量），东部地区均显著优于中西部地区，中部地区在多数质量指标上显著优于西部地区（在课程计划与实施质量、游戏活动质量上无显著差异）。从城乡差距看，城镇幼儿园总体质量平均水平达到了合格水平（M=5.47），而乡村地区总体质量尚未达到合格水平（M=4.19）；无论是总体质量还是每个方面的质量，城乡之间均存在极其显著的差距。

造成这种不均衡的历史原因是我国长期以来管理体制的制约。1987年以来，我国学前教育实行“分级管理、地方负责”的管理体制，学前教育投入和管理的责任实际上压在地方基层，中央和省级政府统筹力度较弱；不同地方的经济社会发展水平、财政能力的差距客观上造成了学前教育投入水平与发展水平的差距。同时，由于学前教育发展与管理的主体责任在不同层级政府之间如何划分并不明确，学前教育的投入力度往往取决于地方政府的主观认识。此外，20多年来，民办园的快速发展也进一步强化了区域之间学前教育发展和质量的不均衡。

3. 普通民办园、小学附设园教育质量普遍不高

幼儿园教育质量的不均衡，除了区域和城乡差距外，还突出表现在不同性质幼儿园之间存在明显的质量差距。调查结果显示，在四种类型[①]的幼儿园中，小学附设园总体质量最低（M=3.75，SD=0.83），远低于合格水平；民办园总体质量也普遍偏低（M=4.48，SD=1.18），显著低于教育部门

① 国家教育统计数据中一般把办园性质分成四种类型：教育部门办园、其他部门办园、集体办园、民办园。这里的划分与之不同，是从本研究的实际样本结构和所发现的实际问题出发进行的。为了凸显小学附设园的问题，本研究中，研究者把幼儿园样本被划分为各自独立、互不交叉的四类：政府部门办园、其他公办园（含国有企事业单位办园、集体办园）、小学附设园、民办园。

办园（M=5.93，SD=0.98）和其他部门办园（M=5.65，SD=1.15）（$F=32.347$，$\eta^2=0.187$）。调查结果表明，无论是小学附设园还是面向低收入家庭的民办园，往往家长群体对学前教育的需求层次较低（仅注重看护和照料或入学技能准备），保教费支付能力有限；这类幼儿园由于收费低，在缺乏政府财政支持的情况下，往往办园条件较差，教职工待遇较低，教师队伍素质总体低下，导致教育质量低下。

根据我国目前的法律，学前教育不属于义务教育，地方政府没有强制性发展学前教育的法定责任；由于缺乏对学前教育的认识尤其是对学前教育质量重要价值的认识，也没有意识到劣质学前教育对儿童发展的危害，因而往往缺乏投入和发展学前教育的强烈动机和紧迫感。长期以来，我国实行的是"以公办园为骨干和示范、以社会力量为主体"的办园体制，导致公办学前教育资源严重不足，民办园逐渐成为学前教育的供给主体。在现有招生格局下，由于资源稀缺，少数优质公办园和极少数的高收费民办园只能面向少数人提供选择性服务，相当数量的幼儿只能通过普通民办园获得服务。这些民办园虽然收费不高，但是无论其能否从政府获得财政补贴，为了营利都必须控制办学成本，尽力降低对硬件条件、师资、运行经费的投入，因而，只能提供低质量的学前教育服务。调查发现，小学附设园的存在往往是由于欠发达地区义务教育阶段学校办学经费不足，举办幼儿园可以收取一定的学费，以便为小学提供一定的可支配资金；低廉的收费、超大的班级规模、不合格的师资、小学化的教学方式，成为许多欠发达地区小学附设园的常态，教育质量当然难以保障。

4. 特殊困难儿童接受的学前教育质量有待改善

相关研究表明[①]，幼儿园教育质量差异呈现明显的社会分层。依据儿童

---

① Kejian Li，Yi Pan，Biying Hu，Margqret Burchinal，Allison De Marco，Xitao Fan，Jinliang Qin. Early childhood education quality and child outcomes in China：Evidence from Zhejiang Province. *Early Childhood Research Quarterly*，2016，36：427–438.

的父母受教育程度，把幼儿园划分为父母受教育程度高和程度低两组（以父母双方均为高中以下学历的儿童比例为 30% 为分界线）。方差分析发现，如果父母亲教育程度较低，幼儿往往会进入空间不足、收费较低、班额较大、生师比较高、教师资质和待遇较低的幼儿园，班级教育质量（以《质量量表》得分衡量）显著低于另一组。

造成以上结果的原因是，目前我国对于处境不利儿童缺乏有力的干预措施和有效的干预计划。对于特殊困难家庭（往往是父母受教育程度低、家庭收入低）的儿童，政府现有的入园资助力度有限，尤其是未能实施“精准扶贫”战略——准确锚定目标儿童并确保其接受有质量的学前教育；部分留守、流动、残疾等特殊困难儿童甚至无法进入有资质的幼儿园；在学前教育公平与保障政策不到位的背景下，进入不同层级、不同质量幼儿园的机会呈现明显的社会分层效应。

5. 教师队伍整体素质严重制约幼儿园教育质量

众所周知，教师素质是影响教育过程质量的核心要素。调查发现，样本幼儿园教师队伍整体素质堪忧，主要体现在教师资格证持有率低（仅为 69%）、第一学历偏低（大专及以上比例仅为 30%）及专业化程度低（第一学历为学前教育专业比例仅为 61%，幼儿园教师资格证持有率仅为 58%，有职称教师比例仅为 39%）。即便从全国各地普遍情况来看，幼儿园教师资格证持有率不高、第一学历不高、专业化程度不高的问题也较为突出，2018 年专任教师有职称的占比仅为 24%（在乡村幼儿园这一比例为 21%）[①]。综合这些指标，可以推测幼儿园教师的专业能力整体水平不高，这是幼儿园班级教育过程质量（如师幼关系、教学与互动）的重要制约瓶颈。

究其原因，主要包括：现阶段我国幼儿园教师收入低（调查结果显示，

① 根据《中国教育统计年鉴2018》相关数据自行计算。

幼儿园教师平均月收入仅 2184 元）、编制少（调查结果显示，仅 26.9% 的教师有编制）、非在编教师社会保障水平低（许多非在编教师没有社会保险或保障不够全面）及社会地位低（时常被看作“保姆”，而很少被认同为专业人员），很难吸引优秀人才进入幼儿园教师队伍；在岗的幼儿园教师往往感到工作压力较大，职业倦怠感强，职业幸福感低。同时，在目前的培养培训体系下，大部分幼儿园教师缺乏持续的专业发展动力和有效的专业发展支持。

6. 财政对保障学前教育质量的投入和引导机制不健全

毋庸置疑，政府对学前教育的财政投入水平，反映了对学前教育真实的重视程度；财政性学前教育经费的投向因素，影响着学前教育的发展和质量水平。调查结果显示，幼儿园教育的生均成本中，财政分担比例仅占 34.5%，家庭承担了大部分的教育成本。而这有限的财政性经费，在投入方向和方式上也不尽合理。一直以来，财政性学前教育经费集中投向公办园，而规模较大的优质公办园基本上集中于城市地区；近年来，一些地方仍然热衷于建设超大规模的豪华公办园；这些政策和举措在无形中拉大了城乡学前教育质量差距。在资金投入方式上，多短期投入，少长效投入，未能抓住影响学前教育质量的关键要素——优质的人力资源。在近些年的学前教育“三年行动计划”中，许多地方更愿意花钱盖房子，但是不愿意增加幼儿园教师编制，不愿意提高非在编教师待遇，合格师资匮乏，从而造就了一座座外观华丽的空壳幼儿园。有些地方建了园所，但不愿拿出运行经费，干脆转交给私人老板举办民办园，美其名曰“公办民营”。一些地方尽管也拿出一定的资金用于发展“普惠性民办园”，但是奖补操作简单化，“撒胡椒面”式的资金投入方式，未能牵住“牛鼻子”——抓住影响教育质量的关键因素，未能形成有效的激励和制约机制，无法有力助推民办园的质量提升。与此同时，一些其他部门办园，既得不到财政性的人员经费拨款，也拿不到普惠性民办园的奖补资金，成了“被春天遗忘的角落”，处于相对的发展弱势，基本上只是自负盈亏，勉强维持运营，质量提升乏力。

基于上述调查结果与原因分析，本报告认为，造成以上问题的根本原因，主要在于各级政府之间、不同部门之间责任界定不清晰，“普惠性、有质量”的学前教育成本的合理分担机制尚未建立，财政投入不足且缺乏关键的稳定增长机制，财政性经费投向的科学性与精准性都有待提升。有限的财政性经费多短期投入（建设园所），少长效投入（增加教师编制、提高非编教师待遇、拨付运行经费等），幼儿园教师待遇以及师资队伍数量和素质的问题尚未得到有效解决。

三、促进我国学前教育高质量发展的政策建议

促进学前教育高质量发展，需要系统化思考、前瞻性谋划，有关部门分工协作，共同促进学前教育的可持续健康发展，不断提升学前教育质量。接下来，主要从归口管理的角度，提出相应的政策建议。

（一）加快学前教育立法进程，为高质量发展奠定法制基础

有法可依是依法治国的前提和基础。改革开放以来，我国学前教育事业取得了长足的进步；尤其是2010年以来，国家出台了加快学前教育发展的规划和政策，相继启动了三轮学前教育三年行动计划，学前三年教育普及率的提升超过了过去20多年的总和。但是由于底子薄、历史欠账多，又缺乏上位的法律规范，一些长期制约和困扰学前教育发展的体制机制深层问题依然存在，比如学前教育的公益属性，是否纳入义务教育，学前教育的管理主体、投入责任与成本分担，非在编教师的地位与合法权益保障等。在我国推进治理体系现代化的过程中，必须加快学前教育立法进程，推动上述问题的彻底解决，为学前教育事业的长期可持续健康发展奠定坚实的法制基础。据悉，学前教育法目前已经列入十三届全国人大常委

会立法规划的一类项目（即条件比较成熟，拟在任期内提请审议的法律草案）[①]。2019 年 8 月 22 日，教育部在关于学前教育的国务院报告中建议全国人大常委会把学前教育法列入 2020 年立法规划[②]。

建议通过专门的学前教育法明确以下内容：学前教育的性质和地位，学前教育的管理体制，学前教育的财政投入体制和成本分担机制，学前教育机构的管理制度，学前教育教师的身份、地位、资质与待遇保障，学前教育的质量保证与督导问责制度，弱势儿童的学前教育权益保障等[③]。

（二）理顺不同层级政府之间的责任关系，推动学前教育公平发展和质量提升

我国已逐步建立并实行国务院领导、省市统筹、以县为主的学前教育管理体制。各级政府应当合理分工、切实履责，共同推进学前教育事业的稳步健康发展，保障不同群体儿童公平接受学前教育。

中央层面应加快推动建立和完善相关学前教育法规和制度，制定全国学前教育发展规划，推进普及学前教育，构建覆盖城乡的学前教育公共服务标准体系。加大对中西部农村地区、欠发达地区、少数民族地区、边疆地区的支持力度，促进东部与中西部学前教育的均衡发展。

省级层面应加大对本区域学前教育事业的统筹，在国家法规制度的指导下制定和实施地方性学前教育法规和制度，编制本地学前教育发展规划，健全投入机制，明确分担责任，完善相关政策措施并组织实施。统筹推进学前教育的城乡一体化，加大对农村欠发达地区、城乡接合部的倾斜与支持，促进区域均衡。

---

① 十三届全国人大常委会立法规划，全国人大网，2018年9月10日，http：//www.npc.gov.cn/npc/c30834/201809/f9bff485a57f498e8d5e22e0b56740f6.shtm。

② 2020年9月7日，教育部在其官网上将研究形成的《中华人民共和国学前教育法草案（征求意见稿）》面向社会公开征求意见。

③ 庞丽娟、韩小雨：《中国学前教育立法：思考与进程》，《北京师范大学学报（社会科学版）》，2010年第5期，第14–20页。

县级层面应切实履行对本县域学前教育发展和管理的主体责任，负责制定学前教育发展规划和幼儿园布局、公办园建设、教师配备和工资待遇及学前教育财政投入，面向各类幼儿园进行监督管理，指导幼儿园做好保教工作，在土地划拨等方面对幼儿园给予优惠和支持，确保县域内学前教育均衡发展。

同时，各级政府要完善特殊困难儿童的国家资助体系，通过多级合力支付、精准扶贫，保障留守、流动、残疾儿童及低收入家庭儿童等特殊困难儿童能够接受有质量的学前教育和符合其发展需要的早期干预服务，阻断贫困的代际传递。

（三）强化对办园行为的规范化督导，守住幼儿园基本质量的底线

根据国务院“放管服”改革要求，政府需要转变职能，主要是发挥在规划指导、标准制定、行业准入、安全和质量监管等方面的主导作用，确保服务供给的质量。教育督导部门应切实履行督政、督学的双重职能，强化对办园行为的规范化督导，守住幼儿园基本质量的底线。

2017 年教育部发布了《幼儿园办园行为督导评估办法》，从办园条件、安全卫生、保育教育、教职工队伍、内部管理五个方面对办园行为进行规范性督导评估。县级教育督导部门要按照相关要求，在规定时间即一个周期（3~5 年）内，对辖区内所有幼儿园（班、点）进行全面的规范办园行为督导。在督导方式上，建议借助大数据分析和新技术手段，实现全覆盖和动态化。

在规范办园行为督导的基础上，建议国家研制并推行强制性的基本质量标准，并实现对幼儿园的全覆盖——不论其所有制、投资主体、隶属关系和经营性质如何，守住学前教育的质量底线，最终确保每所幼儿园保教质量在“门槛”水平以上。国家基本质量标准应该聚焦影响儿童身心健康和安全的基本条件，包括园舍场地与设施设备、教玩具和图书配备、班级

规模和生师比、保教人员资质和待遇、生均教育经费、卫生保健与安全管理及园务管理等。确保达到国家基本质量标准的幼儿园能够提供保障儿童身心健康、安全以及有利于儿童全面发展的保育和教育。

国家基本质量标准可行的推进策略是：第一，要求各地把国家基本质量标准纳入申办审批、民办园年检的内容和程序，并进行不定期的现场抽检。第二，建立动态评估、分类管理、追踪服务的管理制度，改变简单的一次性评价方式，变堵为疏，变强制为服务，对不达标但差距不大的幼儿园给予必要的帮扶，如提供资金、场地、师资培训、专业技术等各方面服务，通过追踪性评价与服务，确保目标幼儿园限期达到基本质量标准。第三，引导各地在教育强县（区）评估、教育现代化评估、地方政绩督导考核的指标体系中，把达到国家基本质量标准幼儿园的招生覆盖率作为重要的考核评价指标。

（四）加强幼儿园内涵建设，促进保教质量的可持续提升

教育部门是学前教育的业务主管部门，核心职责是“抓内涵，提质量”。通过加强幼儿园教师队伍建设，研究制定幼儿园班级保育和教育过程质量标准，引导幼儿园教师开展自评，加强教研力量，提升教研实效，促进幼儿园保教质量的可持续提升。

1. 强队伍

第一，严格教师准入。幼儿园专任教师必须具有学前教育专业背景、持有适用的教师资格证；中小学富余转岗教师必须限期取得幼儿园教师资格证方可正式上岗，否则不得从事幼儿园教育教学工作。

第二，改善学历结构。鉴于我国当前学前教育师资队伍学历水平总体不高的现状，未来应适当提升幼儿园教师学历准入标准，逐步提高全日制本科学历教师的比例；到 2035 年，争取实现幼儿园专任教师以普通高校全日制本科学历为主，为优质学前教育提供可靠的人才保障。

第三，提升培训效果。在前一阶段全员培训的基础上，将来逐步推进“评估 + 培训”的模式，基于教师专业能力测评结果开展分级培训，通过培训课程内容、培训方式的针对性设计，以及培训过程管理的优化、培训后的效果跟踪，提升培训效果。

第四，适度集中管理。基于我国基础教育教师人事管理制度改革的走向，建议建立“县管园用、持证教师统一管理”的师资队伍管理制度。即每一位持有幼儿园教师资格证的教师均由所在地县级政府有关部门（教育局、人力资源和社会保障局等）集中管理，加大对教师聘任、工资待遇、社会保障、考核、职称评定、培训等工作的统筹力度。在师资配置和工资水平、绩效考核、职称评聘、评奖评优等待遇政策上，向农村边远地区幼儿园教师倾斜，建立并推行城乡幼儿园教师双向交流制度或幼儿园教师农村服务期制度，切实改善农村学前教育的师资状况[①]，促进农村幼儿园保教质量提升。

2. 定标准

国家教育主管部门应组织专家力量，研制班级保教过程质量自评标准和实践指南，引导幼儿园教师通过自我评价和改进机制，提升专业能力，改进保教实践，全面提高质量。该标准应聚焦班级各类保育和教育活动的过程，包括集体教学活动的设计、组织与学习支持的有效策略，户外活动的监护与指导，各类区角游戏活动的环境创设、观察、记录、指导、互动与评价，儿童各领域学习与发展的观察评估与关键支持策略等，准确描述和界定不同方面、不同质量水平的教育行为观察指标，从而为教师的专业成长搭建清晰可循的阶梯。为便于推行和实施，需要为该标准编写配套的实践指南，就如何达到每条质量指标提供可操作性的教育建议、实践案例等。班级保教过程质量自评标准与实践指南可为幼儿教育实践者提供丰富

---

① 秦金亮：《基于证据的学前教育需求和质量研究》，北京师范大学出版社，2018年版。

的、多维度的专业成长阶梯和支持性工具。据此，幼儿园可以逐步构建内部自评体系和运行机制，园长和教师通过持续不断地展开自评和互评，推动保育教育实践的反思与改进，并不断检验幼儿园课程教学改革的有效性；从而在教师队伍专业能力不断发展的同时，实现保教过程质量的全面提升。

3. 抓教研

加强教研员队伍建设，适当补充教研员队伍数量，严格选拔标准，提高教研员的专业能力要求；适当增加教研员培训，提高培训的有效性，帮助其学习和掌握学前教育领域各类专业化观察评价工具，提升其教学研究和专业引领能力。建立教研员辅导片区责任制，倡导和加强优质园与薄弱园的结对教研、共同研修，建设和完善全覆盖的教师专业成长和幼儿园保教质量可持续提升的支持体系。

（五）加强不同政府职能部门之间协作配合，为学前教育质量提升提供政策保障

财政、编制、人社等其他有关职能部门应加强协作，相互配合，为学前教育质量提升提供有力的政策保障。

一是完善投入体制与分担机制，优化财政经费投向结构，为学前教育事业健康发展与质量提升提供坚实有力的经费保障。首先，应确定财政性学前教育经费在财政性教育总经费中的比例，基于学前教育事业能够健康发展的地区的实际经验，该比例一般应在10%以上[①]。其次，应合理确定财政性经费在学前教育成本中的分担比例，应当明确以政府的公共投入为主、家庭缴费为辅的合理分担机制，以体现学前教育的公益事业和公共服务属性。根据我国城乡居民收入水平和可承受能力，公共投

① 夏婧、庞丽娟、张霞：《推进我国学前教育投入体制机制改革的政策思考》，《教育发展研究》，2014年第4期，第19–23页。

人应承担普惠性学前教育（包括公办园与普惠性民办园）成本的合理比例，建议城镇地区为60%以上，农村地区为85%以上[①]。最后，在经费投向结构上，逐步提高对影响质量的关键要素——人力资源和质量评估监管体系的投入，保障并不断提高幼儿园教师的工资收入、培训经费，增加专项经费投入，用于保教质量评估标准的研发、评估体系的建立、督导体系的运行、评估员培训、幼儿园保教质量提升专业支持系统的建立与运行。

二是尽快修订公办园教职工基本编制标准，配足配齐并动态调整。依据学前教育事业发展的需要，每个县区应保持一定比例的事业编制，以确保各地幼儿园骨干教师队伍的稳定；根据中共中央、国务院《关于学前教育深化改革规范发展的若干意见》提出的各地公办园招生覆盖面不低于50%的要求，各地的事业编制比例也应不低于50%。各地编制部门应结合实际及时为公办园合理核定编制；另外，可借鉴一些地方的经验，创新编制管理机制，探索报备员额制等政策，解决编制不足问题。加强对在编教师的统筹使用，按照城乡均衡、定期交流的原则，实现对学前教育师资的优化配置，促进城乡学前教育质量均衡。

三是采取有力措施，确保幼儿园教师的身份、地位、收入与待遇。首先，应切实保障幼儿园教师依法享有和中小学教师同等的合法身份和地位，保障幼儿园教师与中小学教师拥有同等的工资待遇、五险一金等社会保障，以及依法享受各种津补贴、晋升和奖励等权利，让幼儿园教师与中小学教师一样也成为“令人羡慕的职业”。其次，应合理制定非编教师的最低工资、薪酬、福利待遇、绩效评估、职称评定、继续教育等方面的标准与操作细则，逐步实现与在编教师的“同工同酬”，让广大幼儿园教师在岗位上有幸福感，在事业上有成就感，在社会上有荣誉感[②]。

---

① 秦金亮：《基于证据的学前教育需求和质量研究》，北京师范大学出版社，2018年版。

② 洪秀敏、姜丽云：《“全面二孩”政策下学前教育发展的问题——基于二期学前教育三年行动计划的调查与分析》，《北京师范大学学报（社会科学版）》，2018年第5期，第53–61页。

（六）充分发挥专业组织的优势，为幼儿园质量提升提供专业支持

学前教育领域的学会、研究会等专业组织，应充分发挥专业优势，为幼儿园质量提升提供强大的专业支持，引领幼儿园教育实践走向优质。各专业组织应积极开展相关科学研究，传播和普及科学研究成果，促进教师专业发展；建立精细化的专业标准，承担第三方评价机构的角色，积极开展幼儿园质量认证、质量评估与监测工作，向社会发布质量研究成果和质量监测结果，引领幼儿园追求优质。

执笔人：李克建　佘宇　陆浩

第十章
加强学前教育行业监管与质量评价

学前教育行业监管与质量评价的实质是学前教育治理，而学前教育治理体系和治理能力现代化是学前教育现代化的必然要求和根本标志。当前，我国学前教育事业正处于由高速度规模扩张向高质量内涵发展转型的关键时期。在这一背景下，加强学前教育行业监管与质量评价，构建新时代学前教育行业监管与质量评价体系与有效运行机制，对促进学前教育公共服务体系的公平、满足人民对"美好学前教育"的需求、推动学前教育普及普惠和持续健康发展具有重大意义。

一、我国学前教育行业监管存在的主要问题

学前教育行业监管是在坚持党的领导、政府主导、改革创新、规范管理的原则下，落实各方监管主体责任，通过督查、检查和审核审计等方式，从准入、安全健康、办园行为等方面对进入行业的各类学前教育机构和保教行为进行监督管理，以保障学前教育普及普惠和持续健康发展。建立科学的学前教育行业监管机制，保障学前教育事业的健康发展和质量不断提高，是政府相关部门和有关社会机构的重要责任[①]。

① 刘占兰：《发展学前教育是各级政府义不容辞的责任——〈国家中长期教育改革与发展规划纲要〉对政府责任的确定》，《学前教育研究》，2010第11期，第12-16页。

（一）机构准入标准不够完善，多头管理造成条块分割

幼儿园准入制度主要指教育行政主管部门为保障在园儿童安全与身心健康发展而编制幼儿园办园条件底线标准，并依据标准对申办机构进行强制性准入审核的规范与程序，以此有效保护儿童与家长的权益[①]。科学规范的准入监管是幼儿园教育质量的基本保障。

虽然国家层面通过出台《幼儿园建设标准》《幼儿园玩教具配备目录》《幼儿园管理条例》等一系列相关文件，从不同方面对幼儿园准入提出基本要求，地方层面也依据这些文件要求并结合当地实际制定了一些地方性办园标准和管理办法，但总体而言，国家的相关文件并未构成完整系统的准入标准内容体系，部分文件由于出台时间很早，内容已经无法适应现在的幼儿园管理形势，地方性的幼儿园准入标准和程序还不够完善。从这些标准的内容看，存在关键条件要求不硬、可操作性不强等问题，影响了准入标准的效度；从标准产生的机制来看，准入标准的制定缺乏相应的实证研究作为其研制基础，忽视了当地的经济、社会及学前教育发展的现实水平；从标准制定的参与人员看，利益相关者的诉求或建议难以得到重视与回应，这对准入制度的实施造成阻力[②]。

目前，对学前教育性质认识的模糊性致使各类幼儿园归属于不同的部门审核准入，主要包括三类准入形式[③]：一是由教育部门审核批准，在编制部门登记，以教育部门办园为主，包括部分机关办园、国有企事业单位办园；二是由民政部门审核批准，以非营利性民办园为主，包括部分集体办园、社会福利部门为特殊需求儿童服务的幼儿园等；三是由工商部门审核批准，以营利性民办园为主。不同办园性质的幼儿园归属于不同部门进行

---

① 李晓敏：《我国幼儿园准入制度的价值再认、困境及突围》，《现代教育管理》，2018年第3期，第18–23页。

② 原晋霞：《我国幼儿园办园标准亟待科学研制》，《人民教育》，2012年第5期，第27–30页。

③ 李晓敏：《我国幼儿园准入制度的价值再认、困境及突围》，《现代教育管理》，2018年第3期，第18–23页。

准入审核，有利于分类管理的推进，但不同审批部门隶属于不同的管理系统，相互之间缺乏信息互通而形成“信息孤岛”，客观上也造成了幼儿园准入管理呈现条块分割的局面，不利于政府对幼儿园准入的统一管理。

（二）教师资格准入标准过于笼统，实践中难以有效落地

做好幼儿园教师职业资格准入监管，严把教师入口关，建立完善的教师资格准入标准体系，严格执行教师资格准入制度，对于提高教师队伍整体素质、提高幼儿园教育质量、促进学前教育持续健康发展和教育公平起到重要推动作用[①]。

虽然我国在幼儿园教师资格准入方面出台了有关规范，对资格认证、招聘、考核等方面提出要求，但是这些标准总体上较为笼统，可操作性和刚性不强，与新时代幼儿园教师专业标准不相适应[②]。因此，有必要进一步研制和完善幼儿园教师职业准入标准，强化准入监管。

我国幼儿园教师队伍建设水平存在诸多不平衡，包括办园性质差异、城乡差异、经济地区差异等。这些差异的客观存在在很大程度上使得具有统一要求的教师准入标准缺乏现实可行性，难以落地起效。

（三）安全健康等方面的监管有待加强

对幼儿人身安全、意外伤害事故处理等缺乏有力的法律依据。我国关于校园安全责任事故处置的相关法规比较笼统，不够具体，缺乏操作性强的执行细则[③]。各地的行政性规章制度虽然也可能包含判断标准，但其法律位阶较低，不能作为定案准则，只能作为参照[④]。很多具体的幼儿园伤害事

① 庞丽娟：《〈幼儿园教师专业标准〉的研制背景、指导思想与基本特点》，《学前教育研究》，2012年第7期，第3–6页。

② 李小球：《我国“幼儿园教师职业准入标准”研究》，《教育科学研究》，2017年第6期，第91–94页。

③ 程秀兰、赵炎朋：《幼儿园安全管理的现状、问题及解决对策》，《学前教育研究》，2018年第12期，第3–13页。

④ 申素平、周航：《风险规制视角下的学校安全与教育法治》，《华东师范大学学报（教育科学版）》，2020年第38（10）期，第89–100页。

故案件很难认定，导致难以有效保护幼儿、家长、教师等相关主体的合法权益。

许多地方尚未建立完善的在园幼儿安全健康信息报告制度[①]，卫生健康部门和教育部门之间的沟通协作有待加强。因而，在不同程度上存在对幼儿健康情况不明、底数不清、信息不通等问题。在安全健康监管过程中，标准执行不够严格，监管程序不够到位，在多个管理环节上监管缺失，整体监管的手段也较为落后[②]。此外，许多农村、民办幼儿园无法按照国家标准配置卫生保健和保教人员，营养、卫生、保育管理水平和能力普遍较低[③]。

（四）办园行为监管相关制度和督导评估过程有待完善

为加强幼儿园科学管理，规范办园行为，国家层面和地方层面均从政策制定和督导评估两个方面对各类幼儿园的办园行为进行监管。在政策指引和督导监管的双重作用下，各类幼儿园办园行为不断规范，取得了明显成效。比如，幼儿园收费管理渐趋合理，保教工作更为科学，安全工作不断加强，办园质量迈向“内涵式”发展等[④]。但仍存在以下问题。

幼儿园办园行为监管的法规依据，如《幼儿园工作规程》《幼儿园办园行为督导评估办法》等，相较于《中华人民共和国义务教育法》和《中华人民共和国高等教育法》，其法律效力层次偏低，对违法违规行为缺乏明晰界定，也缺乏约束性、惩戒性和强制性。对民办园办园行为的监管一般只是在地方的《普惠性民办幼儿园认定与管理办法》中有所涉及，缺乏

① 教育部：《关于政协十三届全国委员会第三次会议第2273号（医疗体育类308号）、第B025号提案答复的函幼儿园办园行为督导评估办法》，2020年10月21日，http：//www.moe.gov.cn/jyb_xxgk/xxgk_jyta/jyta_twys/202011/t20201119_500817.html。

② 国务院教育督导委员会办公室：《国务院教育督导委员会办公室关于进一步加强中小学（幼儿园）安全工作的紧急通知》，2019年9月4日，http：//www.gov.cn/xinwen/2019-09/04/content_5427088.htm。

③ 徐轶群、何红茹、徐韬、徐晓超、曹彬、刘功姝、陈欣欣、黄欣欣、王惠珊：《中国托幼机构食品卫生管理现状》，《中国学校卫生》，2019年第40（01）期，第144-147页。

④ 秦玉友：《从高速增长迈向高质量发展——新时代教育内涵发展战略转型》，《南京师大学报（社会科学版）》，2019年第226（6）期，第15-24页。

国家层面系统完善的“非公办园”管理制度设计[①]。

虽然国家层面已颁布各类规范性管理方法，但各省（自治区、直辖市）尚未完全建立相应的地方性监管办法，年检和日常监管力度不大，导致一些幼儿园乱收费、安全健康管理不力等问题仍难以有效解决。

同时，各地普遍采用统一的规范性要求开展督导工作，并未统筹考虑区域、城乡差异与办园性质差异的影响，使得学前教育督导评估陷入绝对平均主义[②]；采用的督导方式也较为局限，多采用专项督查、全面检查等方式，难以实现办园行为监管的专业性与动态化。[③]

二、我国学前教育质量评价存在的主要问题

（一）学前教育标准规范性文件效力层级低，地方性幼儿园分等定级评价有待改善

首先，学前教育标准相关规范性文件法律效力低，标准实施缺乏保障机制。除了标准体系本身的完整性和科学适宜性外，其效力层级所产生的强制性和权威性也是影响学前教育标准能否实现或在多大程度上得以实现的重要因素[④]。虽然我国教育行政部门有学前教育标准相关政策文件出台，但绝大多数为效力层级较低的部门规范性文件，未能形成完善的学前教育法律、法规保障体系，加之学前教育事业发展迅速，相关政策变动较大，导致各类标准所规范主体的实施效力无法得到保证[⑤]。此外，学前教育标

---

①③ 秦涛、吴义和：《民办幼儿园政府依法监管的困境与出路》，《湖南师范大学教育科学学报》，2019年第18（01）期，第34–42页。

② 秦旭芳、丁春宇：《学前教育督导评估问题审视、问责与逾越》，《现代教育管理》，2017年第1期，第74–78。

④ 胡马琳：《教育标准化背景下我国学前教育标准体系建设的进展、问题与完善对策》，《现代教育管理》，2021年第1期，第61–68页。

⑤ 陈鹏、高源：《我国学前教育立法的现实诉求与基本问题观照》，《陕西师范大学学报（哲学社会科学版）》，2017年第46（06）期，第35–45页。

准缺乏完善的实施保障机制，导致学前教育质量评价标准在一定程度上出现“可有可无”“可大可小”“可实可虚”的随意化现象[①]。指导文件与标准体系本身无法自然地提高教育质量，必须要有相应条件和专业资源的支撑以及合理的监管与考核机制，才能实现质量的保障与持续提升[②]。加快立法进程，完善学前教育标准的实施保障机制，为学期教育迈向“内涵式”高质量发展奠定法治基础迫在眉睫。

其次，缺少国家层面的学前教育质量评估指南，地方性评估标准执行过程中效力不足。当前，我国的教育督导体系仅涉及督政和督学标准层面，缺乏评估监测的国家质量框架、标准 / 指标体系和评价操作指南。2020 年 10 月，中共中央、国务院印发了《深化新时代教育评价改革总体方案》，要求完善幼儿园评价，重点评价幼儿园科学保教、规范办园、安全卫生、队伍建设等情况；同时要求，国家制定幼儿园保教质量评估指南，各省（自治区、直辖市）完善幼儿园质量评估标准。在此背景下，国家层面幼儿园保教质量评估指南的研制出台势在必行。

最后，地方性幼儿园评价标准的科学性有待提升。目前，绝大多数省市建立了地方性的幼儿园评价标准，开展等级评估或示范园、优质园评估。但这些地方性的评价标准在专业性和科学性上存在不同程度的问题。许多评价指标大多以孤立、静态的方式界定和描述不同的质量要素，以结构性（条件性）和管理性等评价指标为主，忽视或缺乏对过程质量的准确界定与科学评价，未能抓住影响教育质量和儿童发展的核心要素与关键机制。许多地方性的幼儿园评价标准对质量要素缺乏整体、系统、动态的认识，质量观念相对陈旧，从而导致对学前教育实践改进和教师专业发展的支持效力不足。

---

① 杨润勇：《我国教育标准化改革：背景、问题与建议》，《教育理论与实践》，2018年第38（04）期，第17–20页。

② 郭良菁：《以“系统”思路解决学前教育质量的保障与提升问题》，《学前教育研究》，2013年第9期，第8–14页。

（二）第三方社会组织的质量评价面临诸多困境

随着“管办评”分离教育管理改革的深入推进，第三方社会组织在新时代教育评价改革、促进政府职能转变中的作用日益突出。各地相继成立第三方评估机构，激发了学前教育评价新活力。第三方评价组织的出现和发展符合教育改革与发展的需要，其积极意义在诸多实践中也得到证明[①]，但在实际运行中仍面临诸多困境[②]。

一是独立自主性不强。我国第三方评估机构大部分是在教育行政主管部门或教研机构的推动或组织下建立的，并且这些机构接受的委托大多也来自政府或教育行政主管部门，对教育行政主管部门的政策扶植、财政投入以及管理领导具有较强的依附性。第三方评估机构按照政府部门的指示和要求开展工作，在行政主管部门和基层学校的双层压力下很难脱离其他各方利益按照客观科学的程序进行独立自主的评价活动，第三方评估机构的建立、运作及生存发展在不同程度上缺乏独立性和自主性。

二是评价工具研发专业性科学性不足。由于缺乏全国统一的评估指南引领和专业、科学的评估工具支持，许多第三方评估机构缺乏专职、稳定的专业研究人员队伍，导致第三方评估机构所建构的标准体系或研发的评价工具专业性、科学性不足。比如，在评价内容和指标上，多集中于条件性和管理性要素，如办园资质与条件、园所建设、教师资质与薪酬、安全管理、规章制度等，相对忽视动态的教育过程质量的评价。

三是准入、监管和退出机制不健全。在“管办评”分离的背景下，第三方评价逐步发展起来，但由于有关法律法规尚不健全，导致对第三方机构的资质标准、准入和退出机制等管理规定还不够明确，第三方评价结果的独立性和科学性也难以保证。由于政府监管缺位，市场化的第三方机构

---

① 冯虹、刘国飞：《第三方教育评价及其实施策略》，《教育科学研究》，2016年第3期，第43–47页。

② 黄正夫：《学前教育质量第三方评估监测：意蕴、困境及路径》，《教育探索》，2017年第1期，第87–90页。

充斥着追逐利益、规则缺失、责任推诿等各种乱象。因此，构建完善的法律法规和监管体系，对第三方评估机构的行为及各种乱象进行有效规范和监管，确保第三方评估服务依法依规、公开透明、科学规范、公平公正开展，显得尤为迫切。

（三）学前教育机构的内部评价仍处于起步阶段

在一个完整的学前教育质量保障体系中，内部评价作为幼儿园教育内部变革与质量持续提升的重要机制不可或缺[①]。但长期以来，幼儿园内部的自评与改进并非我国幼儿园质量管理的关注点，因而，在现实中，幼儿园内部评价工作仍处于起步阶段，不少问题亟待解决[②]。

一是主体定位不准确。主要表现为普通教师和园长对自身作为评价主体地位的不明确或不认可。园长未意识到或未能发挥其自身在幼儿园内部评价中的引领作用，普通教师没有意识到自身在内部评价中所扮演的“中流砥柱”角色，园长与普通教师之间缺乏有效沟通，幼儿园内部尚未形成职责明确、分工协作、规范有序的内部评估组织架构和运行机制。此外，园长和教师的评价能力普遍不足，使内部评价工作难以有效推进。

二是指标体系过于笼统。由于我国没有幼儿园教育质量内部评价的指导性文件或操作性手册，幼儿园多是根据各自的目的和经验并结合自身现状特色自行制定指标体系。但现有的幼儿园指标体系往往不够具体、缺乏针对性，难以捕捉和反映有效支持和促进儿童学习与发展的环境、课程、师幼互动等方面的质量关键要素，在实际工作中难以有效发挥精准评价、有效改进的作用。

三是有效性不强。幼儿园虽然可能采取了一些手段对教育质量进行了内部评价，但未必能够有效发挥内部评价的应有作用。因为在评价内容

---

① 刘昊：《幼儿园教育质量自我评价的学理逻辑与实践路径》，《教育测量与评价》，2020年第1期，第17–22页。

② 姚伟、黎诩：《幼儿园教育质量内部监控存在问题、原因及对策》，《学前教育研究》，2015年第2期，第3–7页。

上，幼儿园对条件性质量较为重视，但对过程性质量关注不够，或评价指标科学性不足，比如对关键质量要素把握不足，缺乏系统、动态的质量观等。同时，园长、老师们难以运用科学的评价方法，在实践操作中多流于形式，往往以检查评估、听课评课、业绩考核等常规手段为主进行评价，缺乏多种来源评价信息的相互印证，对评价信息也缺乏科学分析和多元探索。上述因素的存在导致幼儿园内部评价结果和结论可靠性不足，从而影响评价结果难以有效应用于实践改进和质量提升。

三、相关思考和建议

（一）进一步加强学前教育行业监管

1. 加快推进学前教育立法进程，理顺学前教育多个监管主体部门之间的权责关系

2020 年 9 月 7 日，教育部公布了《中华人民共和国学前教育法草案（征求意见稿）》，表明我国学前教育正式步入依法治理的新发展阶段。加快学前教育立法进程，将学前教育改革发展中的深层次、关键性问题和体制机制问题纳入立法，对着力破解制约学前教育发展的重大瓶颈问题，补齐制度短板，从长远角度保障学前教育健康持续发展具有战略性意义，也为学前教育的规范管理和行业监管提供了坚实的法律基础[①]。

为进一步完善学前教育行业监管制度和机制，应彻底理顺教育行政业务部门和教育督导部门之间的关系，两者协调一致，形成监管合力。教育督导部门应切实履行督政、督学的双重职能，强化对幼儿园准入、办园行为、安全健康等方面的规范化督导，守住幼儿园基本质量的底线[②]。同

① 张曙光：《规范性、公平性与教育性：〈中华人民共和国学前教育法草案（征求意见稿）〉体现的三重价值及其完善》，《当代教育论坛》，2021年第4期，第43–48页。

② 底会娟、王艺：《发达国家学前教育质量监测体系的比较与启示——以美国、英国、澳大利亚为例》，《现代教育管理》，2019年第5期，第77–82页。

时，不断推进教育督导部门和教育行政部门在权力配置、机构设置、流程管理、资源利用等各方面对接耦合，形成“信息互换、执法互助、结果互认”的良性互动，从而有效实现教育行政目标，提高整体行政效能[①]。

为此，建议从以下三个方面理顺两个部门之间的关系：一是合理划分教育监管各主体间的职责权利。二是在督导人员选聘时，适当吸纳教育行政和教研人员参加，过程性质量督导评估最好由专业水平较高的幼儿教育教研人员承担或参与。三是严格区分准入审批监管和办园行为监管，将准入审批监管的职权交还教育行政部门，教育督导机构只负责监管取得合法资质的学前教育机构[②]。

2. 完善并严格执行幼儿园准入标准，多路径提升标准研制水平

鉴于当前我国各地在幼儿园准入标准方面存在的问题[③]，建议从以下三个方面予以完善。

一是国家应尽快出台幼儿园准入标准制定指导性文件。及时更新各项单项性国家标准，并结合各地经济、文化、教育等发展水平，整合各类单项标准，并出台指导性政策文件，为各地制定科学的准入标准提供指导。

二是规范准入标准的制定程序。地方教育行政部门应组织专家团队，依据国家的相关标准和要求，在充分调查研究和吸收借鉴国内外先进经验的基础上，因地制宜，科学编制准入标准征求意见稿；通过现场听证会等多种形式广泛征求利益相关者和社会公众的意见，对准入标准征求意见稿进行修订和完善；在制定准入标准的过程中，所有参与制定者都应始终保持审慎的态度、科学的精神、开放的胸怀。

三是扩大准入标准的研制主体。教育行政部门应充分发挥其组织领导

① 张惠虹：《教育督导与教育行政执法协同机制研究》，《教育发展研究》，2020年第40（Z1）期，第19–25页。

② 李勉：《基础教育评估监测：教育督导体系建设的新领域和新挑战》，《中国考试》，2021年第5期，第48–55页。

③ 胡马琳：《教育标准化背景下我国学前教育标准体系建设的进展、问题与完善对策》，《现代教育管理》，2021年第1期，第61–68页。

作用，组建由幼儿教育、卫生、建筑、消防等相关专家组成的幼儿园准入标准研制团队。在标准研制过程中，应依据民主参与程序，给予幼儿园举办者、一线幼儿教育工作者、家长等各方利益相关者以及有意愿、有能力参与的社会公众平等的参与机会，尊重并充分吸收其合理的意见建议。扩大参与研制主体，既可确保标准的专业性、科学性和可靠性，又可以保障其可行性和对复杂现实的适切性。

3. 明确相关部门对幼儿园安全健康日常管理的职责，高度重视安全风险防控工作

一是政府相关部门切实承担起幼儿园安全健康日常管理的职责。卫生健康部门要加强对幼儿园卫生防疫和卫生保健工作的监督指导。食品药品监管部门要对食堂和幼儿园采购的食品、药品加强监督检查。公安消防部门要依法加强对幼儿园的消防安全检查。综治、工商、文化、新闻出版广电、城市管理等部门要落实各自职责，加强对幼儿园周边经营服务场所、经营活动的管理和监督。

二是健全幼儿园安全风险管控机制。各地应进一步落实幼儿园安全管理主体责任，健全幼儿园安全工作领导责任制。进一步健全警校（园）合作联动机制，各级教育部门、公安机关和幼儿园要在安全信息交换、应急处置等方面加强协作，健全应急联动机制。

4. 不断完善地方管理办法，分级分类规范办园行为

各地应根据国家出台的各项管理办法，完善地方性管理细则，把幼儿园基本质量标准纳入各类幼儿园年检的内容和程序，并进行不定期的现场抽检。尤其是要妥善处理“无证幼儿园”。教育行政部门应当通过检查和摸底，根据办园行为潜在风险程度建立分级分类管理清单，对标不同整改措施：第一类是对于存在重大安全隐患的且危害程度不可预料的幼儿园，应暂停其办园资格，责令其立即进行全面整顿，并紧急分流安置在园

幼儿，直到其通过准入审核和全面检查取得行政许可；同时，应将其作为重点年检对象进行持续追踪。第二类是对于存在轻微安全隐患且危害程度可预料的幼儿园，可以督促其在规定的期限内进行整改，如果逾期仍不达标，应当及时分流安置在园幼儿，并列入一类管理清单进行全面整顿。第三类是幼儿园条件基本达标，只是限于对登记注册制度不清楚或者因材料和相关程序烦琐没有到教育行政部门注册登记，可以帮助其走“绿色通道”优先审核，颁发办园许可证书[①]。

5. 持续优化督导评估过程，建立立体化、常态化监管机制

根据不同的督导评估目的、督导评估对象及地区的教育现状，因地制宜，制定幼儿园教育督导评估标准，对督导评估人员加强评估业务培训，采用科学有效的评估工具或方法，提高督导评估过程的科学性和现实关照性。建议在区、镇（街道）、居（村）委会三个层面分别组建由教育、卫生健康、物价、住房城乡建设、市场监管等政府部门及相关社会力量共同组成的联动监管小组，建立立体化、常态化的准入、安全健康、办园行为监管机制[②]。

（二）进一步加强学前教育质量评价

1. 加快研制出台国家层面的幼儿园教育质量评估指南，推动地方修订和完善幼儿园质量评估体系

学前教育质量评价亟待明确中央和地方的职责与职权范围，科学制定面向保教过程、教师和儿童发展质量的相对统一的学前教育质量监控体系，依据相关法律法规，切实保障学前儿童接受基本而有质量的教育[③]。

---

① 李晓敏：《我国幼儿园准入制度的价值再认、困境及突围》，《现代教育管理》，2018年第3期，第18–23页。

② 秦涛、吴义和：《民办幼儿园政府依法监管的困境与出路》，《湖南师范大学教育科学学报》，2019年第18（01）期，第34–42页。

③ 李传江、张义宾、周兢：《国际视阈下的学前教育质量监控体系——基于“经合组织”和“世界银行”学前教育新政策的述评》，《外国教育研究》，2017年第44（01）期，第3–14页。

因此，国家应加快研制并出台幼儿园教育质量评估指南，推动地方修订和完善幼儿园评估标准，指导地方建构更加合理的评价内容框架，建构和编制更加有效的评价指标，以提升地方性幼儿园质量评估标准的科学性和专业性水平。同时，引领和支持地方构建科学合理的质量评估运行机制，加强评估人员队伍培训，提升专业化水平，提高评价方法与过程的科学性水平。进而，各地通过学前教育质量评估体系的推行，引领全社会树立科学的学前教育质量观念，推动广大幼儿园教育工作者通过有效评价，不断改进教育实践，提升教育质量。

2. 完善第三方评估监督机制，引入专业组织，构建第三方评估新格局

为切实发挥第三方评估的正向效益，政府主管部门应进一步完善第三方评估机构监督机制，培育和形成第三方评估新格局。具体建议如下。

一是制定严格的市场准入标准和实施办法①，包括第三方评估机构的市场准入和第三方评估机构从业人员的市场准入。前者制定鉴定管理办法对第三方评估机构的资质实行鉴定认证制度，对机构设立条件、组织架构、管理制度、人员配备、硬件资源等做出规定，并实行资质评定与年审制度。后者制定从业人员管理方法对第三方评估机构从业人员实行职业资格认证制度和执业认证制度，对从业人员的专业资质、职业道德和执业纪律等做出规定，对从业人员的综合素质进行年度考评与审核。确保有资质的第三方评估机构与从业人员进入第三方评估市场。

二是推进实施第三方评估过程信息公开和结果鉴定制度②。要求第三方评估机构在组织学前教育质量监测评估的过程中，依法依规对监测评估过

① 黄正夫：《学前教育质量第三方评估监测：意蕴、困境及路径》，《教育探索》，2017年第1期，第87–90页。

② 陈慧娟、辛涛：《我国基础教育质量监测与评价体系的演进与未来走向》，《华东师范大学学报（教育科学版）》，2021年第39（04）期，第42–52页。

程信息进行公开，接受各方监督。评估委托方可组织专家组对第三方机构评估监测结果及服务质量进行验收评鉴，将这一结果作为评鉴第三方机构服务质量的重要依据。同时，政府主管部门应制定评价标准，构建第三方机构信用评级制度，定期对学前教育质量第三方评估机构的资质和评估服务进行信用评级，每年定期向社会公示评鉴结果[①]，接受社会监督，建立问责机制，以保障委托方的利益。

三是积极引入专业组织，构建第三方评估的新格局。教育部在2018年工作计划中提出“积极依托中国学前教育研究会，建立第三方评估机制”。因此，全国及各省市的学前教育研究会、行业协会等社会组织，应充分发挥专业优势，成为有准备的、有社会责任的第三方评估机构，从而构建形成第三方评估的新格局，为幼儿园质量提升提供更加全面的专业支持。各专业组织应积极开展学前教育质量评价方面的科学研究，建立功能多样、更加精细的专业标准，发挥第三方评估职能，接受政府或幼儿园的委托，积极开展幼儿园教育质量认证评估与监测工作，向社会发布质量研究成果和质量监测与评估报告，引领广大幼儿园追求优质。

3. 通过外部评价支持内部评价，提升幼儿园内部评价水平

首先，应通过外部评价支持幼儿园内部评价。教育主管部门应结合当地实际，系统地研究和制订幼儿园质量评估与改进方案，外部评价与内部评价相结合，协同推进学前教育质量提升，促进儿童的更好发展。通过多种措施，引导幼儿园对外部评价中发现的问题提出具有针对性和可操作性的改进方案，并为幼儿园实施教育质量内部评价工作提供相应的资金、教研力量和评估技术培训等方面的支持。

其次，为提升内部评价专业化水平，幼儿园应逐步建构适宜、合理的内部评价指标体系和运行机制。未来，在国家幼儿园教育质量评估指南

---

① 孙阳春、徐安琪：《我国第三方教育评估机构的公信力水平研究》，《中国高教研究》，2021年第3期，第22–29页。

的指引下，幼儿园应在地方教研人员和其他专业人员的支持下，适当地引进和借鉴幼儿园内部评价的先进经验，结合幼儿园发展理念和自身实际情况，对内部自评指标体系和运行机制进行科学、系统设计，并在实际运行的过程中持续改进、不断完善，以确保幼儿园内部评价工作有序进行，内部评价结果能够有效支持教育实践的不断改进、全面优化，从而带来幼儿园教育质量的可持续提升。

执笔人：李克建　陆浩　黄曼菁　曾淑琴　罗媛媛　佘宇

第十一章
学前教育供给与监管的国际经验

当前我国学前教育的发展正处于关键时期，需要了解和学习世界各国经验，在比较中理解学前教育目标、实践方针与策略具有重要意义。本文将重点介绍5个不同福利模式的OECD[①]国家的学前教育发展经验，包括日本、德国、美国、英国及瑞典。其中，瑞典为北欧福利国家模式，德国为欧洲大陆模式，英国、美国为盎格鲁－撒克逊模式[②]，日本为东亚模式。

一、各国学前教育供给与监管情况

本部分将以日本、德国、美国（纽约州）、英国和瑞典为例，分别从以下四个方面进行梳理：（1）儿童照护机构的规模、学位及入园率；（2）资金来源和经营主体；（3）机构的准入标准与审批；（4）机构的监管主体、频率、方式及退出机制。

① 经济合作与发展组织，简称“经合组织”，是由38个市场经济国家组成的政府间国际经济组织。

② 余宇：《北欧福利国家模式评述》，《福利体制和社会政策的国际比较》，中国发展出版社2012年版。

（一）日本

1. 儿童照护机构的规模、学位及入园率

幼儿园和托儿所的综合入园率随着儿童年龄增加而提高，3 岁儿童入园率接近 80%，4 岁儿童达 97%，5 岁儿童达 98.5%。如表 11–1 所示，少有日本父母将 1 岁以下婴儿送去托儿所（仅占 4.3%）。

表11-1　　日本2008年儿童入学前教育机构人数及比例①

年龄	幼儿园	托儿所
0岁	—	47575人（4.3%）
1岁	—	231316人（21.3%）
2岁	—	316459人（29.4%）
3岁	427135人（40.6%）	397696人（37.8%）
4岁	602105人（55.1%）	456750人（41.9%）
5岁	644923人（57.8%）	454245人（40.7%）

虽然日本入园率较高，但学前机构配比在个别地区失衡，一些地区幼儿园正在扮演托儿所的角色，而在其他地区托儿所则作为幼儿园发挥作用。值得指出的是，两类园所之间的差异正在快速缩小，学前教育一体化势在必行。日本政府于 2006 年批准了名为“儿童教育与照护中心”的新系统。表 11–2 及表 11–3 显示了这三类机构之间的差异及特点。

表11-2　　日本三种儿童教育照护机构的区别②

	幼儿园	托儿所	儿童教育与照护中心
政府机关	教育、文化、科学与科技、体育部（MEXT）	卫生、福利、劳动部（MHWL）	MEXT+ MHWL
法律基础	学校教育法第77条（2007）	儿童福利法第39条	儿童教育与照护中心专门法案及地方管理
目标人群	3~5岁	0~5岁，家中缺乏照护	0~5岁，无关父母照护

① Hoiku Hakusho（White Paper on ECCE， year 2008） Soudobunka：Table of statistical data on population by Ministry of Health, Welfare and Labor， 2008.

② Preschool Education and Care in Japan P6 https：//www.nier.go.jp/English/educationjapan/pdf/201109ECEC.pdf.

续表

	幼儿园	托儿所	儿童教育与照护中心
录取过程	监护人直接申请	市政审核资格，监护人选择托儿所后申请	父母直接申请学前机构
照护时间	每天4小时（标准服务）1997年开始可以延长时间	每天8小时（标准服务）市政允许时可选11小时	根据家庭情况，4小时或8小时
方法标准	国家幼儿园课程标准	托儿所看护准则	前两者兼具
教师资格	幼儿园教师资格证（根据教师资格法）	托儿所教师资格证（根据儿童福利法及实施条例）	0~2岁：托儿所教师资格证。3~5岁：最好两个证都有，至少要有一个
生师比例	上限为35：1，实际为15：1 每个班至少一个老师	新生儿：3：1 1~2岁：6：1 3岁：20：1 4~5岁：30：1	新生儿：3：1 1~2岁：6：1 3~5岁：视幼儿园、托儿所、地方规定情况而定
统计数据	入园学生数1674163人，其中公立占19.4%、私立占80.6%。机构数量为13626所，其中公立占39.3%、私立占60.7%	入园学生数2118352人，其中公立占46.3%、私立占53.7%。机构数量为22848所，其中公立占47.8%、私立占52.2%	入园学生数：无数据。机构数量从2008年的229所增加到2011年的762所。公立由24.5%降到19.6%，私立由75.5%增加到80.4%

表11-3　日本公立、私立托儿所和幼儿园的进一步对比①

	公立托儿所	私立托儿所	幼儿园
所有者	市政府	教育机构	市政府/教育机构
年龄	0~5岁	0~5岁	3~5岁
规模	平均100个孩子	平均20~30个孩子	一般超过100个孩子
教师	有资格证的公务员	有资格证的教师	有资格证的教师
学期	4月1日至次年3月31日	4月1日至次年3月31日	4月1日至次年3月31日
在校时间	9:00–17:00（接送7:30–20:00）	9:00–17:00（接送7:30–20:00）	一般9:00–14:00
饮食	营养师制作，可提供配方奶粉	营养师或职员制作，可提供配方奶粉	需要家长准备午餐盒
如厕	家长带尿不湿，教师提供如厕训练	家长带尿不湿，教师提供如厕训练	不用尿不湿，教师帮助如厕训练

① https：//japanhealthinfo.com/child–health–and–childcare/daycare–and–kindergardenpreschool/.

续表

	公立托儿所	私立托儿所	幼儿园
设施	通常有操场和游泳池，但无校车	比公立小，一般没有操场，无校车	通常有操场、游泳池和校车
活动	节日活动、运动日、远足等	节日活动、运动日、远足等	节日活动、运动日、远足等
健康服务	健康、牙齿检查，日常配备护士	健康检查，无护士	不提供健康检查
校服	无校服	无校服	通常有校服、包和鞋
花费	视收入而定，通常每月1万日元（包括餐饮）	视地区而定，通常每月4万~8万日元（包括餐饮）	取决于地区，加上入学费用一个月2万~8万日元
注册	市政厅注册，每年12月前申请	直接申请	直接申请，通常每年秋季申请

2. 资金来源和经营主体

日本的幼儿教育机构按照举办主体分为国立幼儿园、公立幼儿园和私立幼儿园三种，私立幼儿园在日本幼儿教育机构中占有较大的比例。1999 年统计日本国立及公立幼儿园为 6030 所，私立幼儿园为 8497 所[①]。至 2014 年，大概 60% 的幼儿园为私立。

2018 年之前，日本对 3~6 岁学前教育的政府投入较低，仅占其 GDP 的 0.2%（每名儿童 6247 美元），远低于 OECD 平均值 0.6%（每名儿童 8070 美元）。此外，日本学前教育资金来源中私人比重高达 56%，远高于 OECD 平均值 17%[②]。

对于收入在平均水平之下的家庭，政府将按照儿童年龄提供幼儿园就读补贴，保育所的保育费由市镇村根据该地区平均家庭收入情况而定。公立幼儿园和保育所的运营经费都由地方财政拨付；私立幼儿园则由私立学校提供运营补助金，私立保育所运营补助金由国家负担 50%、都道府县负

① 曹能秀、王凌：《当代中日学前教育制度的比较》，《云南师范大学学报》，2002年第1期，第52-57页。

② Starting strong IV. Early childhood education and care data country note. Japan. http：//www.oecd.org/education/school/ECECDCN-Japan.pdf.

担 25%、市镇村负担 25%，指定城市的私立保育所补助金则由国家负担 50%、城市财政负担 50%[①]。

自 2019 年 10 月开始，日本的学前补贴计划每年花费 7760 亿日元（70 亿美元）补贴幼儿园，所有授权幼儿园将免除 3~5 岁儿童的费用，但部分私立幼儿园的每月补贴上限为 25700 日元，意味着一些家庭需要支付超过上限的费用差额[②]。

为了有资格获得政府补贴，未经授权的设施需要符合政府规定的标准，例如，托儿所或学前教师的数量及机构的规模。作为过渡措施，不符合标准的未经授权的设施也有资格获得前五年的补贴。对于未经授权的学前教育机构，3~5 岁的儿童每月补贴上限为 37000 日元，2 岁及以下儿童的补贴上限为 42000 日元。学校餐食将另行收费。

除上述两种选择，还有其他类型的财政资助的儿童照护服务，例如，家庭日托（自 2002 年起由城市财政补贴），以及新授权的“儿童教育与照护中心”（Early Childhood Education and Care，ECEC）。许多家长 / 监护人和家中 3 岁以下的儿童会参加各种非正规的由地方政府或非营利组织提供的儿童照护计划。

为减轻家庭育儿负担，日本政府于 2018 年 5 月 31 日汇总了幼儿教育和保育“无偿化”政策的细则，该政策从 2019 年 10 月开始实施。作为人力资源投入的一部分，政府将补贴 70 亿美元[③]。不过政府将对认证机构以外的补贴设置上限，例如，居民税免征家庭的 0~2 岁幼儿每月最高可获得 4.2 万日元补贴，3~5 岁儿童每月最高可获得 3.7 万日元补贴。如果家庭收入少于每年 260 万日元，2 岁以上的儿童将被免除保育费用和地方居住税（municipal residency tax）[④]。

---

① 陈沁：《日本“幼保一体化”改革前后的幼儿园与保育所制度比较》，《理论观察》，2018年第12期，第142–145页。

② Government approves free preschool education program starting Oct. 2019. https：//www.japantimes.co.jp/news/2018/12/28/national/government-approves-free-preschool-education-program-starting-oct-2019/#.XVY_mSMzaHs.

③④ Japan expanding free preschool， part of Abe’s $17.5bn spending. https：//asia.nikkei.com/Politics/Japan-expanding-free-preschool-part-of-Abe-s-17.5bn-spending.

被认定为“需要保育”的家庭可受惠于相关政策，日本的市区町村在接受申请后，将对其家庭就业状况、照护需求进行评估，进而判断是否“需要保育”。被自治体（即地方政府）认定为“需要保育服务”的家庭，还可获取政府资助的非认证的育儿保姆、临时托儿所等服务。日本仅登记申报的非认证设施就有约 11000 家，即使不满足日本政府的监督标准，只要向自治体提出申报并接受入内检查即可被纳入补贴对象，但要求这些设施在 5 年里满足国家监督标准。

日本政府还将对幼儿园儿童放学之外的托儿保育进行补贴，最高可达到每月 3.7 万日元（约合人民币 2000 元）[①]，接送和餐费不包含在补贴对象之内，高收入人群仍然需要支付私立幼儿园的部分费用。在新措施实行后，日本所有 3~5 岁儿童，以及低收入家庭的 0~2 岁儿童，都可以在政府承认的保育机构享受免费教育或托儿服务。日本政府此举将会免除额外的 200 万名儿童（一共 250 万名学前教育儿童）的学前费用，目的是减轻国民育儿和教育的负担，阻止少子化问题的进一步恶化。日本政府计划将消费税从 8% 提高到 10%，用增加额外的收入支付免费早教及日托计划开支。

所有被认定为“需要保育”的家庭将被免除保育费。前往非认证机构的家庭仍需交纳保育费，但可每隔几月向自治体申请领取补贴。家庭可在预算范围内使用多处设施和多项服务。据日本厚生劳动省统计，日本 3 岁儿童在非认证保育设施的月平均费用为 4 万日元（约合人民币 2352 元），即使利用政策补贴，每月仍需自负约 3 千日元。在有很多等待入园儿童的东京都内，某些非认证保育设施的保育费每月超过 10 万日元（约合人民币 5879 元），“无偿化”后家长仍需自己负担一部分。

日本幼儿教育和保育“无偿化”的资金来源于 2019 年的消费税增税。日本政府预计将对幼儿教育和保育的无偿化投入 8 千亿日元。不过，日本保育服务供给不足和不均的局面尚未得到缓解，仍存在大量排队等待进入

① 《日本幼儿园全面免费计划提前，外国适龄儿童也可免费入园》，新浪财经，2018年6月8日，https://cj.sina.com.cn/articles/view/6065395581/16986977d019007zt9。

认证托儿所和幼儿园的儿童，若“无偿化”政策挖掘出潜在的需求，入园排队的问题可能变得越发严重。

据日本内阁府2016财年的调查显示，在政府认证保育所工作的全职保育员的平均月薪为27万日元左右（约合人民币1.6万元）。尽管由于工作年限不同，难以简单比较，但保育员的平均工资远低于全行业平均工资的41.3万日元（约合人民币2.45万元）。

保育员行业内薪酬也有一定差距，同为政府认证的保育所，私立保育所的员工收入为26.2万日元（约合人民币1.55万元），略低于公立保育所的28万日元（约合人民币1.66万元），且该差距随着年资拉长而扩大。以工作20年的主任级保育员的平均收入为例，公立保育所保育员薪酬超过51万日元（约合人民币3.02万元），而私立保育所不到40万日元（约合人民币2.37万元）。为缩小工资差距，日本政府自2017财年起增加预算，为私立保育所资深保育员每月最多增加4万日元薪酬，但这项政策仍难消除公立私立保育所保育员的工资差距。

3. 机构的准入标准与审批

幼儿园是日本学校教育体系中的第一环节，《学校教育法》指出幼儿园招收3岁至学龄前儿童。保育所是幼儿园教育的补充，以缺乏保育的0岁至学龄前婴幼儿为主要对象。幼儿园和保育所二者相辅相成，共同构成日本的学前教育主体，二者在保教内容、师资、办学运营及财政等方面有相似之处，同时也因隶属主管部门不同而存在制度差异。

“二战”后，日本的幼儿园（学校教育机构）和保育所（社会福祉机构）分别隶属于文部科学省和厚生劳动省。但二元制体制下的弊病逐渐凸显，幼儿园重教育轻保育，保育所重保育轻教育。2006年政府颁布《关于推进学前儿童综合性教育、保育的法律》，开始推进“幼保一体化”的过程[①]。

---

① 陈沁：《日本“幼保一体化”改革前后的幼儿园与保育所制度比较》，《理论观察》，2018年第12期，第142–145页。

在 1976 年颁布、2008 年修改的《东京私立幼儿园设立认可规定》中，除关于私立幼儿园法律规定之外，还规定了设立者、幼儿园配置、开设日期、设施设备、设立资金等方面。例如，东京都政府规定在本地区幼儿园的名称不能类似；私立幼儿园开设者即为学校法人，但人口激增的地区可允许例外情况；禁止幼儿园不正当竞争行为；保育室原则上不低于 53 平方米，游戏室以 100 平方米为标准；幼儿园开设资金需为开设者本人自有；法人不得在幼儿园中设置如员工宿舍等非教育目的的设施；园长不可兼任两个以上学校校长的职务[①]。表 11–4 介绍了日本幼儿园硬件准入标准。

表11-4　　日本幼儿园硬件准入标准

类别		幼儿园	保育所
设施标准（必备）		保育室、游戏室（可兼用）	保育室、游戏室（2岁以上）
		—	婴儿室、爬行室（0~2 岁）
		办公室、保健室（可兼用）	—
		厕所	厕所
		园区范围内（或邻近区域）设置运动场	户外游戏场（附近的公园、神社等可替代）
		饮用水设备	—
		洗手池、洗脚池	—
面积标准	园舍	1班级180平方米	—
		2班级320平方米	—
		3班级420平方米	—
		每增加1班级增加100平方米	—
	保育室（游戏室）	—	每个幼儿平均1.98平方米
	婴儿室	—	每个婴儿平均1.65平方米
	运动场	1班级330平方米	—
		2班级360平方米	每个幼儿平均3.3平方米
		3班级400平方米	—
		每增加1班级增加80平方米	—

① 张雅薇：《日本私立幼儿园运营机制和质量保障体系研究——以东京都为例》，上海师范大学硕士学士学位论文，2011年。

《学校教育法》规定，幼儿园必须配有园长、教头、教师、校医、牙医、药剂师，有条件的情况下，配备养护教师、养护助教及行政人员。原则上一个班级的幼儿不超过35人，一个班级必须配有专任教师1人，师幼比不可超过1∶30。而保育所必须配有保育士、嘱托医生，调离员（特殊情况允许不配备）。保育所师幼比限制为：0~1岁婴幼儿为1∶3；2岁以内幼儿为1∶6；3岁以内幼儿为1∶20；4~5岁儿童为1∶30。

教师：日本相关法律规定幼儿园教师必须持有资格证书。日本中央政府和地方政府每年都会给幼儿园教师提供带薪进修的机会，并立法规定在职进修是权利也是义务。幼儿园教师资格证书的获取途径也有明确规定，获取不同等级的资格证书必须通过不同类型的培训，《教员许可法》规定教师通过培训获得学分，经过鉴定可获取高一级的许可证书[①②]。

任职资格：日本相关法律规定幼儿园教师必须持有《教育职员资格法》认定的专修资格证、一类资格证、二类资格证，才可任职。其中，专修资格证要求研究生院毕业，获得硕士学位；一类资格证要求四年全日制本科院校毕业，获得学士学位；二类资格证要求两年短期大学毕业。截至2016年，幼儿园教师资格证持有情况为：专修资格证占比为0.5%，一类资格证占比为27.2%，二类资格证占比为74.3%。

保育士是国家登记在册、具有专业知识和技能，有着儿童保育及其监护人指导义务的从业人员（《儿童福祉法》第18条规定）。保育士资格获取途径有两种，其一从厚生劳动省大臣指定的保育士培养院校毕业后获得，其二是通过保育士资格考试获得。

职后进修：《教育公务员特例法》明确要求，教育公职人员必须进行职后研修。幼儿园教师的在职研修主要包含全国、地方、学术团体这三种类

① 刘小飞、许晓晖：《日本幼儿园教师资格证书制度及其对我国的启示》，《幼儿教育（教育科学）》，2011年第1、2期，第87–91页。

② 汪丞、王建梁：《日本幼儿园教师职前培养职后培训及启示》，《早期教育（教师版）》，2007年第5期，第30–32页。

型研修。全国性的研修如表 11–5 所示。地方公共团体（市镇村行政部门）举办的研修主要是由文部科学省和都道府县教育委员会主办。

表11-5　　全国性幼儿园教师研修项目与内容

项目	内容
新任教师研修	都道府县、政令指定城市开展面向新录用教师的研修中，政府要规范研修内容，同时进行必要辅助
10年工作经验及以上教师研修（骨干教师研修）	政府要对都道府县、政令指定城市开展10年工作经验及以上教师的研修活动进行必要的辅助，并为他们提供示范
教师中央研修讲座（幼儿园部委会）	主要围绕幼儿园经营等必要的法律相关知识的研修
幼儿园教育课程理解推进工程（中央协议会）	由中央协议会主办开展幼儿教育相关讲座，针对教育课程实施过程中指导计划的完成指导上的有关问题展开的研讨
幼儿园指导主事、负责人会议	政府对都道府县，指定城市教育委员会的幼儿教育分管主任、都道府县知事指定城市的部分私立幼儿园负责人，深入贯彻幼儿园教育主旨，对托管保育，儿童养育支援活动等课题进行研讨

4. 机构的监管主体、频率、方式及退出机制

为保证教师质量、提高教师专业水平，日本确立了严格的幼师资格证书制度。要求幼师至少要接受过本科短期大学的教育并持有幼儿园教师资格证书。

日本政府陆续出台了《幼儿园令》《幼儿园教育要领》等法规，确保幼儿园工作的各环节都有切实可行的标准可依。

1879 年日本政府颁布了《教育令》，将幼儿园与学校区别对待，幼儿园不分公立私立都纳入文部卿的监管之下。日本政府也积极促进私立幼儿园逐步学校法人化，即将其他法人，如财团法人、社团法人、宗教法人等逐步转变成学校法人，便于政府监管。

日本的监管主要通过地方政府进行，其中机构自我评价起重要作用。2002 年日本文部科学省颁布《幼儿园设置基准》将学校评价纳入监管指

标，其中第二条规定幼儿园要努力提高教育质量，对自身的教育活动和学校运营状况进行自我检查和评价，并公布结果。除向学生家长及本地居民进行公示评价结果外，还要向评价主管部门提交报告。

幼儿园评价有三个方面：自我评价，即幼儿园教职员工进行的评价；学校相关人员评价，即由学生家长组成的评价委员会，在学校自我评价结果的基础上进行评价；第三方评价，即与该校无直接关系的第三方专家在前两类评价基础上对教育活动及学校运营方面进行的客观的评价活动。这三个维度的评价可有效评估学校运营情况并制定改善教学质量的目标，亦可构建学校、家庭和地方三方合作的学校体系，通过公示评价结果得到学生家长、本地居民的认可与参与。

（二）德国

1. 儿童照护机构的规模、学位及入园率

“二战”后，德国的学前教育系统分为东德和西德两个部分，东德受苏联影响主要采用全日制公办幼儿园，西德继承魏玛共和国传统以半日制私立幼儿园为主。1990 年东西德宣布统一，但两地学前教育发展仍存在明显差异，东德父母倾向于走向劳动力抚养，采用社会化抚养，而西德地区有很多母亲放弃工作，选择在家照料。

政府为增加托育名额，于 2005 年颁布了《日间托育扩充法》，计划在五年内增加 23 万个托育名额，满足家长和幼儿需要。自 2013 年起，德国所有 1~6 岁儿童都依法享有接受学前教育的权利。2013 年德国有约 29% 的 0~2 岁婴幼儿进入了学前教育机构（包括托儿所和家庭照料中心），该比例略低于 OECD 平均值 33%，但相对于 2003 年的 10.4% 仍有较大幅度增长。德国有超过 97% 的 3~5 岁儿童进入了幼儿园，远高于 OECD 平均值（见表 11–6）。此外，德国学前教育教师与幼儿每年接触时间（1482 小时）也远高于 OECD 平均值（1005 小时）。

表11-6　　德国与OECD学前教育平均数据对比[①]

指标	德国	OECD平均	年份
花费：			
早期儿童发展花费占GDP比重（%）	0.3	0.2	2013
学前教育花费占GDP比重（%）	0.6	0.6	2013
公共资金占早期儿童发展费用比例（%）	70.9	68.6	2013
公共资金占学前教育费用比例（%）	79.1	82.9	2013
公共资金占所有早期教育费用比例（%）	76.3	81.2	2013
学前教育在每个学生身上每年的花费（美元）	9167	8070	2013
师幼比（学前教育阶段）	1∶10	1∶14	
入机构率：			
0～2岁儿童入机构率（%）	29	33	2013
3岁儿童入机构率（%）	97	71	2014

2. 资金来源和经营主体

德国学前教育财政投入由联邦、州和地方政府共同负责，学前教育的公共财政投入占总投入约90%，其余来自私人和其他非公立机构的投入。公共财政投入中联邦政府占50%，另一半由州和地方政府承担。联邦政府投入资金有2/3来源于社保资金，还有1/3来自税收。因一半灵活使用的资金来自州和地方政府[②]，还有个别地区决定全部支出由地方自行决定，所以德国的学前教育在不同地区差异较大[③]。

德国中央与地方在学前教育方面存在着权责分配问题。在教育方面，各州有较大的自主权，优点是能根据当地情况及时做出调整，缺点是可能脱离共同的教育目标。中央也无法直接监控地方学前教育机构，所以各州

① Starting strong IV. Early childhood education and care data country note. http：//www.oecd.org/education/school/ECECDCN–Germany.pdf.

② 胡春光：《德国学前教育面临的主要问题与改革策略》，《学前教育研究》，2009年第8期，第45–50页。

③ 王兴华：《德国学前教育的发展现况和未来趋势》，《比较教育研究》，2015年第3期，第109–113页。

的教育机构运作、质量、师幼比、学费、教师培训等都存在差异，难以保障教育公平性。尽管如此，德国政府仍一直致力于缩小城乡教育资源的差距。研究发现①，德国城乡间儿童教育质量与表现几乎不存在差别，但家庭背景仍然对儿童教育有较大的影响②。

2017 年德国学前教育投入约占 GDP 的 0.8%，与 OECD 国家平均值类似，但德国私人资金的投入占学前教育资金的比重（20.9%）要大于 OECD 国家平均值（17.1%），德国幼儿的人均学前教育经费也高于 OECD 国家。德国学前教育主体为私立幼儿园，但公立幼儿园、私立幼儿园及家庭看护服务提供者都接受政府补贴。

在德国，学前教育不属于公共学校教育体系的组成部分，因此学前教育并非完全免费。自 2007 年起，德国政府开始实施《联邦父母津贴法案》，政府根据家庭收入高低、孩子和家庭成员数量进行补贴。津贴申请的资格要求有：申请者主要自己照顾和教育子女；申请者与被照顾子女同住；申请者每周工作不超过 30 小时。父母津贴补贴标准为月薪的 67%，领取上限为 1800 欧元；没有工作的父母每月最低领取 300 欧元。津贴发放 14 个月，低收入、子女较多的家庭会有略高的津贴额度。一些州还提供额外的“地方教育津贴”。

据调查，德国北部的一个地区（Schleswig-Holstein），父母大概为儿童学前教育支付税后收入的 9%，但汉堡相邻的港湾地区情况就完全不同，因为汉堡地区自 2014 年起每名学前儿童都可以获得 5 小时的每日照护时间，所以父母平均只为儿童学前教育支付收入的 4.4%。在柏林，父母只需要支付收入的 1.8%，而从 2017 年夏天开始，柏林的儿童照护就开始完全免费了③。中央政府将在 2019 年到 2021 年三年间为儿童照护补贴 35 亿欧

① https：//www.iamexpat.de/education/education-news/education-rural-germany-just-good-cities.

② https：//www.dw.com/en/access-to-education-in-germany-still-determined-by-family-background/a-44353625.

③ Free for all? How Germany plans to tackle its childcare problem. https：//www.thelocal.de/20180528/free-for-all-how-germany-plans-to-tackle-its-childcare-problem.

元。但也有不同的声音，一些机构呼吁政府不要急于免除所有费用，而应该按父母收入多寡进行补贴。

德国政府还有一系列学前教育的福利政策，例如，所有在德国居住超过6个月的家庭，每名18岁以下的儿童每月可获得184欧元的Kindergeld补贴，用于支付育儿费用①。某些合法的外籍家庭可能有机会得到更低收入税的待遇，以及一项名为Elterngeld的补贴。Elterngeld用来补贴父母放弃工作来照顾子女，每月最高可达1800欧元，最长可连续提供14个月，具体额度取决于之前的收入。在领取补贴时，每周允许工作的时长最长为30小时，如果父母双方都工作超过30小时，那么补贴最多只给12个月。各地区可能还会提供一些额外的补助。要申请Elterngeld必须联系当地的家庭事务办公室。

德国的儿童保育选择和费用②：德国的学前教育机构多元化，主要有普通幼儿园、学校附设幼儿园、学前班、特殊幼儿园等。德国幼儿园分全日制和半日制两种，收费大致相同，而且幼儿园通常将不同年龄组的儿童安排在一个班级中游戏、生活和学习，每班不超过20个人。

通常情况下，照顾3岁以下的儿童有以下几种选择，即看护人、私人托儿所、保姆或其他家庭护理。自2013年立法以来，12个月以上的儿童开始享有进托儿所的合法权利，资金部分由州政府补贴。3~6岁的儿童也可以选择参加学前班和一些课外俱乐部。学龄儿童（6岁以上）可以选择在部分学校进行环绕式护理。

2016年，德国最高法院裁定，如果父母没能为儿童找到公立托儿所，且因此不得不耽误工作，则父母可以向法院起诉要求补偿他们失去的工

---

① A Comprehensive Guide about the Education System and International Schools https：//www.internations.org/germany-expats/guide/29461-family-children-education/childcare-and-kindergartens-in-germany-15989.

② Childcare options and costs in Germany. https：//www.expatica.com/de/living/family/finding-childcare-in-germany-106276/.

资。这个裁定的重点是强迫地方政府建设充足的公立幼儿园[①]。2018 年 8 月 1 日起，柏林地方政府逐步取消了市政托儿中心的费用，也包括 1 岁以下婴幼儿。但是，1~6 岁孩子的父母仍然需要在日托中心支付食物费用。其他地区的花费因地区而异。

（1）3 岁以下儿童的托儿所：儿童日托（Kindertagesbetreuung）的价格在德国非常实惠，托儿所通常每个孩子每月收费 70~150 欧元，低收入家庭通常可以获得补贴，不同地区的补贴程度有所不同，通常根据所需的照护小时数和家庭总收入按比例计算。有些机构会收取多一些的费用，尤其是对于延长照护时间或提供用餐的情况。

托儿所（Krippen）可能由个人、公司或宗教组织（如教堂）经营。营业时间因机构而异。上午 8 点开放、下午 1 点关闭是常见的，而有些则延长至下午 3 点或下午 6 点关闭。

3 岁以上儿童的幼儿园：幼儿园被称为 Kindergarten 或 Kita（这些也被称为 Kindertagestätte）。后者往往不那么正式，可为小学学龄儿童提供课后照顾。两者都配备了合格的教育专业人员。

（2）儿童看护人：儿童看护人可以在家中提供非正式照护。每个儿童看护人都有自己的时间表和愿意照护的儿童年龄。有些人可能会接纳婴儿和中学的孩子，但大多数都服务于幼儿和小学生。

许多人比 Kita 营业的时间更长，可能愿意从学校或托儿所收集孩子。价格通常与当地托儿所的价格相似。如果他们生病或有紧急情况，他们通常也无法提供照护。

预计每小时支付 10~15 欧元，儿童看护人也可以照顾自己或其他孩子。每名儿童看护人的最大照护子女数为 5 人，通常为 3~4 人。

（3）保姆：保姆可以在自己的家里照顾，可以提供教育服务，但价格和专业水平会有较大浮动。

---

① The public and private logics of child care in Germany and the United States. https：//scholars.org/contribution/public-and-private-logics-child-care-germany-and-united-states.

- 专业保姆（Kinderfrau）可能拥有来自原籍国或德国的儿童保育资格证。保姆也应该有经验，能够照护非常小的孩子和婴儿。他们可以选择生活在家里，每周工作约 40 小时。预计每月支付 1800~2700 欧元的工资，外加雇主承担的税和健康保险费。
- 互惠者及保姆花费较低，但通常没有资格证。他们通常是远离家乡的青少年或年轻人，通常会和雇主住在一起。预计至少每月获得 260 欧元及以上的费用，以及提供食宿和健康保险。

3. 机构的准入标准与审批

德国统一后，因东西德收入差较大和人口出生率大幅下跌，原东德地区教师队伍人数急剧下降，由 1991 年的 10.6 万人减少到 2002 年的 6.6 万人，同时期西德教师队伍不断扩增。2002 年后，德国学前教师人数有所增长，原东德地区由 2006 年的 6.9 万人增长到 2010 年的 8 万人，原西德地区从 24.8 万人增长到 29.9 万人。

此外，在统一后，兼职学前教师的比例大幅增加，原西德地区兼职教师由 1990 年的 30% 增长到 2002 年的 49.4%，原东德地区由 12.8% 增长到 79.7%。一直到 2011 年，全职学前教师占比也仅 40%。兼职教师比例的扩张对学前教育的质量构成了威胁，兼职教师流动性大，不利于教师的培训、发展与管理。

德国幼儿园教职工（教师和辅助员工）和幼儿比为 1∶9，高于 OECD 平均的 1∶12。幼儿园教师分为两类：国家认可的社会教育工作者（Sozialpadagoge）和教育专业人员（Erzicher）。社会教育工作者必须是教育学相关专业的本科或研究生毕业生；教育专业人员必须经过相关职业培训后继续在职业进修学校（Fashschule）接受 1~3 年的进修，获取从业资格。除幼儿园教师外，还有收入较低的作为辅助人员的保育员（Kinderpfleger），保育员负责协助教师照顾儿童，只需接受 2~3 年的全日制职业培训（Berufsfachsehule）和一定时长的见习实习即可上岗。实际上，只有 25% 的保育员接受过合格的教育并通过考试，30% 的保育员只参加过考试，而还有超过 30% 的保育员没有资格证。

为提高幼儿园教师的专业水平，德国在多所大学中开设幼儿园教师进修课程，为幼儿园教师提供获取文凭的机会[①]。此外，德国还分类组织幼儿园园长、幼师、保育员培训，依情况选择脱产或不脱产形式，进行时长短则半天或一天、长则十天或半个月的培训，受训者根据自身需要在培训机构多个培训主题中自主选择参与。

4. 机构的监管主体、频率、方式及退出机制

学前教育在联邦层面由德国家庭事务、老年、女性及儿童部（Bundesministerium für Familie，Senioren，Frauen und Jugend）负责，州层面由青年社会部，部分由国民教育部主管。所有公立和私立学前教育机构都由所在州的青年局（Jugendanmt）监管，督导范围包括机构硬件设施及教师和保育员资质等。监管和筹资由中央和地方共同负责，但课程计划和标准制定由中央负责，例行检查由地方负责[②]。目前德国监管体制较为分散，还没有全国统一的监管系统，可能会导致地方在监管过程中标准不统一。全国只有柏林有系统性的监管体系。

德国设计了几种学前机构评估工具，但各机构在使用过程中有很大的自主权。地方政府在评估机构过程中，会参考园长所做的内部评估结果，也会通过观察、考核表、访谈、自我评估、家长问卷及内部文件分析来评估机构。对于员工的评估则集中于员工水平、时间管理、课程质量、合作情况等方面，也有地方政府会考察儿童的语言、识字、数学、应用、社交、运动、自主能力，为学前教育质量评估提供不同的视角[③]。

---

① Robert-Bosch Stiflung. PiK-Profits in Kita-Das Programm. Robert-Bosch Stiftung：Stuttgart，2006：23，8-12.

② Starting strong IV. Early childhood education and care data country note. http：//www.oecd.org/education/school/ECECMN-Germany.pdf.

③ Starting Strong IV. Early childhood education and care data country note. http：//www.oecd.org/education/school/ECECMN-Germany.pdf.

德国对学前的监管覆盖日间照料中心（child day care centers）和家庭照料中心（family day care），检查内容主要包括以下几项：师幼比、室内外空间、卫生情况、安全状况、教学及娱乐用具安全性、职工资格、工作环境及课程设置。不同于法国，德国通常不审查机构财政情况。德国的教师质量监测也仅局限于教职工表现及服务质量。

（三）美国

1. 儿童照护机构的规模、学位及入园率

美国州立学前教育项目兴起于20世纪80年代，于90年代快速发展。1990年《国家目标2000》颁布后，学前教育成为国家教育改革的重要组成部分。纽约州等州迅速推出了“学前教育普及化”政策，允许所有4岁儿童入学①。大多数州的学前教育项目由州教育厅主管，其他州由各类机构管理。美国学前教育机构中私立机构占主体地位。公立幼儿园通常附设在小学，由联邦政府、州有关部门、大学、军队、教育慈善机构提供经费，均为非营利性质，但其仅占美国幼儿教育机构的小部分。此外，美国人更认同家庭是私人事务这一观点，美国父母得到的公共服务也最少，拥有发达国家中最高的母婴贫困率②。1991年美国的贫困家庭儿童中只有30%的3岁儿童和50%的4岁儿童加入了学前教育计划，而非贫困家庭该数字为45%和62%。2005年统计时，贫困家庭儿童加入学前教育计划的比例几乎未变，而非贫困家庭儿童则增长到59%和72%。由图11-1可见美国儿童在2000—2017年间的学前教育机构使用率几乎没有变化。

---

① 邬春芹：《美国州立学前教育项目的特点及启示》，《外国中小学教育》，2016年第8期，第12-16页。

② The public and private logics of child care in Germany and the United States https：//scholars.org/contribution/public-and-private-logics-child-care-germany-and-united-states.

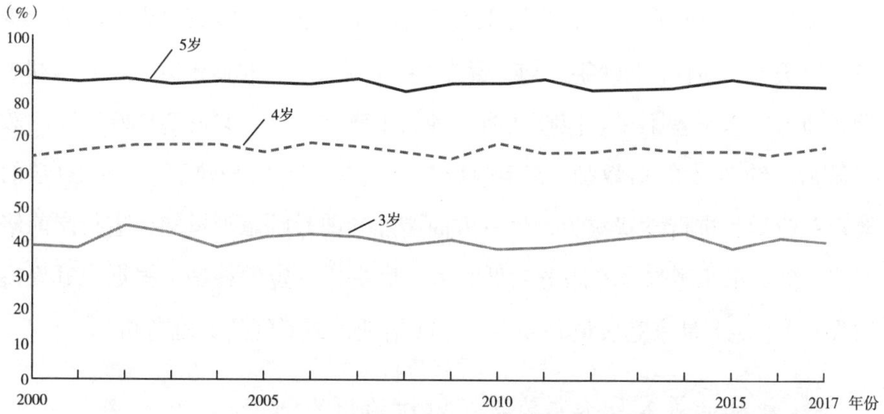

图11-1 美国3~5岁儿童于2000—2017年间使用学前教育机构的比例①

尽管近年来入园率基本未发生变化，但美国仍一直在扩大公共财政支持的学前教育改革项目，2011 年公共财政覆盖 40 个州的学前教育，2015 年达到 43 个州。

2. 资金来源和经营主体

美国学前教育经费仅占 GDP 的 0.4%，低于 OECD 国家的平均值 0.6%。奥巴马执政时期，美国公共学前教育经费由 2011 年的 55 亿美元增长到 2015 年的 62 亿美元。从 20 世纪 70 年代开始，美国的幼儿园在公办学校系统中发展出来，创立了“K12”——从幼儿园到高中的学制。学前教育机构的服务范围也在不断扩大中，从最初的 5 岁儿童逐渐扩展到 0 岁。总体来看，州学前教育的经费来源主要是州政府拨款，其次是地方政府与联邦政府的投入。大多数州设立了学前教育专项资金，还通过彩票、额外征收的税收支持学前教育。

美国州立学前教育项目的机构较为多元化，包括公立学校、营利性机构、非营利性机构、宗教机构、家庭日托等。在发展初期，很多州吸纳了私立机构，纽约州有超过一半的州立幼儿园为私立。

① Preschool and Kindergarten Enrollment. National center for education statistics. https：//nces.ed.gov/programs/coe/indicator_cfa.asp.

美国学前教育老师年平均工资为28570美元，是幼儿园老师的55%（51640美元），小学老师年平均工资为54890美元[①]。总体来看，幼儿园和小学老师工资水平差不多。但托儿所老师的工资比较低，只有20320美元。数据显示，约30%的新教师（5年内教龄）流失，奥巴马政府一方面对学前教育专业学生进行学费减免，另一方面增加学前教师培训机构，进行岗前培训[②]。纽约州儿童与家庭服务对低收入家庭提供一定的补贴（根据家庭规模和收入），要求是家庭成员必须在工作或培训，或者经历家庭危机。

3. 机构的准入标准与审批（以纽约州为例）

为保证学前教育项目的质量，有31个州要求设在公立学校内的幼儿园教师必须具有学士学位，其中22个州要求全部幼儿园的教师都必须具有学士学位。绝大多数州都要求在职教师每年接受15小时的在职培训，由地方政府提供。

儿童照护许可证（child care licensing）是美国纽约州政府的一种监管措施，纽约州儿童与家庭服务办公室（The New York State Office of Children and Family Services）负责督查机构是否符合州标准，并建立吊销许可证的程序及提供申诉机制。此外，所有教师必须有教师资格证。纽约州学前教育机构包括以下类别：儿童保育中心（child care centers）和集体家庭托儿所（group family child care homes），小型托儿所（small child care centers）和家庭互助托儿所（family child care homes）。

纽约州对各类学前教育机构都制定了相应的详细标准，儿童保育中心和集体家庭托儿所因要照顾7名以上儿童，都需要获取许可证才可运营；而小型托儿所和家庭互助托儿所因儿童少于7名，政府监管略微宽松，只需登记备案。

---

① Fact Sheet: Troubling Pay Gap for Early Childhood Teachers. https://www.ed.gov/news/press-releases/fact-sheet-troubling-pay-gap-early-childhood-teachers.

② 徐海娇、柳海民：《近年美国学前教育改革项目成效、特点及启示》，《现代教育管理》，2017年第4期，第129-133页。

美国的早期教育包括了从0岁到8岁的年龄阶段：3岁上学前班（preschool）或托儿所（nursery），5岁上幼儿园（kindergarten），6岁升入小学（primary school）。根据美国联邦的法规，所有孩子必须上幼儿园，幼儿园教育已经纳入了义务教育的范畴，幼儿园属于公立小学的一部分。美国学前教育的年龄阶段划分与我国略有不同，下文美国纽约州非公立学前教育机构主要是指非公立托儿所和幼儿园（nonpublic nursery schools and kindergartens）。美国《教育委员章程》（the Regulations of the Commissioner of Education）第125部分第1款（a）对申请登记注册的非公立幼儿园定义是：招收不少于6名7岁以下的学生，有合格教师监管，提供科学、合理学习活动方案并维持良好健康和安全标准的教育机构。

美国纽约州非公立幼儿园登记注册程序如下[①]：首先是幼儿园提交申请表，然后是政府实地考察，最后是政府给符合要求的非公立幼儿园颁发办学许可证。

首先，符合《教育委员条例》第125部分各项标准的非公立幼儿园在纽约州教育厅规定的截止日期前提交一份完整的申请表以及所要求的附件，内容包括学校名称、地址、主管人员、学校资金来源等基本情况；记录不同年龄段、时间段的幼儿入学数据；教学时段、幼儿年龄、每周工作情况、班级幼儿总数、教师数量等班级数据；学校记录文件与许可证；校董事、教师、教师助理工作经验、所获资格以及个别工作人员的特殊情况等员工数据；室内、室外教学设备及其更新状态等物质条件是否达标的记录，并附以相应说明；员工履历表，包括教育背景、教师资格证教学经历表格等。

其次，申请材料得到批准与审查之后，政府进行实地考察，分为考察前、考察中与考察后三个阶段，内容主要包括证实申请表的内容、检查室内外设备、观察园所项目及提供技术援助四个方面。在考察前，梳理《教育委员条例》的规定；审核教师资格与《教育委员条例》的吻合度，整理

① 胡马琳、蔡迎旗：《美国非公立幼儿园登记注册要求、程序及其启示——以纽约州为例》，《早期教育（教科研版）》，2014年第12期，第22–25页。

园所管理、员工和学生的记录档案及其他所需文件，便于快捷提取信息；全面清扫幼儿园室内外环境，确保所有设备处于良好工作状态；明确划分教室内学习区域和走道；每个区域材料应便于幼儿的拿放，墙壁、窗户、门、地板、天花板及家具顶部物体附有清晰可见的信息并加以固定；准备一份班级和工作人员名单；确保每位教师在现场考察期间有自己的教学计划，以供审查与反馈；通知园所所有人员及家长现场考察的日程。在考察中，确保教育总监、行政总监的计划在整个访问中的可行性；教师保持正常的日常工作和转换程序以便于一天的观察；教师加强与行政人员沟通；制作考察表，供纽约州教育厅工作人员审查；审查园所文件，如公司营业执照、视察报告、新员工履历等；每次访问不能超过 3 小时。在考察后，幼儿园及时回复州教育厅信件，不得迟于考察结束后的 2~3 周；照片可作为要求或建议室内外设施做出更改的依据，如学习中心的重建、游乐场设备的投放等；幼儿园可就登记注册问题向政府部门咨询；幼儿园运行中的重大变更都应向政府报告。

最后，学校提交符合《教育委员条例》要求的文件，政府在现场考察后，对符合条件的予以批准，颁发办学许可证。幼儿园必须继续遵守相关的法律法规，提交年度报告。此外，部门工作人员还应对以下类别的幼儿园进行年度探访：第一，办学许可证在年内即将到期的幼儿园；第二，所有人变更的幼儿园；第三，重建或地点更改的幼儿园；第四，需政府援助的幼儿园。

4. 机构的监管主体、频率、方式及退出机制

美国以立法的形式制定学前教育的宏观政策、法规，并以州政府为主体施行质量评级与促进系统，通过评级及一系列专业监管和财政刺激措施，促进幼教机构提升教育质量并增加学前教育机构质量信息的透明度，提高家长的辨别能力。美国评级机构主要以市场化方式运行，在质量评估内容上表现出全面化、细致化的趋向。

自2003年开始，美国各州陆续为州立学前教育项目建立绩效导向的监测体系，绝大多数州都根据2010年颁布的《州共同核心课程标准》对早期学习标准进行了调整，机构需使用结构性观察量表进行自我评估，并将州立学前教育项目纳入质量评级和提升系统进行1年1次或3年1次的评估[①]。

现场评估内容涉及学前教育的各个方面，包括师生互动、幼儿间互动、教师与家长互动，评估员也会观察机构提供的材料、场地、活动安排情况。通常选择各年龄组班级数的1/3进行现场评估，评估人员会观察3~4小时并与教师就明确问题（非评估结果）交流至少20分钟。现场评估结束后，州早期保育与教育处会以电子邮件方式对参评机构就评估过程展开问卷调查，帮助改进评估过程。参评机构在获知评级结果后，可根据评级结果申请早期保育与教育处提供的相应奖励包。若对参评结果不满，可向州早期保育与教育处提交书面申诉[②]。

评估人员一般会根据参评机构类型及幼儿年龄组使用不同的评级参照系统（Environment Rating Scales，ERS），包括:（1）低幼组评级系统（Infant/Toddler Environment Rating Scale，ITERS），用于评估招收30个月以下幼儿的幼教中心及日托小组;（2）幼童组评级系统（Early Childhood Environment Rating Scale，ECERS），评估30个月到60个月儿童使用的幼教中心及日托小组;（3）家庭托管中心评级系统（Family Child Care Environment Rating Scale，Revised Edition，FCCERS.R），用于评估招收0~12岁儿童的家庭日托中心;（4）学龄儿童托管中心评级系统（School -Age Child Care Environment Rating Scale，SACCERS），评估托管5~12岁学龄儿童的托管中心。

① 邬春芹：《美国州立学前教育项目的特点及启示》，《外国中小学教育》，2016年第8期，第12-16页。

② 李政云：《美国佐治亚州学前教育机构质量评级实践与启示》，《湖南师范大学教育科学学报》，2016年第15（3）期，第105-111页。

家长和社会人员可非常方便地获取学前机构的评级信息，从而增强社会对学前教育机构的关注和认知，该系统在价值取向、评估内容、运行理念等方面对我国学前教育质量保障体系的建设具有借鉴意义。

（四）英国

1. 儿童照护机构的规模、学位及入园率

英国学前教育历史悠久，学前教育质量一直居世界前列。1996 年保守党政府首先推出了“儿童保育券计划”（Childcare Voucher Scheme），规定 4 岁幼儿的家长每年可以获得 1100 英镑的保育券，可以用于支付保育相关费用[①]。1997 年工党政府执政后，履行大力发展学前教育的承诺，同年即颁布了“国家儿童保育战略”（National Childcare Strategy），为应对学前教育机构供给不足、收费过高的问题，工党政府于次年颁布了《应对儿童保育挑战》绿皮书（*Meeting the Childcare Challenge: A Framework and Consultation Document*），对学前教育做了更详细的规划，全国实行免费学前教育。绿皮书规定自 1998 年起，满 4 岁的儿童可获得每周（全年 33 周）免费的 12.5 小时学前教育，改善了英国学前教育的全貌。

21 世纪以来，英国工党持续推进免费学前教育，加快学前教育改革发展，进展显著。工党政府又于 2004 年颁布了《儿童保育十年战略》（*Choice for Parents, the Best Start for Children: A ten Year Strategy for Childcare*），计划于 2010 年实现 3~5 岁儿童能享受到每周 15 小时的免费教育，并将 20 小时作为发展目标。2006 年，政府颁布了《儿童保育教育法》（*Childcare Act 2006*），赋予学前教育法律地位[②]。

---

① Jane Lewis, Caroline Lee. Changing Family Structures and Social Policy: Child Care Services in Europe and Social Cohesion (National Report: United Kingdom). Liege: European Research Network 2002.

② 胡恒波：《英国实施免费学前教育的政策、举措及经验》，《学前教育研究》，2013年第7期，第48–54页。

2012年6月，英国政府发布了新的评估报告，数据显示英国的免费学前教育政策取得了巨大成功，绝大多数幼儿都享受了每周超过13小时的免费教育。2012年有93%的3岁幼儿和98%的4岁幼儿接受了免费教育[①]。绝大多数家长表示多数学前教育机构能满足他们的要求，自己也能很好地安排和使用免费教育时间。

2. 资金来源和经营主体

自工党政府开始，英国就推行了"国家儿童保育政策"，为早期教育提供更充裕的资金，开始实行免费早教。1998年起，英国所有的4岁儿童都可以享有每周5天、每天2.5小时（共12.5小时）的免费早教。2003年，英国政府出台了"90%基本线"规定，即所有在国家教育标准办公室（Ofsted）督导下的公立及私立早期教育机构可根据90%的可安置人数或每学期实际安置的3岁儿童人数申请免费教育时数拨款（以较高金额为准）[②]。2014年开始，由政府财政拨款给Ofsted督导的所有公立及私立幼儿园，英格兰地区所有的3~4岁儿童每年享有570小时（38周，每周15小时）的免费早期教育。此外，部分来自低收入家庭或有特殊教育需要的2岁儿童也可以获得免费的早期教育。和德国类似，英国照料服务主体包括儿童看护人、托儿所和幼儿园。英国政府对育儿补贴直接计算进工资内。

英国令各地区的政府组织力量对各个早期教育机构的教育成本进行具体核算，在此基础上建立教育成本统计模型，并且在全国范围内测算了不同年龄段幼儿进入机构的基础成本以指导各地的成本估算[③]。OECD

---

① Department for education. Provision for Children Under Five Years of Age in England：January 2012 [R]. Nottingham：DfE Publications Centre，2012：2.

② Department for Children，Schools and Families. The Children's Plan Two Years on：A Progress Report.（2009）. http：//www.teachernet.gov.uk/publications.

③ 易凌云：《英国早期教育政策与实践的现状及其对我国的启示》，《湖南师范大学教育科学学报》，2016年第15（6）期，第76–85页。

数据显示，英国学前教育预算占总教育预算比重由 2004 年的 8% 增长到了 2010 年的 22%。1997—2007 年，英国政府对学前教育财政拨款从 11 亿英镑增加到 44 亿英镑，人均教育经费投入达到 8452 美元，仅次于瑞典和美国。

长期以来，英国学前教育机构形式多样，政府没有指定具体的免费学前教育机构，而是规定所有的学前教育机构都有资格承担，前提是满足教育部指定的标准。英国政府通过准入注册、质量督导和财政资助等手段提高不同早期教育机构的质量，以实现英国政府所承诺的“无论家长选择何种类型的早期教育机构，他们都能确保自己的孩子受到最优质的早期保育和教育”目标。英国地方教育当局举办的幼教机构数量约占 59%，私立园约占 30%，社区和志愿者机构举办的约占 9%①。目前国家许可提供免费学前教育的机构主要包括：日托中心、私立托儿所、小学附属幼儿学校、幼儿园、授权的保姆中心和确保开端儿童中心等，丰富的教育机构服务有效满足了家长们的需求。

虽然英国政府鼓励学前儿童接受专业的早期教育，但家长可以自由选择是否将低于 4 岁的孩子送入早教机构。5 岁以上的儿童就必须进入小学附设的学前班，进行为期一年的早期教育，并根据 EYFS 的框架接受全国统一的身心发展水平评估，之后才能进入小学一年级学习。

3. 机构的准入标准与审批

自 20 世纪 70 年代以来，英国学前教育师幼比一直遵照 0~1 岁 1∶3、2 岁 1∶4、3~5 岁 1∶8（或 1∶13）的比例要求。英国政府认为虽然现行 0~1 岁 1∶3 的师幼比合理，但经验丰富的高素质教师可以额外照料一名婴儿。因此，在有能力强的教师的非全日制托幼机构中，师幼比被放宽到 1∶4；在教师质量高、结构化教学的机构中，比例被进一步放宽到 1∶6。

① 刘焱：《英国学前教育的现行国家政策与改革》，《比较教育研究》，2003年第9期，第11–16页。

对 3~5 岁儿童而言，如果其所在班级有至少一位教师有硕士学位，则师幼比可调整至 1∶13。直到 1999 年，英国仍有部分经济落后地区学前班的师幼比为 1∶30，政府于同年 8 月提供额外资金，将师幼比降低到了 1∶15。

针对学前教育机构从业人员水平不足的状况，英国政府于 1998 年 11 月成立了国家早期教育培训组织（the Early Years National Training Organization，NTO），并与资格与认证部门（Qualification & Curriculum Authority，QCA）合作，整合全国培训机构，为所有学前教育从业人员提供培训。在培训制度方面，英国政府规定幼师每年至少要定期培训 5 天以上，每当教育部门有新的教改项目时，都会下拨培训费[①]。英国教育科学部还颁布了《教师教育改革》文件，专门提出初任教师必须具有的 27 项教师职业技能及评价方法。

虽然英国不同类型早期教育机构在举办及管理主体和资金来源甚至服务对象方面都不尽相同，但都有明确的准入标准并接受政府的质量督导和财政资助。英国政府认为不同类型的早教机构的存在都有价值，互相难以替代。政府通过文件告知各种机构的特点，指导家长选择。

英国免费学前教育在推广和实施中遇到了各种挑战，其中主要有实施机构的选择、经费的使用规范、各方利益协调等问题。英国政府为应对这些问题，采取了以下两种措施保障免费学前教育的顺利推广。

第一，严格免费学前教育机构准入门槛，学前教育机构必须接受国家早期基础阶段标准，同时在国家教育标准办公室（Ofsted）注册。除满足基本标准外，机构必须能实现以下标准中的一条：（1）积极参与质量改进并获地方教育当局认可；（2）积极参加互助服务网络并获地方教育当局认可；（3）被地方当局评为高质量学前机构；（4）拥有高质量的师资，如工作人员资格均在 3 级以上。如未能满足政府标准，但表现出改进意愿，则

① 季晓英：《英国学前教育见闻》，《幼儿教育》，2003年第4期，第14–15页。

政府可以考虑资助，否则将尽快撤回资金补助。

第二，2007 年 6 月，英国政府要求地方政府制定资助 3~5 岁儿童免费教育的《学前教育单一经费方案》(Early Years Single Funding Formula)，该方案旨在提高免费学前教育拨款的公平性和透明性。地方政府有两种拨款形式，一是向所有机构提供单一比例的经费，二是按照机构类型以不同比例发放。地方政府在方案中必须明确拨款和撤资的规范，并采用规范的管理以确保经费的公平使用。

Ofsted 主要通过以下四个方面对早教机构质量进行督导：(1) 早教机构的注册；(2) 对已注册的早教机构进行督导；(3) 检查早教机构的注册资格是否符合法定要求；(4) 对督导结果不达标的早教机构采取干预或强制措施。

英国的学前教师必须持证上岗，且证书类型多种多样。截至目前英国已有 400 多种不同类型的资格证书。例如，教师大多持有 0~8 岁儿童健康和教育两年课程的毕业证书（Nursery Nurse Examination Board）、2~5 岁儿童发展和教育的一年课程证书（Diploma in Pre-school Practice）、0~8 岁儿童保育和教育的一年学院课程证书（Certificate in Child Care and Education）。

监管由 Ofsted 负责，在申请前，地方当局有责任向准备在其所在地区提供托儿服务的人提供信息、建议和指导。所有申请人，包括保姆和家庭托儿所，必须确保他们在申请之前符合培训和急救的要求，或确保他们在申请之前预订课程。除非符合培训要求，否则 Ofsted 不能注册[①]。

希望在儿童看护登记处注册为保姆、家庭儿童看护人或儿童保育提供者的人必须向 Ofsted 提出申请，并提供所要求的所有信息。故意在申请中作出虚假或误导性陈述是违法的。

Ofsted 要求对提供照护的每个场所都要单独申请，对每一种照护类型

---

① Regulation of services on Childcare Register from March 2017. https://www.gov.uk/government/publications/framework-for-the-regulation-of-provision-on-the-childcare-register/regulation-and-inspection-framework-for-services-on-the-childcare-register.

也要单独申请。对于儿童看护人来说，如果他们在同一地点的工作人员超过 3 人，那么他们必须作为机构提出申请。

被取消了与儿童一起工作的资格的人不能提供注册托儿服务，包括：

- 被列入披露和禁止服务（the Disclosure and Barring Service）中禁止和儿童一起工作的人员名单；
- 有儿童犯罪的定罪或指控；
- 某些针对成年人的罪行的定罪或指控，例如谋杀、绑架、强奸、猥亵侵犯、殴打造成实际身体伤害；
- 成为取消资格的主体；
- 与照顾子女有关的命令相关，例如剥夺儿童养育权；
- 儿童看护人的注册被拒绝或取消；
- 和被取消资格的人一起生活。

对儿童看护人（childminder）的要求：儿童看护人与不超过 2 名其他助理一起工作。如果他们照顾 8 岁以下的儿童，则必须进行注册，或可以选择注册照顾年龄较大的孩子。

4. 机构的监管主体、频率、方式及退出机制

2008 年 9 月正式生效的《早期基础阶段法定框架》（Statutory Framework for the Early Years Foundation Stage）彻底消除了儿童早期教育和保育的界限，使早期教育与保育有了统一的标准，初步实现了英国的早期保教一体化。而 1998 年前，英国负责 0~5 岁儿童保育的机构和教育的政府管理部门是分离的，保育机构由社会保障部门管理，3~5 岁儿童教育机构由教育部门管理。因此政府部门间缺乏协作机制，导致行政烦冗。

近 20 年来，英国的教育部门、儿童福利部门及财政部门等部门联合各类专家学者和行业人员共同制定了一系列旨在规范早期教育机构保教实践行为和提高早期教育质量的文件（见表 11–7），优化学前教育系统。

这些文件对不同类型早期教育机构的准入和运作、保育和教育行为、师资聘任与管理流程、质量监控与督导、财政支持与教研引导等诸多影响早期教育质量的方面进行了规范。例如，作为英国早教机构之一的居家保姆的准入和整个运行过程受到 Ofsted 的严格监管。同样，Ofsted 还出台了对儿童中心、独立幼儿园等不同类型的早期教育机构的开办与管理的统一的相关规定。因此，虽然英国有一定市场化的早教机构，但政府对于不同类型早期教育机构的管理和质量监控非常严格、细致和到位，保证了早期教育机构多样化格局下的基本教育质量。

英国中央政府对免费学前教育制定了多项基本标准，如免费学前教育的基本时间和机构申办条件等，而地方政府的灵活性较强，可以灵活安排免费学前教育的时间与时长，以及因地制宜地调整免费机构准入门槛，有效促进了学前教育政策的落实。

表11-7　近20年来英国政府颁布的有关早期教育的主要文件及政策内容情况

序号	颁布年份	文件名称	主要内容
1	1998	《国家保育战略》（The National Childcare Strategy for England）	强调教育和保育的关系紧密，不可绝对区分；并提出增设儿童保育机构、提高儿童保育质量、让家长都能负担得起儿童保育费用、为所有4岁儿童提供免费教育
2	1998	《确保开端项目》（Sure Start Programme）	具体从早期教育、儿童保育、家庭支持和医疗卫生四个方面提出具体的举措和方法
3	2003	《每个儿童都重要》（Every Children Matters：Change for Children）	构建并完善了包括教育功能部、卫生部、财政部、文化部和工商部等十几个部门合作的儿童服务体系，提出了儿童发展的五项指标，包括健康、安全、快乐并有所成就、做出积极贡献和达到良好的经济状况
4	2004	《儿童保育十年战略》（Choice For Parents， the Best Starts for Children—A Ten-year Strategy）	对21世纪英国第一个十年早期教育发展的宗旨、原则、核心目标等做出了阐释和规划

续表

序号	颁布年份	文件名称	主要内容
5	2005	《早期基础阶段规划》（The Early Years Foundation Stage）	一是在英国建立一个从出生开始的统一、连续而灵活的早期教育系统，旨在促进儿童早期的全方位发展与学习，改进所有儿童的生活质量；二是依法对早期儿童保教机构和个人实行强制注册，加强指导和监管，保证所有儿童在不同机构中都能获得高质量的早期教育；三是制定早期教育发展领域目标，包括身体、社会与感情发展，交往、语言和认知能力，问题解决、推理与计算能力，对世界的认知和理解与创造性发展等
6	2006	《儿童保育教育法》（Childcare Act 2006）	是英国第一部专门关注早期儿童和保育的法律，消除了为0~5岁儿童提供的早期教育及保育在法律上的区别，从2008年9月开始，所有的设置场所，包括学校、已注册的为0~5岁儿童提供儿童保育的场所将被要求履行“早期基础阶段规划”的义务，包括整合性学习、发展及护理
7	2007	《儿童计划：构建更美好的未来》（The Children's Plan：Building Brighter Futures）	制定了早期教育的五个主要原则和六点主要战略目标
8	2008	《早期基础阶段法定框架：0~5岁儿童学习、发展和保育标准2008》（Statutory Framework for the Early Years Foundation Stage 2008：Setting the standards for learning，development and care for children from birth to five）	在2005年早期基础阶段规划的基础上，进一步细化为具体的标准，为0~5岁处于早期奠基阶段的儿童设定学习、发展和保育的标准。列出了5岁儿童发展的六个领域：个性、情感和社会性，沟通、语言和读写，身体，问题解决、原因与计数，理解世界，创造性。并将这六个领域细化为69个早期学习目标

续表

序号	颁布年份	文件名称	主要内容
9	2012	《早期基础阶段法定框架：0~5岁儿童学习、发展和保育标准2012》（Statutory Framework for the Early Years Foundation Stage 2012：Setting the standards for learning, development and care for children from birth to five）	2012年颁布的《早期基础阶级法定框架》是对2008年版的修正与和补充，将原来的六大学习与发展领域拆分为七个领域：主要领域包括“个性、情感和社会性的发展”“沟通和语言发展”“身体发展”，特定领域包括“读写”“数学”“理解周围世界”“表现艺术和设计”
10	2013	《早期基础阶段档案手册》（Early Years Foundation Stage Profile Handbook）	总结和描述对儿童学习和发展的观察和评估要求，对评估的过程和方法做了简要介绍。并对进行评估和报告的过程和方法做了详细的介绍，增加了对幼儿学习与发展评估的直观有效性
11	2014	《早期基础阶段法定框架：0~5岁儿童学习、发展和保育标准2014》（Statutory Framework for the Early Years Foundation Stage 2014：Setting the standards for learning, development and care for children from birth to five）	对2012年版的《早期基础阶段法定框架》进行了再次修订。特别是对EYFS儿童学习与发展标准的评估和保障部分进行补充。目前，《早期基础阶段法定框架》和《早期基础阶段档案手册》已经成为促进早期基础阶段儿童学习与发展的主要依据和标准

督导评估是判断教育质量的基本手段，英国也是世界上最早建立教育督导制度的国家之一。自 2001 年 9 月起，国家教育标准办公室（Ofsted）开始对学前教育机构实施督导，提供全国统一的质量基准，对改善和监督教育机构质量起到了至关重要的作用。自 2008 年 9 月起，所有的学校和早期教育机构，不论其类型、规模和资金来源，都要在 Ofsted 登记注册，并使用全国统一的早教评估表来进行督导，以保证督导更加系统化

和标准化。对于私人住宅中提供照护服务的申请人，将会对所有相关人士进行督导[①]。

在督导期间，督导员将：督导注册详细信息并评估注册要求的遵守情况，以及人员对注册要求的理解；评估注册场所的安全性，以及是否尽量减少任何风险；与孩子及家长或工作人员交谈并检查是否遵守规定；评估任何员工对政策和程序的理解；查看机构招聘政策（在适用的情况下）；确保没有无资格的人接触和监督儿童。

督导时不会考虑机构提供服务的质量，也不会授予检验等级，督导的目的是检查提供者是否符合持续的注册要求。在督导结束时，督导员将他们的检查结果反馈给保姆或家庭儿童保育员，或是机构中的注册提供者。如有必要，督导员会进一步解释如何能满足注册要求。在督导后的10个工作日内公布所有检验信，并在督导日期后的12个月内保留。对督导结果不符合国家标准的早期教育机构采取干预或强制措施[②]。

1992年，英国出台了《家长法案》和《市民法案》，规定每个家长都有权利了解办学情况和教育质量，政府加强了学前教育的透明度。通过公开督导结果，家长可直接查看附近机构的详细评测，促进了各机构之间的良性竞争。

英国的督导系统也存在着一些问题。首先，国家教育标准办公室和地方教育局在督导权责和程序方面有大量的重复或矛盾之处，导致了低效和浪费。其次，督导工作每3~4年开展一次，每次时长3~4小时，其间隔时间之长和督导时间之短，令社会对其督查效果产生怀疑。此外，对于已经接受督导的幼儿机构，如果增设0~3岁儿童的托儿所，则需要在国家教育办公室另行注册并接受额外督导，两类督导未能紧密结合，带来了行政

① https：//www.gov.uk/government/publications/framework–for–the–regulation–of–provision–on–the–childcare–register/regulation–and–inspection–framework–for–services–on–the–childcare–register.

② Ofsted.Are you ready for your inspection? A guide to Inspections of Provision on Ofsted's Child care and Early Years Registers[EB/OL].（2014–04–22）[2016–02–01]http：//www.Ofsted.gov.uk/resources.

冗余[①]。

对此，英国国家教育标准办公室于2013年9月起，鼓励更多皇家督学参与学前教育督导，以提升督导权威。办公室还与教育部合作，重点针对薄弱学校展开更密集的督导，督促其改进提升。办公室做出的机构质量评级是政府幼儿教育补助金发放的唯一依据，确保了质量裁决的唯一性，将地方政府从促进教学质量提升的任务中解放出来，更多关注和改善某些儿童缺乏学前教育资源的问题。

5. 英国体系面临的挑战

英国幼儿园教师工资仅略高于全国最低工资标准，远低于其他欧洲国家。以2011年为例，全日制普通幼儿园教师平均时薪为6.6英镑，比全国最低线高0.52英镑，平均年收入仅为德国普通幼儿园教师及小学教师的69%、英国小学教师的40%。其中，伦敦托儿所老师的工资（31124英镑）比伦敦平均工资低26%，但要比全国其他地区的托儿所老师高14.5%[②]。

较低的工资降低了幼儿园教师职业吸引力，阻碍了从业人员素质的提升[③]。对此，英国政府于2007年启动了“早期教育职业证书培训计划”（Early Years Professional Status），为托幼机构培训研究生水平的专业人才，促进幼师质量的提升。2013年，政府进一步推进“幼儿园教师计划”（Early Years Teachers），要求幼儿园教师入职水平达到中小学课堂教师水平，规定幼师英语、数学和科学成绩必须达到普通中等教育证书（General Certificate of Secondary Education）C级及以上，旨在提高教师队伍整体素质。

自20世纪70年代以来，英国幼儿园教师职业资格证书数量快速上

---

① 谭娟：《英国学前教育面临的挑战及其改革措施》，《外国教育研究》，2014年第41（01）期，第70–76页。

② London Nursery teacher salary stats，https：//www.adzuna.co.uk/jobs/salaries/london/nursery-teacher.

③ 谭娟：《英国学前教育面临的挑战及其改革措施》，《外国教育研究》，2014年第1期，第70–76页。

涨，目前已有400多种不同类型的资格证书，但只有半数达到2012年修订版《早期基础阶段法定框架》(Statutory Framework for the Early Years Foundation Stage，2012）提出的法定要求。证书种类繁杂，规定不明，导致证书资格的权威性难以得到保障，机构在招聘教师时往往难以精准甄别，间接导致了家长对幼儿园教师能力和教育质量的信任度降低。

针对保育员流失问题，英国教育部创办了集培训、就业、质量提升为一体的受国家教育标准办公室督导的保育员代理机构，将保育员从寻找培训和客户的繁重任务中解放出来，集中精力提供优质保育服务。家长也省去了甄别保育员质量的麻烦，可以直接联系代理机构，为家长匹配合适人选。代理机构于2014年正式投入运营，教育部通过立法确定了代理机构的职责：(1）提供定期的合格培训并匹配供需；(2）作为保育员和家长的纽带与沟通桥梁，解决投诉问题；(3）进行注册和保险等管理工作；(4）接受国际教育标准办公室的督导。此外，英国还鼓励学校开办附属幼儿园和儿童中心，目前有约50%的儿童中心为学校所设，教育部也免除了学校增设3岁以下儿童托儿所需要另行注册的烦冗规定。

（五）瑞典

1. 儿童照护机构的规模、学位及入园率

瑞典作为一个高福利、高收入的发达国家，政府承担了学前教育的主要投入责任，资金投入量及入学率都高于一般发达国家。政府通过高额累进税收增加财政投入，为工作期间的父母承担照护儿童的责任，减轻家庭的育儿照料压力与经济负担。

瑞典的学前教育起步于19世纪末到“二战”的工业化与城市化时期，发展于20世纪50~70年代的经济腾飞与高福利时期，普及于20世纪80年代到20世纪末期。1963年，瑞典有35%的婴幼儿母亲就业，而婴幼

儿入园率仅为3%[①]，学前教育一度存在大量缺口。对此，政府一方面增加财政投入，对家庭提供税收优惠及津贴，保障适龄儿童入园；另一方面，瑞典于1966年成立了儿童保育委员会，并在两年后提出了《学前学校报告》，要求整合福利性及教育性托幼机构，明确学前教育机构的主要任务是提供高质量的教育和环境，帮助婴幼儿健康发展。1975年到1990年，瑞典1~6岁婴幼儿入园率从17%提升到了52%[②]，学前教育普及性大幅提高。21世纪以来，瑞典政府秉持学前教育公共服务全覆盖、高普惠性、高福利性的定位，于2015年将3~6岁儿童入园率提升至90%以上。

2017年，瑞典1~5岁儿童入园率达到了84%，大城市儿童入园比例略低于小城市。随着儿童年龄增长，入园比例递增，1岁幼儿入园率为47%、2岁为87%、3岁为92%、4岁和5岁为94%[③]。

表11-8和表11-9总结了瑞典20世纪90年代的学前教育入学数据，其学前教育发展历程和速率可以为我国学前教育发展规划提供参考。

表11-8　　不同年龄阶段儿童参与机构的比例（1990—1998年）（%）[④]

	幼儿园/业余时间活动中心		业余时间活动中心		总数	
儿童年龄	1~5岁	6岁	1~5岁	6岁	1~5岁	6岁
1990年	39	45	17	19	56	64
1995年	52	62	14	10	67	72
1996年	56	66	14	9	70	74
1997年	59	69	13	7	72	76
1998年	61	68	12	6	73	74

① Nyberg A. Parental Leave， Public Childcare and the Dual Earner/Dual Carer-Model in Swerden [J]. International Journal of Early Childhood， 2004， 36（1）： 7-22.

② Bergqvist C.， and Nyberg A.， The Swedish child-care model： continuity and change during the 1990s. In Statens Offentliga Utredningar， Stockhlm： SOU 2001： 52， p.243.

③ https： //eacea.ec.europa.eu/national-policies/eurydice/content/early-childhood-education-and-care-80_en.

④ https： //www.oecd.org/education/school/2479039.pdf， p.71.

表11-9　　不同年龄儿童参与学前机构的比例（1994—1998年）（%）[①]

儿童年龄	1994年	1996年	1998年
1岁	25	34	35
2岁	45	54	60
3岁	51	59	64
4岁	57	63	69
5岁	59	65	73

2. 资金来源和经营主体

瑞典的学前系统（preschool system）起步于20世纪70年代，负责1~6岁儿童照护和教育，几乎全部由政府出资。2014年，政府学前教育经费支出占GDP的1.4%，占学前教育总投入的94%，家庭缴费只承担6%。政府投入力度居世界前列。

此外，瑞典限制最高缴费，第一个孩子最高每月缴费150美元[②]，第二个孩子最高每月缴费约100美元，第三个孩子最高每月缴费约45美元，第四个孩子免费。瑞典还根据家长收入情况，对低收入家庭入园进行补贴，使学前教育缴费占家庭收入的1%~3%，对多子女家庭提供更大力度的补贴（见表11-10）。最低收入家庭完全免费，月收入高于4450欧元（2018年）的高收入家庭则免除补贴[③]。如果父母没有按时缴费，孩子可能会被拒绝入园。

表11-10　　瑞典学前教育费用（2008年）

子女数量	费用占收入百分比	最高花费
一个孩子	3%	1382瑞典克朗
两个孩子	2%	922瑞典克朗
三个孩子	1%	46瑞典克朗
四个孩子	免费	—

市级地方政府负责出资、建设、组织学前系统，也负责发放执照。学

① https：//www.oecd.org/education/school/2479039.pdf.

② SWEDEN Key Contextual Data. Early childhood education and care. http：//www.seepro.eu/English/pdfs/SWEDEN_Key_Data.pdf.

③ Early Childhood Education and Care. https：//eacea.ec.europa.eu/national-policies/eurydice/content/early-childhood-education-and-care-80_en.

前教育机构除了由市政运行外，宗教组织、私立学校、合作社、父母团体也运行一些机构[①]。每一个学前机构都必须满足教育法和课程要求，市政府只有在机构达标后才会继续拨款。

幼儿园为解决儿童教育问题设立，大多数为半日二部制，分为上午班或下午班，儿童在园 2~3 小时。招收对象主要为 3~6 岁儿童，每班 20 人左右。除了幼儿园外，还有三种模式：

（1）开放幼儿园（open preschool），这类幼儿园多设在地广人稀的乡村地区，主要服务于在家照看孩子的父母，父母可以和幼儿园老师一起设计教育活动，孩子可以去幼儿园参加活动或玩耍。

（2）教育照料（pedagogical care），在父母工作时由保育员（childminder）照料 1~12 岁的孩子，目的是解决孩子父母工作的后顾之忧，地点是家庭日间照料所（family day care homes）。

（3）不便时期照料（care at uncomfortable times）。教育法规定市政府应该参考父母工作时间，在幼儿园等机构开放时间之外提供额外照料服务。幼儿园和小学儿童在放学后在业余时间活动中心活动，包括进餐、学习、做游戏等，避免发生意外。

表 11–11、表 11–12 和表 11–13 所示分别为 2016—2017 年度总体上公立机构占 70% 以上的学前机构数量、不同年龄阶段入公立与私立机构的比例和不同年龄阶段每周入机构照护时间。

表11-11　2016—2017年度学前机构数量：总体上公立机构占70%以上[②]

机构类型	公立机构	独立注资机构	总数
幼儿园（preschool institutions）	7120	2693	9813
教育照料（pedagogical care）	1075	719	1794
开放幼儿园（open preschool）	443	42	485
学前课程（preschool class）	3061	582	3643

① Early Childhood Education in Sweden. https：//www.naeyc.org/resources/pubs/yc/jul2018/early-education-in-sweden.

② SWEDEN Key Contextual Data. Early childhood education and care.（page4） http：//www.seepro.eu/English/pdfs/SWEDEN_Key_Data.pdf.

表11-12　不同年龄阶段入公立与私立机构的比例（%）

年龄组	总数	入公立机构比例	入私立机构比例
1~6岁	83.2	67.0	16.2
1岁	47.6	38.4	9.3
2岁	87.8	70.7	17.2
3岁	92.3	74.2	18.2
4岁	93.9	75.6	18.3
5岁	94.1	76.0	18.2

表11-13　不同年龄阶段每周入机构照护时间

年份	每周照护时间	3岁以下	3岁至学前
2005	1~29小时	22	35
	超过30小时	31	52
	未参加	48	13
2010	1~29小时	18	29
	超过30小时	33	65
	未参加	49	6
2015	1~29小时	21.3	25.9
	超过30小时	42.7	70.3
	未参加	36.0	3.8

3. 机构的准入标准与审批

学前系统由国会直属，依据教育法（the Education Act）、歧视法（the Discrimination Act）和《联合国儿童权利公约》（the United Nations Convention on the Rights of the Child）运行。教育部（National Agency for Education）统一发行学前教育课程材料和提供培训支持。

机构设立：根据瑞典学校法律（the School Act），地方政府对托幼负全责，在家长因工作或学习不便照顾孩子时，机构必须在家长申请的 4 个月内提供早 6 点到晚 7 点的服务。一般来说，学前系统在幼儿 1 岁时就留出了相应的位置，幼儿每天应获得最少 3 小时或一周 15 小时的服务；从 3 岁开始，儿童可以免费获得每年至少 525 小时（每周 10 小时）的照料[①]。

学前教师在瑞典一般是终身职业，资格审查非常严格。自 2011 年完善了幼儿园教师资格认证制度，幼儿园教师必须持教师资格证才能上岗，如违规执照或被吊销。幼儿园（preschool）老师需要有相应的大学文凭（三年半时间）。瑞典法律已经取消了幼儿园和小学的界限，幼儿园老师可以合法赴任小学老师[②]。

瑞典没有师幼比的全国标准，具体比例由地方政府负责协调。学前教育机构中心（early childhood centers）一般建议 1~3 岁的班有 6~12 名学生，4~5 岁的班有 9~15 名学生，对师幼比没有建议比例。瑞典全国数据显示幼儿园员工学生比为 1∶5.2；幼儿园课程中员工学生比为 1∶16.4[③]。

4. 机构的监管主体、频率、方式及退出机制

21 世纪以来，瑞典逐渐建立了国家、地方政府、学前教育机构各层级互相协调的监测机制和体系[④]（见表 11–14）。中央政府和议会立法，教育署等部门负责制定和发布学前教育大纲、教师配备、机构规范等文件，及时发现问题并通过行政制度手段规范，为基层机构提供参考和督导。全国教育检察署（National School Inspectorate）每三年检查与评估一次机构质量，若检查不合格，运营执照会被吊销。

---

① Early Childhood Education and Care . https：//eacea.ec.europa.eu/national-policies/eurydice/content/early-childhood-education-and-care-80_en.

② Early Childhood Education and Care Policy in Sweden. （page57）. https：//www.oecd.org/education/school/2479039.pdf.

③ SWEDEN Key Contextual Data. Early childhood education and care. http：//www.seepro.eu/English/pdfs/SWEDEN_Key_Data.pdf.

④ Vallberg Both A. Quality， assessment and documentation in Swedish preschools： regulations，practices， and concepts [J]. 2015.

地方政府负责公立和私立学前教育机构的具体管理，涉及规划、评级、监管和促进学前教育发展。各学前机构需要定期、系统地记录机构运营情况和儿童发展进展。

表11-14　　瑞典三级检测管理体系

	主要机构	职责
国家层面	国家议会	通过立法，比如《教育法案》和《国家学前教育课程》等制定国家目标
	国家教育署	制定明确的、详细的国家目标，包括具体的目标与知识要求，并为机构发展提供政策支持与保障
	学校督导署	监督与审查幼儿园质量工作的国家政府部门，并对学校质量督查提供建议与指导，要求地方政府、学前教育机构进行质量改进与提升
地方层面	市议会	制定地方性的学前教育法规与管理规范
	学前教育委员会	组织和管理私立和公办学前教育机构，负责系统规划、监测和促进学前教育质量工作，促进学前教育质量公平
园所层面	园长、教师	园长负责幼儿园的质量工作，包括具体的记录、自我评估等，引导儿童和家长参与到质量提升工作中

5. 瑞典体系面临的挑战

与我国情况类似，随着学前教育的快速推进，瑞典幼儿园教师数量匮乏，尤其是高素质教师不足问题突出。2016 年，有 37% 幼儿园教师年龄在 50 岁以上，至 2030 年，幼儿园教师缺口预计为 1.9 万人，占当前幼儿园教师量的 44%。教师不足的原因主要是工作压力大、工作量大、薪酬待遇低。

为此，自 2006 年起，瑞典政府为幼儿园教师每月提供 2500~3500 瑞典克朗的补助，用来提升教师的工资待遇。与此同时，加强师资培训，要求教师每年接受 21~40 小时的在职培训，保育员也可以返校接受高等教育转为学前教师。2015—2017 年三年间，高校学前教育学位增加 3270 个，政府增加财政投入 900 万瑞典克朗。不同年龄段教育的教师月工资统计见表 11–15。

表11-15　　瑞典不同年龄段教育的教师月工资统计（1999年、2015年）

	平均月工资（瑞典克朗）	
	1999年	2015年
幼儿园老师（pre-school teacher）	15500	28000
课后教师（leisure-time pedagogue）	15500	—
保育员（child minder）	14000	—
家庭保育员（family child minder）	13500	—
小学初中教师	18500	28000
高中教师	19500	31900
特殊学校教师	—	30600

二、国际学前教育经验总结

（一）儿童照护机构的规模、学位及入园率

国内外相关研究普遍将教育机会、教育投入和教育质量作为衡量学前教育发展的关键指标。其中，入园率是反映学前教育机会最直接的指标，“就读于公立机构比例”“学前教育投入占 GDP 比例”“学前教育财政投入比例”“生均学前教育经费”等可作为比较学前教育投入水平的指标；师幼比和师资培训可作为学前教育质量的指标。

OECD 国家学前教育开始年龄普遍在 3 岁（占 75% 的国家），少数为 4 岁（18%）和 5 岁（7%）[①]。OECD 国家的学前教育普及程度有较大差异，但本章列举的五个国家入学前机构率普遍较高，2016 年各典型国家 0~2 岁儿童的入学前机构（包括托儿所和幼儿园）率分别为：瑞典 46.5%，德国 37.3%，英国 31.5%，美国 28%，日本 22.5%。3~5 岁儿童的平均入学前机构率为 94.21%，高于我国 2018 年的 81.7%[②]，典型国家中除美国（65.6%）

① 余强：《经合组织28国学前教育的发展现状和趋势》，《早期教育（教师版）》，2009年第9期，第16–18页。

② 武欣：《瑞典普惠性学前教育的历史进程与路径选择》，《外国中小学教育》，2018年第6期，第8–15页。

外都高于 90%，其中英国 100%、瑞典 95.9%、德国 94.9%、日本 91.8%。图 11-2 展示了 OECD 国家 3~5 岁儿童学前教育入学率。

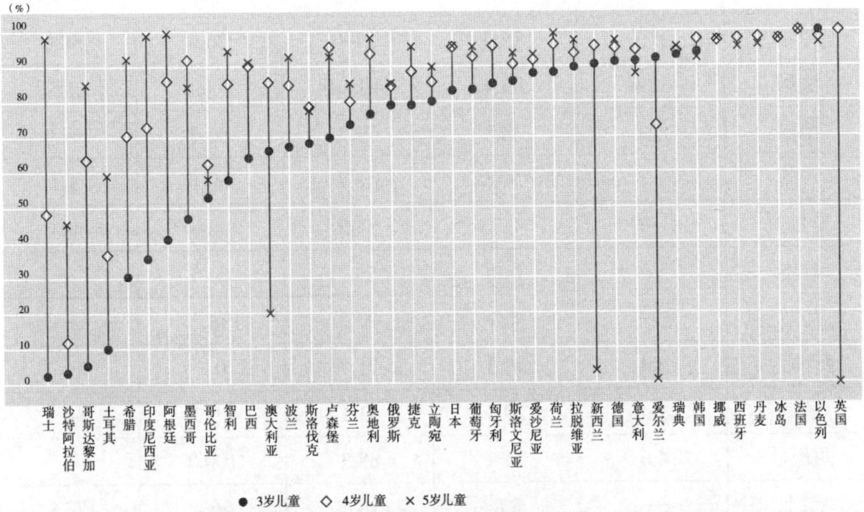

图11-2　OECD国家3~5岁儿童入学前教育机构比例①（2007年）

本章选取的五个 OECD 典型国家虽皆为高收入国家，但随着我国国民人均收入的快速提升，高收入国家学前教育发展轨迹的历史数据对我国仍有一定参考意义。表 11-16 为 1986—1987 年 OECD 国家学前教育机构入园率，许多高收入国家在当时仍具有较低的机构使用率。1999 年以来，OECD 国家毛入学率快速上升，从 1999 年的 74.4% 上升到了 2006 年的 83.8%。

表11-16　部分OECD国家1986—1987年学前机构入园率（%）②a

国家	2岁	3岁	4岁	5岁[b]	6岁[b]
奥地利	1.2	28.4	61.4	90.4	23.9
比利时	21.1	94.0	98.2	98.9	2.5
加拿大	0.0	0.0	38.3	70.0	10.5

① Enrolment rate in early childhood education. https：//data.oecd.org/students/enrolment-rate-in-early-childhood-education.htm.

② Education in OECD Countries（1986），OECD，Paris，1989.

续表

国家	2岁	3岁	4岁	5岁[b]	6岁[b]
丹麦	0.0	0.0	0.0	0.0	95.3
芬兰	21.1	16.0	21.1	26.6	50.0
法国	33.6	95.4	100.0	100.0	1.5
德国	12.6	38.7	72.3	85.5	69.9
希腊	—	8.9	43.7	60.1	1.1
爱尔兰	—	0.3	54.3	98.9	50.0
日本	—	14.8	53.7	64.5	—
荷兰	—	4.0	97.3	98.5	—
新西兰	8.4	40.3	71.7	0.7	—
挪威	20.8	29.8	41.1	49.9	60.3
西班牙	4.6	16.8	88.3	100.0	—
瑞士	—	3.8	16.2	66.4	77.8
英国	1.3	25.0	68.1	—	—
美国	—	28.9	49.0	86.7	15.0

注：a包括各学前机构的全托与半托服务；

b小学入学时间各国略有差异，通常为5~7岁，入学较早的国家入园比例于儿童5岁或6岁时即开始下降。

（二）资金来源和经营主体

发达国家和地区学前教育发展时间较长，产生了多样化的学前机构类型，为家长提供了丰富的选择，但目前大部分发达国家都采用政府主导的方式提供学前教育。表 11-17 呈现了 2006 年 OECD 国家就读于私立幼儿园的幼儿比例，OECD 国家中大部分幼儿就读于公立学前教育机构。各国比例有较大的差距，但就在园人数而言，2006 年在私立幼儿园就学的人数仅占总人数的 34.9%，这一数据在 2014 年缩减到了 32%[①]。相比之下，中国 2014 年公立幼儿园在园幼儿占在园幼儿总人数的比例低于 OECD 国家

① 余强：《经合组织28国学前教育的发展现状和趋势》，《早期教育（教师版）》，2009年第9期，第16–18页。

平均水平 18 个百分点，仅为 50%，我国公共学前教育资源相对较少，政府投入力度相对较弱。

表11-17　　OCED国家幼儿就读于私立幼儿园占比（%）（2006年）①

国家	百分比	国家	百分比	国家	百分比	国家	百分比
捷克	1	瑞士	9	奥地利	27	比利时	53
斯洛伐克	2	芬兰	9	英国	29	德国	62
希腊	3	波兰	9	意大利	30	日本	67
匈牙利	5	瑞典	12	西班牙	35	澳大利亚	67
加拿大	6	法国	13	美国	37	荷兰	69
卢森堡	7	墨西哥	15	挪威	44	韩国	78
冰岛	8	丹麦	27	葡萄牙	47	新西兰	98

需要注意的是，各国政府普遍都对私立幼儿园提供经费补助。2014 年 OECD 国家学前阶段的政府预算占全部教育支出的 8%，公共财政投入占学前教育总花费的 83%，欧盟国家甚至达到了 87%，其中瑞典公共财政投入占比为 94%，德国为 79%，显著高于我国同期的 41%。

各国学前教育支出占 GDP 比例有较大差距。以 2014 年数据为例，OECD 国家学前教育总经费支出平均占 GDP 的 0.6%，OECD 国家中学前教育经费占 GDP 比例在 0.6% 以上的国家有 12 个，如瑞典（1.4%）、芬兰（0.9%）、以色列（0.8%）等；学前教育经费占 GDP 比例在 0.3%~0.6% 的国家有 16 个，包括西班牙（0.6%）、新西兰（0.5%）、美国（0.4%）、韩国（0.3%）等；学前教育经费占 GDP 比例在 0.3% 以下的国家有 6 个，包括土耳其（0.2%）、日本（0.2%）、爱尔兰（0.1%）和中国（0.09%）等②。在本章所述的五个国家中，瑞典、德国和英国政府投入较大，日本和美国政府投入较少③。我国的学前教育投入占 GDP 比例与 OECD 平均水平相差 7 倍。

① NUESCO institute for Statistics. Global Education Digest 2008 [EB/OL]. Montreal， 2008. www.uis.uneco.org/template/pdf/ged/2008/GED%202008_EN.pdf， pp.42–51.

② 霍力岩、孙蔷蔷、陈雅川：《中国与 OECD 国家学前教育发展的比较研究》，《基础教育》，2017年第3期，第21–30页。

③ http：//www.oecd.org/els/family/PF1_6_Public_spending_by_age_of_children.pdf.

学前教育生均经费则差距更大。2014 年 OECD 国家平均生均教育经费为 8618 美元，最低的墨西哥也达到了 2575 美元。我国从 2007 年至 2014 年生均教育经费的增量为 598 美元，达到 707 美元，可以看出我国对学前教育的重视程度逐渐提升，但入园率仍与 OECD 国家有较大差距，仍需进一步加大政府投入。

（三）机构的准入标准与审批

多数 OECD 国家都出台了严格的学前教育机构注册标准，以确保儿童能享受到安全、优质、公平的学前教育。审批流程通常分为几个阶段，包括向直属教育部门提交申请书、部门申请材料审核、其他有关部门（消防、环境）检查、教育部做最终审核。

OECD 国家学前教育机构通常为幼儿园教师的进入设立学历和证书门槛，保证教学质量，也将师幼比设置为重要的办学条件之一，将师幼比普遍控制在 1∶10 左右，依据国情和幼儿年龄作相应调整，通常幼儿年龄越大师幼比越高。2009 年到 2014 年间，日本师幼比降幅居 OECD 国家中首位，从 2009 年的 1∶28 下降到 1∶15，英国和美国从 1∶19 和 1∶15 下降到 1∶10。而我国师幼比从 2009 年的 1∶23 增长至 2014 年的 1∶25，一些农村地区甚至高达 1∶50[①]，与 OECD 国家仍有较大差距。

（四）机构的监管主体、频率、方式及退出机制

尽管各国学前教育监管实践不尽相同，但仍有共同的趋势。第一，问责、干预、改善机构环境、提高教师表现是各国开展监管的主要目的。第二，各国通常采用内外监测并行的方式，督导因其权威性与客观性成为最常见的外部监测方式，而教师自我评估因其能改善教学质量成为常用的内部监测方式。第三，各国依据特定的目的选择相应的测量工具与方式，例

① 李益众、刘磊：《民族地区高素质幼儿园教师缺口大》，《中国教育报》，2011年7月13日。

如，对儿童发展与表现的质量监测通常采用观察与描述性评价等方法，较少采用标准化工具。第四，各国普遍重视对公众披露学前教育机构的服务质量的监测结果。

OECD 分别于 2001 年、2006 年、2012 年和 2015 年发布了四个关于学前教育政策发展和议题的研究，其中 2012 年的《强势开端 Ⅲ：学前教育质量工具》提出了提高学前教育质量的五个政策工具：质量目标和最低标准、课程标准、师资质量、社区参与，以及数据与监测[①]。2015 年的《强势开端 Ⅳ：学前教育质量监测》聚焦了质量监测系统的建立，体现了对公共投入问责的重视[②]。问责有两个主要目的，一是向人民说明快速增加的公共投入的效益，二是要求接受公共资金的学前教育机构证明提供了有质量的服务。

本章所研究的五个国家都在加强监测强度和范围、提高学前教育质量的同时为家长提供相关信息。除关注传统的学前教育法定要求外，监测还越来越关注其过程性质量，包括考核教师、观察师生互动等。监测过程通常会结合服务质量、教师质量与幼儿发展，并与小学监测联合起来。

表 11–18、表 11–19 和表 11–20 分别概括了 OECD 国家学前教育机构外部督导评估、教师质量监测、儿童发展与表现监测的主要内容[③]。

表11-18　　OECD国家托幼机构外部督导评估的主要内容

督导内容	要求
师幼比	是否满足最低师幼比要求
室内和户外场地	是否满足法律规定的最小面积
健康和卫生	是否满足健康和卫生的最低标准
安全	是否满足最低的安全标准，包括机构空间如何安排等
学习和游戏材料	玩具和书籍的数量与种类是否达到要求，如何使用这些材料等

① OECD. Starting Strong Ⅲ： Early Childhood Education and Care [M]. Paris： OECD Publishing，2012： 9， 145–146.

② OECD. Starting Strong Ⅳ： Monitoring Quality in Early Childhood Education and Care [M]. Paris： OECD Publishing， 2015： 33， 13， 79–81， 104， 214， 97–102， 104–110， 141–154，168–169， 183–185， 203， 58.

③ 刘颖、李晓敏：《OECD国家学前教育质量监测系统分析及其对我国的启示》，《学前教育研究》，2016年第3期，第3–14页。

续表

督导内容	要求
教职工资质	教职工的初始教育水平和专业发展水平
园所规划	一日常规等
工作条件	教师工作负担和时间、教师薪资与福利、教师假期与超时工作安排等
课程实施	托幼机构是否执行课程框架，并根据自己的需要进行修正
人力资源管理	雇用员工的状况、员工的培训和发展状况
财务管理	经费是否得到有效使用

表11-19　OECD国家学前教育机构教师质量监测的主要内容

监测内容	理由	具体解释
师幼关系与互动	师幼互动对儿童早期学习和发展起关键作用	互动的状况及师生关系是如何建立的
教师与家长合作	家长参与能够帮助儿童早期学习，特别是早期阅读经验的获得	教师与家长能否就儿童发展和好的教育实践达成信息共享和合作
同事合作	同事间能相互学习、共享儿童发展的信息，同事间创造性的合作有助于提高教师质量	同伴之间是否有学习、经验共享以及关于儿童发展的信息交流
敏感性	教师敏感性是师幼互动中重要的要素，且对学前教育整体质量起到关键作用	能否识别儿童的意图、鼓励儿童、发展他们的能力，是否关注儿童、温暖地回应儿童
对儿童个体需要的回应	儿童的学习和发展存在着个体差异性，教师对儿童个体需要的回应是儿童发展结果的重要预测指标	能否识别每个儿童的独特性，并根据儿童的需要、能力提供差别化的教育
年龄适宜的实践	儿童早期的发展依照稳定的、可预见的顺序展开，因此理解特定年龄儿童的发展状况能为教师提供基本的行动指导框架，从而便于教师为儿童准备适宜的学习环境和课程	是否掌握儿童发展的知识，能否提供适宜于儿童年龄和发展阶段的教育实践
教学	支架式教学、支持儿童与同伴互动、鼓励儿童独立思考和自我管理，都能影响儿童的智力、语言和社会技能的发展	是否具有科学的保教方法，知道如何干预活动、如何组织活动与一日常规等
课程实施	对课程实施的评估结果应用于帮助教师设计有利于儿童发展的学习环境，即对课程的监控与对教师的培训和支持应结合起来才最为有效	能否有效实施国家、地区和本地课程，包括如何解释课程、使课程适应儿童需要、如何使用记录等

表11-20　　OECD国家儿童发展与表现监测的主要内容

监测内容	原因	具体解释
语言与读写	语言学习关系到其他领域的学习，早期的语言能力能预测后继学习中读写任务的完成情况，且语言能力与社会能力也存在关联	主要考察儿童在句法、形态、语义、音韵、语用、词汇、前书写、前阅读等方面的发展水平
数学	早期数学能力帮助儿童发展逻辑和抽象思维，学会提问、分析和理解周围环境，数学知识、兴趣和能力是儿童后继学习成功的基础	主要考察儿童在推理、数概念、空间、形状、地点、方向、集合、数量、顺序、时间、基本运算等方面的发展水平
社会性情绪情感	积极的社会性、情绪发展为儿童终身发展与学习提供重要基础，而且学前阶段的社会性和情绪状况能够预测个体进入童年中期和成年以后的社会性、行为和学业适应能力，有助于儿童适应新环境，是儿童参与学习活动的必要能力	主要考察儿童在情绪表达与调控、同伴关系、自我概念、自我身份、自我效能感、个性、与他人合作等方面的发展水平
身体运动	发育良好的身体、强健的体质、协调的动作、良好的生活习惯和基本生活能力是幼儿身心健康的重要标志，也是其他领域学习与发展的基础	主要考察儿童的运动与协调能力及其小肌肉、大肌肉等的发展水平
健康发展		主要考察儿童的健康发展状态，包括身体状态、精神状态等
实践能力		主要考察儿童日常生活能力，如系鞋带、刷牙等
自主性	儿童的自主性、创造性与儿童后继的学业成功及其他领域的学习和发展都关系密切，是儿童学习品质的重要内容	主要考察儿童独立完成活动和任务、自己做决定、表达自己的观点和看法的能力，以及其是否建立了安全感、对自己的能力有信心等
创造性		主要考察儿童提出观点和表达感受的能力、想象力、用多种方式（包括艺术形式）表达自我经验和想法的能力
福利	当儿童感觉良好、幸福、安全和有社会成就感时，他们才能充分参与到一日生活、游戏、互动中，并从中学习	主要考察儿童的主观幸福感，以及儿童是如何认识他们的生活、物质环境、社会关系及其自身的
科学	幼儿是天生的科学家，科学学习能帮助幼儿发现周围世界，为幼儿语言学习和同伴合作提供机会，同时还能激发他们学习的好奇心和动机	主要考察儿童科学学习的兴趣、科学知识的发展水平及其探求科学现象、了解科学和技术如何影响人类物质与文化环境的能力

续表

监测内容	原因	具体解释
信息技术	在信息时代，每个儿童都有权利成为信息技术的掌握者，信息技术能够为他们的交流、获取和分享信息创造大量的机会，同时信息技术非线性、关联性的信息呈现方式也有利于促进儿童的创造性	主要考察儿童使用电子和科技产品进行交流和知识创造的能力

OECD 国家的学前教育监测也遇到了一些挑战（见表 11-21），如内外评价主观评价标准不统一和缺乏标准化监测流程。对此，OECD 国家加强了外部评估的岗前培训，在岗期间持续培训。

表11-21　OECD国家学前教育质量监测的主要挑战及应对策略[①]

	挑战	应对策略
总体	定义质量	确定明确、综合性的质量目标
	建立一致性的监测系统	开发国家标准和管理条例 开发国家监测框架 使用标准化的监测工具
	获得关于质量的完整数据	收集来自家长的信息 收集家长的观点
	确保监测服务于政策改革和服务于质量提升	收集用于政策的相关数据 提供机构改革、教师培训的数据
监测服务质量	确定服务质量监测的方面	综合考察结构性质量和过程性质量，并与利益相关者商议
	保证监测的一致性	对外部监测主体开展培训 提供在职培训 提供实施监控的具体培训 将外部监控和内部监控相联系
	确保教师理解质量标准	宣传质量标准
监测教师质量	确保教师质量监控能带来专业发展	采取措施解决问题 明确教师学习和培训的需要
	监控课程实施	支持教师的课程实施 采用与课程相联系的监测工具

① 刘颖、李晓敏：《OECD国家学前教育质量监测系统分析及其对我国的启示》，《学前教育研究》，2016年第3期，第3–14页。

续表

	挑战	应对策略
监测儿童发展与表现	提供儿童发展的准确和完整信息	使用多种工具 持续性地评价儿童发展
	提供儿童个体发展的信息	根据儿童个体需要 采用具有发展适宜性的评价工具

三、OECD 国家学前教育体系对我国的启示

（一）提高儿童入园率，加大公共财政投入力度

普及学前教育是 OECD 国家的共同目标，各国通过立法将学前教育纳入义务教育，通过采取免除学费和提高公办园占比等措施大幅提高了儿童入园率。例如，瑞典采取“大政府小市场”的国家干预方式，强调儿童保育与教育是国家责任，将学前教育纳入义务教育之中，保障学前教育的普惠性。

绝大多数 OECD 国家公立幼儿园在园幼儿数远高于私立园幼儿数，在改革中往往会继续提升公立学前教育机构的比例和数量。截至 2019 年，我国民办幼儿园数量占 61.6%，民办在园人数占 56.2%，公办园占比略低于国际水平。政府应承担起学前教育的主要投入职责，带动社会力量以多种形式扩大学前教育资源。应把发展普惠性学前教育作为重点任务，强化公办园的示范、引领和维护社会公平的作用，将其作为加强提高政府基本公共服务体系建设的重要内容，对于公办资源严重短缺地区，应切实增大财政投入，新建和改扩建一批公办园①，结合本地实际，着力构建以普惠性资源为主体的办园体系，扭转高收费民办园占比偏高的局面。各地应从实际出发确定具体发展目标，积极扶持民办园提供普惠性服务，规范营利性民办园发展，也可鼓励建立家庭互助小组，满足家长的选择性需求。

① 霍力岩、孙蔷蔷、陈雅川：《中国与OECD国家学前教育发展的比较研究》，《基础教育》，2017年第3期，第21–30页。

为减轻育儿负担、鼓励生育，日本于2019年全面推行免费学前教育制度。同日本类似，我国目前也面临较大的老龄化和少子化双重压力，年轻人育儿压力较大，应加大补贴和支持力度，减轻父母经济和时间负担，鼓励生育，减缓人口结构变化速度。

我国学前教育投入占GDP比重和政府公共财政投入比例远低于OECD国家平均水平。目前，各级政府并未提出学前教育财政性经费投入的约束性指标，只是2010年“国十条”笼统地提出“五有”，即“预算有科目”“增量有倾斜”“投入有比例”“拨款有标准”“资助有制度”。建议逐步提高学前教育财政投入和支持水平，主要用于扩大普惠性资源、补充配备教师、提高教师待遇、改善办园条件，学前教育财政投入经费占学前教育总投入的比重应超过80%。

国际经验表明，除了加大政府投入，建立早期教育投入的保障机制更为重要，而有效的投入保障机制离不开科学的早期教育成本预算。地方各级政府要健全学前教育经费投入机制，规范使用管理，强化绩效评价，提高使用效益。由于不同地区的经济发展水平、生活成本等方面的差异，各地区的早期教育成本有所不同，中央政府需加强指导，推动各地开展成本核算。

（二）建设高素质幼教师资队伍，为高质量学前教育打下基础

随着《幼儿园教职工配备标准（试行）》《幼儿园教师专业标准》《幼儿园园长专业标准》等一系列文件的陆续出台和深入实施，我国幼儿园教师短缺和专业素质不高等问题得到一定缓解，但与OECD国家相比仍有较大改善空间。若按照2013年《幼儿园教职工配备标准（试行）》规定全日制师幼比1∶9的比例计算，2019年我国保教人员数量只能满足标准值的一半，为1∶17。各地应落实公办园教师工资待遇保障政策，实施学前教育免费师范生定向培养计划，确保教师工资及时足额发放、同工同酬。有条件的地方可试点实施乡村公办园教师生活补助政策。按照政府购买服务

范围的规定，可将公办园中保育员、安保、厨师等服务纳入政府购买服务范围，所需资金从地方财政预算中统筹安排。民办园要参照当地公办园教师工资收入水平，合理确定相应教师的工资收入。

面对教师数量和质量不足等问题，应扩大学前教育专业招生规模，办好一批幼儿师范专科学校和幼儿师范学院，支持师范院校设立并办好学前教育专业，中等职业学校相关专业重点培养保育员，鼓励师范院校在校生辅修或转入学前教育专业，扩大高质量教师的供给。根据学前教育的目标，制定专业培养规划，扩大本专科层次培养规模及学前教育专业公费师范生招生规模。与此同时，借鉴瑞典等国家经验，拨专款开办和支付各地区的在职培训活动，构建覆盖全国的学前教育教师在职教育体系。

（三）建立覆盖全部托幼机构的质量监测体系

我国应建立完备的覆盖所有学前教育机构、教师和儿童的监测体系，扩展监测主体，加强监测工具的研究与选取，充分利用数据，促进学前教育质量持续提高。应重视学前教育监测系统的建立与完善，监测内容与工具标准化，将各类机构质量、教师质量、幼儿发展监测纳入体系中，加强内部评估，重视外部评估反馈，以儿童而本，质量评估以儿童发展性与形成性评价为主[①]。此外，学前教育机构质量监测应以质量等级评定为主，可参照 OECD 国家实现监测主体多元化，引入第三方专业评估人员。

质量评估工具的选取也非常重要，我国目前的评估重“设备”轻“互动交流”，影响了评估效力，应加强评估工具的研究，可适当本土化国外成熟评估工具（如 ECERS 和 CLASS），加强对软实力的考察，针对儿童表现的监测应谨慎，避免使用标准化工具，多采用真实环境观察评价，以免给幼儿创造压力。

目前我国学前教育监测工作往往止于评估结果的获得，没有建立相

---

① 虞永平：《建设益童、惠民、利国的学前教育公共服务体系》，《人民教育》，2014年第11期，第33–35页。

应的问责机制，评估的反馈常常不具有操作性，未能打通评估数据与公共决策的双向通道，更是较少向公众与家长公布，制约了学前教育事业的发展。应建立完善的问责程序与惩罚退出机制，提高公共资金使用效率，定期向教育部门、学前教育机构、家长与公众公布监测报告，加强信息使用效率。只有通过建立完善的监测体系，才能保证学前教育体系稳定发展。

（四）将教育资源向不发达地区倾斜，保障教育公平

OECD 在近年发布的《教育概览 2018：经合组织指标》中强调为实现教育公平，各国应将经费等资源瞄准弱势群体的教育。我国应在农村等教育资源不发达地区加大学前教育资源的投入，以农村贫困地区为突破口建立完善的补贴评估制度，大力发展农村学前教育，每个乡镇原则上至少办好一所公办中心园，完善县乡村三级学前教育公共服务网络。根据各省情况分阶段分人群推进免费学前教育，坚持将公共教育资源向农村地区、边远地区、不发达地区倾斜，保障儿童平等受教育的权利，促进教育公平，为民族的伟大复兴奠定坚实基础。

执笔人：赵端

第十二章
2020 年幼儿园发展与管理状况问卷调查报告

一、调查背景和目的

2019 年初，国家发展改革委、中宣部、教育部等 18 部门联合印发《加大力度推动社会领域公共服务补短板强弱项提质量 促进形成强大国内市场的行动方案》，明确到 2020 年，教育现代化取得重要进展，劳动年龄人口平均受教育年限达到 10.8 年，提出要扩大城乡普惠性学前教育资源。扩大公办优质学前教育资源覆盖面，进一步完善普惠性民办园认定标准和扶持政策，逐步提高公办园在园幼儿占比，积极支持多渠道投入学前教育，保障幼儿园教师地位待遇。

2020 年 11 月，党的十九届五中全会通过的《中共中央关于制定国民经济和社会发展第十四个五年规划和二〇三五年远景目标的建议》明确提出，要“完善普惠性学前教育保障机制”。为准确把握普惠性学前教育发展状况，我们采取自填式电子问卷的方式，对全国 7000 多位幼儿园园长开展调查，以期通过数据分析为下一步更好地完善普惠性学前教育保障机制提供支持依据。

二、调查方式

此次调查共收到有效问卷 7118 份，根据 IP 地址判断，分布在除中国香港、澳门、台湾地区以外的绝大部分省（自治区、直辖市），具有一定的代表性（见表 12–1）。

表12-1　受访者区域分布

省份	数量	省份	数量	省份	数量
北京	164	安徽	7	四川	868
天津	76	江西	117	贵州	71
河北	795	福建	11	云南	325
山西	52	山东	269	西藏	4
内蒙古	51	河南	588	陕西	82
辽宁	1033	湖北	63	甘肃	50
吉林	402	湖南	176	青海	7
黑龙江	191	广东	724	宁夏	100
上海	35	广西	48	新疆	629
江苏	22	海南	3	其他	2
浙江	63	重庆	90	合计	7118

问卷调查内容涵盖受访者的基本情况，受访者所在幼儿园的硬件设施、师资情况、教学情况及宏观发展环境等。

三、调查结果和数据分析

（一）幼儿园园长基本情况

1. 园长的职业特征以女性为主

受访者数据显示，在性别结构上，女性占 93%，职业的性别特征非常明显。

年龄分布上，40~49 岁的最多，占 38%；其次为 30~39 岁，占 37%。年龄中位值为 40.4 岁。这表明，幼儿园园长的年龄结构正值事业旺盛期。

工作年限分布上，从事 10~19 年幼教工作的最多，占 33%；其次为 10

年以下，占 31%。受访者从事幼教工作年限的中位数为 15 年。

岗位分布上，57.6% 的受访者为正园长，业务园长占 19.9%，后勤园长占 3.3%，剩下的为其他管理人员。

半数受访者是 5 年以内担任的园长。正园长平均从事幼教工作的年限为 17.9 年，平均担任园长年限为 9.1 年。

2. 园长专业化能力不断提升

调查显示，27.7% 的受访者的第一学历为本科，38.5% 为大专。其中，正园长第一学历本科率为 29.5%。64.1% 的受访者第一学历的专业为学前教育，其中，对专业要求更高的业务园长为 72.6%。67.8% 的受访者取得园长岗位培训合格证书，其中，正园长为 81.6%。

专业技术职称方面，20.1% 的受访者为高级教师，一级教师 24.7%，但有 39.0% 未评定。40.4% 的受访者主持或参与过市级以上科研课题。

分析显示，园长的年龄与第一学历相关性非常显著（$p<0.01$），年轻的园长比年长的拥有更高的第一学历，且为学前教育专业的比重更高。这表明，园长专业化水平在提升（见表 12–2）。

表12-2　园长年龄与第一学历的相关性分析

<table>
<tr><th></th><th></th><th></th><th>第一学历</th><th>年龄</th><th>第一学历专业</th></tr>
<tr><td rowspan="6">肯德尔 tau_b</td><td rowspan="3">您的第一学历</td><td>相关系数</td><td>1.000</td><td>0.208**</td><td>0.027*</td></tr>
<tr><td>显著性（双尾）</td><td>0.000</td><td>0.000</td><td>0.011</td></tr>
<tr><td>N</td><td>7118</td><td>7118</td><td>7118</td></tr>
<tr><td rowspan="3">您第一学历的专业</td><td>相关系数</td><td>0.027*</td><td>0.071**</td><td>1.000</td></tr>
<tr><td>显著性（双尾）</td><td>0.011</td><td>0.000</td><td>0.000</td></tr>
<tr><td>N</td><td>7118</td><td>7118</td><td>7118</td></tr>
<tr><td rowspan="6">斯皮尔曼 Rho</td><td rowspan="3">您的第一学历</td><td>相关系数</td><td>1.000</td><td>0.241**</td><td>0.031**</td></tr>
<tr><td>显著性（双尾）</td><td>0.000</td><td>0.000</td><td>0.010</td></tr>
<tr><td>N</td><td>7118</td><td>7118</td><td>7118</td></tr>
<tr><td rowspan="3">您第一学历的专业</td><td>相关系数</td><td>0.031**</td><td>0.080**</td><td>1.000</td></tr>
<tr><td>显著性（双尾）</td><td>0.010</td><td>0.000</td><td>0.000</td></tr>
<tr><td>N</td><td>7118</td><td>7118</td><td>7118</td></tr>
<tr><td colspan="6">** 在 0.01 级别（双尾）相关性显著。</td></tr>
<tr><td colspan="6">* 在 0.05 级别（双尾）相关性显著。</td></tr>
</table>

3. 园长收入水平总体高于全国城镇中位数

在收入方面，园长的月收入中位数为 4244 元。按岗位划分（见表 12–3），正园长中位数为 4576 元，业务园长为 4072 元，后勤园长为 3926 元，其他人为 3474 元。按幼儿园所在地划分（见表 12–4），城区为 4690 元，县城为 4206 元，乡镇为 4105 元，村为 3575 元。按幼儿园类型划分（见表 12–5），教育部门办的幼儿园（以下简称“教办园”）月收入中位数最高，为 4421 元，以下依次为非普惠性民办园为 4391 元，其他部门办的幼儿园（以下简称“非教办公办园”）为 4136 元，普惠性民办园为 3868 元，其他为 3707 元。

对照国家统计局发布的 2019 年全国城镇居民人均可支配收入中位数 39244 元（折算为每月 3270 元），可以发现，园长的收入总体上高于全国城镇居民人均可支配收入中位数，但总体上没有达到中间偏上收入组。

表12-3　　“您的月收入 × 您目前所任职务”交叉表（计数）

		您目前所任职务				总计
		正园长	业务园长	后勤园长	其他	
您的月收入	1000元以下	22	2	1	16	41
	1001~1500元	54	14	4	82	154
	1501~2000元	142	58	8	102	310
	2001~2500元	155	82	19	107	363
	2501~3000元	335	160	35	203	733
	3001~4000元	754	368	54	365	1541
	4001~5000元	1022	334	59	292	1707
	5001~8000元	1060	330	39	176	1605
	8001~10000元	318	55	13	15	401
	10000元以上	240	13	2	8	263
总计		4102	1416	234	1366	7118

表12-4　　“您的月收入×幼儿园所在地”交叉表（计数）

		幼儿园所在地				总计
		城区	县城	镇（乡）	村	
您的月收入	1000元以下	8	3	9	21	41
	1001~1500元	7	28	60	59	154
	1501~2000元	43	38	101	128	310
	2001~2500元	86	59	115	103	363
	2501~3000元	233	99	250	151	733
	3001~4000元	483	226	517	315	1541
	4001~5000元	641	281	483	302	1707
	5001~8000元	738	239	461	167	1605
	8001~10000元	206	32	132	31	401
	10000元以上	160	17	77	9	263
总计		2605	1022	2205	1286	7118

表12-5　　“您的月收入×幼儿园类型”交叉表（计数）

		幼儿园类型					总计
		教办园	非教办公办园	普惠性民办园	非普惠性民办园	其他	
您的月收入	1000元以下	16	7	5	8	5	41
	1001~1500元	69	41	27	10	7	154
	1501~2000元	106	76	82	26	20	310
	2001~2500元	91	55	143	62	12	363
	2501~3000元	195	109	294	112	23	733
	3001~4000元	634	300	389	177	41	1541
	4001~5000元	894	254	353	179	27	1707
	5001~8000元	776	302	309	177	41	1605
	8001~10000元	115	67	124	85	10	401
	10000元以上	78	34	51	94	6	263
总计		2974	1245	1777	930	192	7118

4. 园长社会保险参保率高，公办园的福利待遇远高于民办园

在列举的11项“您能享受下列哪些福利待遇”中，受访者的“五险”参保率都高于全国平均水平。其中，养老保险为82%，医疗保险为81%，工伤保险为66%，失业保险为64%，生育保险为59%。参照数为人力资源和社会保障部发布的数据，2019年年末全国参加城镇职工基本养老保险的参保职工31177万人，占城镇就业人员44247万人的70%，年末全国参加失业保险和工伤保险人数，分别占年末全国就业人员77471万人的26.5%和32.9%。

住房公积金方面，受访者的总体住房公积金缴纳率为60%。公办园（包括教办和非教办）的缴纳率（分别为89%和78%）超过全国总体缴纳率（75.2%）。但民办园受访者只有21%或23%表示缴纳住房公积金，远远低于全国总体缴纳率，未来提升空间很大。

总体分析显示，在所有11项社会保障和社会福利待遇中，公办园和民办园均有显著性差异（$p<0.01$）。总体上，教办园参保率最高，其次为非教办公办园。非普惠性民办园的参保率比普惠性民办园的略高（见表12–6）。

表12-6　受访者享受的福利待遇人数比例

种类	合计	教办园	非教办公办园	普惠性民办园	非普惠性民办园	其他
养老保险	82%	92%	88%	69%	71%	61%
医疗保险	81%	93%	88%	65%	69%	61%
工伤保险	66%	76%	69%	56%	56%	47%
失业保险	64%	74%	68%	53%	55%	46%
生育保险	59%	65%	64%	50%	55%	46%
住房公积金	60%	89%	78%	21%	23%	26%
交通补贴	19%	23%	19%	14%	17%	11%
生活补贴	15%	17%	15%	13%	13%	8%
住房补贴	14%	18%	17%	8%	10%	7%
餐补	14%	10%	16%	15%	20%	16%
其他	16%	8%	11%	25%	25%	37%

（二）幼儿园基本情况

1. 普惠性幼儿园覆盖率较高，且向村一级倾斜

在城乡分布上，受访者所在幼儿园位于城区的有2605家，其中850家属于小区配套园（占32.6%）。位于县城的有1022家。位于乡镇的有2205家，其中属于乡镇中心园的有1261家（占57.2%）。位于农村的有1286家。

在幼儿园类型方面，公办园和普惠性民办园，全国受访样本合计共占84.2%。其中，城区占75.2%，县城占86.2%，乡镇占90.0%，农村占91.8%。这表明，普惠性幼儿园覆盖率较高，且做到了公共资源向农村倾斜（见表12-7）。

表12-7　“幼儿园类型×幼儿园所在地”交叉表（计数）

		幼儿园所在地				总计
		城区	县城	镇（乡）	农村	
幼儿园类型	教办园	762	546	986	680	2974
	非教办公办园	435	185	422	203	1245
	普惠性民办园	761	150	569	297	1777
	非普惠性民办园	565	128	179	58	930
	其他	82	13	49	48	192
总计		2605	1022	2205	1286	7118

幼儿园的服务半径总体中位数为3.25千米。其中，城区3.06千米，县城3.30千米，乡镇3.70千米（乡镇中心园3.80千米），农村2.75千米。乡镇中心幼儿园的服务半径最大，可能是因为远离乡镇中心的幼儿多在本村幼儿园入园，而乡镇所在地附近的村更倾向于在乡镇中心幼儿园入园。

在入园幼儿的主要接送方式方面，家长自行接送占97%，并且在城乡都是最主要的方式。幼儿园统一派车接送占11%，其中，在乡镇最高达到20.3%，在农村为12.6%，县城和城区分别为5.5%和4.5%。接送方式与幼儿园的服务半径直接相关（见表12-8）。

表12-8　“幼儿主要接送方式 × 幼儿园所在地”交叉表（计数）

		幼儿园所在地				总计
		城区	县城	镇（乡）	村	
幼儿主要接送方式	家长自行接送	2589	1016	2087	1221	6913
	幼儿园统一派车接送	117	56	448	162	783
	家长联合租车接送	22	10	91	27	150
	其他	53	17	140	70	280
总计		2605	1022	2205	1286	7118

注：本题为多选。

2. 幼儿园的经费和校舍均有保障，但保教费园际差异大

在幼儿园经费的主要来源方面，公办园主要依靠财政拨款，民办园主要依靠自收自支（见表12-9）。其中，教办园58%依靠财政全额拨款，18%依靠差额拨款；非教办公办园37%依靠财政全额拨款，19%依靠差额拨款，主办单位拨款也占16%。同时，也有高达28%的教办园和36%的非教办公办园主要依靠自收自支。民办园无论是普惠性（93%）还是非普惠性（97%），均主要依靠自收自支。

表12-9　“幼儿园经费的主要来源 × 幼儿园类型”交叉表

		幼儿园类型					总计
		教办园	非教办公办园	普惠性民办园	非普惠性民办园	其他	
幼儿园经费的主要来源（比例）	财政全额拨款	0.58	0.37	0.02	0.01	0.05	0.31
	财政差额拨款	0.18	0.19	0.07	0.01	0.05	0.13
	主办单位拨款	0.07	0.16	0.05	0.04	0.10	0.08
	自收自支	0.28	0.36	0.93	0.97	0.74	0.56
	其他	0.07	0.07	0.04	0.02	0.13	0.06
总计（计数）		1974	1245	1777	930	192	7118

注：本题为多选。

调查显示，每生每月的保教费用总体中位数为386元（见表12-10）。但是不同区域、不同类型的幼儿园差异很大。按区域划分，城区每生每

月的保教费用中位数为649元，县城为347元，乡镇为284元，农村为181元。按幼儿园类型划分，教办园每生每月的保教费用中位数为249元，非教办公办园为352元，普惠性民办园为615元，非普惠性民办园为940元。

表12-10　每生每月的保教费用表

	频率	百分比（%）	有效百分比（%）	累积百分比（%）
无或免收	321	4.5	4.5	4.5
100元以下	312	4.4	4.4	8.9
101~200元	1116	15.7	15.7	24.6
201~300元	1029	14.5	14.5	39.0
301~400元	906	12.7	12.7	51.8
401~500元	601	8.4	8.4	60.2
501~600元	552	7.8	7.8	68.0
601~700元	314	4.4	4.4	72.4
701~800元	330	4.6	4.6	77.0
801~1000元	688	9.7	9.7	86.7
1000元以上	949	13.3	13.3	100.0
合计	7118	100.0	100.0	

每生每天的伙食标准方面，总体中位数为10元（见表12–11）。按区域划分，城区为14元，县城为9元，乡镇为8元，农村为6元。按幼儿园类型划分，教办园每生每天的伙食标准中位数为8元，非教办公办园为9元，普惠性民办园为12元，非普惠性民办园为14元。

表12-11　每生每天的伙食标准表

	频率	百分比（%）	有效百分比（%）	累积百分比（%）
不提供伙食	444	6.2	6.2	6.2
5元以下	665	9.3	9.3	15.6
5.1~10元	2516	35.3	35.3	50.9
10.1~15元	2081	29.2	29.2	80.2
15.1~20元	1110	15.6	15.6	95.8
20元以上	302	4.2	4.2	100.0
合计	7118	99.8	99.8	

在幼儿园园舍来源方面，公办园主要依靠政府无偿提供，民办园主要依靠租赁（见表 12–12）。其中，43% 的普惠性民办园、47% 的非普惠性民办园的园舍来源依靠向私人租赁，在新冠肺炎疫情期间，此类幼儿园面临的财务压力最大。另外，还有 20% 的幼儿园的园舍属于自有物业。

表12-12　“幼儿园园舍来源 × 幼儿园类型”交叉表

		幼儿园类型					总计
		教办园	非教办公办园	普惠性民办园	非普惠性民办园	其他	
幼儿园园舍来源（比例）	政府无偿提供	0.75	0.55	0.03	0.00	0.07	0.42
	向政府租赁	0.02	0.03	0.06	0.02	0.05	0.03
	向集体（单位）租赁	0.03	0.08	0.23	0.22	0.21	0.12
	向私人租赁	0.01	0.01	0.43	0.47	0.28	0.18
	小区配套使用	0.04	0.07	0.06	0.07	0.04	0.05
	自有物业	0.14	0.18	0.21	0.25	0.20	0.18
	慈善捐赠	0.01	0.01	0.00	0.00	0.01	0.01
	其他	0.09	0.13	0.05	0.03	0.19	0.08
总计（计数）		1974	1245	1777	930	192	7118

注：本题为多选。

3. 村幼儿园的设备设施不足，难以实现“教”的功能

关于幼儿园设备设施充足程度，受访者总体上认为“比较充足”（见表 12–13）。在教师办公电脑、教育设施设备等 7 项设施中，“比较充足”和“非常充足”合计均超过一半。其中，生均睡眠室充足率最高，达到 64.9%；教师办公电脑充足率最低，为 53.4%。

但是，村幼儿园在玩教具配备、教育设施设备、生均活动室、图书配备和教师办公电脑 5 个方面的充足率不足 50%。仅有生均睡眠室和户外活动场地充足率超过 50%。这使得村幼儿园仅能发挥“保”的作用，“教”的功能难以充分体现。

表12-13　　　幼儿园设备设施充足比例（%）

种类	非常不充足	比较不充足	一般	比较充足	非常充足	合计
教师办公电脑	8	11.4	27.2	31.7	21.7	100
教育设施设备	4.1	7.2	27	40.1	21.6	100
生均活动室	5.3	7.7	24.9	35.9	26.2	100
生均睡眠室	6.6	6.5	22	35.9	29	100
玩教具配备	3.9	8	28.3	40.3	19.5	100
图书配备	4.5	7.9	26.4	38.9	22.3	100
户外活动场地	5.3	8	24	35.2	27.5	100

幼儿园每生每年购买玩教具、图书的费用中位数为208元，园际差异大。按区域划分，城区为411元，县城为187元，乡镇为143元，农村为94元。按幼儿园性质划分，教办园为133元，非教办公办园为144元，普惠性民办园为365元，非普惠性民办园为569元。

（三）幼儿园师资基本情况

1. 幼儿园幼儿规模适当，但保教人员不足

在园幼儿数方面，总体的中位数为194人。班级数的中位数为7个班（约为二轨至三轨）。其中，班级数在5个以下的小型幼儿园最多，占37%，其次为班级数6～9个的中型幼儿园（29%），班级数10～12个的大型幼儿园占17.8%，班级数13个以上的占16%。

平均每班幼儿数的中位数为28人，25%分位数为22人，75%分位数为34人，即半数幼儿园的每班学生数中位数为22～34人。基本符合《托儿所、幼儿园建筑设计规范》（JGJ39–2016）中幼儿园每班的标准人数为20～35人的规定。

在幼儿园教师方面，总体的中位数为21人，25%分位数为10人，75%分位数为39人。教师中位数与幼儿中位数之比为1：9.2。根据《幼儿园教职工配备标准（暂行）》的规定，全日制幼儿园教职工与幼儿比需达到1：5至1：7，保教人员与幼儿比需达到1：7至1：9。仍有大量幼儿

园无法达到这个比例，特别是广大乡村地区的幼儿园，保教人员不足的情况仍在持续（见表 12–14）。

表12-14　　幼儿园的师生规模相关指标分布

	城区	县城	镇（乡）	村	全国
在园幼儿数的中位数（人）	229	331	174	99	194
班级数的中位数（个）	9	11	6	3.5	7
平均每班幼儿数的中位数（人）	27	32	28	26	28
幼儿园的教师总数的中位数（人）	29	36	17	8	21
幼儿中位数/教师中位数	7.9	9.2	10.2	12.4	9.2

2. 教师队伍总体数量存在显著城乡差异

根据教育部 2003 年颁布的《幼儿园教职工配备标准（暂行）》，全日制幼儿园每班配备 2 名专任教师和 1 名保育员，或配备 3 名专任教师；半日制幼儿园每班配备 2 名专任教师，有条件的可配备 1 名保育员。

调查显示，54.2% 的受访幼儿园每班配备 2 名专任教师和 1 名保育员，4.6% 超过上述标准配置，41.2% 不足 2 名专任教师和 1 名保育员。

幼儿园每班平均教师配备数存在非常显著的城乡差异（$p<0.01$）。城区 78% 的幼儿园配备“2 名专任教师和 1 名保育员”或以上，县城为 73.4%，乡镇为 50.1%，村为 23.0%。由于每班平均幼儿数并没有显著的城乡差别，也从侧面说明乡村幼儿园的师资数量存在较明显的缺口（见表 12–15）。

幼儿园每班平均教师配备数与幼儿园类型不相关（$p=0.13$）（见表 12–16）。

表12-15　　“每班平均配备的教师数 × 幼儿园所在地”交叉表（计数）

		幼儿园所在地				总计
		城区	县城	镇（乡）	村	
每班平均配备的教师数	1名教师	49	38	214	447	748
	1名教师和1名保育员	280	118	419	344	1161
	2名教师	243	116	468	199	1026
	2名教师和1名保育员	1812	696	1056	292	3856
	超过2名教师和1名保育员	221	54	48	4	327
总计		2605	1022	2205	1286	7118

表12-16　“每班平均配备的教师数×幼儿园类型”交叉表（计数）

		幼儿园类型					总计
		教办园	非教办公办园	普惠性民办园	非普惠性民办园	其他	
每班平均配备的教师数	1名教师	401	149	103	63	32	748
	1名教师和1名保育员	387	134	430	173	37	1161
	2名教师	468	194	250	84	30	1026
	2名教师和1名保育员	1591	700	968	518	79	3856
	超过2名教师和1名保育员	127	68	26	92	14	327
总计		2974	1245	1777	930	192	7118

3. 教师队伍总体素质存在显著城乡差异

在专任教师学历情况方面，59.3%（4222例）的受访者选择专科，选择高中或中专的占20.3%（1442例），选择本科的占18.9%（1347例），选择初中的占1.5%（107例）。卡方检验显示，幼儿园的城乡分布、类型均与幼儿园的专任教师学历情况呈显著相关（$p<0.01$）。特别是乡村民办幼儿园的专任教师学历存在明显短板。

城区幼儿园专任教师以专科以上学历为主的占受访幼儿园数的85%，县城占83.3%，两者相差无几。但乡镇幼儿园为75.6%，农村幼儿园仅为65%，城乡差距明显（见表12–17）。按幼儿园类型划分，教办园和非教办公办园的专任教师以专科以上学历为主的均为85%，普惠性民办园为65.5%，非普惠性民办园为72.3%（见表12–18）。后一组数据需要进行更深入的回顾研究或跟踪研究，以确认变化趋势：究竟是因为普惠性民办园建设基础差，还是因为经济效益低、待遇保障弱导致人才被公办园和非普惠性民办园吸引而产生这一差距？

表12-17　“专任教师的学历情况 × 幼儿园所在地”交叉表（计数）

		幼儿园所在地				总计
		城区	县城	镇（乡）	村	
专任教师的学历情况	初中以下学历比例最高	4	2	53	48	107
	高中或中专学历比例最高	386	168	486	402	1442
	专科学历比例最高	1541	615	1335	731	4222
	本科学历比例最高	674	237	331	105	1347
总计		2605	1022	2205	1286	7118

表12-18　“专任教师的学历情况 × 幼儿园类型”交叉表（计数）

		幼儿园类型					总计
		教办园	非教办公办园	普惠性民办园	非普惠性民办园	其他	
专任教师的学历情况	初中以下学历比例最高	50	21	20	13	3	107
	高中或中专学历比例最高	382	166	593	245	56	1442
	专科学历比例最高	1675	715	1092	626	114	4222
	本科学历比例最高	867	343	72	46	19	1347
总计		2974	1245	1777	930	192	7118

4. 教师职称在公办民办、城乡之间存在显著差异

统计显示，33.6% 的幼儿园的专任教师全部或大部分有职称。公办园和民办园的教师职称评定情况存在非常显著的差异（p<0.01）。50.2% 的教办园全部或大部分教师有职称，非教办公办园为 45.1%，普惠性民办园为 10.9%，非普惠性民办园为 11.9%（见表 12–19）。

同时，该指标也存在非常显著的城乡差异（p<0.01）。37.7% 的城区幼儿园的专任教师全部或大部分有职称，县城最高为 47.8%，乡镇为 29.6%，农村为 20.8%（见表 12–20）。

究其原因，既有教师个人能力的因素，也有幼儿园发展不平衡的因素，同样还有技术因素。一是部分地区的幼儿园教师职称评定不积极，或

者并入小学教师序列；二是民办园教师常常被排除在职称评定之外，但这种排除也有合理原因。传统上职称评价体系是人事管理部门对体制内专业技术人员的水平评价，与其相对应的是财政部门主管的工资体系。民办园的教师工资不是财政负责，目前也没有完全将教师水平和职称评定工作交由地方教育主管部门负责。

表12-19　“专任教师的职称情况×幼儿园类型”交叉表（计数）

		幼儿园类型					总计
		教办园	非教办公办园	普惠性民办园	非普惠性民办园	其他	
专任教师的职称情况	全部没有	383	257	996	472	94	2202
	小部分有	844	339	511	300	55	2049
	一半有	255	88	76	47	9	475
	大部分有	752	299	142	88	23	1304
	全部有	740	262	52	23	11	1088
总计		2974	1245	1777	930	192	7118

表12-20　“专任教师的职称情况×幼儿园所在地”交叉表（计数）

		幼儿园所在地				总计
		城区	县城	镇（乡）	村	
专任教师的职称情况	全部没有	792	217	679	514	2202
	小部分有	671	241	724	413	2049
	一半有	160	75	149	91	475
	大部分有	512	279	377	136	1304
	全部有	470	210	276	132	1088
总计		2605	1022	2205	1286	7118

5. 专任教师平均工资水平低于全国城镇中位数

根据受访者回答所计算的专任教师月平均工资中位数为2835元，低于2019年全国城镇居民人均可支配收入中位数39244元（折算为每月3270月）。其中，城区为2924元，县城为2840元，乡镇为2815元，农村为2500元（见表12-21）。

按幼儿园类型划分，教办园专任教师的月平均工资中位数为3095元，非教办公办园为2913元，普惠性民办园为2712元，非普惠性民办园为2577元。

表12-21　“专任教师的月平均工资×幼儿园所在地”交叉表（计数）

		幼儿园所在地				总计
		城区	县城	镇（乡）	村	
专任教师的月平均工资	1000元以下	1	1	27	34	63
	1001~1500元	25	45	149	157	376
	1501~2000元	198	123	310	285	916
	2001~2500元	469	196	358	168	1191
	2501~3000元	721	216	412	166	1515
	3001~4000元	738	276	561	237	1812
	4001~5000元	269	123	304	208	904
	5001~8000元	157	42	77	29	305
	8001~10000元	21	0	6	1	28
	10000元以上	6	0	1	1	8
总计		2605	1022	2205	1286	7118

6. 教师培训方兴未艾

幼儿园每位教师参加培训的费用中位数为358元。按区域划分，城区为491元，县城为377元，乡镇为288元，农村为191元。按幼儿园类型划分，教办园为270元，非教办公办园为256元，普惠性民办园为441元，非普惠性民办园为496元。

在教师培训的内容方面，与课堂教育直接相关的内容（包括儿童发展知识、保育教育知识、环境的创设与利用、游戏的支持与引导、教育活动计划与实施）占比最高，均超过80%。其他支持类的内容也被超过50%的幼儿园列入培训范畴，包括保教态度与行为（78.4%）、职业理解与认识（65.8%）和人际沟通与合作（58.7%）（见表12-22）。

表12-22　　幼儿园的教师培训内容

教师培训内容	频率	百分比（%）
职业理解与认识	4684	65.8
保教态度与行为	5577	78.4
儿童发展知识	5835	82.0
保育教育知识	6373	89.5
环境的创设与利用	6278	88.2
游戏的支持与引导	5897	82.8
教育活动计划与实施	5892	82.8
人际沟通与合作	4176	58.7

注：本题为多选。

7. 多数幼儿园教师队伍稳定

调查显示，55.1% 的受访者表示本幼儿园教师队伍“比较稳定”或“特别稳定”，只有 17.5% 的表示“特别不稳定”或“比较不稳定”。城乡和公办民办幼儿园教师队伍稳定情况均有非常显著的差异（$p<0.01$）。

按城乡划分，64.5% 的城区幼儿园选择教师队伍“比较稳定”或“特别稳定”，县城为 60.2%，乡镇为 48.8%，农村为 42.9%。按幼儿园类型划分，教办园为 66.1%，非教办公办园为 69.8%，普惠性民办园为 40.4%，非普惠性民办园为 38.7%。

（四）幼儿园教学管理情况

1. 幼儿园的课程特点和教材使用

目前，幼儿园课程组织形式已经从过去以按学科组织为主，转变为以按领域组织为主。过去，幼儿园课程普遍采用分学科（如语言、数学、常识、音乐、美术、体育等）组织的方式，当前大量幼儿园采用分领域（如语言、科学、社会、健康、艺术等）组织的方式。

调查显示，幼儿园的课程组织以按领域组织的为最多，占受访幼儿园总数的 73.5%，其次为按主题组织的（65.0%），第三为按特色组织的

（47.2%）。传统上按学科组织（31.5%）的幼儿园最少（见表 12–23）。

表12-23　　幼儿园的课程特点

课程特点	频率	百分比（%）
按学科组织	2239	31.5
按领域组织	5229	73.5
按主题组织	4628	65.0
按特色组织	3362	47.2
其他	528	7.4

注：本题为多选。

在教材选用方面，选择省编课程（教材）资源的最多，占 41.7%，其次为幼儿园自选课程（教材）资源（41.5%）、上级指定课程（教材）资源（30.4%）、幼儿园自编课程（教材）资源（14.7%）、市（州）编课程（教材）资源（7.5%）、加盟幼儿园课程（教材）资源（7.2%）。只有 1.8% 的幼儿园称没有课程（教材）资源（见表 12–24）。

相较而言，公办园更倾向于选择省、市（州）编课程（教材）资源（$p<0.001$），民办园则更倾向于选择自选课程（教材）资源和加盟幼儿园课程（教材）资源（$p<0.001$）。城市地区的幼儿园更倾向于选择自编、自选或加盟幼儿园的课程（教材）资源（$p<0.001$），而农村地区的幼儿园更倾向于选择上级指定课程（教材）资源（$p<0.001$）或省编课程（教材）资源（$p=0.045$）。

表12-24　　幼儿园的教材选用

教材类型	频率	百分比（%）
省编课程（教材）资源	2970	41.7
市（州）编课程（教材）资源	531	7.5
幼儿园自编课程（教材）资源	1045	14.7
加盟幼儿园课程（教材）资源	509	7.2
上级指定课程（教材）资源	2164	30.4
幼儿园自选课程（教材）资源	2953	41.5
没有课程（教材）资源	127	1.8

注：本题为多选。

2. 幼儿园制度管理日趋完备

大部分幼儿园均建立了完备的幼儿园管理制度，包括幼儿接送交接制度、安全事故报告调查处置制度、卫生消毒制度、传染病预防和管理制度、幼儿一日生活作息制度、教职工聘任管理制度、幼儿园收费公示制度、家长委员会制度、教职工代表大会制度、幼儿园教研制度、信息管理制度和教师培训制度等（见表 12–25）。

在疫情防控要求下，卫生消毒制度、传染病预防和管理制度的建立最为完善，分别达到了 99% 和 98%。

相较而言，建立教职工代表大会制度和信息管理制度的幼儿园比例最低，均为 71%。排在倒数第二位的为教职工聘任管理制度，为 75%。建立教职工代表大会制度的幼儿园比例低，跟幼儿园的规模直接相关（$p<0.001$）。根据《学校教职工代表大会规定》，有教职工 80 人以上的学校，应当建立教职工代表大会制度；不足 80 人的学校，建立由全体教职工直接参加的教职工大会制度。部分幼儿园管理人员可能认为人数过少的幼儿园就不用建立教职工代表大会制度（受访幼儿园有近一半教职工总数不足 20 人）。实际上，根据《学校教职工代表大会规定》，不足 80 人的学校（含幼儿园）也要建立由全体教职工直接参加的教职工大会制度，教职工大会制度的性质、领导关系、组织制度、运行规则等，与教职工代表大会制度相同。

表12-25　　幼儿园的管理制度建立情况

名称	频率	百分比（%）
幼儿接送交接制度	6708	94
安全事故报告调查处置制度	6504	91
卫生消毒制度	7016	99
传染病预防和管理制度	6960	98
幼儿一日生活作息制度	6978	98
教职工聘任管理制度	5347	75
幼儿园收费公示制度	6334	89
家长委员会制度	6076	85

续表

名称	频率	百分比（%）
教职工代表大会制度	5064	71
幼儿园教研制度	6491	91
信息管理制度	5065	71
教师培训制度	6084	85

注：本题为多选。

幼儿园的管理制度也得到了落实。调查显示，晨检、消毒等卫生保健工作做得好（含非常好）的达到95.3%，安全保护措施到位的达到94.2%（见表12–26）。不过这些评估需要采用特定的指标进行更详细的研究。

表12-26　　幼儿园的管理制度落实情况

调查问题	非常差	差	一般	好	非常好
幼儿园能为每位儿童建立发展档案吗？	2.5%	8.4%	29.5%	31.4%	28.2%
幼儿园的晨检、消毒等卫生保健工作做得好吗？	0.1%	0.2%	4.4%	35.5%	59.8%
幼儿园的安全保护措施到位吗？	0.1%	0.4%	5.3%	42.2%	52.0%
幼儿园能按要求配备专兼职医务人员吗？	12.2%	9.9%	17.8%	24.3%	35.8%
幼儿园开展安全教育或安全演练多吗？	0.3%	1.4%	14.5%	49.8%	34.0%

3. 幼儿园开展的文化建设工作

在幼儿园文化建设方面，89.9% 的受访幼儿园有明确的办园理念，其次为形成良好的园风（89.1%），第三为形成优美的校园环境（83.4%）（见表 12–27）。

表12-27　　幼儿园进行的文化建设情况

文化建设类型	频率	百分比（%）
有明确的办园理念	6400	89.9
形成优美的校园环境	5937	83.4
形成良好的园风	6345	89.1
有园歌	1542	21.7
设计了园标	4965	69.8
有园服	4875	68.5
其他	1315	18.5

注：本题为多选。

（五）幼儿园发展的宏观环境分析

1. 政府重视程度是影响幼儿园发展的首要因素

在受访者对影响幼儿园发展的因素的选择上，政府重视程度、教师素质和家长支持排在前三位，总体的占比分别为73.6%、73.6%和72.6%。

幼儿园的性质与7项指标均存在显著性差异（$p<0.01$），普惠性民办园选择政府重视程度、主管部门管理与指导、社会关注、家长支持、园长水平、教师素质6项影响因素的比例都相对最小。以“政府重视程度”为例，78.7%的教办园有此选择，非教办公办园为79.4%，普惠性民办园为66.3%，而非普惠性民办园只有66.6%（见表12–28）。

在城乡差异方面，只有“园长水平”（$p<0.01$）呈现非常显著差异，“教师素质”（$p=0.031$）呈现显著差异。65.3%的城区受访者选择“园长水平”对幼儿园发展有影响，但村幼儿园仅有52.0%。

表12-28 影响幼儿园发展的主要因素

	频率	合计占比	教办园	非教办公办园	普惠性民办园	非普惠性民办园	
政府重视程度	5239	73.6	78.7	79.4	66.3	66.6	p<0.01
主管部门管理与指导	4857	68.2	73.3	74.5	59.0	64.6	p<0.01
社会关注	4470	62.8	62.6	68.0	60.9	62.9	p<0.01
家长支持	5170	72.6	74.1	74.2	70.2	71.9	p<0.01
园长水平	4322	60.7	64.0	63.5	54.4	60.4	p<0.01
教师素质	5238	73.6	77.3	74.9	67.1	73.9	p<0.01
其他	1369	19.2	18.2	18.5	21.4	18.4	p=0.017
总计	7118	100.0					

注：本题为多选。

在受访者关于促进幼儿园发展的保障因素的主观选择方面，“提高幼儿园教师待遇”（89.3%）和“加大政府对幼儿园投入力度”（82.0%）被选择的最多。在所有强调政府干预的保障因素中，公办园的选择率更高，唯有“积极鼓励社会力量办园”一项，民办园的选择率高于公办园（见表12–29）。

表12-29　　促进幼儿园发展的保障因素

因素	频率	合计占比	教办园	非教办公办园	普惠性民办园	非普惠性民办园	
加大政府对幼儿园投入力度	5839	82.0	87.0	88.3	77.9	69.1	p<0.01
积极鼓励社会力量办园	3359	47.2	40.5	44.1	55.1	59.0	p<0.01
提高幼儿园教师待遇	6353	89.3	90.0	92.9	88.6	85.2	p<0.01
健全学前教育法律法规	4638	65.2	69.3	69.2	59.5	60.8	p<0.01
优化幼儿园内部管理	4881	68.6	71.6	71.2	63.8	67.3	p<0.01
科学制定学前教育规划	4449	62.5	66.3	65.5	54.5	63.1	p<0.01
加强幼儿园监管力度	3964	55.7	60.1	58.2	49.2	53.3	p<0.01
健全质量评估监测体系	3737	52.5	59.0	57.1	41.7	49.4	p<0.01
建立督导问责机制	3211	45.1	49.5	47.9	37.1	44.6	p<0.01
其他	785	11.0	11.1	10.0	10.2	12.0	p>0.05
总计	7118	100.0					

注：本题为多选。

在城乡差异方面，受访幼儿园在6个促进幼儿园发展的保障因素的选择上，有非常显著的城乡差异（$p<0.01$），即积极鼓励社会力量办园、健全学前教育法律法规、优化幼儿园内部管理、科学制定学前教育规划、健全质量评估监测体系和建立督导问责机制（城区更倾向选择）。在2个指标上显著差异（$0.01<p<0.05$），即提高幼儿园教师待遇和加强幼儿园监管力度（城区更倾向选择）。在1个指标上无显著差异，即加大政府对幼儿园投入力度，城乡对此都非常重视。

2. 政府和社会在疫情期间为幼儿园提供了帮助

统计显示，所有受访幼儿园都表示，在疫情期间获得了政府及有关部门各种形式的帮助。其中，以防疫物资供应最多，达54.2%。在财政补助方面，21.1%的普惠性民办园得到了政府的财政补助，这个比例略低于公办园，远高于非普惠性民办园。在直接财政支持方面，公办园获得了更多的防疫物资供应、学生资助、教师工资支持的帮助。在间接财政支持方面，民办园更多地获得了租金减免、税费减免等帮助，以减轻民办园在疫情闭园期间的资金压力（见表 12-30）。

表12-30　疫情期间政府及有关部门提供的帮助

项目	频率	合计占比	教办园	非教办公办园	普惠性民办园	非普惠性民办园
财政补助	1562	21.9	27.6	23.0	21.1	5.6
租金减免	472	6.6	2.7	3.9	13.0	10.1
税费减免	552	7.8	3.9	5.8	13.4	11.4
金融支持	186	2.6	3.1	2.6	2.1	2.2
防疫物资供应	3855	54.2	69.7	63.1	36.9	28.6
学生资助	1436	20.2	27.3	22.2	15.2	6.1
教师工资支持	1554	21.8	31.7	31.6	8.4	4.8
教研指导	2386	33.5	35.5	34.9	30.3	33.2
其他	1916	26.9	19.8	22.2	34.0	39.9
总计	7118	100.0				

注：本题为多选。

四、结论和建议

（一）研究结论

调查显示，女性占受访幼儿园园长的93%，性别比例明显。半数受访者为任职在5年内的新园长，需要得到更多的培训和提升。同时，年轻的园长比年长的园长具有更高的学历、更对口的专业教育背景，这表明年轻园长比上一辈园长有更强的学习能力。幼儿园园长的年收入中位数高出全国城镇居民人均可支配收入中位数29.8%，在收入五等分组中，预估属于中等收入组接近中等偏上收入组。幼儿园“五险”的覆盖率较高，但公积金覆盖率低。幼儿园专任教师的平均工资水平低于全国城镇中位数。

调查显示，我国幼儿园的城乡差异仍将普遍存在，公办和普惠性幼儿园有向农村倾斜的趋势，但农村幼儿园的设备设施和教师资源均严重不足，影响实现“教”的功能。

公办园和民办园教师在社会保障和社会福利待遇方面差异明显，特别是普惠性民办园需要更多的关注。职称评价体系仍是幼儿园师资发展的老大难问题之一，2/3 的幼儿园教师都没有评定职称。

受访者称政府是影响幼儿园发展的首要因素。在关于促进幼儿园发展的保障因素的主观选择方面，提高幼儿园教师待遇（89.3%）和加大政府对幼儿园投入力度（82.0%）被选择最多。显示政府扩大公办优质学前教育资源覆盖面、扩大城乡普惠性学前教育资源有很大的必要性。

新冠肺炎疫情使很多幼儿园遭遇到财务压力，特别是园舍主要依靠租赁的民办幼儿园。统计显示，所有受访幼儿园都称在疫情期间获得了政府及有关部门各种形式的帮助。有两成多的普惠性民办园称得到了政府的财政补助。

（二）建议

为更好地发展普惠托育服务体系和完善普惠性学前教育保障机制，根据调查结果，我们提出以下四个方向的建议。

一是要完善普惠性民办园的认定标准。在扩大普惠性民办园的覆盖面的同时，除了约束收费标准外，还应关注布局规划、园所质量、服务内容和条件等方面，真正实现“保”“教”结合。

二是要加强对普惠性民办园的财政支持。政府在这方面应继续加大支持力度，具体可以包括购买服务、减免租金、综合奖补等方式，有条件的地方可以将适合的公有房屋租赁给普惠性民办园作为园舍，降低普惠性民办园租赁私人房屋作为园舍的比例。财政支持的重点应从“物”转向“人”，切实提高幼儿园教师尤其是普惠性民办园教师待遇。

三是要扩大年轻园长、教师的交流培训。应将年轻园长、普惠性民办园教师培训工作纳入地方教育部门的培训计划，鼓励开展行业培训。

四是要建立民办园教师的职称评聘体系。应鼓励民办园开展教师职称评定工作，实现公办、民办幼儿园之间职称互认。

执笔人：佘宇　高丙成　曹启挺

第十三章 学前教育入园机会和家庭成本分担

——基于 2017 年 CIEFR-HS-2017 的实证分析①

在学前教育规模快速增长以及政府大量增加投入的背景下，目前我国 3~6 岁儿童还有哪些没有入园？不同经济水平的家庭在学前费用中的负担如何？“入园难”是否得到根本解决？不同社会阶层的家长对“入园难”的主观感受如何？这几个问题值得政府有关部门、社会公众和学术界关注。鉴于现有文献对上述问题实证研究较少，而对这些问题的回答具有重要的政策含义，在联合国儿童基金会的提议下，北京大学中国教育财政科学研究所以伙伴关系的身份对这些问题开展了系列实证研究。基于中国教育财政科学研究所 2017 年全国教育财政入户调查数据（CIEFR-HS-2017），本研究使用描述统计、Probit 模型和多元 Logistic 回归模型等方法，分析了学前教育入园机会现状及影响因素，以及不同家庭背景在学前教育成本分担方面的基本情况。本文分为四个部分。第一部分是文献综述及研究问题，第二部分是数据和研究方法，第三部分是初步发现及讨论，第四部分是总结和结论。

① 本项目得到联合国儿童基金会的慷慨支持。在数据分析方面，圣路易斯华盛顿大学的博士研究生黄文芮同学提供了出色的帮助。同时，北京师范大学曾晓东教授及国务院发展研究中心佘宇研究员对本报告提出了宝贵的建议。

一、文献综述及研究问题

（一）文献综述

已有一些实证研究分析中国家庭经济资助、家庭收入、家庭结构的因素对入园机会的影响。严谨的实证研究有 5 篇，1 篇使用随机控制实验的方法，4 篇使用中国健康与营养调查（CHNS）数据。Wong，et al（2013）使用 RCT 的方法分析了家庭经济资助对儿童入园机会的影响。该研究在河南省鲁山县通过实验的方法发现有条件现金转移支付对儿童入园机会有显著正面影响，获得资助家庭的孩子比控制组（没有获得资助）家庭儿童上幼儿园的机会增加 20%。有 4 个研究使用 CHNS 分析了不同因素对孩子入园的影响。Gong，et al（2015）基于 1991—2006 年 CHNS 数据，使用 Probit 模型和固定效应模型发现家庭人均收入与是否入园存在显著正相关关系。Short，et al（2003）使用 1993 年 CHNS 数据分析了是否有祖父母在身边对孩子入园的影响。Kilburn & Datar（2002）基于 1991 年、1993 年和 1997 年的 CHNS 数据发现，有较多家庭资产的家庭以及居住在有较多中心幼儿园社区的家庭更有可能入园。Zhai & Gao（2010）基于 2000 年 CHNS 数据，使用多元 Logistic 回归，发现独生子女家庭的孩子入读幼儿园机会更高。

上述研究对入园机会的影响因素进行了实证分析，但存在以下局限。第一，数据的代表性及时效局限。CHNS 被认为是研究学前教育最好的微观数据，但该数据的样本仅来自辽宁、黑龙江、江苏、山东、河南、湖北、湖南、广西和贵州 9 个省份而不是全国；同时，这些研究使用的数据都是 2010 年以前的，不能反映中国政府大量投入学前教育之后的情况。第二，上述研究只考虑了入园与否，并没有分析入读不同类型幼儿园的影响因素。我们有理由相信入读公办和民办幼儿园的孩子来自两个不同类型的家庭群体，背后的影响因素也不同。第三，现有研究没有分析学前教育家庭成本对入园及其入园类型的影响。

（二）研究问题

基于文献现状及政策需求，本研究试图回答以下 4 个方面的问题：

（1）目前我国 3~6 岁儿童中还有哪些没有入园？导致这些孩子不能入园的家庭和社区影响因素有哪些？

（2）谁进什么类型的幼儿园？家庭社会经济地位如何影响幼儿入读不同类型（比如公办 / 民办，高质量 / 低质量等级）幼儿园？

（3）家庭在获得幼儿园教育需要承担的成本是多少？在多大程度上家庭需要承担的成本是导致孩子不能入园的障碍？

（4）对于有孩子在幼儿园的家长来说，什么是他们心目中认为好的学前教育质量？

此外，在本研究中，还增加了入园难度和满意度的分析，即询问已经入园的家长孩子进入目前幼儿园的难易情况、他们所作的努力、他们的满意程度等问题。

二、数据和研究方法

为了回答上述问题，课题组依托西南财经大学中国家庭金融调查（China Household Finance Survey，CHFS），加入教育财政支出等方面的专项问题，其中包含 3~6 岁幼儿是否入园、入园类型及入园成本方面的问题，称为中国教育财政科学研究所入户调查数据（CIEFR–HS）。该调查覆盖全国 29 个省份（西藏和新疆除外）、355 个区县、1428 个访问小区、38641 户家庭。3~6 岁样本儿童 4204 人，其中男童 2296 人（占 54.6%）、女童 1908 人（占 45.4%）。

课题组以统计分析和计量经济学等为主要定量方法进行研究。定量方法将基于入户调查数据使用描述统计、Probit 模型和多元 Logistic 回归等多种方法分析学前教育家庭成本及入园机会的影响因素。

三、初步发现及讨论

（一）谁还没有入园?

1. 3~6 岁未入园儿童基本情况

在受访的 3~6 岁的 4204 名儿童样本中，有约 22.2% 的目前并未入园，其中男童占比为 54.6%。分年龄来看，年龄越小，未入园比例越高。其中，3 岁儿童未入园比例达 43.5%（见图 13–1）；从性别来看，未入园儿童的性别分布较均衡（见图 13–2）。对比各年龄段内未入园儿童的城乡差异，农村未入园比例远高于城镇，且年龄越小，差异越大。从地区及户籍类型上看，西部地区未入园比例高于东部、中部地区，各地区内农村家庭未入园比例均超过城镇家庭（见图 13–3 和图 13–4）。从具体地区分布看，未入园比例较高的省份主要集中在西部（见图 13–4）。

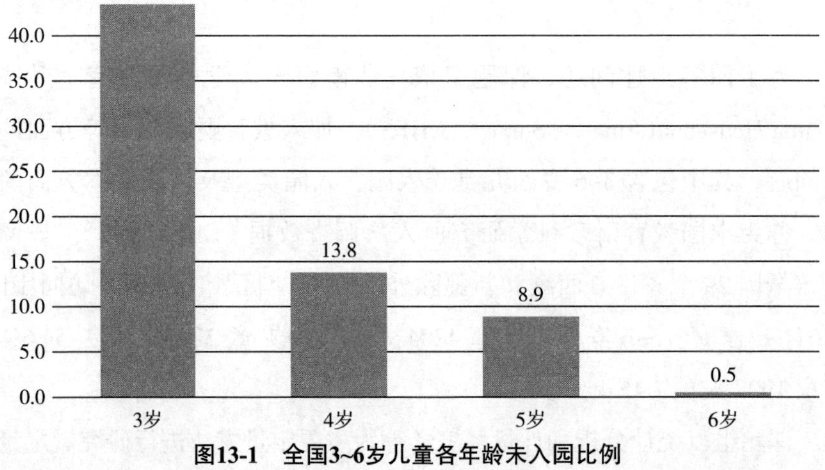

图13-1　全国3~6岁儿童各年龄未入园比例

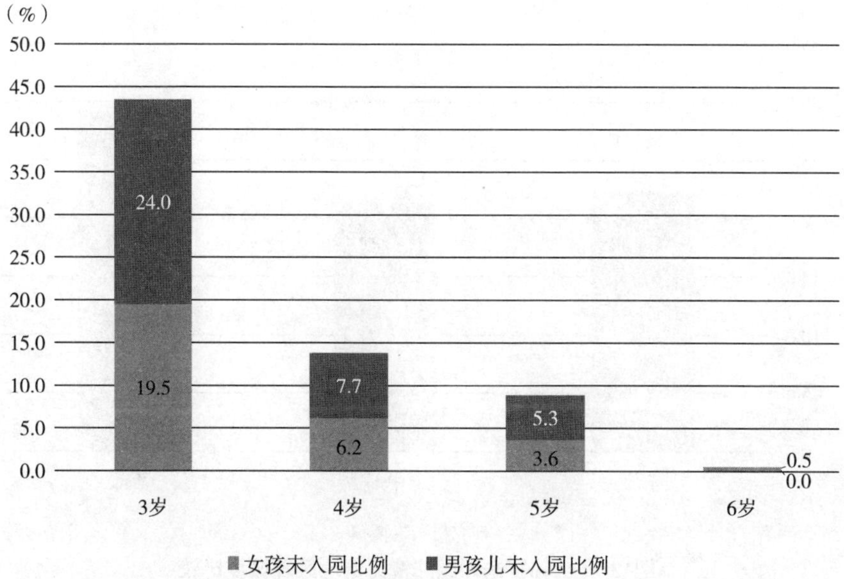

图13-2 全国3~6岁儿童各年龄未入园比例性别分布

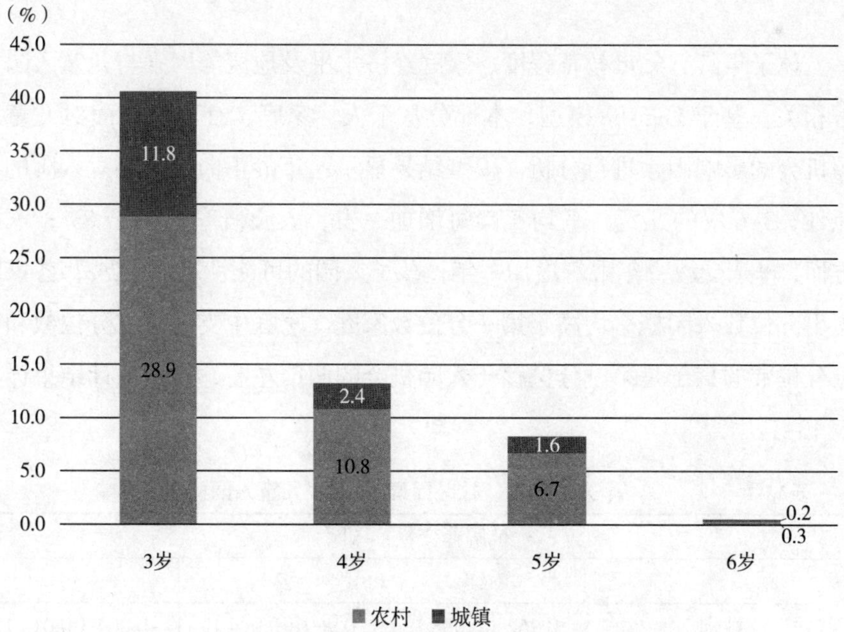

图13-3 全国3~6岁儿童各年龄未入园比例城乡比较

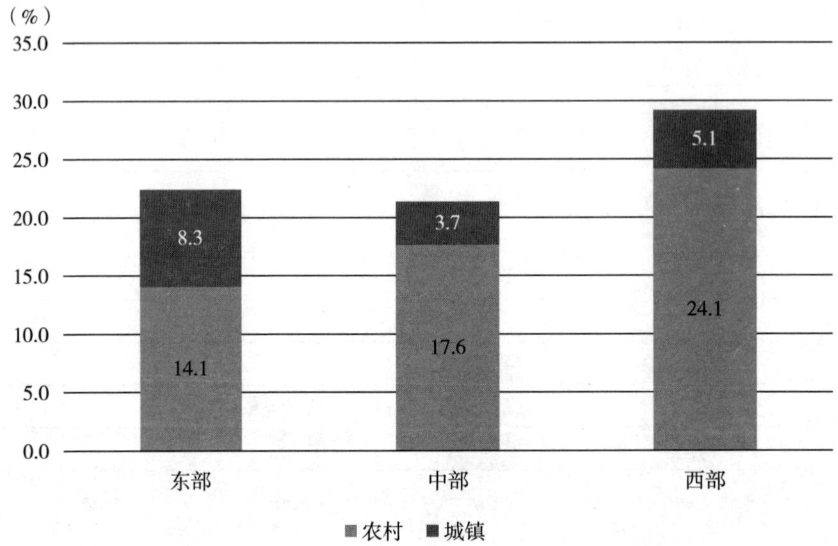

图13-4　3~6岁未入园儿童比例地区及城乡比较

2. 3~6 岁儿童入园影响因素分析——基于 Logistic 模型

孩子年龄、父母教育程度、家庭经济水平及地区等因素与儿童入园显著相关。基于 Logistic 模型，本部分从个人、家庭、社区三方面对儿童入园机会的影响因素进行分析。模型结果显示：年龄正向影响儿童入园的可能性，3~6 岁的儿童，平均年龄每增加一岁，入园概率增加 17.8%；家庭方面，母亲受教育年限每增加一年，孩子入园的可能性增加 1.2%；各家庭支出分位数入园概率均高于第一分位数家庭。家庭中支出第三分位数和第五分位数的孩子是第一分位孩子入园机会的两倍左右，模型估计结果详见表 13–1。

表13-1　　个人、家庭、社区因素对3~6岁儿童入园机会的影响

被解释变量：入园			
	（1）	（2）	（3）
性别	0.962（0.088）	0.969（0.094）	–0.004（0.014）
年龄	0.178（0.008）***	0.180（0.008）***	0.175（0.008）***

续表

被解释变量：入园			
	（1）	（2）	（3）
户口类型（参照组：非农业户口）			
农业户口	0.641（0.065）***	0.906（0.107）	1.004（0.123）
母亲受教育年限		0.014（0.002）***	0.012（0.002）***
父母婚姻状况（参照组：已婚）			
离婚	—	0.707（0.321）	0.710（0.362）
丧偶	—	1.425（1.022）	1.760（1.252）
地区（参照组：东部地区）			
中部地区	—	1.601（0.198）***	1.762（0.222）***
西部地区	—	0.857（0.099）	0.914（0.108）
ln家庭总资产（万元）	—		–0.005（0.005）
家庭支出分位数（参照组：第一分位数）			
第二分位数			1.491（0.217）***
第三分位数			2.096（0.330）***
第四分位数	—	—	1.806（0.291）***
第五分位数	—	—	1.932（0.350）***
样本	3053	3053	3053

注：表中为Logistic模型估计结果，对于连续变量，系数代表平均边际效应，对于分类变量，系数代表odd-ratio；被解释变量为0–1变量，即是否入园。第（1）栏仅含个人因素的估计，第（2）栏加入了家庭因素，第（3）栏在第（2）栏基础上加入了社区因素。*、**、***分别代表在90%、95%、99%置信系数下的显著水平。

3. 未入园原因调查统计

针对目前未入园儿童的家庭，继续询问未入园原因。调查显示，88.7%受访户未将孩子送入幼儿园，主要因为认为自己孩子太小，其次的三个原因分别为“附近没有幼儿园”“幼儿园太贵”“家里有人带”，依次占5.0%、3.5%、1.5%（见图13–5）。针对认为“孩子太小”而未送入园的646户家庭，进一步对3~6岁各年龄进行分析，孩子年龄为3岁而认为自己孩子太小的占比约为75%，4岁约占18%，即大部分家长认为孩子3~4岁太小不适合入园。继续比较城乡差别，发现在各年龄组内，认为孩子太小的主要为农村家庭，且孩子年龄越大，反而认为孩子年龄太小不适合入园的农村家庭比例更高，统计结果见图13-6。

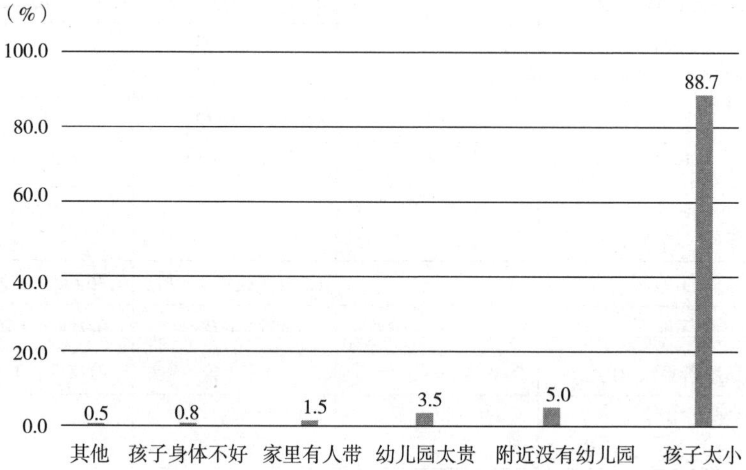

图13-5　3~6岁儿童未入园原因调查统计

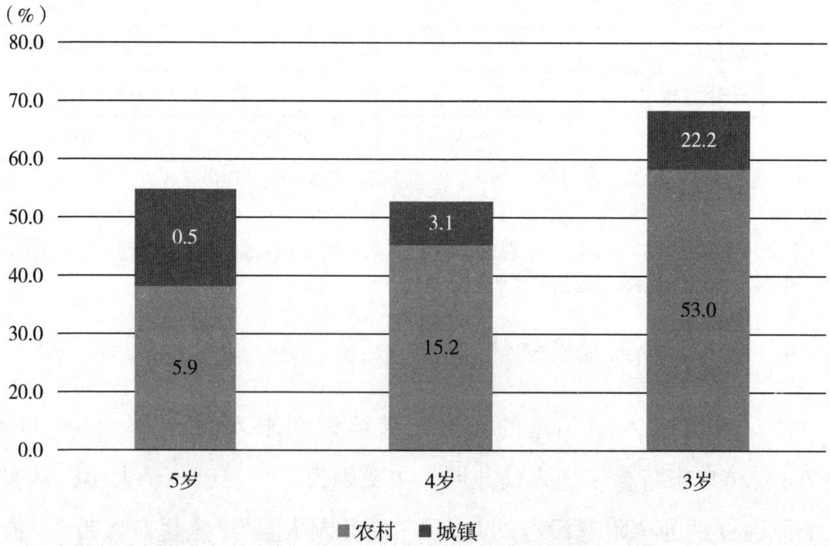

图13-6　因孩子太小未送入园各年龄城乡差异比较

（二）谁的孩子进什么类型的幼儿园?

1. 家庭社会经济地位与入读幼儿园类型

本部分主要分析不同儿童家庭的城乡类型、家庭消费水平及母亲受教育程度，以比较儿童入读的幼儿园类型及质量。从家庭所属的城乡类型看，城镇家庭未入园儿童的比例低于农村家庭，但入读公办幼儿园的比例高于农村家庭（见图 13–7）；从消费水平看（家庭消费分位数），消费水平越低的家庭，儿童未入园的比例也相对越高，随着家庭消费水平的提高，入读民办幼儿园家庭比例也更高（见图 13–8）。

对于入读政府机关幼儿园、大学附属幼儿园、小区配套幼儿园的儿童，城镇家庭比例高于农村家庭，进入乡镇中心幼儿园、小学附属学前班、普惠性民办幼儿园的儿童，农村家庭则远高于城镇家庭，且家庭消费水平越高、母亲受教育程度越高，在高质量高收费幼儿园入读的比例也越大。进一步分析发现，小区配套幼儿园类型中民办的比例略高于公办；根据家庭消费支出分位数的分析，家庭消费分位数越高，占比也越大，其中第四分位数家庭占比超过 50%，这意味着小区幼儿园主要是较为富裕家庭孩子的“特权”。

（1）谁入读公办园?

优势家庭的孩子有更大可能进入公办园。如图 13–7 和图 13–8 所示，城镇比农村的孩子有更大比例进入公办园，而进入民办园的比例相似。

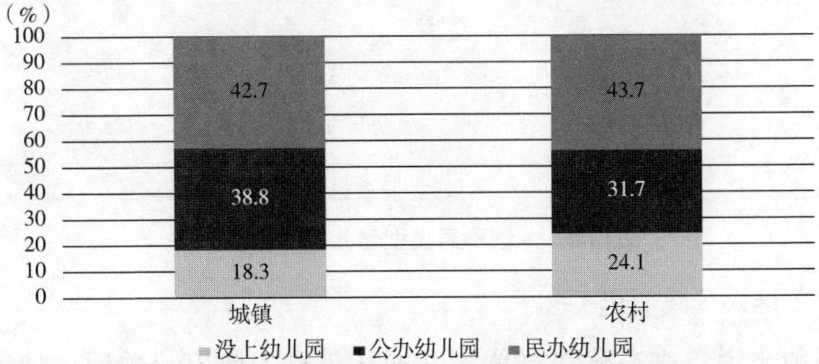

图13-7　城乡之间入读不同类型幼儿园比例的比较

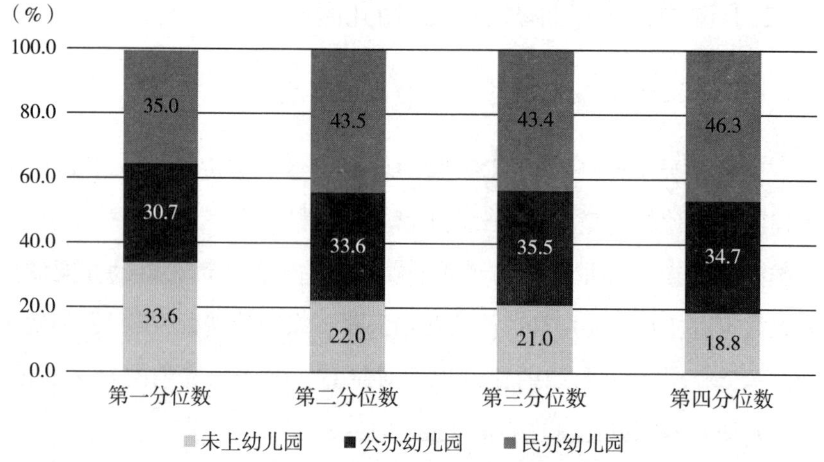

图13-8　不同家庭消费水平的儿童所入读幼儿园类型比较

（2）谁入读普惠性民办园、乡镇中心园和小学附属学前班？

弱势群体家庭的孩子倾向于进入这些幼儿园。如图 13–9 所示，超过 70%~80% 的农村孩子在这类幼儿园。

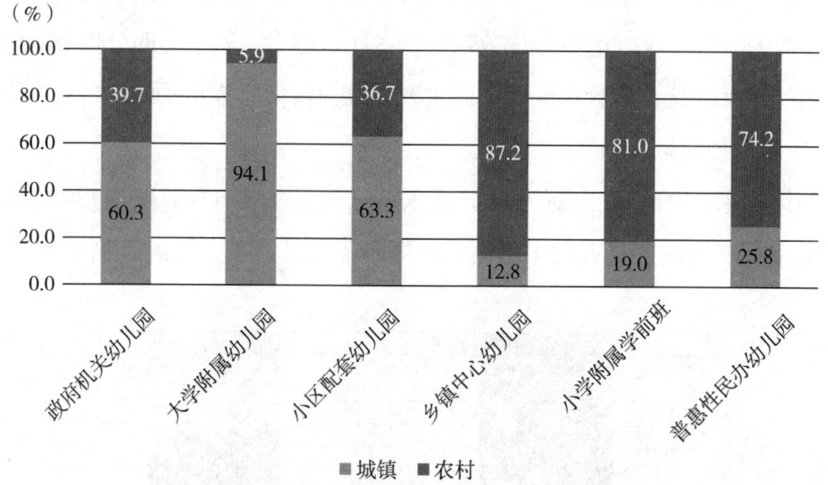

图13-9　入读不同类型幼儿园的城乡比较

（3）谁入读政府机关园？

一般来说，来自优势群体家庭的孩子进入政府机关园。如图 13–9 和图 13–10 所示，主要是来自城镇户籍和较高收入群体阶层的孩子入读。只有40%的农村户籍及10%的低收入阶层的孩子进入政府机关园。

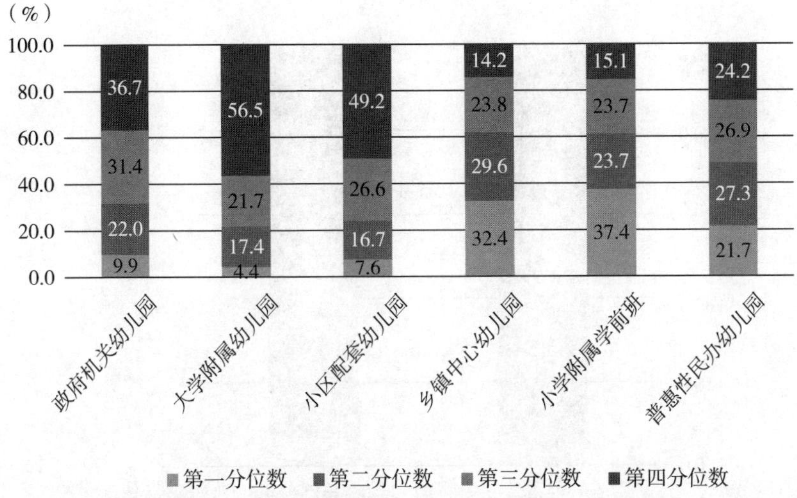

图13-10　入读不同类型幼儿园的家庭消费水平构成

（4）谁入读城镇小区配套幼儿园?

城市小区配套幼儿园入读儿童入读主要由中等收入以上家庭的孩子构成。无论是公办还是民办幼儿园都是如此（见图13-11和图13-12）。公办小区配套幼儿园超过八成（83%）的孩子来自中等收入以上家庭（消费

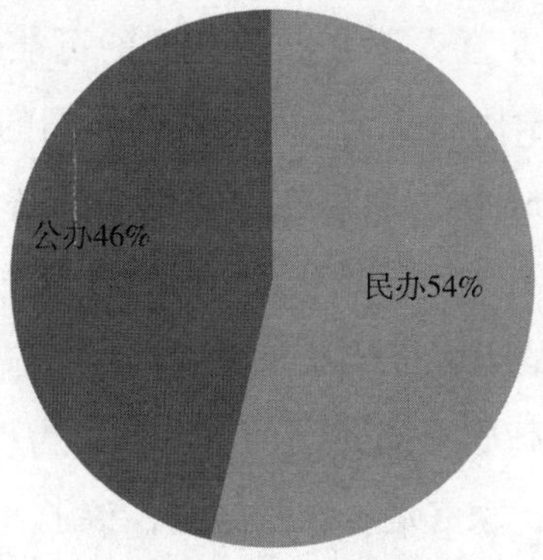

图13-11　城镇小区配套幼儿园的类型分布

支出占 50%）；民办小区配套幼儿园超过四分之三（76%）的孩子来自中等收入以上家庭（消费支出占最多 50%）。

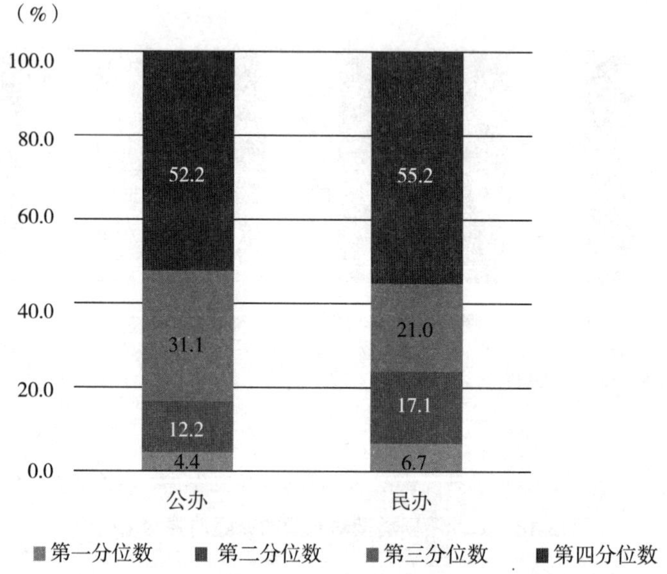

图13-12　城镇小区配套幼儿园类型的入读类型比较

2. 入读不同类型幼儿园的影响因素分析——基于 Logistic 模型

运用 Logistic 回归模型对儿童入读公办幼儿园的可能性进行估计，结果显示，农村家庭儿童入读公办幼儿园的可能性低于城镇家庭；母亲为“大学及以上”学历的儿童入读公办幼儿园的可能性是“高中及以下”学历的家庭的 1.58 倍；而家庭消费水平越高，入读公办幼儿园的可能性则越小（见表 13-2）。对于幼儿园的收费及质量，农村家庭进入高质量高收费幼儿园的可能性比城镇家庭低，母亲为“大学及以上”学历的儿童入读高收费高质量幼儿园的可能性，为母亲为“高中及以下”学历的儿童的 1.43 倍，家庭消费水平越高，孩子入读高质量幼儿园的可能性也越大（见表 13-2）。

表13-2　　家庭经济地位因素对入园类型和质量的影响

被解释变量		
	（1）	（2）
	入读公办幼儿园	入读高收费高质量幼儿园
农村家庭 （参照组：城镇家庭）	0.820（0.077）**	0.209（0.024）***
母亲文化程度 （参照组：高中及以下）		
大学及以上	1.575（0.175）***	1.434（0.201）**
家庭消费支出 （参照组：第一分位数家庭）		
第二分位数家庭	1.108（0.145）	1.713（0.386）***
第三分位数家庭	0.777（0.102）*	2.039（0.439）***
第四分位数家庭	0.961（0.128）	3.064（0.646）***
第五分位数家庭	0.707（0.098）**	4.176（0.883）***
样本	2531	2062

注：表中系数为Logistic模型的odds-ratio估计结果。第（1）栏被解释变量为0-1变量：1表示入读公办幼儿园，0表示入读民办幼儿园。第（2）栏被解释变量为0-1变量：1表示入读高收费高质量幼儿园，包括政府机关幼儿园、大学附属幼儿园、小区配套幼儿园；0表示入读低收费低质量幼儿园，包括乡镇中心幼儿园、小学附属学前班、普惠民办幼儿园。*、**、***分别代表在90%、95%、99%置信系数下的显著水平。

（三）入读幼儿园的家庭经济负担有多重?

总体来看，受调查家庭幼儿园教育年平均花费为 6879.7 元，占家庭年平均总消费的 10.7%。进一步地，家庭幼儿园花费在家庭年平均消费的占比，在城乡之间存在较大差异：城镇家庭的幼儿园教育年平均花费为 10221.5 元，占家庭年平均总消费的 9.7%；农村家庭的幼儿园教育年平均花费为 4885.4 元，占家庭年平均总消费的 12.3%，高于城镇家庭约 3 个百分点。

1. 不同家庭消费水平的幼儿园成本

根据不同家庭的年平均消费所在的分位数划分消费水平，并在此基础上比较幼儿园支出在家庭年平均支出中的占比，可以发现，无论对于农村家庭还是城镇家庭，随着消费水平的提高，该占比逐步减少，即入读幼儿园的成本对于更低收入的家庭来说负担是更重的。而横向比较城乡差异，在各消费分位数，城镇家庭的幼儿园支出占比均高于农村家庭，这意味着城镇家庭在幼儿园教育的投入上要多于农村家庭，该城乡差异随着家庭消费水平的提高而减小，详细统计结果如表13–3和图13–13所示。

表13-3　城乡比较：不同消费水平家庭幼儿园成本在家庭总支出的占比

家庭消费分位数	农村家庭			城镇家庭			城乡差异
	幼儿园年平均支出（元）	年平均家庭支出（元）	占比	幼儿园年平均支出（元）	年平均家庭支出（元）	占比	
第一分位数	2997.6	22876.9	13.1%	5491.5	26106.1	21.0%	7.9%
第二分位数	4320.2	44218.1	9.8%	6761.2	45849.4	14.7%	5.0%
第三分位数	5475.5	69509.2	7.9%	8682.8	71281.5	12.2%	4.3%
第四分位数	7912.3	145140.7	5.5%	13912.6	156797.6	8.9%	3.4%

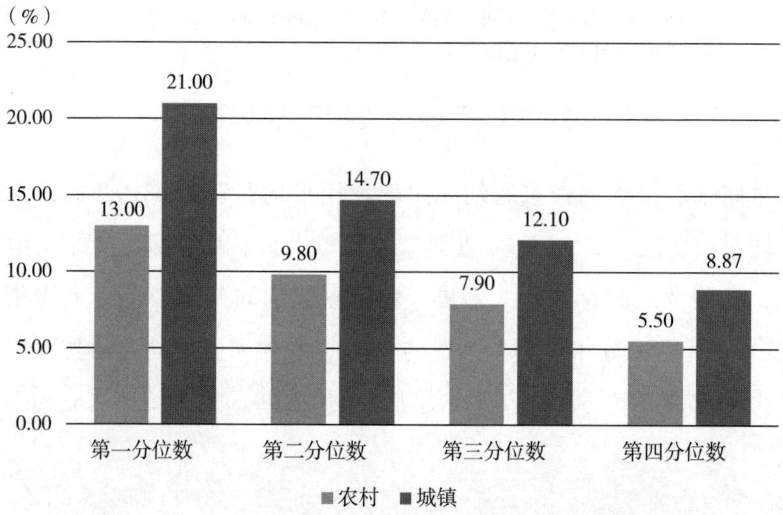

图13-13　城乡比较：幼儿园花费教育成本的家庭支出占比

2. 入读不同类型幼儿园的成本

根据幼儿园类型的不同（公办、民办），在城乡间对家庭幼儿园开支占比进行比较，结果如表 13–4 和图 13–14 的统计结果所示。总体上看，民办幼儿园的绝对开支及家庭消费占比高于公办幼儿园。横向比较城乡差异，城镇家庭的幼儿园花费，无论公办还是民办，均高于农村家庭一倍左右，而家庭消费占比差异主要体现在民办幼儿园上，即可能意味着高收费高质量的民办幼儿园主要集中在城镇，且在城镇家庭消费中占更大的比例。

表13-4　城乡比较：入读不同类型幼儿园成本在家庭总支出的占比

幼儿园类型	农村家庭		城镇家庭		幼儿园成本差（元）	幼儿园成本占比差异
	幼儿园年平均支出（元）	占比	幼儿园年平均支出（元）	占比		
公办幼儿园	3917.23	7.7%	7876.47	8.4%	3959.24	0.7%
民办幼儿园	5578.31	9.8%	12428.57	13.2%	6850.26	3.4%

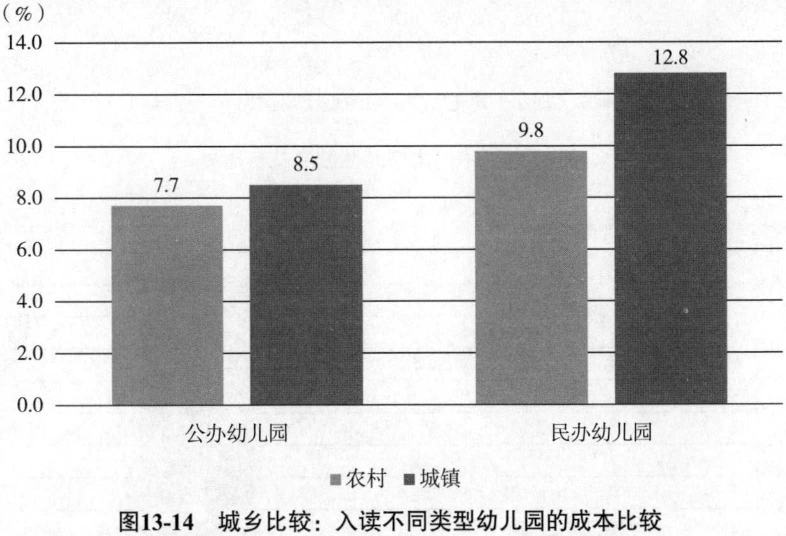

图13-14　城乡比较：入读不同类型幼儿园的成本比较

3. 各类型幼儿园的学费比较

进一步细分幼儿园的类型，对各类幼儿园的学费及其在家庭开支中的占比进行比较，发现收费较高的有大学附属幼儿园和小区配套幼儿园，乡镇中心幼儿园、小学附属学前班的学费不及前两类的三分之一（见图13–15）。尽管政府机关幼儿园和普惠性民办幼儿园的学费水平相近，但入读后者的家庭在其家庭年消费中占有更大比例，即入读普惠性民办幼儿园家庭的负担是相对更重的（见图 13–16a 和图 13–16b）。

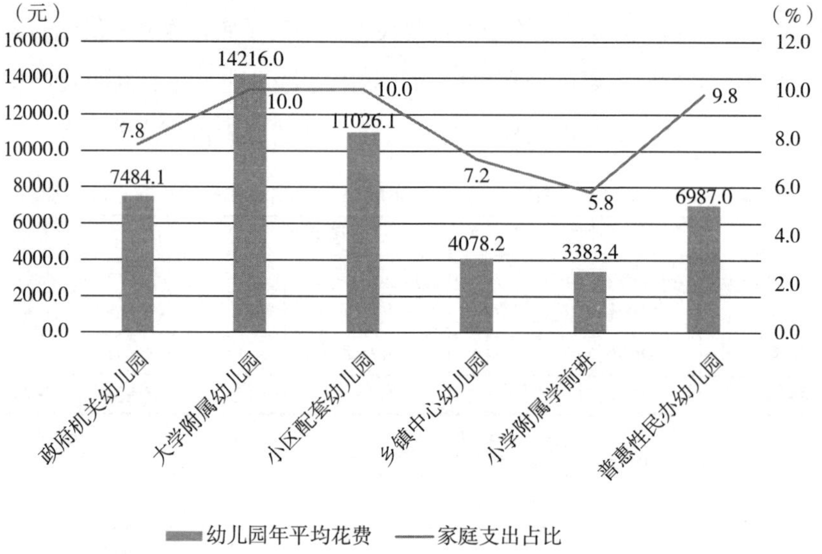

图13-15　不同类型幼儿园的花费比较

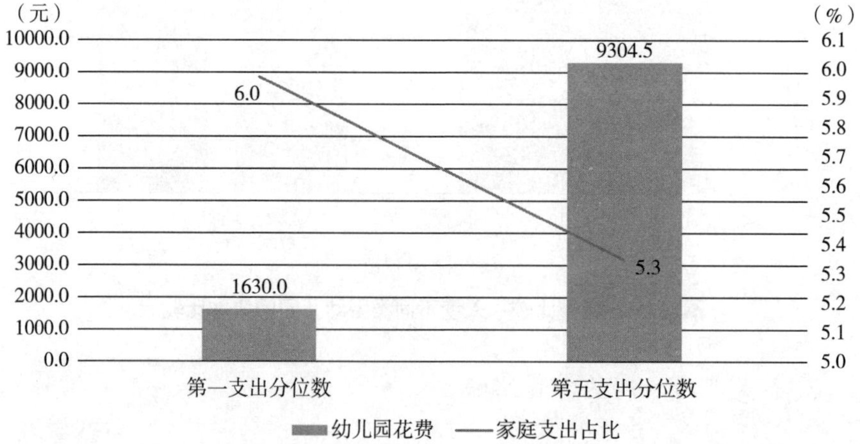

图13-16a　城市公办小区配套幼儿园花费及家庭支出占比（按家庭支出分位数）

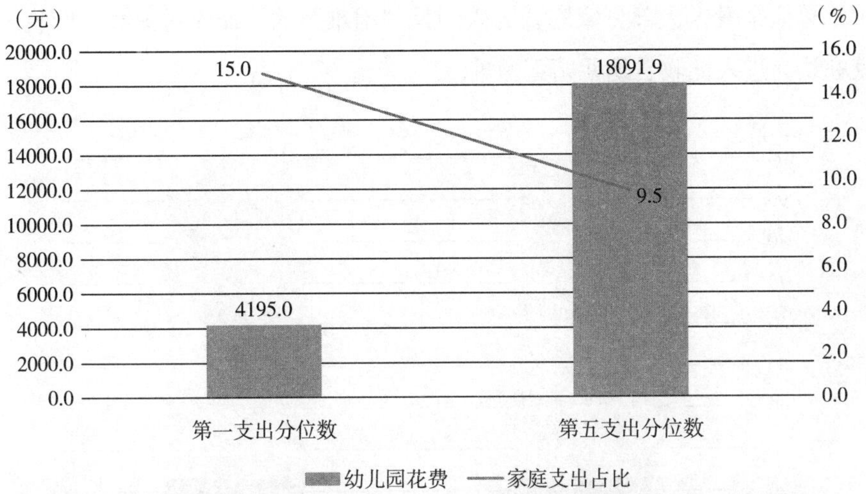

图13-16b　城市民办小区配套幼儿园花费及家庭支出占比（按家庭支出分位数）

（四）"入园难"的主观感受如何？家长们做过哪些入园努力？

1. 入园主观难度

（1）入读公办 / 民办幼儿园难度比较

调查统计显示，无论是对于公办还是民办幼儿园，绝大部分家庭认为之前进入目前所读的这所幼儿园是"困难"的，该比例在 76% 左右，而认为入园"容易"的只有 5% 左右（见图 13–17）。

（2）不同消费水平家庭入园难度比较

根据不同消费水平家庭对入园难度进行比较，发现家庭消费水平越低的家庭认为入园"困难"的比例越高，而认为入园"容易"的比例则越低（见图 13–18）。

（3）入读不同质量幼儿园的难度比较

根据不同幼儿园质量，对入园难度进行对比，发现认为入读低收费幼儿园"困难"的比例要高于入读高收费幼儿园的比例，而认为入读高收费幼儿园"容易"的比例要高于入读低收费幼儿园的比例。

总体来看，大部分家庭认为入园是“困难”的，而农村家庭、低收入家庭认为进入低收费幼儿园更困难。

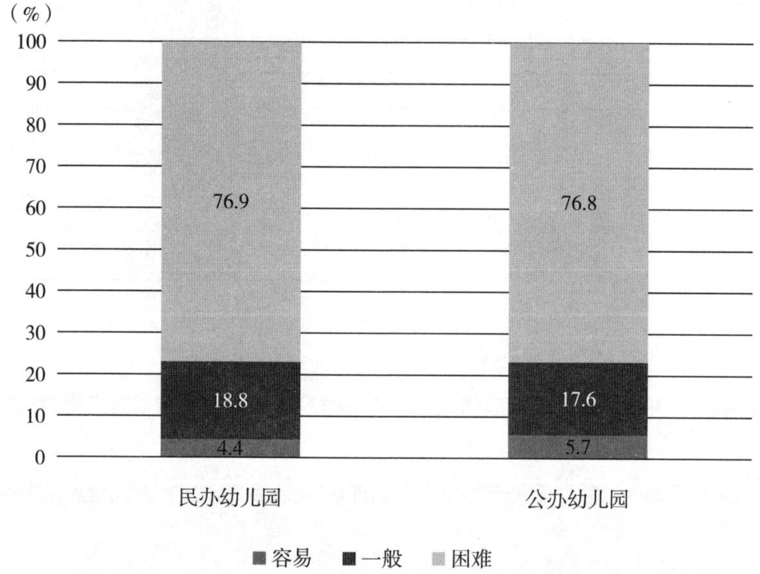

图13-17　入读不同类型幼儿园的难度调查

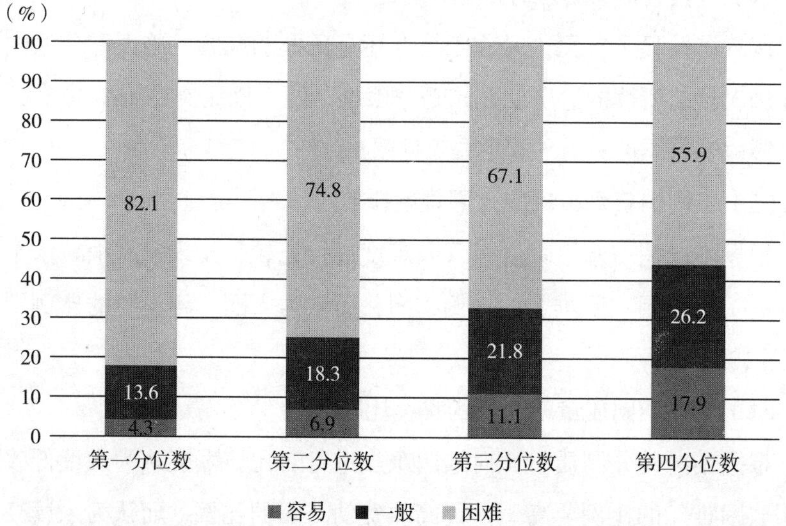

图13-18　不同家庭消费水平的入园难度调查

2. 为入园所做的努力

对入园儿童家长为入读当前幼儿园所做过的努力进行调查，结果显示，在2648个样本中，努力内容比例相对较高的有“参加过面试”“搬家”“托关系”“租房子”，比例依次为7.5%、3.9%、3.5%、2.4%（见图13-19）。

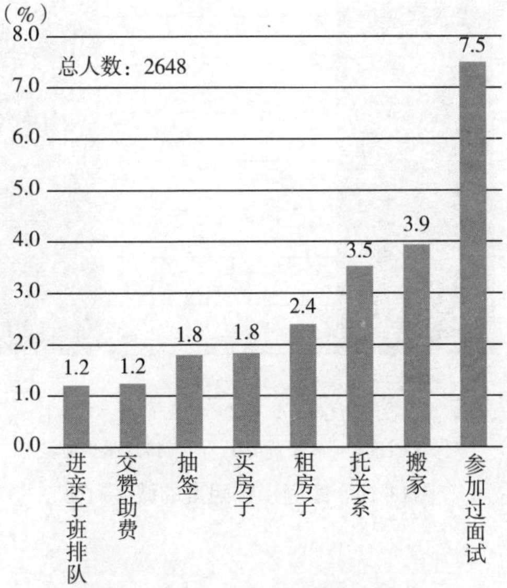

图13-19　为入读幼儿园所做的努力

（五）家长心目中看重哪些学前教育质量?

1. 不同家庭背景的择园因素

通过向家长询问“您认为下列哪项因素在择园时第一重要”，总体而言，“幼儿园保教质量”是大部分家庭择园时认为的第一重要因素，约占60%左右，30%左右认为“幼儿园是否接送方便”第一重要，选择“幼儿园收费情况”第一重要的比例仅在5%左右。相比较而言，城镇家庭选择“幼儿园保教质量”为第一重要因素的比例略高于农村家庭（见图

13–20），而家庭消费水平越高，母亲受教育程度越高，认为“幼儿园保教质量”第一重要的比例也越高（见图 13–21 和图 13–22）。

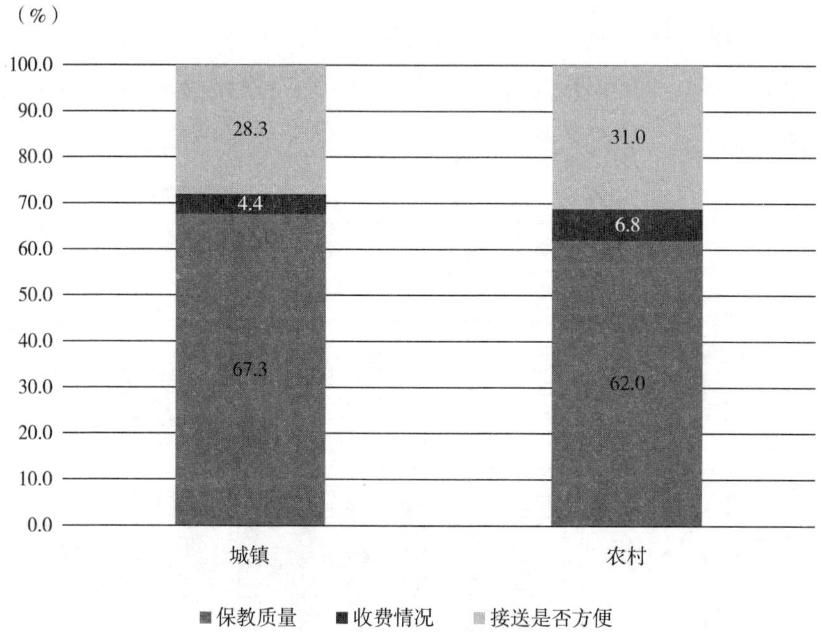

图13-20 家庭择园因素的城乡对比

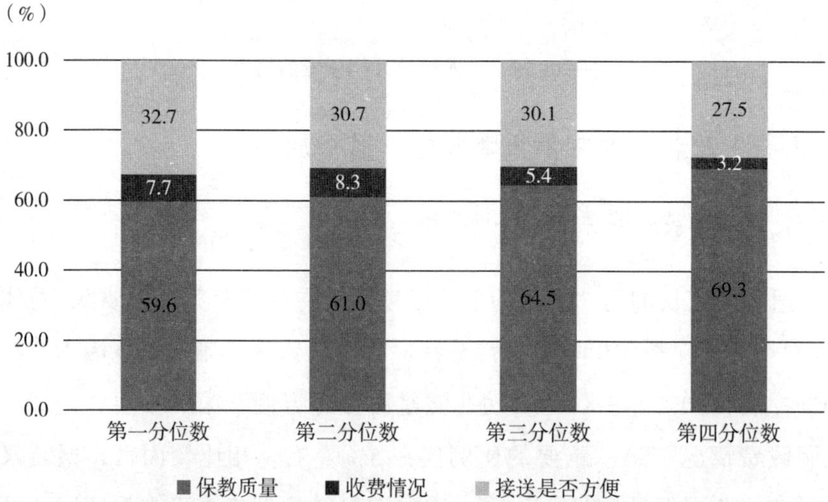

图13-21 不同消费水平家庭择园因素比较

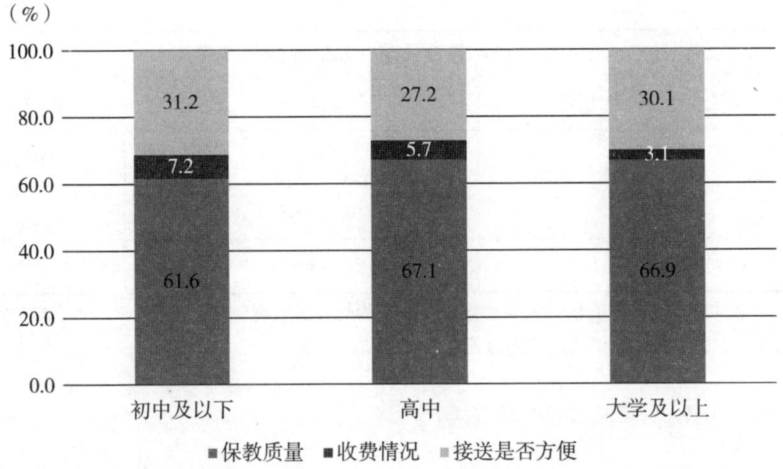

图13-22　不同母亲文化程度家庭择园因素统计

2. 不同家庭背景的择园因素回归分析——基于 OLS 模型

本部分选取幼儿园学费作为衡量幼儿园质量的指标，以评估不同背景的家长与选择入读不同学费幼儿园的关系。OLS 模型估计结果显示：农村家庭入读的幼儿园的学费平均低于城镇家庭 38.5%，入读公办幼儿园的学费平均低于民办幼儿园 42%；母亲受教育年限每增加一年，所入读的幼儿园学费平均增加 5.6%；家庭年平均消费每增加 1%，所入读幼儿园学费平均增加 35%，而家庭平均资产每增加 1%，幼儿园平均学费高出 3.6%。即母亲受教育水平越高、家庭经济状况越好，所入读幼儿园的质量也越好（见表 13–5）。

表13-5　不同背景家庭选择不同学费幼儿园的比较

被解释变量：教育质量（ln幼儿园年花费）		
解释变量	coefficient	Std.Err.
是否为农村家庭	–0.385***	0.041
母亲受教育年限	0.056***	0.006
ln家庭年平均消费	0.350***	0.030
ln家庭总资产	0.036***	0.014

续表

被解释变量：教育质量（ln幼儿园年花费）		
是否为公办幼儿园	-0.420***	0.034
常数项	7.540***	0.082
样本	2065	
R-square	34.6%	

注：表中为OLS模型的估计结果。被解释变量为幼儿园教育年平均花费。*、**、*** 分别代表在90%、95%、99% 置信系数下的显著水平。

3. 入园儿童家长满意度调查

针对已入园儿童的家长进行幼儿园满意度调查，74.69% 的家长对孩子目前所入读的幼儿园感到“满意”，3.72% 的家长表示“不满意”（见图13-23），进一步对比农村和城镇家庭对于公办、民办幼儿园的满意度，发现民办幼儿园在农村的满意度要高于城镇，而对公办幼儿园的满意度，城镇则高于农村（见图 13-24 和图 13-25）。同时，入读不同类型幼儿园的家长满意度也有所不同（见图 13-26）。

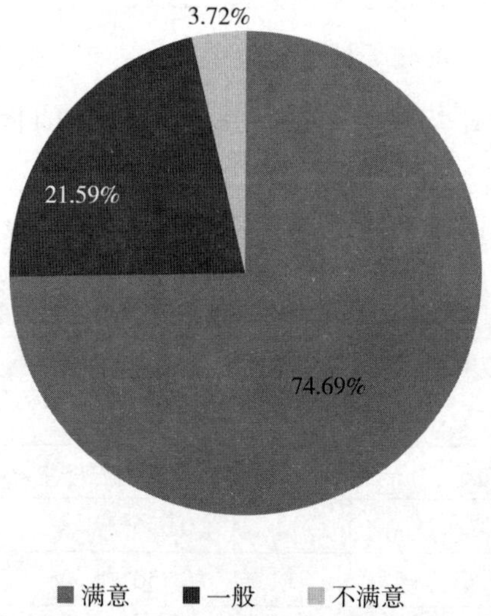

图13-23 入园儿童家长满意度调查

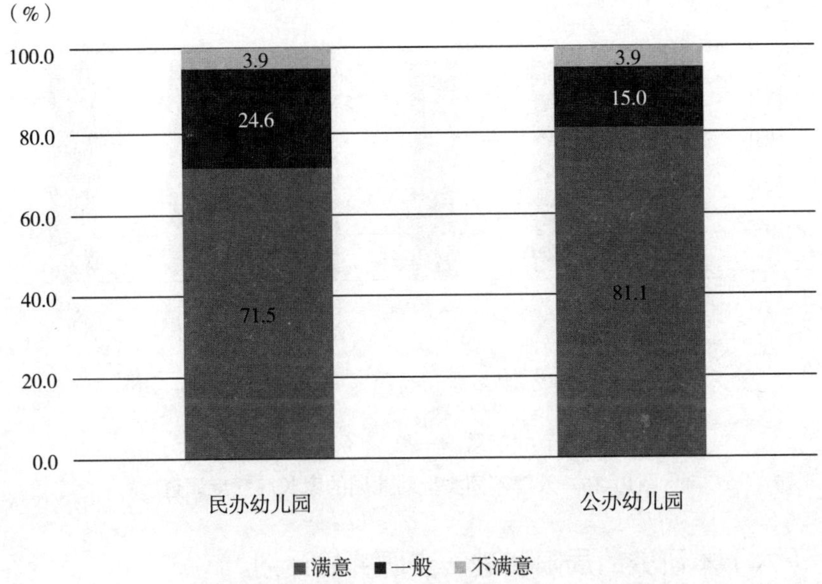

图13-24　入园儿童家长满意度调查——农村

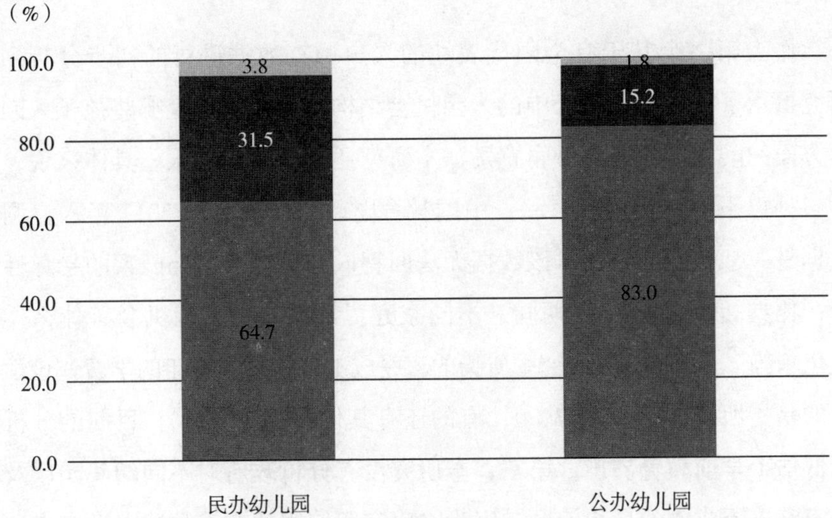

图13-25　入园儿童家长满意度调查——城镇

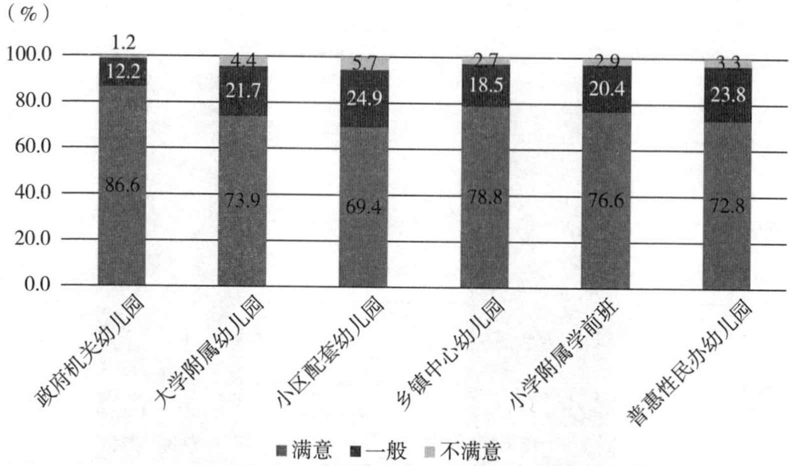

图13-26　入读不同类型幼儿园的家长满意度调查

（六）本研究的局限和进一步研究的计划

1. 本研究的局限

作为第一个基于有全国代表性的入户调查数据进行的初步分析，本研究揭示了我国学前教育中的入园机会结构性不公平以及哪些孩子入园难等方面的问题。然而，毋庸置疑，本研究还存在诸多局限。具体来说，至少包括以下四个方面：第一，中国教育财政科学研究所 2017 年入户调查数据是一个横断面数据。该数据无法回答入园机会及影响因素的趋势性问题，比如 2010—2017 年期间，不同家庭背景的儿童入园机会有什么样的变化趋势[①]。第二，本研究中所指的家庭成本是指过去一年的学费。该学费有的是指所有的费用（73%），有的还有其他费用（27%）。目前的分析可能低估了学前教育支出。第三，本研究没有分析政府对不同幼儿园以及不同家庭入园成本的分担问题。因为本研究所使用的调查数据中没有来自幼儿园层面的财政经费数据。第四，学前教育质量是家长在为孩子选择幼儿

① 在另一个研究中，笔者带领的课题组使用北京大学社会调查中心的中国家庭跟踪调查数据（CFPS）分析了入园机会和家庭学前教育机会的变化趋势。

园时考虑的重要性方面。这个质量是非常主观的测度，可能不能很好地测度家长的学前教育质量观。

访谈中，多个县的教师和村级服务人员均反映，留守儿童较非留守儿童更多地出现心理行为问题和情绪控制问题，认为自己不受父母重视，自我评价降低，容易表现出不自信，性格内向不合群，比较孤僻和偏执，不善表达，不愿主动与老师及同学交流，不敢发言，不喜欢参加集体活动，解决事务能力较弱。同时，留守儿童较其他儿童更难及时表达需求，情感诉求缺乏有效回应。

2. 进一步研究的计划

基于上述局限，课题组拟在下一步研究中开展三个方面的工作。第一，使用北京大学社会调查中心长期跟踪调查数据 CFPS 分析入园机会随时间变化的趋势性问题。第二，基于 CIEFR-HS 数据，分析家庭在幼儿园保教费和其他费用方面的支出情况。第三，考虑与教育部教育经费管理数据中的幼儿园层面数据匹配，分析不同幼儿园经费中的政府分担情况。

四、总结和结论

本研究基于 2017 中国教育财政科学研究所入户调查（CIEFR-HS—2017）数据的初步分析，有以下四个方面的结论。

第一，关于入园机会及影响因素。在 3~6 岁儿童样本中，约有 22.2% 的目前并未入园。孩子年龄、父母受教育程度、家庭经济水平及地区等因素与儿童入园情况显著相关。未入园儿童的性别分布较为均衡，年龄越小，未入园比例越高。农村家庭儿童未入园比例高于城镇家庭，且年龄越小，城乡未入园比例差异越大。西部地区未入园儿童比例高于东部、中部地区，而各地区内农村家庭未入园儿童比例均超过城镇家庭。未入园比例较高的省份主要集中在西部。农村户口儿童入园的可能性低于城镇家庭。

母亲受教育和家庭支出水平也正向影响孩子入园可能性。关于孩子未入园的原因，大部分家长主要认为孩子太小。

第二，关于谁入什么类型的幼儿园。来自优势家庭的孩子有更大可能进入较好的幼儿幼儿园。比如城镇户口、来自较高收入家庭的孩子更有可能进入政府机关幼儿园；而中等收入（较高支出水平）家庭的孩子更有可能进入小区配套幼儿园和大学附属幼儿园；弱势群体家庭儿童更有可能进入普惠性民办幼儿园和乡镇中心园。

第三，关于入园成本。入园家庭承担的成本对于更低收入的家庭来说，负担更重；同时，城镇家庭在幼儿园教育的投入上要多于农村家庭。经济越发达地区的城镇家庭，教育幼儿园成本占比越低，而发达地区的农村家庭的幼儿园成本占比则更高。

第四，关于入园难度的主观感受及对保教质量的看法。大多数家长认为入园困难，尤其是社会经济地位低的家长；城乡之间、不同母亲受教育水平、不同消费水平的家庭在择园时，多数家长（60% 左右）均认为幼儿园保教质量是第一重要因素 。同时，入读不同类型幼儿园的家长以及不同家庭背景的家长对幼儿园的满意度也不同。

执笔人：宋映泉

参考文献

[1] GongX.，Xu，D.，& Han， W.（2015）. Household income and preschool attendance in *China.Child Development*， 86，194–208.

[2] Kilburn M.R.，& Datar A.（2002）. The availability of child care centers in China and its impacts on child care and maternal work decisions. *Labor and Population Program*， RAND Working Paper Series No. 02–12.

[3] Short S.， ChenF.， Entwisle B.， & Zhai， F.（ 2002）. Maternal work and child care in China： A multi_method analysis. *Population and Development Review*，

28， 31–57.

[4] Short S.， & SunR.（2003）. Grandmothers， formal care and educational advantage in China. D. Bakers， B. Fuller， E. Hannum & R. Werum（ Eds.）， Inequality across societies： Families， schools and persisting stratification. *Research in the Sociology of Education*， 14， 7–31. Bingley， UK： Emerald Group.

[5] Wong A.H.L.， Luo R.， Zhang L.， & Rozelle， S.（2013）. The impact of vouchers on preschool attendance and elementary school readiness： A randomized controlled trial in rural China. *Economics of Education Review*， 35， 53–65.

[6] Zhai F.， & Gao Q.（2010）. Center–based care in the context of one–child policy in China： Do child gender and siblings matter?. *Population Research & Policy Review*， 29， 745–774.

第十四章
从幼儿发展到乡村振兴
——农村学前教育的再思考

党的十九大提出要实施乡村振兴战略。2018年1月2日，中共中央、国务院公布了《关于实施乡村振兴战略的意见》，明确了乡村振兴的目标任务，指出到2020年，现行标准下农村贫困人口实现脱贫，城乡基本公共服务均等化水平进一步提高。当前，农村仍然是政府工作的难点和重点，城乡的不均衡发展不仅反映在收入水平上，还更多体现在社会发展条件、公共服务供给质量的差异上，其中“幼有所育”所涉及的学前教育服务的差距一直以来较为突出。

人的早期培养，对其一生的发展和成功奠定了基础。目前社会较多以义务教育为界，将学龄前的教育划分为儿童早期发展领域。在教育的各个阶段中，儿童早期教育是投入产出比最高的。詹姆斯·赫克曼（James Heckman）从人力发展和社会投入的角度证明，在儿童身上的投入越早，回报越高，同时在儿童身上的投入将直接促进社会公平。有一些政策是既公平（即促进平等）又提升经济效率的。在不利儿童（disadvantaged children）生命的早期年份进行投入就是这种政策[①]。

① Heckman, J. J. The economics of inequality: the value of early childhood education. *American Educator*, 2011（35）: 6.

一、农村学前教育现状及发展阻碍

（一）农村幼儿园的条件制约

农村的义务教育现状在过去的十年间得到了极大的改善。这一方面是由于国家基础教育领域投入持续加大，学校质量和设施得到了提升，更多的偏远山村儿童能以寄宿的方式获得免费教育；另一方面也由于教育观念普及到位，越来越多的家庭意识到工作对基本知识水平的要求，主动将孩子送去就学。在精准扶贫政策全面推行下，义务教育阶段“控辍保学”也同教育扶贫的考核挂钩。2012 年 9 月 5 日，国务院印发《关于深入推进义务教育均衡发展的意见》，力图缩小区域之间、城乡之间、学校之间的教育差距，实现教育公平。截至 2019 年，全国共 23 个省份整体通过县域义务教育基本均衡发展国家督导评估认定，占 71.9%；累计 2767 个县通过义务教育基本均衡发展国家督导评估认定，占 95.32%[①]。与之相比，农村学前教育长期不受重视、获得的政策支持和资金投入较少、与城市地区高质量的学前教育差异更显著。根据国家统计局的调查，2016 年末，96.5% 的乡镇有幼儿园、托儿所，却只有 32.3% 的村有幼儿园、托儿所[②]。2016 年，全国共有幼儿园 24.0 万所，比上年增加 1.6 万所。但是，农村在园（班）幼儿为 2822.8 万人，比上年增长 1.7%，增幅低于城市[③]。全国没有入园机会的 3~6 岁儿童，大约每四个中就有一个在农村偏远山区。粗略估计全国有大约 1400 万个 3~6 岁儿童目前仍然无园可上，这些儿童大多集中在中西部农村偏远地区[④]。可以看出，影响学前教育入学率的主要问题在农村。

2017 年 1 月，国务院印发《国家教育事业发展“十三五”规划》，提

① 教育部：《2019年全国义务教育均衡发展督导评估工作报告》。

② 国家统计局：《第三次全国农业普查主要数据公报（第三号）》。

③ 教育部：《中国教育概况——2016年全国教育事业发展情况》，2017年11月10日。

④ 宋映泉：《调整目标 增加供给 建立机制 促进公平——关于建立成本分担机制促进学前教育健康发展的政策建议》，《中国教育财政》，2016年第11期，第3页。

出到2020年，学前三年毛入园率要达到85%。教育部等四部门提出，到2020年普惠性幼儿园覆盖率（公办幼儿园和普惠性民办幼儿园在园幼儿数占在园幼儿总数的比例）达到80%左右[①]。对于贫困农村地区而言，即便提供了现成的教学场所，按照托幼标准仍需要地方财政划拨师资经费。一般村级幼儿园以非在编的志愿者为主要师资来源，平均月工资在2000元左右[②]。编制少、待遇低、人员流动大成为制约农村学前教育发展的重要因素。

（二）多代留守导致养育习俗的破坏

年轻务工人员在离开农村家庭后，由于接触到地区经济的差异，很少选择返回农村，但是孩子却仍然留在农村，由祖辈抚养，导致出现大量的“空心村”。2016年2月公布的《国务院关于加强农村留守儿童关爱保护工作的意见》（简称《意见》）中将留守儿童定义为“父母双方外出务工或一方外出务工另一方无监护能力、不满十六周岁的未成年人”。经民政部统计，目前农村留守儿童有697万人，0~5岁的儿童占21.7%[③]。在诸如贵州、四川等留守儿童问题严重的省份，留守儿童不仅身心受到极大影响，还容易产生更严重的社会问题。

有学者认为，目前农村已经进入到二代留守儿童的阶段。“留守二代”的父母本身就是养育缺失的一代，处于游离于乡土和城镇的状态，其自身对于传统和习俗的承继不够完善。韩俊认为，现阶段一些维系农村社会秩序的乡村精神逐渐解体，这在一定程度上造成了乡村社会秩序的失范。一些农民社会责任、公德意识淡化，与家人感情日益淡漠，家庭观念不断淡

---

① 教育部：《教育部等四部门关于实施第三期学前教育行动计划的意见》，2017年4月17日。

② 根据笔者调查，不同地区学前教育志愿者待遇略有差异，一般为1500~2000元，无三险一金，志愿者学历为高中及以上，通常要求幼教相关专业。而正式编制的幼教老师，包括特岗教师在内，工资一般为志愿者的2~3倍左右并有五险一金。为了提升志愿者积极性和稳定性，在一些地区，如贵州省松桃县，从事过多年幼教志愿者的事业编制报考者，可以在总成绩里有一定的加分，考上事业编制后以正式老师的待遇继续在原岗位工作。

③ 在《意见》公布之前，学界沿用的对留守儿童的定义是“父母一方外出务工、不满十八周岁”，推算全国有6000余万留守儿童。无论哪一种统计口径，留守儿童都是巨大的群体。

化，导致不养父母、不管子女、不守婚则、不睦邻里等有悖家庭伦理和社会公德的现象增多，家庭的稳定性不断被削弱[①]。急于离开农村的愿望令留守家庭将抚养后代看作为增加家庭劳动力的方式，而非家庭的长远投资。有外出务工能力的年轻人既拒绝承担养育的责任，又抵触上一辈养育习惯的传递，使得农村普遍存在一种的现象：打工父母长期与留守儿童缺乏陪伴，没有协同成长的过程，真到自己需要偶尔承担看护的责任时，常常出现不耐烦、打骂、弃之不顾的行为，拒绝听从老人养育经验的教导。从其作为父母的身份上看，因为投入不足，其养育能力被弱化，也无从起到承接抚育下一代的功能。

此外，隔代监护也产生了“以老养幼”和“以看代教”为主的内生性问题。出于对后辈的关爱和家庭责任的原因，老人对小孩子更加纵容，一方面对孩子的各种要求都尽力满足，另一方面由于隔代的知识和精力欠缺，并不能准确地把握孩子成长阶段的需求，更倾向于按照自己原有的养育经验行事而较少地考虑儿童的实际需求。所以在留守家庭里，老人很少和小孩有言语沟通和主动教授知识，极易导致留守儿童孤僻、自闭的性格，也让儿童错过了家庭培养的社会化环节。

由于当前幼儿园“不入村”的问题，多数贫困农村地区幼儿难以实现就近入园[②]。乡村中监管能力有限的老一辈在缺少临近幼儿园且对其余民办学前机构质量不认可的前提下，宁愿将幼儿放在家中看护，直到孩子已经超过入园年龄，才在小学的要求下让孩子上一年或两年的“学前班”，这时候儿童各个方面的发展已明显滞后。同时，私立幼儿园所需的投入过大，也影响了家庭送儿童入园的动力。

儿童早期的健康发展为其一生奠定了基础，早期教育既是隔代养育的

① 韩俊：《以习近平总书记“三农”思想为根本遵循 实施好乡村振兴战略》，《管理世界》2018年第8期，第1–10页。

② 中国发展研究基金会：《中国儿童发展报告2017：反贫困与儿童早期发展》，中国发展出版社2017年版第92页。

农村家庭所面临的教育挑战，也是保障社会公平迫切需求。达到“幼有所育”的目标，需要创新农村学前教育的服务模式，并对以幼儿园为代表的普惠性社会机构有更整体的认知。

二、山村幼儿园：服务进村对家庭功能的影响

（一）“学前进村”的模式探索

中国发展研究基金会（以下简称“基金会”）在西部地区多个县的实地考察发现，幼儿园与儿童家庭距离的增加会加重家庭接送的负担，严重影响其入园的积极性。一般情况下，农村地区距离 2 千米以上就已无法做到学前服务全覆盖。因而山村幼儿园的建立可以与其他学前教育资源形成互补，起保基本、兜底线的作用，专注于设在公办园覆盖不到、民办园不去办的村寨里处境较为不利的儿童。由于自然经济条件制约，学前教育进不进村，会直接关系到学前教育的普惠性能否得到落实。

基金会在 2009 年启动了“一村一园计划”，通过“山村幼儿园”方式，就近为 3~5 岁山区幼儿提供学前教育服务。山村幼儿园的办园理念是“公办 + 公益”，以普惠性为宗旨，在有 10 人以上适龄幼儿的自然村寨建园，其根本目标是确保贫困地区最底层的 20%~30% 儿童能够接受学前教育。

基金会团队实地考察发现，多数自然村都有现成的房屋可供使用，以“撤点并校”闲置的场地居多，还有的是村级小学富余的教舍。“山村幼儿园”原则上不新建房屋校舍，但必须达到“五有”办园条件：至少有一间 30~40 平方米的安全教室、有安全卫生的厕所、有教学活动场所、有教学设施设备、有必要的生活用品。1 所有 20 名幼儿的山村幼儿园一年运行经费为 3 万元，生均成本年均约 1500 元。其中，购买公共服务的师资成本为每生每年 1200 元，玩教具、图书、培训等教学软性资源匹配

成本为每生每年 300 元。基金会要求试点县教育局按照 1 ∶ 20 的师生比配备志愿者老师，由各县教育局统一招聘、培训，由各中心校统一管理。目前，绝大多数的幼教志愿者是学前教育相关专业的大中专毕业生，其待遇水平根据当地经济水平从 1500 元 / 月到 3000 元 / 月不等。一些优秀的志愿者在工作一定时间后又考取了县教育局的正式编制，继续服务于农村基层。

管理模式的合作上，基金会和地方教育局各展所长。一方面，在常规性的管理、保障和质量控制上，以县教育局、乡镇中心学校、教管中心为主，让山村幼儿园制度化、标准化，用地方的优质资源带动落后地区的学前质量提升。另一方面，基金会瞄准薄弱区域和教育环节，发挥社会组织的灵活性和资源优势，引入省、市示范园资源帮助共建，并针对地方培训力量不足的情况，增加在幼教志愿者上的培训、评优投入，以增加其专业性和积极性。在山村幼儿园创设方面，各地也采取了富有地方民族特色的设置理念，比如在贵州一些区县，幼儿园以竹子为原材料，制作了大量儿童活动器械。

经过十年的探索实践，“一村一园计划”已经推广到 11 个省 31 个县，对提高试点县学前教育普及率起到了至关重要的作用，对贫困家庭从根本上脱贫影响深远。根据基金会“一村一园：山村幼儿园”网站的数据，2018 年的 51781 名山村幼儿园受益儿童中，40.4% 为双留守儿童，即父母都不在身边陪伴，20.5% 来自精准扶贫家庭，9.1% 来自单亲家庭，确实起到了“兜底线”的作用。基金会追踪了最早开展试点的青海省乐都区 2009 年以来的 8500 名山村幼儿园项目儿童。他们中约 65% 的儿童进入小学后，学习成绩稳定在全县同年级儿童的前 40%，这一比例与县城幼儿园儿童相近，远好于没有上过幼儿园的村里的儿童（2783 名儿童只有 17% 进入前 40% 行列）。

（二）家庭－幼儿园功能的结合

家庭的功能在生命周期的不同阶段也有所不同，一般而言，家庭具备生产、消费、生育、教育等功能，其中生育、教育都和下一代密不可分。费孝通认为，在现代社会中，一个孩子的教育已经不能单靠父母来担负、单在家庭里去完成了。社会生活复杂之后，分工更细，知识更精确，技术更专门，有一部分抚育作用不能不从家庭里移出，交给特设的教育机关了。这种教育机关起初不过是具有补充性质，可是日渐发达，时常会有取父母责任而代之的趋势[①]。不同于城市里高度分化教育机构和家庭－学校之间的职能区分，农村家庭处于现代社会和传统乡土之间且家庭功能受到破坏。外出务工令农村儿童面临着父母缺位，而农村“熟人社会”的特质，给予了幼儿园承担部分家庭养育功能的条件，使其影响力不再局限于校园空间。

笔者在 2018 年 5 月两次前往青海省乐都区的中坝藏族乡调研山村幼儿园，与两名有代表性的儿童朝夕相处了一个星期。在他们的生活中，幼儿园占据了重要的位置。他们的故事如下。

5 岁儿童小噶和 3 岁的小桑是玩伴，也是表亲。他们都住在距离城区有 2~3 小时车程的山上，平时很难有机会离开自己的村子。小噶外婆是小桑奶奶的亲妹妹，这两个老人是家中唯一能给孩子提供日常照料的监护人。两家的距离只有 100 多米，平时可以互相照应。因为周围也没有其他同龄的孩子，所以两个孩子常常像亲兄弟一样玩耍。两个家庭都是村里的建档立卡贫困户，生活较为困难。

小噶的爸爸在他 7 个月的时候就离开了家，他从记事起就没见过爸爸。他的妈妈多年没给家里打过一个电话，没给过家里一分钱，外婆也联系不上她。在小噶的记忆里只有外公和外婆两个亲人。外婆 50 多岁，只上过一年多小学，基本上不认识字，也不懂普通话，患有心脏病，后背和

---

① 费孝通：《乡土中国 生育制度 乡土重建》，商务印书馆2011年版第168页。

膝盖都有问题，走路时不时就需要扶墙休息，无法干重活。外公身体也欠佳，老人常年在外挖虫草，一年能挣六七千元，再加上种树挣点小钱。外婆平时还需下地干农活、做家务，到晚上才有时间和小噶说话。

妈妈不告而别的时候小噶才 1 岁半。外婆为了对孩子好一些，曾经把小噶送到市区上幼儿园，她也为了离孩子近一些，曾在市区幼儿园附近租房，无奈花销太大，只能又回到村里。幸好中坝乡有了自己的山村幼儿园，外婆便让小噶在村里上了幼儿园。入园两年，外婆觉得老师对待小噶就像照顾自己的孩子，比自己教得好，还有好方法。

3 岁的小桑家庭情况也很类似，1 岁的时候他妈妈离开了家，爸爸不知去向。小桑的奶奶只有小学二年级文化，基本上不认识字，也不会说普通话。小桑的爷爷在外面打工，他是家庭的全部收入来源。两个老人身体也有些病痛。小桑因为岁数很小，每天要守在奶奶身边，不然常常会哭闹。平常奶奶会带着他去地里除草，干点农活，走到哪带到哪。

小桑回到村里的时间还不长，虽然还不到年龄，但是奶奶已经把他送到了幼儿园。对奶奶而言这是无奈之举，一是为了有人白天看管他，帮助减少老人的负担，二是山村幼儿园很便宜，是家庭还可以承受的。小桑年纪小，上幼儿园还没有纪律性，自己想坐就坐，想睡就睡，发生争执的时候会动手打人，胆小且孤僻，只和哥哥小噶玩耍。但是只要老师在身边，小桑就会大胆地做任何事，也不再要求黏着奶奶。调研期间，只要老师在，我们就可以在没有老人的情况下领着小桑和小噶玩闹。与小桑相比，小噶体现了和年龄不相符的成熟。他在幼儿园期间学会了普通话，成为这两家里唯一会用普通话交流的人。5 岁的他充当了我们与两个老人的翻译官。小噶自己也非常喜爱幼儿园，喜欢老师和同学们，说幼儿园比在家里有趣。他不仅上课非常积极、遵守纪律，还很敢于表现。他的外婆说自从上了幼儿园，只要老师安排的作业、课后任务，小噶一定要完成。小噶以前有一些坏习惯，在幼儿园得到了纠正，比外婆说他还管用，而且变得懂事和孝顺，回家就抢着做家务，让她很省心。如果外婆做饭，小嘎就会洗菜；如果外婆打扫卫生，小嘎就会帮着拿扫帚扫地。

这两个儿童的家庭是不完整的，因为从小缺乏父母的陪伴，老人的精力也有限，平时主要时间在忙农活。在他们的家里，家庭的教育功能被大大削弱，急需来自外界的支持。小桑和小噶的案例，代表了众多贫困农村地区的儿童的处境。留守儿童的低龄化导致儿童和父母最早的情感依赖未能建立，最初社会化也没能在家庭完成。通过在贵州、青海、湖南、河南等地的实际入村走访，笔者发现留守儿童的父母常常在孩子 1~3 岁期间离开家庭外出务工，其中一些案例中，父母在孩子仅仅 6~8 个月大就外出务工，之后每年会在过年的时候才回家，造成“幼无所育”。根据基金会在全国多地的调查结果，在贵州个别地区，3 岁以下儿童的留守比例高达 46.5%[①]。单纯依靠家庭自身的力量，无法保障低龄儿童身心的健康发展。

良好的家庭环境对于儿童的发展意义重大。在功能完整的家庭里，在儿童接受托幼机构的教育前，家庭成员会通过亲子间的不断互动，增进儿童各个方面的发展，所以幼儿与家庭成员，特别是双亲的情感依恋非常强。人类身心发展的重要阶段发生在出生后的头几年。这几年是儿童身心能够得到正常发展的唯一机会，是儿童充分发挥其遗传素质和在环境因素作用下全面发展仅有的时机[②]。农村留守儿童面临的往往是从幼儿阶段就产生的情感缺失，只能依靠精力有限的隔代人的照料。这种情况下，来自外部的幼儿园的力量及时介入，为儿童提供了同伴及教师的关怀，避免儿童因为被忽视而产生心理阴影。

事实上，学龄儿童在语言、情感、社交等方面反映出来的异常，直接源于其更年幼时期的留守经历和教育缺乏。把学前教育作为义务教育的

---

① 由中国发展研究基金会“慧育中国：山村入户早教”项目组于2019年6月在全国7个省的8个县里做了儿童具体情况调查统计，总共调查了7000余名0~3岁在村儿童。样本以县为单位，仅面对农村地区项目儿童，也包括了乐都的10个乡镇。调查发现乐都10个乡镇的农村0~3岁儿童留守率为15.8%。

② 裘蕾、梁爱民、滕红红、杨海河、王凤芝、孟杰、武英华、丁辉：《早期干预对0~1岁儿童家庭环境质量的影响》，《中国儿童保健杂志》，2007年第12期，第619页。

延伸，以普惠性公共服务的形式深入农村，可以尽早为儿童提供干预和关爱。山村幼儿园承担起了包括监护、教育、情感培养等很多家庭本身的职责。如小噶一样的儿童在幼儿园里而不是家中找到了学习和模仿的对象，并且在接受教育的过程中对外界有了不一样的认知。与城市儿童不同，对一些农村儿童而言，幼儿园并不是家庭之外的额外帮助，而是少数可直接依赖的家庭功能的补足。农村中的幼儿园是接受了家庭功能的让渡，补充了家庭在教育、关爱等方面的缺陷。幼儿园老师既负责文化的教授，又需要在上学日里负责起孩子的衣食住行，甚至比儿童的高龄监护人与儿童有更多的互动。儿童在幼儿园接受关爱，学习遵从规范、与人相处，这些本应是由家庭负责的任务，在农村却可以由幼儿园承担起来。也正因为学前机构的影响，"以老养幼"和"以看代教"中监护主体自身的限制在幼儿园中得到部分补偿。

三、农村社区抚育习惯的重建

（一）农村熟人社会与养育文化

传统中国农村的建立以"熟人社会"为基础，在此基础上，乡约、民德和国家法律共同维系着村庄的日常秩序。但是在现代化、"离土进城"的历史巨变中，传统乡民道德在逐步改变。习俗和家庭观的约束力在降低，外出打工的年轻一代远离土生土长的村庄，受到邻里亲朋"民风"的影响越来越小。人—地—村的关系在现代社会被打乱，年轻农村劳动力离土后就抛弃了农村的养育文化，但是在城市中不能融入的"游离"，以及追求经济利益忽视了下一代的养育，最终的结果是留守儿童受到的家庭养育在城乡的"缝隙"之中受到挤压。

养育文化作为社会知识的一种，也是中国农村文化里最重要的环境之一。它奠定了一个家庭继替的成功，具有强烈的地方性特色、时代性特色。农村所保有的“熟人社会”特质，一方面在集体层面形成了独特的养育文化，另一方面提供了现代化背景下依然具有生命力的个体照料方案。在广大农村，以家庭养育为基础的包括宗族和村落级别范围的养育，这种状况对传承传统的亲情伦理关系、道德礼仪和社会规范具有重要作用，对于维持社会稳定和社会和谐发展具有重要作用[①]。特别是在儿童父母缺位、以老人监管为主的农村留守家庭里，充分发挥社区养育的作用，既可以减轻家庭负担，为处境不利的儿童尽可能多地提供机会，又可以形成有利的养育环境，在农村社区内实现良性养育文化的传递。

然而近十年来，社会和学界对农村养育状况的讨论，较多关注于从教育学和心理学层次关注农村儿童的不足，例如用量表对留守儿童学习能力、认知能力、心理健康等方面进行测量，反映和城市抽样的结果差异，比如从幼童到高中生，不同能力和社会经济群体之间的学习者有深层的词汇量差异[②]。这种研究趋势忽视了整体养育文化这个更基本的前提。当前需要明确的是如何为农村养育找到可行的改善方式，通过农村本土的关系结构和传统，依托“熟人社会”重塑养育习惯的传递。

（二）学前教育溢出效应下乡村养育习惯的重建

笔者在多省农村地区的调查反映，大量农村留守儿童的父母由于长期打工，和孩子不亲、没耐心，即便在家也是将孩子交由老人看护，进而对养育产生拒斥或不愿意与孩子协同成长。一些已经离开农村的年轻人拒绝承担养育的责任，抵触上一辈在农村遵循的养育方式，当其自身回到家需要承担看护的责任时，常常体现出不耐烦、打骂、弃之不顾等行为。上文中提到的两个儿童的案例就属于比较极端的个案。从父母的身份分析，年

① 涂元玲：《一个西北村庄传统儿童养育活动的教育人类学研究》，《湖南师范大学教育科学学报》，2010年第5期，第23页。

② Beck，I. L.，& Mckeown，M. G. Increasing young low-income children’s oral vocabulary repertoires through rich and focused instruction.*Elementary School Journal*，2007（107.3）：251–271.

轻打工者因为投入不足，其父母身份被淡化，也无从起到承接抚育下一代的功能。例如笔者在河南叶县调研时，留守儿童祖辈看护人经常表示“孩子妈妈没有耐心，说两句孩子就开始怪孩子”，或者“孩子爸爸对孩子没有耐心，教课的时候经常是教一两遍，孩子不会就不教了，或者嫌弃孩子太笨就不管了，（只能）交给我们接着管”。

在我国，无论是城镇还是农村都有老一辈协助看护幼儿的习惯，其合理性的前提应是看护者即祖辈人有丰富的养育经验和时间。在不经外部干预的作用下，这种家庭内的拒斥将造成负面效果的“隔代积累作用”：年轻的父母外出务工，长期缺乏和孩子的互动以及缺乏养育过程中的学习和投入，导致养育习惯的承继出现明显断档。即使假设祖辈可以在孙辈的养育中投入和年轻时同样多的时间和精力，其子辈作为一批未经受过养育训练的父母，会在为自己的孙辈提供照料时，面临同样的养育困难。这种养育文化继续传递给下一代时，又会继续影响到其儿孙的养育模式，“隔代积累”造成养育缺失的恶性循环。

山村幼儿园对社区的育儿行为改善，有显著的教育溢出作用（spillover effect）。

首先，幼儿园作为目前大多数农村地区儿童能最早接触到的教育机构，其在教授知识的同时，积极地引导了家庭关注力的回归。对农村家庭而言，最初送孩子去幼儿园和送孩子去小学的动机类似，目的是学习所需要的知识和技能。但是家庭中的孩子上了幼儿园之后，打工的父母在询问孩子状况时会多加了解孩子上学表现的情况，产生对自己孩子在园表现朴素的“攀比心”，拉近亲子距离。

其次，幼儿园将育儿方式辐射到了所在社区。现在不少农村幼儿园也在积极实行家园共育，即让家长与幼儿园教师共同参与到儿童的教育里。山村幼儿园立足乡村的熟人社会，一方面在儿童家访、社区宣传方面更加有优势，幼儿园老师能与儿童家庭成员保持更加紧密的联系，增加了儿童监护人的参与度；另一方面在聘用当地居民为儿童提供保教服务的时候，幼儿园的教育教学理念也促进了科学养育行为的普及。

笔者在多地调查发现，打工的父母回村后，会主动跟幼儿园老师询问孩子的情况。前文提到的小噶和小桑所在幼儿园的园长在当地坚持办幼儿园十余年，他表示：

我刚到这个村子是12年前。刚来的时候，这里的老人、孩子的父母亲，他们就只希望什么？希望在学校就像是我们在农村养猪一样，你给我看着点，（孩子）能拿着铁锹了，能打工就行了。就这样的情况，有了幼儿园5年以后，就发生了变化。年轻人就已经意识到了，就找我们说“老师，孩子拜托你了”。现在孩子还不到3岁，村民就会说“老师我们求求你了，我的孩子送进去给你教吧”。

有好多家长告诉我们，他们的孩子送过来才几天时间，家长在家里揍他，孩子就说，“你打我，我要去告诉我的老师，老师都不打我，你打我”。（2018年6月1日对青海省乐都区幼儿园园长的访谈。）

出于对文化的重视，农村家庭成员，特别是孩子的父母，在孩子上幼儿园之后，不能再完全依赖文化程度不高的老人，转而亲身参与到孩子的培养当中。在加强父母—儿童之间的互动时，亲子依恋（parent-child attachment）的重新建立促使父母在养育习惯上“补课”。一位老人在访谈中表示，自从孩子上了山村幼儿园，孩子的父母反而比以前操心。之前他们让孩子在村里上幼儿园，后来索性带着孩子在打工的城市租房上幼儿园，就是觉得孩子在教育上不能落下，也便于照顾。调查中，留在村里的年轻父母指出，近几年都没有计划出远门务工，因为孩子开始上幼儿园了，教育要紧，不敢随便外出。如果真计划外出打工，可能会将孩子带在身边到城里就读。

通过反向对农村家庭传递孩子表现、家园共育、环境创设等信息，幼儿园在园所的物理范围之外带动了家庭、社区的关注，正式使家庭重心转移到下一代的看护、抚育和培养上，在传统的养育方式上“嵌入”了新的教育理念。山村幼儿园以点带面的溢出作用维护了农村集体中的养育环境。如果说留守儿童监护人，特别是父母，在前期准备不足且未能养成良好的养育习惯，那么幼儿园的存在令家庭的关注重新回归到儿童身上，实现了整体农村社区的养育习惯的建立和优化。

四、农村学前教育在乡村振兴下的表达

教育是提高一个村庄人口素质、摆脱绝对贫困的重要途径。所谓小型社区实际上在社会结构和文化传统上都和比它们大的社区保持着千丝万缕的联系[①]。投资教育，特别是补足学前教育的短板，从短期来看是缓解因为城市对年轻劳动力的吸引而产生的农村养育困境，从长期来看是为了契合国家发展规划而做的努力。家庭问题会向社会“外溢”（externalities）。一个放弃家庭责任的社会成员所带来的危害不只局限于其家庭本身，社区以及整个社会都会为此承担经济和社会成本[②]。

2018 年 9 月，中共中央、国务院印发了《乡村振兴战略规划（2018—2022 年）》（以下简称《规划》），这是目前有关乡村振兴战略最具体的指导性文件。《规划》中将优先发展农村教育事业作为增加农村公共服务供给的第一要务，明确提出要发展农村学前教育，每个乡镇至少办好 1 所公办中心幼儿园，完善县乡村学前教育公共服务网络。从另一个角度来说，《规划》的突破在于直视了农村学前教育的缺口，并且从更宏观、整体的角度，要求各级政府把满足农村家庭的学前教育需求，作为公共服务能力提升的一个方面，而不单属于教育领域的考核任务。所以从国家层面看，村级幼儿园是能联结家庭、社区、国家的扶贫政策的具体表现。这就要求各级政府从一个全新的视角审视农村学前教育的意义。

---

① 〔美〕芮德菲尔德：《农民社会与文化：人类学对文明的一种诠释》，中国社会科学出版社2013年版第21页。

② 张秀兰、徐月宾：《建构中国的发展型家庭政策》，《中国社会科学》2003年第6期，第84–96页。

阿玛蒂亚·森（Amartya Sen）等人提出，更好的教育和医疗保健不仅能直接改善生活质量，同时也能提高获取收入并摆脱收入贫困的能力[①]。山村幼儿园是为数不多的在村级的普惠性教育设施，是国家人力资本投资最基层的表达，也是改善农村养育行为的基础。随着脱贫攻坚的完成，我国农村发展全面转向乡村振兴，高质量的教育自然成为人民群众的迫切期待。相对于衣、食、住、行的基本生活方面，乡村振兴在教育和医疗领域一直缺口较大，也是制约“农二代”“农三代”回村的重要因素。“三农”问题、乡村振兴不只是经济问题，还是社会—政治问题。好的社会基础不但能支撑农村的经济发展，而且能促进农村社会整合与城乡和谐平衡发展[②]。从社会发展角度而言，村级幼儿园是践行教育公平的第一环节。提供稳定、有保障的儿童发展机遇，无疑能更好地吸引年轻家庭成员建设乡村。

笔者在青海、贵州、湖南等地的调研发现，一些山村儿童的家长外出打工并把孩子接走，希望能令其接触到较好的城镇教育，但是后来又因为城镇私立幼儿园收费昂贵，吃住开销过大，不得已又返回农村就读。甚至有家庭觉得山村幼儿园肯定不如城里的，干脆拒绝送孩子入学，形成恶性循环。相较于幼儿的从小“离土”，利用一所好的幼儿园带动农村原本的社会资本、强化家庭养育习惯和理念、营造社区养育氛围，对于贫困农村及家庭而言是更经济、高效的做法，也是现阶段缓解留守儿童压力、释放农村养育资源、缩小城乡差距的合理途径。儿童留守是农民工从自身情况出发做出的理性选择，而农民固有的乡土性社会资本为他们自行解决子女的养育问题提供了可资利用的资源，也是解决这一社会问题最可靠的手段。从农村实际情况看来，解决“留守儿童”问题的真正有效办法还是农村固

---

① 〔印度〕阿玛蒂亚·森：《以自由看待发展》，中国人民大学出版社2002年版第88页。

② 王思斌：《社会生态视角下乡村振兴发展的社会学分析——兼论乡村振兴的社会基础建设》，《北京大学学报（哲学社会科学版）》，2018年第2期，第5–12页。

有的乡土性亲属网络资源[①]。而山村幼儿园作为农村的一部分和塑造者，向上承接了乡村振兴、阻断贫困代际传递的重要内容，向下融入农村社区，作用于家庭。幼儿园的存在连接了国家支持和具体农村所需，补短板的同时，也为乡村的可持续继替提供保障。

五、结论

本章尝试从多角度讨论山村幼儿园这一早期教育机构与农村家庭功能的补充、农村社区养育模式重构和国家乡村振兴战略的关系。山村幼儿园承担了更多的本属于家庭的任务，对于家庭结构不完整、处境不利的儿童家庭更有裨益。除对个体的教育功能外，幼儿园帮助重建甚至优化农村养育习惯，并作为落实国家乡村振兴政策的前线阵地，在家庭、社区、国家间形成张力。从这个角度上说，“学前进村”的意义格外重大。

从产品属性分析，学前教育是具有强正外部效应的准公共产品，涉及广泛的社会公共利益，应属于社会公益性事业[②]。这就要求政府、社会必须以大量资金的投入作为保障。对于包括学前教育在内的众多农村公共服务，在现今形势下，如果不能从更加整体的视角有效地分析，仅仅着眼于“有”和“无”的问题而不把质量并重，则势必导致头痛医头、脚痛医脚的状况，既无法有效改善农村条件，又无法全面贯彻国家战略。农村本是有机整体，就儿童问题来说，留守的一代如果因童年养育的缺失造成不可弥补的影响，成年后社会将以更高的成本去进行补偿。以幼儿园为代表的农村教育机构，在乡村治理过程中扮演着积极的角色，但是长期以来因为各种原因没有得到应有的重视。

---

① 姜又春：《家庭社会资本与“留守儿童”养育的亲属网络——对湖南潭村的民族志调查》，《南方人口》，2007年第3期，第31–37页。

② 丁金霞、庞丽娟：《社会体制转型与学前教育的重新定位》，《学前教育研究》，2010年第3期，第3–7页。

本章未将幼儿园的意义局限于教育功能本身，而是将农村学前机构作为社会事实进行分析。城市导向的经济发展模式，促使更多农村劳动力在超经济强制的迫使与诱惑下离开村庄，它所带来的是留守儿童的低龄化、隔代养育的长期化和家庭教育的极度空缺。在未来相当长的时间里，依然会有大量的家庭不得不做出让孩子留守于农村的选择。随着劳动力流动的代际更替和儿童自身的成长，留守经历对儿童的影响极可能注入未来的人口再生产当中[①]。现阶段即便有政策的指引，农村学前教育的任务依然十分艰巨。把幼儿园一类的公共教育需求嵌入基层社会治理当中加以重视，不仅解决了众多农村家庭的“入园难”问题，更是在把“扶智”当作解决农村贫困、促进乡村振兴的根本途径。

执笔人：卜凡

---

① 潘璐、叶敬忠：《“大发展的孩子们”：农村留守儿童的教育与成长困境》，《北京大学教育评论》，2014年第3期，第1–12，188页。

背景报告

第十五章
我国学前教育供给及相关制度建设研究回顾（2010—2020 年）

一、文献回顾

（一）学前教育供给相关研究

自新中国成立国以来，我国学前教育供给便呈现出明显的特点，并由此形成了以公办园为主的学前教育供给。2010 年国务院《关于当前发展学前教育的若干意见》（以下简称“国十条”）以及 2018 年中共中央、国务院《关于学前教育深化改革规范发展的若干意见》出台以后，学前教育供给正朝向以公办园为主、公办民办并举的多元供给模式转型，并在供给中越来越强调普惠性学前教育的供给，对供给的总量、结构均提出了更高的目标和要求。基于此，围绕学前教育供给，学者主要进行了以下三个方面的研究：供给主体与类型、供给总量与结构、供给体系建设。

1. 供给主体与类型

谁来供给是研究学前教育供给的首要问题。随着我国社会主义市场经济体制改革的不断推进，我国学前教育供给主体经历了一系列变迁，有学者将其划分为政府一元供给（1949—1979 年）、单位供给逐渐消解与市场供给的逐步兴起（1992—2002 年）、单位供给巩固与个人供给合法化（1979—1992 年）市场供给的兴盛与单位供给的边缘化（2002—2010 年）、政府主导的多元供给逐渐形成（2010 年至今）五个阶段[①]。在此基础上，可进一步凝练为单位福利为主的供给、市场主导的多元供给、政府主导的多元供给主体三个阶段[②]。按照供给主体的不同，我国幼儿园办园类型可划分为教育部门办园、其他部门办园（企业单位办园、事业单位办园、部队办园、集体办园）、普惠性民办园、其他民办园。在当前大力发展普惠性幼儿园的背景下，我国学前教育供给类型仍然是以民办园为主，如何继续大力发展公办园，同时促进更多民办园转为普惠性民办园，是我国当前推动“双普”目标达成的关键。

2. 供给总量与结构

近年来，公众入园需求日益增长与学前教育资源供给严重不足的矛盾日益加剧，加之全面“二孩”政策的刺激，学前教育资源供给压力倍增。一方面，学者通过对各地区学前教育资源供给现状的实证调查发现，当前学前教育资源供给依然不足，特别是普惠性学前教育资源短缺情况依然严重[③④]；在人口预测与学前教育资源配置的相关研究中，也较为一致地指出人口快速增长造成的学前教育缺口问题需要通过科学监测加以解决[⑤]。另一方面，与资源供给不足并存的是供给结构的失衡，主要表现为城乡、区域

---

① 江夏：《建国70年城市学前教育供给制度变迁的演进逻辑与未来路径》，《教育科学》，2019年第35（3）期，第89-96页。

② 蔡迎旗、王佳悦、张亮：《我国学前教育供给模式的演变历程与展望：1949—2019》，《华中师范大学学报（人文社会科学版）》，2019年第58（5）期，第25-37页。

③ 孙美红、庞丽娟：《扩大我国学前教育资源的思考——基于“无证办园”现状及治理的分析》，《教育发展研究》，2013年第33（6）期，第41-46页。

④ 洪秀敏、姜丽云：《“全面二孩”政策下学前教育发展的问题——基于二期学前教育三年行动计划的调查与分析》，《北京师范大学学报（社会科学版）》，2018年第5期，第53-61页。

⑤ 洪秀敏、马群：《“全面二孩”政策后北京市学龄前人口变动趋势预测》，《首都师范大学学报（社会科学版）》，2018年第2期，第153-161页。

两个方面的不均衡。一是城乡学前教育资源供给失衡。相关研究表明，农村地区学前教育资源供给总量不足、供需结构失衡[①]。并有学者分析造成这一现象的原因为学前教育政策在农村地区失灵以及地方政府在城乡资源分配上的不均衡[②]。二是区域学前教育资源供给失衡。研究者对学前教育发展现状的评估发现，中国学前教育仍为低位均衡，东中西部地区、不同省份的学前教育存在不同程度的教育资源匮乏[③④]。

3. 供给体系建设

针对学前教育供给存在的问题，还有部分学者围绕如何构建和完善我国学前教育供给体系进行探索和研究，主要呈现以下三个特点。一是供给体系建设主要定位在普惠性学前教育公共服务体系的建设上，试图在回应国家重大决策方针的基础上，结合我国国情研究制定公共服务体系建设的对策建议[⑤⑥]。二是供给体系构建的思路主要是国际比较，通过分析美国、新加坡等国学前教育供给经验，为我国供给体系建设提供启示。三是供给体系关注的重点越来越超出外显问题层面，而是转向研究供给理论来为我国供给体系提供理论指导，如多源流理论[⑦]、“合作－收益”理论[⑧]、公共服

---

① 贺红芳、刘天子：《农村学前教育供给侧改革的理论内涵和实践路径》，《教育与经济》，2018年第5期，第90–96页。

② 张更立、阮成武：《县域农村学前教育供给：现实困境与改进策略》，《教育发展研究》，2015年第35（24）期，第53–57页。

③ 霍利婷、王桂新：《中国学前教育资源空间均衡度变化研究——兼论两期“学前教育三年行动计划”的实施成效》，《现代教育管理》，2019年第10期，第14–20页。

④ 卢迈、方晋、杜智鑫、曹艳、武志平、周想、梁博姣、段天雪：《中国西部学前教育发展情况报告》，《华东师范大学学报（教育科学版）》，2020年第38（1）期，第97–126页。

⑤ 朱晓斌、蒋一之、郑报：《从社会保障伦理视角看农村学前教育公共服务体系的建构——以浙江省16县市区为例》，《教育学报》，2020年第1期，第55–62页。

⑥ 姜勇、庞丽娟：《我国普惠性学前教育公共服务体系建设的突出问题与破解思路——基于ROST文本挖掘系统的分析》，《湖南师范大学教育科学学报》，2019年第18（4）期，第51–58页。

⑦ 葛新斌、付新琴：《多源流视域下学前教育供给侧结构性改革政策议程探析》，《教育发展研究》，2017年第37（24）期，第43–50页。

⑧ 武端利、李长真：《构建学前教育多元合作供给制度的理论分析——以“合作–收益”理论为视角》，《现代教育管理》，2017年第5期，第27–32页。

务理论[①]等。

（二）学前教育管理体制研究

学前教育管理体制在我国学前教育事业发展中起着领导、组织、协调、保障、监控等重要作用，是保障政府切实履行发展学前教育职责的重要条件和促进学前教育事业健康、有序、可持续发展的关键因素[②]。基于我国学前教育管理体制的改革发展与演变，学者进行了相应的研究，并主要集中在对学前教育管理体制改革历程研究、管理职责与机制研究、管理体制优化研究三个方面。

1. 管理体制改革历程

一是对我国学前教育管理理念、内容和方式变化的梳理研究。研究发现，学前教育管理在理念上从被动防范、强权控制到主动变革、服务教育的发展轨迹；在管理制度上存在着从权力中心到责任共担的历史演变；在管理内容上发生着从缺乏规划、封闭管理到规范调控、强调质量的总体变迁；在管理方式上经历着从集权模式到多中心治理的发展变化。二是对我国学前教育管理制度变迁的梳理研究[③]。研究者将改革开放40年来我国学前教育管理体制的演变分为四个阶段：集中领导，分级管理，成立托幼工作领导小组；地方负责，分级管理，各有关部门分工协作；地方负责，分级管理，进一步明确主管部门；政府主导职责回归，地方负责，有关部门分工协作[④]。

---

① 江夏：《“准公共产品”抑或“公共服务”——不同视域中的学前教育属性及其供给差异》，《教育理论与实践》，2017年第37（11）期，第17–20页。

② 庞丽娟、范明丽：《“省级统筹以县为主”完善我国学前教育管理体制》，《教育研究》，2013年第10期，第24–28页。

③ 王海英：《新中国70年我国学前教育管理变革的回顾与反思》，《南京师大学报（社会科学版）》，2019年第4期，第40–52页。

④ 范明丽、洪秀敏：《我国学前教育管理体制改革的历程与方向——改革开放40周年回眸与展望》，《学前教育研究》，2019年第1期，第22–32页。

2. 管理职责与机制

一是对政府在学前教育管理中职责的研究。在学前教育管理中，政府的职责一方面是统筹制定并实施所辖县市的学前教育发展规划。当前我国正在实施的学前教育三年行动计划就是典型的学前教育发展规划，各级政府均根据自己的政府权力进行了相应的发展规划制定。另一方面，政府应对所辖县市学前教育发展情况予以监管。“国十条”中明确指出县级教育行政部门负责审批各类幼儿园，建立幼儿园信息管理系统，对幼儿园实行动态监管。

二是学前教育管理机制及具体问题的研究。分析指出，当前我国实行“地方负责，分级管理”的学前教育管理体制，存在着不同层级政府间职责不明确，权责配置不合理，特别是责任主体重心过低、统筹协调和财政保障能力严重不足等突出问题[①]。此外，研究还对我国农村地区学前教育管理体制问题的单独探讨，指出分税制与分级办学的深层矛盾以及条块分割的行政组织体制造成了我国农村学前教育管理体制长期存在着政府职责定位不明、权责配置不合理、管理机构与人员配置欠缺等问题[②]，因此农村地区在学前教育履职方面存在较大问题[③]，进一步造成了农村学前教育发展的滞后。近年来，研究者开始对 3 岁以下婴幼儿照护服务管理职责与机制进行研究，指出主管和监管部门不明、缺乏规范和监管成为婴幼儿照护服务发展的问题之一[④]。

---

① 洪秀敏、庞丽娟：《学前教育事业发展的制度保障与政府责任》，《学前教育研究》，2009年第1期，第3–6页。

② 夏婧：《我国农村学前教育管理体制的现实困境与出路》，《现代教育管理》，2013年第12期，第43–47页。

③ 洪秀敏、马群：《区域学前教育公平的权责博弈——基于城乡政府履职的差异分析》，《北京师范大学学报（社会科学版）》，2015年第6期，第68–79页。

④ 洪秀敏、陶鑫萌：《改革开放40年我国0~3岁早期教育服务的政策与实践》，《学前教育研究》，2019年第2期，第3–11页。

3. 管理体制优化

一方面，基于我国的国情，研究者提出完善学前教育管理体制应明确“省级统筹，以县为主”的政策，将权力上移到中央或教育部门，并注重建立中央、省、县三级政府之间的权责利关系体系，并发挥地市和乡镇的职能[①]。在对农村学前教育管理体制的优化上，研究者提出要依据事权与财权匹配原则合理配置各级政府职责、条块结合并建立农村学前教育协同治理模式、设立分区域的管理机制等则是突破当前农村学前教育管理体制改革瓶颈的关键[②]。另一方面，基于国际经验，研究分析可通过网络化治理模式增进利益相关主体的沟通和交流，通过部门间合作协议的签订以及协调合作组织及其运行机制的建立加强跨部门的协调和合作，通过调整治理关系，将主要行政权力集中到教育部门或新设的专门机构等方式来管理体制运作效率[③]，并注重通过绩效管理来提升政府各部门的工作成效[④]。

（三）学前教育财政投入体制研究

稳定充足的经费投入是推动学前教育事业发展的必要条件，自2010年发布“国十条”开始，我国学前教育事业以“坚持公益性和普惠性”为基本原则，2011年财政部和教育部联合印发了《关于加大财政投入支持学前教育发展的通知》，进一步明确了“政府主导、社会参与，地方为主、中央奖补，因地制宜、突出重点，立足长远、创新机制”的四项财政支持原则。但实践中学前教育财政投入体制还存在诸多问题，因此学前教育财政

---

① 庞丽娟、范明丽：《“省级统筹以县为主”完善我国学前教育管理体制》，《教育研究》，2013年第10期，第24–28页。

② 夏婧：《我国农村学前教育管理体制的现实困境与出路》，《现代教育管理》，2013年第12期，第43–47页。

③ 刘颖：《美国州学前教育横向管理体制的优化及启示》，《外国中小学教育》，2016年第8期，第33–39页。

④ 庞丽娟、刘小蕊：《英国学前教育管理体制改革政策及其立法》，《学前教育研究》，2008年第1期，第32–35页。

投入也一直是学术界关注的重点话题。对此，研究主要围绕当前我国学前教育财政投入总量、结构和效益的问题展开。

1. 财政投入总量

通过对我国学前教育财政投入体制的研究发现，财政投入不足、成本分担机制不完善是当前我国学前教育财政投入在量上存在的重要问题。就公共财政学前教育支出而言，其在学前教育总投入所占比重一直处于稳定上升状态（54%~60%），但是到 2010 年这一比例下降至 29.31%，2011 年有所回升（35.2%），对应的公共财政投入的绝对量是持续增长的。从国际比较与借鉴视角来看，2011 年，OECD 国家公共财政用于学前教育的经费占公共财政经费的平均比重为 1.1%，占 GDP 的 0.6%，而我国分别占 0.33% 和 0.08%（OECD，2014），由此可见我国公共财政对学前教育成本分担的比重相对不足[①]。生均教育经费增长速度较为缓慢，支出绝对值与发达国家相差甚远[②]。

2. 财政投入结构

学前教育财政投入结构主要可分为对城乡学前教育投入、地区学前教育投入、不同性质幼儿园的投入、软硬件投入等。研究发现当前我国学前教育财政投入结构不均衡。一是城乡学前教育财政投入不均衡。对 31 个省份 2011—2016 年的投入面板数据分析显示，农村学前教育财政经费缺失的劣势并未根本扭转，学前教育财政投入的“乡村洼地”现象凸显[③]。二是不同地区学前教育财政投入不均衡。研究者通过对学前教育经费投入泰

---

① 洪秀敏、马群、陈敏睿：《新世纪我国学前教育财政投入的特点与展望——基于2000—2015年学前教育财政统计数据的分析》，《教育经济评论》，2019年第4（3）期，第3-18页。

② 李芳、祝贺、姜勇：《我国学前教育财政投入的特征与对策研究——基于国际比较的视角》，《教育学报》，2020年第16（1）期，第43-54页。

③ 刘颖：《城乡学前教育财政经费分配更公平了吗?——2010年来我国城乡学前教育财政公平的进展》，《当代教育论坛》，2019年第5期，第17-24页。

尔指数测算与分析发现，尽管学前教育三年行动计划在一定程度上缩小了投入的地区差异，但是这种差异并未得到根本变化，且地区内部的差异进一步加大[①]。三是不同性质幼儿园的财政投入不均衡。研究者基于3个省25个县的微观数据发现，在公办园与民办园之间、不同类型公办园之间，地方政府分担比例和财政投入有显著差异[②]，这种公办、民办财政投入“双轨制”的预算方式给学前教育公平与质量带来较大风险[③]。四是软硬件投入不均衡。研究发现当前我国学前教育财政投入存在“重硬件、轻软件”的问题[④]。

3. 财政投入效益

随着政府对学前教育财政投入力度的不断加大，合理评价学前教育财政投入绩效成为焦点问题。基于此，研究者正逐渐从关注加大总量、完善分担机制走向对投入效益的关注。例如，有研究从投入－产出视角对资源配置与学前教育质量关系进行研究发现，财政投入等资源相对占优势的教办园在质量方面并不是最优。同时，还有研究对地方学前教育财政体制改革效果进行宏观评估，结果表明，总体来看，学前教育财政体制改革初见成效，但也存在一些亟待完善和解决的问题[⑤]。另外，有研究采用功效系数法对我国学前教育财政投入绩效的城乡差异进行分析。结果显示，2010年以来我国学前教育财政投入绩效在稳步提高，但城乡之间学前教育财政投入绩效差距仍较为明显[⑥]。

---

① 徐晓：《学前教育财政投入地区差异探讨》，《合作经济与科技》，2019年第11期，第190–192页。

② 宋映泉：《不同类型幼儿园办学经费中地方政府分担比例及投入差异——基于3省25县的微观数据》，《教育发展研究》，2011年第31（17）期，第15–23页。

③ 曾晓东、刘莉：《学前教育投入公办、民办“双轨制”及其可能的演进结果》，《教育经济评论》，2019年第4（3）期，第87–97页。

④ 周晓红、周婉莹：《“学前三年行动计划”实施以来学前教育财政投入的成效、问题与对策》，《教育经济评论》，2019年第4（1）期，第38–50页。

⑤ 张雪：《学前教育财政体制改革政策效果评估——基于地方政府学前教育成本分担的视角》，《教育发展研究》，2016年第36（24）期，第29–36页。

⑥ 庄爱玲、黄洪：《我国学前教育财政投入绩效及城乡差异》，《教育与经济》，2015年第4期，第50–56页。

（四）学前教育教师队伍研究

建设党和人民满意的高素质专业化创新型教师队伍，是加快教育现代化、建设教育强国的战略基石[①]。《中国教育现代化 2035》将“建设高素质专业化创新型教师队伍”作为教育现代化的十大战略任务之一。然而，近年来，学前教育师资队伍面临的数量不足、质量不高、待遇不落实等问题日益严重[②]。为解决这些问题，研究者围绕学前教师资格制度、福利待遇保障、管理与晋升制度三个方面开展了系列研究。

1. 学前教师资格制度

学前教师资格制度的完善既与教师供给密切相关，也关系教师质量的提升。在师资供给方面，除采用扩大本专科层次招生与培养规模、加大中小学教师转岗培训、乡村教师支持计划、政府购买服务等举措来缓解师资荒外，研究者也指出可通过拓宽幼儿园教师资格证书类别和获取渠道来增加师资来源[③]。研究者主要提出，第一，在已有的资格认证制度的基础上，适当提高资格准入门槛。如有条件的地区将幼儿园教师资格考试设置为大专学历起点，并增加对其理论与实习情况的要求。第二，实行资格定期注册制度，并以五年为一个周期进行幼儿园教师资格注册，综合考察教师在过去五年内的师德、继续教育、教育教学情况，对不达标的教师根据《中小学教师资格定期注册暂行办法》予以相应的处理[④]。第三，在资格制度上，需进一步健全并严格落实学前教师资格准入制度，通过资质认证、准

---

① 李琼、裴丽：《建设高素质专业化创新型教师队伍——基于<中国教育现代化2035>的政策解读》，《中国电化教育》，2020年第1期，第17–24页。

② 洪秀敏、朱文婷、张明珠：《我国学前教育政策研究的回眸与展望：价值取向、研究范式与核心主题》，《学前教育研究》，2020年第4期，第11–20页。

③④ 洪秀敏：《我国幼儿园教师资格制度：问题与对策》，《教育发展研究》，2011年第31（Z2）期，第6–11页。

入执照和进修证书“三位一体”的新体系，完善资格证书体系[①]。

2. 学前教师福利待遇保障

一方面，研究者对幼儿园教师享有的各项福利待遇的现状进行了诸多研究，主要包括教师的工资收入水平[②]、劳动权益[③]、各项专业发展权益等[④]，研究从不同角度揭示了学前教师福利待遇保障存在的诸多问题。另一方面，学者对福利待遇保障的研究中以工资保障的研究最为集中。为保障教师工资待遇，研究者建议加大对学前师资的财政投入力度，明确教师工资收入水平，逐步完善教师薪资结构；通过推行工资增长项目、使用税收返还、发放补助或奖金等更多灵活的方式来增加教师收入[⑤]。

3. 学前教师管理与晋升制度

在幼儿园教师编制管理制度方面，严格按照中共中央、国务院的最新指示，及时补充公办园教职工，严禁“有编不补”、长期使用代课教师。同时，面对教师缺编现象严重的问题，积极探索新型的人事管理制度，如“人事代理”制度，对非在编幼儿园教师的人事关系进行托管，在“委托关系”“聘用关系”“服务关系”“监管关系”“监督关系”等基础上形成一套针对非在编幼儿园教师人事管理的新模式[⑥]。在晋升方面，研究者呼吁：第一，建立单独的、统一的幼儿园教师职称序列。参照义务教育法，

① 姜勇：《美国“以标准为基础”的教师证照制度的改革与启示》，《比较教育研究》，2011年第2期，第40–44页。

② 李瑞华：《政府购买学前教育服务政策下青海乡村幼儿园教师工资收入现状、影响与建议——基于青南五县的实地调查》，《教师教育研究》，2019年第31（6）期，第33–38页。

③ 曹燕：《幼儿园教师劳动权益保障的立法完善：问题、判例与法理》，《湖南师范大学教育科学学报》，2019年第18（3）期，第69–75页。

④ 杨莉君、邱诗琦：《幼儿园教师享有权益的现状调查研究——以湖南省40所幼儿园为样本》，《湖南师范大学教育科学学报》，2016年第15（6）期，第68–75页。

⑤ 刘颖、乐晓云：《美国提高学前教师工资水平的政策进展及启示》，《教师教育研究》，2017年第29（3）期，第121–127页。

⑥ 张安然、王默：《“人事代理”：一种非在编幼儿园教师人事管理的新模式》，《教师教育研究》，2015年第27（4）期，第21–26页。

将幼儿园教师职务分为初级职务、中级职务和高级职务。根据学前教育特点和幼儿园教师专业标准，完善幼儿园教师专业发展的职称评聘标准和评聘办法。第二，畅通职称评聘渠道，将民办园教师纳入职称评定序列，简化职称评定手续，为民办幼儿园教师职称评定搭建平台和政策环境。适当提高高级职称比例，优化职称结构。职称评定适当向农村、艰苦边远地区倾斜。

二、研究述评

（一）已有研究进展

在我国学前教育事业不断走向科学化和规范化的过程中，学前教育研究起到了非常关键的作用，为国家决策和学前教育质量提升做出了智力贡献。纵观学者的研究发现，学前教育供给及相关制度建设是学前教育研究讨论的核心议题，具体进展如下：

一是学前教育供给的相关研究。围绕学前教育供给体系的建设，对我国学前教育的供给主体、总量与结构、构建思考进行了广泛、深入的研究。通过研究，学前教育发展逐步厘清了供给侧改革的重点和难点，这些研究发现为我国加大力度解决学前教育发展不充分、不均衡问题，扩大学前教育资源供给提供了基于证据的经验。

二是学前教育管理体制的相关研究。聚焦学前教育管理体制的发展脉络，结合当前我国学前教育管理体制的实施现状，就如何构建政府主导的学前教育管理体制机制进行了研究。破解了当前管理中政府在发展理念、职责分工与落实等方面存在的问题，并就如何明晰政府主导责任提出了思考与建议。

三是学前教育投入机制的相关研究。学术界高度认可我国应建立以公共财政投入为主的学前教育成本分担机制以确保学前教育公平与质量的基础条件。认为科学核算成本、规定生均拨款标准并将其纳入预算将是保障学前教育财政投入总量、确保学前教育公平与长效发展的关键机制；调整学前教育财政支出结构，提高经费使用效率，提高人员支出占比；构建财政投入效益监管与评估机制，切实保障财政投入与质量提升成正比，保证学前教育财政投入效率。

四是学前师资队伍建设的相关研究。高质量的师资供给是学前教育发展的重要人力资本，已有研究从引进来、留下来、教得好三个角度，就如何构建更加有效的资格准入制度福利待遇制度、管理与晋升制度等进行了深入的探讨，对完善幼儿园教师培养培训体系，不断提高教师专业素质和保教能力，增强广大教师认同感、荣誉感和幸福感，扩大有质量的师资供给提供了启示。

（二）未来展望

学前教育关系"亿万儿童的健康成长，千家万户的切身利益，国家和民族的未来"，学前教育事业不仅是民生，也是国计，对于国家发展具有基础性、长远性意义。我国学前教育已经走过了总量增长和规模扩张的外延式发展阶段，学前教育资源配置和管理工作重点应当越来越集中到促进公平、提高质量等内涵要素上来。2018 年 11 月，中共中央、国务院印发《关于学前教育深化改革规范发展的若干意见》，提出新时代推进学前教育普及普惠安全优质发展的目标，这充分体现了党和政府对进一步办好学前教育的高度自觉。但是，在一个拥有 14 亿人口、发展很不平衡的国家发展覆盖全民的学前教育是十分艰巨的工作，而为 4800 多万名在园幼儿提供普惠而有质量的学前教育则是更为艰巨的工作。站在新的历史起点上，对照党的十九大提出的国家现代化目标以及 2018 年全国教育大会提出的 2035 年"总体实现教育现代化、迈入教育强国行列"的宏伟目标，我国学前教育也要进一步加快发展，向着现代化的目标加快迈进，建设更加公平、更有质量的学前教育。鉴于此，未来应着力从以下四个方面深入研究：

一是加强学前教育供给体系的改革与完善。尽管我国学前教育供给总量不断扩大，但仍存在普惠性资源不足、结构性短缺等问题。已有研究也更多关注供给体系和模式的演变、供给内容现状的研究，而对如何扩大供给、构建高质量的学前教育供给体系的研究较少。未来，应着重关注学前教育领域大力度的供给侧改革，扩大学前教育高质量供给方面的研究。如何加强公办园建设，加大保障力度，兜住底部，引导整个学前教育向着保基本、有质量的方向发展？如何尽快破解不同类型的公办性质幼儿园所面临的不同发展问题？如何尽快建立对营利性和非营利性民办园进行分类管理的基本制度和配套政策，把握好监管的方式、力度、节奏，鼓励和支持各类民办园健康规范发展，扩大资源供给？这些都是新形势下加强和完善学前教育供给体系改革亟待探讨和解决的问题。

二是顶层设计谋划学前教育管理体制的改革。长期以来，我国学前教育管理体制发展较为滞后，虽然在学前教育管理体制明确分级管理，但是对于各级政府和各部门之间的权责利关系及其调整不明确。已有研究对于学前教育管理体制存在的问题、现象的描述较多，但是如何从可操作层面来界定政府职责，以及各级政府、各部门如何协调合作等的研究较少。为此，需要顶层设计谋划学前教育管理体制改革完善，推进学前教育领域大力度的供给侧改革，改善学前教育的宏观管理，通过“放宽准入 + 科学监管”释放学前教育领域的市场活力，扩大学前教育高质量供给。

三是建立公平长效的学前教育财政投入制度。虽然自 2011 年起，我国“国十条”首次提出“五有”政策，但是目前我国学前教育财政投入体制机制依然不健全，财政投入依然不足，尚未制定财政投入比例，且财政投入更多呈现出结构性投入失衡和效益不高的问题。未来，建立以公共财政投入为主的学前教育成本分担机制，是确保学前教育公平与质量的基础条件。科学核算成本、规定生均拨款标准并将其纳入预算将是保障学前教育财政投入公平与长效的关键机制。调整学前教育财政支出结构、提高经费使用效率、提高人员支出占比，是保证合格幼儿园教师数量增加、教育质量提升和家长可负担问题改善的关键。

四是加快学前教师制度的规范化建设。近年来，围绕如何加强学前教育师资队伍建设，不少研究者从严准入、优待遇、强管理、促发展的角度对学前教育师资队伍建设的关键问题进行探讨，但这些研究较为关注学前教师队伍建设的问题，较少触及制度层面的构建。如何推进配齐配足幼儿园教师编制？如何着力解决公办园非在编教师同工同酬问题？如何完善幼儿园教师培养培训体系？如何不断提高教师专业素质和保教能力？如何扩大有质量的师资供给？这些问题都有待思考和研究。因此，未来应聚焦学前教师队伍建设的根本性问题，如职称评定、工资制度、培养培训、编制制度等问题，结合学前教育的特点进行研究和构建，从而着力提升学前教育师资规模和整体水平。

执笔人：洪秀敏　朱文婷　张明珠

第十六章
幼儿园教师薪资状况及政策的国际比较研究
——基于 OECD 等数据库的数据分析

2018 年全国教育大会指出，“教育投入要更多向教师倾斜，不断提高教师待遇，让广大教师安心从教、热心从教”，充分强调教师队伍建设的重要性和提高教师待遇的必要性。而这一问题在学前教育阶段尤为突出。幼儿园教师是决定学前教育质量的关键因素，学前教育的成功在很大程度上依赖于幼儿园教师的资质和收入的保障。幼儿园教师薪资问题是学前教育实践界和学术界关注的热点问题。在我国，幼儿园教师待遇问题屡次成为两会的重要议题。而在国外，研究者也指出了幼儿园教师薪资待遇务必要得到重视。美国长期从事幼儿园教师研究的学者 Whitebook 指出，“在成人工作环境变量当中，对学前教育质量最具预测作用的就是教师的薪资”。美国国家医学院（IOM）和美国国家科学研究委员会（ NRC）共同出版的《改革 0~8 岁儿童教育的师资队伍：统一的基础》一书中指明：“幼儿教育工作者处在经济、情绪和身体的危机当中，处于由不充足的资源、低资质期望、低教育水平、低收入水平形成的难以打破的循环圈当中。合理的收入、资源、支持和专业发展机会是吸引优秀人才进入行业、促使他们经由专业发展机会提升专业水平的关键。”尤其是，以质量为名提高幼儿园教师学准入门槛的政策“必须要结合为教师队伍提供承认他们的专业性的公平薪资，才能留住优质教师”。

一、薪资水平对幼儿园教育质量的影响机制

幼儿园教师薪资是怎样影响着幼儿园教育质量以及儿童发展结果的呢？如图 16–1 所示，首先，薪资待遇是吸引优秀人才进入教师行业、留任有资质教师的重要因素。薪资待遇过低既无法满足个体的生活需求，难以与其工作价值匹配，也在一定程度上贬低了职业的社会地位。当薪资待遇明显低于其他专业领域时，很难吸引有资质的优秀毕业生从事学前教育工作；已在此行业工作、但薪资待遇与受教育水平和能力不相匹配的幼儿园教师则可能会选择离开，通过职业的跨行业流动来改善他们的经济处境。这个过程往往是“劣币驱除良币”的过程，将一部分优质师资排斥在行业外部，从而造成幼儿园教师尤其是优质幼儿园教师数量的短缺。同时在师资缺乏、公共投入不足的背景下，为满足学前教育事业发展对学前教师数量的需求，政府往往会放松对学前教师的资质要求，印证和强化社会对学前教师能力的低期望，进而形成薪资水平维持或持续降低的恶性循环圈。也正是基于此，如果没有为幼儿园教师提供与其资质和能力相匹配、符合其专业身份的薪资待遇，仅仅依靠提高幼儿园教师准入门槛、加强幼儿园教师培训来提高教师队伍的质量，难以达到理想的效果。因为教师的资质和能力越高，其人力资本投入越高，如若未能获得与其匹配的薪资待遇，受薪资外部竞争机制的影响，个体离开行业的可能性也就越大。

其次，学前教育行业内部也存在着巨大的薪资差异，当所在园所的薪资明显低于其他园所时，幼儿园教师也可能会选择从一个园所流动到另一个园所。无论是行业之间还是行业内部的流动，都会给幼儿园教育质量和儿童发展造成严峻挑战。在学前教育阶段，持续、稳定、相互信任的师幼关系、亲师关系对儿童非常重要。频繁的教师流动则打破了园所中教师与儿童、教师与家长乃至同事之间建立持续而稳定关系的可能，会从负面影响幼儿的语言、社会性和情绪等方面的发展。

最后，低薪资即使尚未引发某些教师个体实际的流动行为，但也可能

通过影响幼儿园教师的心理状态、教育教学行为，进而影响学前教育的质量和儿童发展的结果。有研究发现，低收入与教师的工作倦怠有关，同时会导致教师对儿童不敏感，无法在班级当中开展适宜、有效的教学。当教师认为他们没有获得足够的收入，甚至还要为生活基本开支忧心时，他们生活的压力感增强，也不太可能全心投入工作当中，为儿童提供敏感的、回应性的互动。同样，低收入还削弱了教师进一步寻求学历提升和培训的动机。

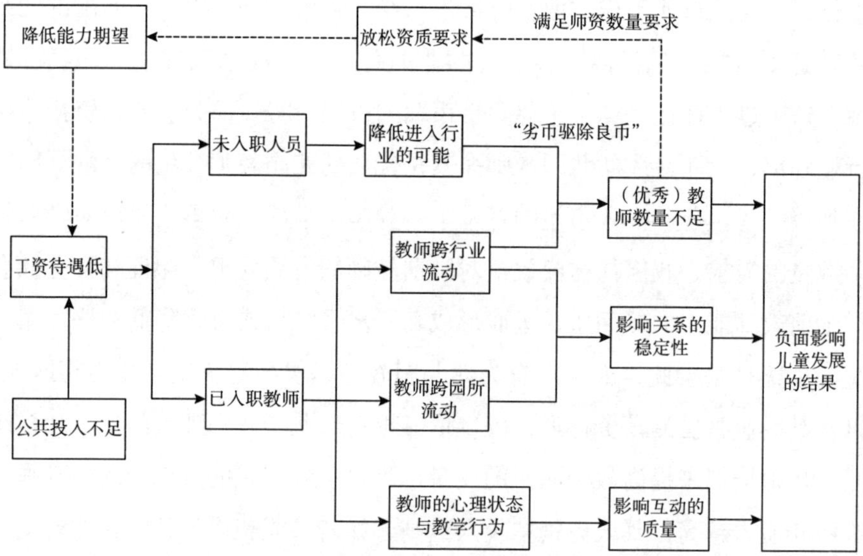

图16-1　幼儿园教师薪资水平对幼儿园教育质量的影响机制图

二、世界主要国家或地区幼儿园教师薪资水平的现状

如上所述，幼儿园教师的薪资待遇是影响幼儿园教育质量的重要条件。在教师的工作条件当中，教师的薪资待遇是非常重要的要素。因此，经济与合作与发展组织（OECD）、联合国教科文组织（UNESCO）、国际劳工组织（ILO）等国际组织都曾对不同国家和地区的学前教育教师薪资待遇状况进行调查。整体来看，学前教育教师的薪资待遇呈现以下状况。

（一）与小学教师比较：OECD 国家或地区和中等发展水平国家学前教师薪资接近小学教师薪资

从 OECD 教育概览（education at a glance）数据库显示的 24 个有数据可用的国家或地区来看，学前教育（pre-primary）教师薪资的平均水平相当于小学教师的 0.92 倍。其中葡萄牙、智利、比利时（法语区）、法国提供了超过小学教师的薪资水平，有 14 个国家或地区（58.33%）为学前教育教师提供的相对薪资水平超过 OECD 国家或地区平均水平。仅爱沙尼亚学前教师薪资水平低于小学教师薪资水平的 70%（见图 16-2）。除了 OECD 国家或地区以外，一些中等收入甚至低收入国家幼儿园教师水平也能与小学教师薪资水平持平或接近。哈萨克斯坦的学前教师薪资相当于小学教师薪资的 85%~100%，而多米尼加共和国、菲律宾、印度等学前教师年收入能与小学教师收入持平。如果将教师的工作时长计算在内，不难发现，在菲律宾、印度等国家学前教师的单位时间工作收入要明显高于小学教师。

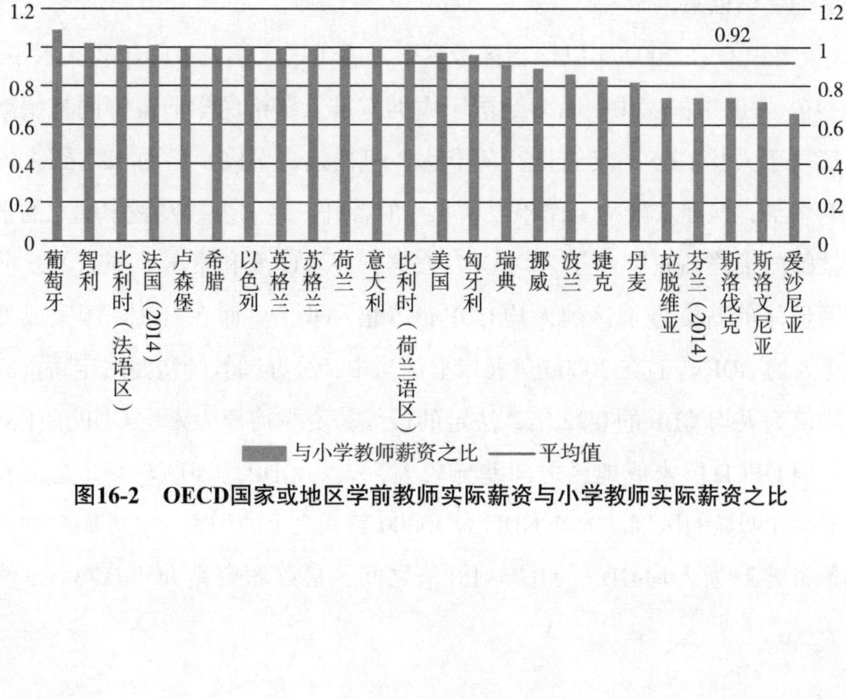

图16-2　OECD国家或地区学前教师实际薪资与小学教师实际薪资之比

（二）与人均 GDP 之比：多数 OECD 国家或地区和部分发展中国家学前教师初始薪资和最高薪资接近或超过人均 GDP

采用教师薪资与人均 GDP 的比值来衡量教师的薪资水平，是 UNESCO 和 OECD 等国际组织及国外学者惯常使用的方法。其合理性在于，学前教师薪资的绝对水平与本国的经济发展水平、物价水平相关，经济发达地区往往物价较高，教师需要更高的薪资来购买生活必需品，需要较高的薪资水平才能吸引和留住合格乃至优质的教师。同时，由于其控制了物价水平和经济发展水平，该指标也更适用于衡量教师薪资水平的历时性变化。当然，薪资与人均 GDP 的比值只是一个粗略的变量，在经济发展的不同水平上，教师薪资与人均 GDP 的比值表现存在差异：相对于人均 GDP 更高的国家，人均 GDP 低于 2000 美元的国家教师薪资占人均 GDP 的比值较高。例如，2000 年亚洲国家小学教师的人均薪资相当于人均 GDP 的 2.9 倍，非洲国家则相当于 4.4 倍。而据国际学生评估项目（PISA）2012 年的数据，人均 GDP 普遍超过 2000 美元的 OECD 国家或地区，其教师薪资都在人均 GDP 的 2 倍以下。

UNESCO 在 2007 年以该指标考察了发展中国家学前教师年收入水平。在 11 个发展中国家中，大多数国家中拥有准入资格的学前教师的初始薪资都高于人均 GDP，仅约旦、乌干达、阿根廷、泰国、巴西未达到人均 GDP 水平，但随着教师工作年限和职称的晋升，绝大多数发展中国家的学前教师的最终薪资都高于人均 GDP 数倍，并且印度和泰国等国家的学前教师退休前薪资分别达到人均 GDP 的 6 倍和 4 倍。而在 OECD 国家或地区（人均 GDP 普遍在 20000 美元以上）当中，公办园教师初始法定薪资的平均值为人均 GDP 的 0.82 倍，法定的最终薪资平均值为人均 GDP 的 1.38 倍。但 OECD 国家或地区之间差异较大，人均 GDP 为 40000 美元之上和之下存在明显的区别。人均 GDP 为 40000 美元之上的国家，公办园教师初始薪资普遍为人均 GDP 的 0.75~1.0 倍之间，最终薪资则介于 0.75~1.5 倍之间。而人均 GDP 在 20000~40000 美元之间的国家，无论是初始薪资还是最终薪资数据分布的离散程度都更大，数个国家最终薪资达到人均 GDP 的 1.5 倍以上（见图 16–3）。

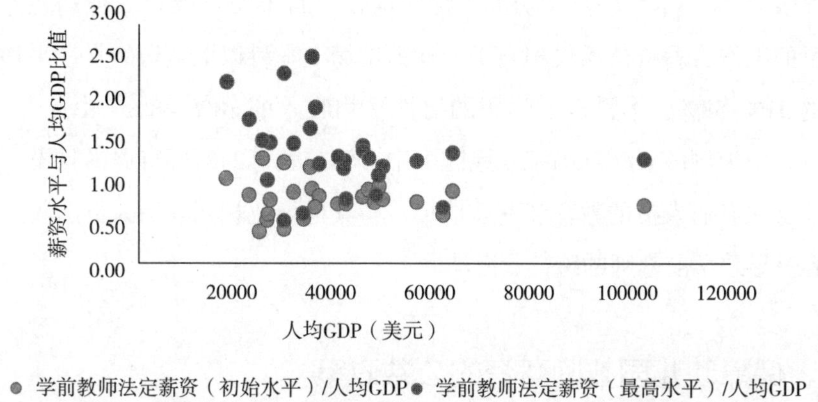

图16-3　OECD国家学前教师法定初始薪资与最终薪资与人均GDP的比值（2015年）

（三）与劳动力市场其他人员的比较：尚未能反映作为专业人员的教育和资质

人力资本理论认为，学前教育劳动力市场薪资过低是由于劳动力整体的受教育水平低造成的。提高他们的学历、资质，自然会提高学前教育工作者的待遇。但是，通过对 OECD 国家或地区学前教师薪资待遇的分析发现，学前教师的薪资待遇不仅低于劳动力市场上接受过高中后教育人员的平均薪资（接受高中后教育往往是取得合格学前教育师资的前提条件），平均相当于后者的 78%，也低于劳动力市场上学历相同的全职工作人员的薪资水平，平均相当于后者的 79%。在 24 个有可用数据的 OECD 国家或地区，有 14 个国家或地区学前教育师资的实际薪资尚未达到劳动力市场受过高中后教育的工作人员薪资的 80%。在 16 个有可用数据的 OECD 国家或地区，有 11 个国家或地区学前教育师资的实际薪资尚未达到劳动力市场相同学历工作人员薪资的 80%。以美国为例，研究发现，对获得了本科以上学位的幼教工作者而言，他们的薪资待遇要明显低于其他行业获得了本科学位的专业人员。2014 年，美国获得了本科以上学历的公立州 Pre K 项目的学前教师收入为劳动力市场上本科以上学历的女性平均收入的 59%~76%、本科以上学历的男性平均收入的 38%~48%。其他幼儿保教项目的工作者薪资待遇仅相当于劳动力市场上本科以上学历的女性平均收入的 51%~58%、本科以上学历的男性平均收入的 38%~48%。由此可知，在以美国为例的 OECD 国家或地区当中，学前教育的薪资待遇尚且没有很好地反映专业人员的教育和资质情况，与其他行业相同学历人员的收入差距容易导致学前教师的跨行业流动。

三、保障幼儿园教师薪资的公共政策

在世界很多国家和地区都存在着幼儿园教师供给不足，尤其是高质量幼儿园教师供给不足的问题。然而，学前教育劳动力存在着的信息不对称，即家长相对于机构缺少判识好老师的能力，民办园为降低办园成本，缺乏强烈的动机为家长不能识别的教育要素加大投入。幼儿园教师的供不应求，并不能自然地通过供求关系对价格的作用导致幼儿园教师薪资的提升。因此，世界很多国家和地区政府都出台了公共政策，借助政府“有形的手”改善幼儿园教师的薪资待遇。

（一）为学前教师改善薪资提供充足的财政支持

幼儿需要个别化的关注，只有教师投入持续的关注，并将班级规模维持在适宜范围内，幼儿才能健康发展。学前教育比中小学阶段需要更高的师幼比、更多的合格师资。美国幼教协会（National Association for the Education of Young Children）、美国儿科学会（American Academy of Pediatrics）等都将师幼比作为托幼机构重要的结构质量指标。幼儿园相比于中小学，是更为典型的劳动密集型产业，且劳动力成本基本不会随生产技术的提高而降低。人工薪资是幼儿园办园成本的主要组成部分，学前教育经费的多寡直接影响人工薪资的充裕程度。

学前教育经费的来源主要包括公共投入和私人投入（主要是家长收费），若依赖于后者来改善幼儿园教师薪资待遇，无疑会将负担转嫁给幼儿家长，将导致收费的增长。提供充足的财政支持来改善幼儿园教师薪资，是同时有助于促进质量提升和保证服务可负担的政策措施。事实上，美国国家科学院在进行财政投入方式分类时，已在传统的"投机构"和"投家长"以外，提出了并行的"投教师"和"投系统"。其中，财政投入面向教师，建立起一支多元的、有能力的、有效的、有良好待遇的和专业支持的教师队伍非常重要。例如，加拿大的曼尼托巴省政府颁布了《师资稳定规划》(Workforce Stability Strategy)，规划包括了一系列措施，如薪资增长计划、规定最低底线薪资、提供薪资调整基金（Wage Adjustment Funding)、福利金计划和奖学金计划等。该省在2008年和2009年分别两次提高给托幼机构的运行经费3%，用于提高教师薪资。通过薪资提高的项目，该地区早期教育教师的薪资自1999年以来增长显著，幼儿园教师薪资待遇在加拿大各省当中位列前茅。加拿大爱德华王子岛从2010年开始为改善幼儿园教师薪资、解决持续增长的运营经费，史无前例地加大了财政投入力度。该岛将薪资增长纳入拨款公式当中，一年内为0~4岁儿童早期学习的公共投入增长了63%。

（二）确定适宜的财政支出结构，让投入指向与质量攸关的要素

如上所述，学前教师的薪资是构成幼儿园办园成本的主要部分，人员薪资支出应该在财政支出中占据相应比例，才能以财政资金保障幼儿园教师的收入。人员薪资占比过低，意味着有限的学前教育财政性经费并未足额分配到教师，而是更多配置到了其他方面，如园舍建设、材料购买等，甚至是配置到了与质量关联不大、不必要的支出项目当中。这不仅会致使

财政支出效率低下，更使得幼儿园教师长期在低薪状态下工作，对儿童发展造成负面影响。如果人员薪资比例过高，则存在减压其他开支的可能，这将导致园舍维护、运转困难，尤其是在学前阶段，儿童游戏材料的更换频繁，教师的专业知识需要不断更新，设施设备需要安全可靠，这些都需要充足的公用经费保障。因此，确定一个适宜的人员经费占比，让投入指向与质量攸关的要素，至关重要。

根据 UNESCO 的统计数据显示，在 2005 年到 2014 年，世界各国平均将约 70% 的支出用于园所机构的人工薪资，其中，在园教师（teaching staff）薪资占比在 60% 左右。而 OECD 数据库也显示，2009 年至 2014 年间，OECD 国家学前教育支出中将 68%~73% 的部分用于人员经费支出。这一水平与国际研究者对托幼机构成本估算的结果吻合。科克伦（Cochran）等人就指出，儿童保育中心大约将 70% 的支出用于人员开支，而这些开支决定了项目的质量。因此，从上述数据来看，在学前教育稳定发展的时期，人员经费支出应该占到 70% 左右，而直接从事保教工作的一线教师的薪资占比在 60% 左右。

（三）选择适宜的投入机制，确保幼儿园教师薪资的稳定增长

财政投入机制会影响学前教育服务的可得性（accessibility）、可负担性和质量，影响到哪些群体接受服务、哪些家庭受益、服务能否是高质量的，以及学前教师的福利和资质能否得到保障。因此，在考虑以财政投入改善幼儿园教师薪资待遇时，也需要谨慎对待，选择适宜的方式，以保证幼儿园教师薪资的稳定增长。

各国对学前教师薪资改善的补助可分为一次性补助和提高基础薪资水平两类。一次性补助是很多国家用来解决教师薪资补助的惯常方法。例如由美国部分州推行的儿童保育薪资项目（Child Care WAGE$），是为达到了一定教育水平的幼儿园教师提供的一次性薪资补助项目。该项目早在 1994 年由北卡罗来纳州推行，到 2015 年，已有 5 个州在提供这一项目。

一次性补助具有更强的政治可行性，更容易得到政府的支持，但是，当预算和优先项目调整的时候，更容易被减少或取消。而提高基础薪资水平则能够较为稳定、持续地实现学前教师薪资的稳定增长。例如，美国圣弗朗西斯科市的薪资增长计划（Compensation and Wage Augmentation Grants for Economic Support，C-WAGES）旨在提高该市的幼儿教育的师资质量和薪资。获得该项资助的机构，要建立和实施正式的薪资补助计划，说明机构现有的薪资状况和受到资助以后教师的薪资待遇提升情况，每年要通过 Workforce Registry 系统报告教职工的基本情况及薪资待遇。但是，由于提高基础性薪资的政策对财政性经费有着更高的要求，同时容易引发类似诉求，因此，其政治支持度一般。

具体在拨款机制上，主要可以区别为生均公式拨款和教师人头拨款。生均公式拨款是将教师薪资专项补助与在园幼儿人数挂钩，以在园儿童人数为基础变量，以此计算教师薪资补助的数量。例如，加拿大安大略省的儿童保育人员薪资资助就是以生均公式拨款的形式进行的，由机构的学位数量、服务对象的类别、服务时间共同决定。香港在 2007 年以前实施的“幼儿园资助计划”也是与幼儿入学人数挂钩的教师薪资拨款。生均公式拨款的优点在于可以实现对幼儿园教师薪资的普遍支持，且纳入运营经费中的生均公式拨款能够在一定程度上保证投入的稳定性和持续性。但有研究者指出，“其实政府直接资助幼师薪酬是最容易及最合理的，但政府坚持以学生人数为计算基数。这反映香港政府以市场主导的一贯立场，强调钱跟人走，坚持家长选择及收生为本的经济观念，而并非真正投入成本”。为规避这一问题，有的国家和地区是以设计学位而非实际在园幼儿人数计算补助额度的。而以合格师资数量为基数发放补助，是一些国家专项补助教师薪资的做法。与教师人头挂钩的拨款机制能够保证薪资资助的落实，且如若资助水平与学历、培训水平、工作年限挂钩，能够直接成为推动教师职后专业发展、稳定工作的外部动力。

（四）立法规定幼儿园教师的薪资水平和薪资结构

确定适宜的法定薪资水平，能够为幼儿园教师获得有专业尊严的薪资奠定法律保障，促进教师长期、稳定地从事学前教育工作，并谋求专业发展。多数国家和地区都设法在法律文件中明确公办园幼儿园教师的待遇。日本的《教育公务员特例法》等法律就明确规定了国立和公立的幼儿园园长、教师为日本的“教育公务员”,《国家公务员法》《地方公务员法》《教育公务员特例法》等法律共同规定了教育公务员的录用、任免、薪资及福利待遇等政策。近年来，日本大幅度提高幼儿园教师的薪资待遇，对志愿任教的学生实行奖励制度。幼儿园教师受到社会各界的尊敬，其薪资比一般国家的公务员高 20% 左右。美国的《1989 年军事儿童保育法案》规定了儿童保育教师的培训和薪资水平，要求其薪资要等同于同等培训水平、级别和工作经验的军队其他雇用人员。由于出台了上述规定，OECD 国家或地区公立机构学前教师的法定薪资达到了相对较高的水平。据 2014 年的数据，平均而言，学前教师法定薪资的初始水平大约相当于人均 GDP 的 82%，基本相当于小学教师法定薪资的初始水平；而学前教师法定薪资的最终水平能够达到人均 GDP 的 1.38 倍，相当于小学教师法定薪资最终水平的 1.05 倍。

对民办园幼儿园教师，也可采用最低工资标准为其提供生活保障。最低工资制度是政府调节劳动力市场、维护劳动者合法权益的重要手段。最低工资标准尤其有利于低收入者薪资水平的提升，对高收入群体的收入的作用较不确定。在当前幼儿园教师供不应求的状况下，确定一定区域合理的最低工资标准，有利于保障行业内低收入工作者的薪资水平，尤其有利于保障民办园教师的收入。需要关注的是，幼儿园教师的最低工资标准并非整个劳动力市场的最低工资标准，幼儿园教师是经过专门培训、有资质的专业工作人员，其收入参照对象应该是劳动力市场同等水平的工作人员，而非所有劳动者，也非未经专业培训的劳动者。因此，OECD 国家或地区幼儿园教师的实际薪资水平往往在劳动力市场的最低薪资标准的数倍之上。英属哥伦比亚（加拿大）和葡萄牙的幼儿园教师的薪资达到或接近最低薪资的 5 倍，斯洛文尼亚、英国、西班牙、美国北卡罗来纳州和佐治亚州、波兰、墨西哥等国家和地区在 2.5 倍到 3.5 倍之间，匈牙利、美国俄克拉荷马州、斯洛文尼亚、韩国等国家和地区在 2 倍到 2.5 倍之间。

（五）提供薪资水平指导意见，辅以财政激励工具

一些国家或地区并未通过强制性的政策工具要求所有托幼机构（尤其是民办园）为教师提供的薪资达到一定的标准，而是为托幼机构的薪资水平提供了指导性意见，并辅以自愿性工具，以一定的财政激励工具，鼓励托幼机构达到相应的标准。例如，新西兰为解决注册幼儿园教师数量不足和教师薪资不高的问题，由中央政府出台了专门的政策，鼓励托幼机构雇用满足资质要求、注册的幼儿园教师。新西兰中央政府向托幼机构下拨的免费学前教育等公共服务的运营经费，但生均拨款标准与机构聘用的合格教师占比及发放薪资水平有关。新西兰政府规定，聘用的合格教师占比越高，生均拨款标准越高。同时，机构必须为这些教师提供达到政府建议的最低标准的薪资。新西兰政府为合格教师制定的薪资标准随着教师资质的提升而增长，整体薪资标准还逐年递增。有研究者指出，对教师薪资的补贴是新西兰政府自 2004 年以来最为成功的支出项目，增加了注册教师的比例，激励托幼机构雇用更多的高水平师资。当然，由于激励托幼机构提供更高的薪资，政策也遭到了一些私立幼教机构的反对，新西兰私立儿童保育团体儿童早期协会（Early Childhood Council）认为，没有必要由政府告诉私立机构应该支付多少费用，市场能告知机构能支付什么样的薪资水平及教师又能承受怎样的薪资水平。因此他们要求撤销对薪资水平的要求。但是新西兰教育部回应，政府将继续支持资金激励计划，同时也将保留对幼儿园合格师资薪资标准的要求，以免一些机构不将激励提高教师薪资的财政补助用于教师，而只为合格师资支付稍微超过劳动力市场上最低薪资标准的薪资水平。

四、启示

第一，幼儿园教师的薪资待遇是保障学前教育质量、稳定教师队伍的关键，幼儿园教师薪资待遇状况不佳会造成师资的“劣币驱除良币”，对幼儿园教师心理状态、流动状况的负面影响通过作用于学前教育中的“关系”和互动，进而对儿童发展质量带来影响。要充分认识幼儿园教师获得合理薪资待遇的必要性，为建设一支专业化、高质量的教师队伍进行财政投入，为幼儿园教师获得良好的待遇提供充足的财政支持。

第二，尊重幼儿园教师专业人员身份的教师薪资应该是能获得与同等资质、同等工作年限、同等职称的工作人员相当的待遇。目前，最适合的参照对象是小学教师。世界主要国家基本实现或正努力实现幼儿园教师与小学教师薪资待遇的同等水平。同时还要关注教师薪资占人均 GDP 水平这一指标。参照与我国经济发展水平类似的国家，应努力实现教师初始薪资达到人均 GDP，并建立合理的薪资增长结构，保证教师最终薪资高于人均 GDP 数倍，并逐步实现与同等水平工作人员相当的待遇。

第三，要关注现有的财政投入结构的转向。与世界主要国家相比，近年来我国学前教育财政支出的重点在“物”。从全国的情况来看，到 2013 年时，预算内学前教育经费中用于人员经费的占比为 47.74%，建设支出的比例为 29.55%。尽管人员经费占比仍然占到预算内学前教育经费支出的将近一半，但已远低于世界各国和 OECD 国家平均水平，也低于国外研究者微观调查的结果，急需改变。投向幼儿园教师的经费，不仅要关注到幼儿园教师的培养和培训，还应充分考虑幼儿园教师待遇的改善。

第四，要选择适宜的投入机制，建立保障幼儿园教师薪资待遇的长效机制。尽可能采用非一次性补助的方式，将教师薪资纳入幼儿园办园成本，在此基础上制定生均拨款标准或人均定额补助标准，并辅以信息报告、财务审计等机制，确保拨款能切实用于保障和提升幼儿园教师薪资待遇。

第五，政府应该参照本地的经济发展水平和劳动力市场的薪资水平，通过立法等方式出台幼儿园教师最低薪资标准或薪资指导意见，制定合理的薪资增长结构，同时辅之以财政激励工具，即在财政投入机制嵌套薪资标准要求，从而支持不同类型、不同收入水平的合格师资都能够获得满足生活需求、承认其专业身份和贡献的薪资待遇。

执笔人：刘颖

（原文载于《外国中小学教育》2018 年第 12 期）

参考文献

[1] Weiland C， Yoshikawa H. Impacts of a prekindergarten program on children's mathematics， language， literacy， executive function， and emotional skills[J]. *Child Development*， 2013， 84（6）： 2112–2130.

[2] Whitebook M， Phillips D， Howes C. Worthy work， STILL unlivable wages： The early childhood workforce 25 years after the National Child Care Staffing Study[R]. Berkeley， CA： Center for the Study of Child Care Employment， 2014：3， 273–293，76，73.

[3] National Research Council. Transforming the workforce for children birth through age 8： A unifying foundation[M]. Washington DC： National Academies Press， 2015： 478， 467.

[4] Allen L， Backes E. Transforming the financing of early care and education[M]. Washington DC： The National Academy Press， 2018：1–13， S–3， S–2.

[5] Hahs–Vaughn D L， Scherff L. Beginning English teacher attrition， mobility， and retention[J]. *The Journal of Experimental Education*， 2008， 77（1）： 21–54.

[6] Moon J， Burbank J. The early childhood education and wage ladder： a model for improving quality in early learning and care programs[R]. Policy Brief， Economic opportunity Institute， Seattle WA， 2004： 5， 6.

[7] Cassidy D J， Lower J K， Kintner–Duffy V L， Hegde A V， Shim J. The day–to–day reality of teacher turnover in preschool classrooms： An analysis of classroom

context and teacher， director， and parent perspectives[J]. *Journal of Research in Childhood Education*， 2011， 25（1）： 1–23.

[8] Whitebook M， Sakai L. Turnover begets turnover： An examination of job and occupational instability among child care center staff[J]. *Early Childhood Research Quarterly*， 2003， 18（3）： 273–293.

[9] Torquati J C， Raikes H， Huddleston–Casas C A. Teacher education， motivation， compensation， workplace support， and links to quality of center-based child care and teachers' intention to stay in the early childhood profession[J]. *Early Childhood Research Quarterly*， 2007， 22（2）： 261–275.

[10] Whitebook M. Preschool teaching at a crossroads[J]. *Employment Research*， 2013， 20（3）： 4–6.

[11] Moon J， Burbank J. The early childhood education and wage ladder： a model for improving quality in early learning and care programs[R]. Policy Brief， Economic opportunity Institute， Seattle WA， 2004： 6.

[12] OECD. Education at a Glance[DB/OL]. [2018–5–29]. http： //stats.oecd.org/.

[13] Geneva. Right beginnings： early childhood education and educators： report for discussion at the Global Dialogue Forum on Conditions of Personnel in Early Childhood Education [R]. International Labour Organization， 2012： 48–49.

[14] UNESCO. Strong foundations： Early childhood care and education： EFA Global Monitoring Report 2007[R]. Paris： Organization， 2007： 149.

[15] Colclough C， Packer S， Movivans A. Education for All： The Quality Imperative. EFA Global Monitoring Report[M]. Paris： Unesco publishing， 2005： 165.

[16] OECD. How much are teachers paid and how much does it matter[EB/OL].[2018-06–09]， http： //www.oecd.org/education/skills–beyond–school/EDIF%202014--No21%20（eng）.pdf.

[17] National Research Council. Transforming the workforce for children birth through age 8： A unifying foundation[M]. Washington DC： National Academies Press， 2015： 467.

[18] OECD. Starting Strong III – a quality toolbox for early childhood education and care[M]. Paris： OECD Publishing， 2012： 190， 195， 181.

[19] 刘颖，乐晓云.美国提高学前教师薪资水平的政策进展及启示[J].教师教育研究， 2017， 29（03）： 121–127.

[20] Child Care Aware of America （CCAA）. Parents and the High Cost of Child Care：

2016 Report[EB/OL].[2018-02-15] . https：//usa.childcareaware.org/wp-content/uploads/2017/01/ CCA_High_Cost_Report_01-17-17_final.pdf.

[21] Perlman M， Fletcher B， Falenchuk O， Brunsek A， McMullen E， Shah P S. Child-Staff Ratios in Early Childhood Education and Care Settings and Child Outcomes： A Systematic Review and Meta-Analysis[J]. PloS one， 2017， 12（1）：e0170256.

[22] 〔美〕蒙·科克伦著，王海英等译. 儿童早期教育体系的政策研究[M]. 南京：江苏教育出版社， 2011： 305， 287.

[23] Allen L， Backes E. Transforming the financing of early care and education[M]. Washington DC： The National Academy Press， 2018： S-3.

[24] Prince Edward Island’s preschool excellence initiative： first year implementation report [EB/OL] .[2018-06-17]，http：//www.gov.pe.ca/photos/original/FirstYearImplem.pdf.

[25] Van Ravens J， Aggio C. Expanding Early Childhood Care and Education： How Much Does it Cost? A Proposal for A Methodology to Estimate the Costs of Early Childhood Care and Education at Macro-Level， Applied to the Arab States[R]. Working Paper No. 46. The Hague， The Netherlands： Bernard Van Leer Foundation， 2008： 21.

[26] UNESCO Institute for Statistics [DB/OL]. [2018-5-29]http：//data.uis.unesco.org/Index.aspx?DataSetCode=EDULIT_DS&popupcustomise=true&lang=en#.

[27] Child Care WAGE$® Project Fact Sheet[EB/OL].[2018-06-10] http：//www.childcareservices.org/wagesapps/WAGES_FactSheet_6_14.pdf.

[28] San Francisco Department of Children and Family Commission. Compensation and Wage Augmentation Grants for Economic Support （C - WAGES） Center Program[EB/OL].[2018-06-10].http：//mission.sfgov.org/OCA_BID_ATTACHMENTS/FA23652.pdf.

[29] Ontario Child Care Service Management Guidelines Wage Subsidy[EB/OL]. [2018-05-29].http：//www.region.waterloo.on.ca/web/social.nsf/docid/589CF72E7EBC62C085257013004E38BD/$file/wagesubguidelineseng.pdf?openelement.

[30] 刘燕琼. 学券制与家长支持[J]. 香港幼儿学报，2010，（2）：17-24

[31] 教育公务员特例法[EB/OL].[2018-05-29]. http：//elaws.e-gov.go.jp/search/elawsSearch/ elaws_search/lsg0500/detail?lawId=324AC0000000001#D.

[32] 童宪明. 美国、日本、韩国幼儿教育政策法规的特点及启示[J]. 教育导刊（下半月），2010（10）：87–91.

[33] Whitebook M，Phillips D，Howes C. Worthy work，Still unlivable wages：The early childhood workforce 25 years after the National Child Care Staffing Study[J]. Center for the Study of Childcare Employment，2014：73.

[34] 邸俊鹏，韩清. 最低薪资标准提升的收入效应研究[J]. 数量经济技术经济研究，2015（7）：90–103.

[35] Attestation of certificated teachers' salaries[EB/OL].[2018–05–30]. https：//education.govt.nz/ early–childhood/employment/attestation/.

[36] New Zealand ECE Taskforce. An Agenda for Amazing Children：Final Report of the ECE Taskforce[R]. Wellington，New Zealand：Department of Education，2011：55.

[37] Alexander S. Funding for qualified and certificated early childhood teachers [N/OL]. [2018–05–30].https：//www.childforum.com/news–early–childhood–education–latest/1450–teacher–pay–rates–early–childhood–education–funding–news.html.

第十七章
幼小衔接，经合组织国家在行动

近年来，经济合作与发展组织（OECD，简称“经合组织”）国家和地区重视幼小衔接工作，从政策文件、课程纲要和监测体系等方面体现对幼小衔接的重视，近80%的成员国都有确保幼儿园和小学课程顺利衔接的举措，实践及研究均走在世界前列，其中一些有效做法，值得中国参考借鉴。

一、课程与监测体系衔接

核心：明确强调幼儿园不应该教学化，通过游戏提升自理能力与早期书写能力，帮助儿童实现学习方式的转变。

日本为解决21世纪初引起社会高度关注的“小学一年级问题”，即小学生从学前教育到义务教育第一年时不能很好地适应和调整，在2006年修订了《学校教育法》，并改革了早期教育与照护课程体系，出台官方指南和课程纲要，确保幼儿园和小学课程整体连贯性，由文部科学省具体督促落实，定期组织各地教育委员会督导员就如何促进学前教育与小学更好衔接进行讨论。

为更好地推动衔接阶段课程与前后阶段课程的整合，芬兰重新修订了学前教育和基础教育课程。芬兰国家教育委员会2014年起草《修订后的国家初等教育核心课程纲要》，主要目的是促进学前教育和小学教育的整合，实现两个阶段的无缝衔接。2016 年 10 月，芬兰启动对学前教育课程的修订，突出了幼小衔接部分，并于 2017 年由地方政府和私立教育机构实施。丹麦幼小衔接由地方学前教育机构和小学自主决定，98 个地方市政主体负责执行，各地政策和实践差异性较大，但都制定了有关衔接的教学指南，如地方衔接情境指南。

在斯洛文尼亚，学前教育和初级教育的课程框架是在课程改革同时期（1996—1999 年）发展起来的，指导思想和原则一致，课程改革框架明确指出教育方案和课程必须在横向和纵向上保持一致。幼儿园课程开放灵活，有特定的原则、目标和活动范例。它包含六个活动领域，即运动、语言、艺术、社会、自然和数学，以及针对各领域的目标。课程规定要保持到初级教育阶段的连续性（即纵向连通），但同时明确强调幼儿园不应该教学化。初级教育课程还规定了必修和选修科目的教学大纲，与幼儿园课程的覆盖内容一致。

英国苏格兰地区针对 3~18 岁的儿童卓越课程纲要旨在为 3~18 岁的儿童建立一个围绕学习和能力而不是学校科目的连贯的课程。其目的是使儿童和青少年成为成功的学习者、自信的个人、负责任的公民和有效的贡献者。与苏格兰旧版的 5~14 岁儿童课程中更严格的教学方法相比，儿童卓越课程纲要注重帮助儿童实现学习方式的转变。为 3~18 岁的儿童提供了更广泛、更全面的方法，并提供了连贯的和更灵活的课程。其中有五个级别，涵盖早期阶段（幼儿园和小学一年级）和小学初级阶段（小学二年级到四年级）。从 3 岁开始直到小学一年级结束，目的是帮助儿童在幼儿园和小学间顺利过渡。不按照科目简单划分，而是围绕儿童能力培养和学习素质提升来设计，确保如价值观、人际关系能力、规则意识、健康意识等核心要素贯穿其中。

美国专门出台针对幼小衔接阶段的“K 学段”指南，从儿童发展、学习环境、成人与儿童互动、课程、教学实践、一日活动、学校－家庭－社区联系、评价、衔接和教师专业发展各个方面提出指导意见。教学纲要都强调游戏、自理能力和早期书写能力的重要性，尤其重视游戏和基本能力的培养。还有一些国家在课程中纳入最新科技发展趋势，比如信息通信技能。

很多国家将幼小衔接进展作为教育督导和监测评估的重要内容之一。在瑞典，通过国家监测和学校自我监测的方式评估衔接阶段质量。在国家层面，瑞典教育法规定教育系统内的每一个教育提供者都应该有系统连续的计划、跟进、评估、提升教学计划，以帮助儿童更好的过渡。

二、学习与生活情境衔接

核心：幼儿园与小学教育有机结合，强调不应是儿童为小学做准备，而应是学校为儿童做好准备。

经合组织国家和地区将衔接阶段作为整体教育阶段的一个有机组成部分，强调不应是儿童为小学做准备，而应是学校为儿童做好准备。在具体实践方面，将近一半的被调研国家采取将幼儿园阶段的最后一年或者最后半年作为衔接阶段。

北欧国家认为，小学一、二年级应继续坚持幼儿园的自然教学方式，着重于启蒙和兴趣培养。瑞典儿童从出生到 6 岁参加儿童早期教育和保育体系，在 6 岁时，入读学前班，即衔接阶段，但是非强制性的，学前班被视为入小学义务教育前的预备，另外还设立游戏中心，以游戏为主，增加语言、数学知识的教育。瑞典规定学前教育机构、游戏中心和小学的课程都要遵循统一的课程指导纲要，政府目前正在讨论将学前班列为义务教育。

芬兰自 2015 年起将学前教育最后一年作为幼小衔接阶段纳入义务教育。衔接阶段在教学作息和方式等方面会综合两个阶段的特点。奥地利制订了国家层面的“幼儿园至小学阶段计划”来提升衔接阶段与前后两个阶段的连贯性和一致性，将学前教育最后一年和小学前两年定位为“入学阶段”，规定儿童 6 岁所在的学前教育最后一年为衔接阶段，目标是为儿童终身学习做好准备，已于2010年将衔接阶段纳入义务教育。

有些国家和地区会在幼儿园和小学的情景和环境创设方面保持一致，如英国威尔士地区将小学生用的校服和书包放在幼儿园的“家园角落”，模拟小学场景，让儿童能“身临其境”，让儿童吃“盒装午餐”，提前适应学校生活。葡萄牙通常将幼儿园和小学设在同一个地点，方便两个阶段的老师和学生进行沟通互动。

三、幼小教师能力衔接

核心：为教师提供务实支持和专业培训，提升幼儿园和小学教师及管理人员的衔接意识和能力，并重视两个阶段教师职业发展和报酬待遇。

幼小衔接的顺利开展，需要小学和幼儿园老师具备促进儿童幼小衔接的理论知识和能力素质，同时需要两个阶段教师之间的相互理解、支持和合作。经合组织国家和地区采取多项举措促进幼儿园和小学老师的全面融合。

新西兰通过教师资格认定促进幼小衔接，颁发的是面向0~8岁儿童的教学证书，获得资格证的教师可在幼儿园或小学低年级任教。2002年，新西兰推出“未来之路”计划，是关于改善儿童早期教育服务的支持计划，通过提高政府补贴和引入各类支持和资源，激励儿童早期教育机构重视鼓励教师积极获取资格认证。目前，新西兰80%的儿童早期发展机构教师达到国家规定的资历和能力素质要求，是获得资格认证的注册教师。美国的教师资格证面向的是从托育中心至小学三、四年级的教师。

经合组织国家和地区为教师提供务实支持和专业培训，开发幼小衔接教学及培训案例和资料，提升幼儿园和小学教师及管理人员的衔接意识和能力。英国威尔士地区不断更新和改进培训课程，提供各类关于衔接的支持服务，如威尔士儿童保育和早教协会为儿童早期教育教师提供从最初的资格考试辅导和培训，到对获得资格后的跟进咨询和支持，并定期举行教师交流活动，分区域或在社区开展交流会，儿童教师可以分享各自的体会和经验，达到相互学习借鉴的效果。提供的指导材料除了教材和指南外，还有各类“如何做”实操视频资料，资料里包含了幼小衔接的主题，这种全程深度培训帮助儿童教师提高了对儿童教育和幼小衔接的认识，并加强了实际工作水平。

经合组织国家和地区 77% 的幼儿园教师以及 59% 的小学教师接受过专门关于衔接的培训。在日本，政府部门还鼓励地方政府与个别学校及教育机构采取主动行动，例如召集咨询委员会编写关于从幼儿教育到初等教育的无缝衔接报告，并邀请负责儿童早期教育的县级官员，分享地方关于衔接的最佳做法，供其他学校学习借鉴。2005 年，日本国家教育政策研究所（NIER）编写了关于“从幼儿期到儿童期的衔接教育”的教材。2015 年，日本国家教育政策研究所制定了一份参考文件，指导小学编写自己的入门课程。衔接教材已被广泛分发给地方政府、儿童早期教育机构和小学。有的地方学校和教师总结幼小衔接的研究和实践成果，形成培训材料、示范课程和案例研究集，向更多的学校推广。

德国巴登 – 符腾堡州的路德维希堡教育学院将幼小衔接作为专题教学版块，纳入幼儿园教师和小学教师培养计划，在具体教学实践中，由小学教师和学前教育学讲师担任主讲老师，为四年制小学教师计划班的学生和幼儿教育三年制学士学位课程的学生讲授课程，包括衔接理论、衔接课程和活动设计要点、学前教育和小学的教育理念和学习理论、幼儿园与小学合作的基本内容。作为培养计划的一部分，小学教育专业的学生需要到学前教育机构进行短期实习，幼儿教育专业的学生需要参加小学的短期实习，以帮助双方更好地了解对方的职业。

此外，经合组织国家和地区将教学考评作为标准引导两个阶段教师教学行为。智利、芬兰、法国、西班牙、苏格兰等关于教师教学的考评，强调非教学任务时间应与教学任务时间持平。还重视两个阶段教师职业发展和报酬待遇，推动幼儿园教师达到和小学教师同等薪酬待遇水平。

四、特殊需求儿童的特别支持

核心：一些国家为贫困家庭儿童提供幼小衔接的资金、活动和人力资源支持，一些国家为特殊需求的孩子及其家长提供具有针对性的指导资料，帮助这些儿童顺利过渡，为进入学校做好准备。

经合组织国家和地区认为做好幼小衔接是保证教育公平的有效方式，74% 的国家会为困难家庭儿童和特殊儿童提供衔接阶段特殊服务，尤其重视社区在提供从心理到社会照护各方面服务的重要作用。

针对贫困家庭儿童提供资金和人力资源支持，英国威尔士设有“儿童机会均等基金”，威尔士儿童保育和早教协会开展“飞跃起点计划”，重点关注困难家庭儿童的幼小衔接，采取多种方法帮助其顺利过渡，包括在书籍和视频资料辅助下，与儿童讨论对衔接的理解，倾听儿童的心声；带儿童走访学校，熟悉小学教育环境；在幼儿园设置类似小学的教学和生活情境，并模拟练习；加强幼儿园和学校老师合作，幼儿园老师关于每个儿童情况的记录会分享给小学老师，以方便小学老师针对儿童情况“因材施教”。

威尔士政府 2015 年出台《家庭和社区参与指南》，工作重点是贫困家庭儿童、学业困难儿童和其他特殊儿童，强调家庭和社区利用各类资源支持儿童学习和发展。有些国家为移民家庭或儿童提供语言支持。在德国，深刻理解和熟练使用教学语言（德语及其他母语）被认为是做好入学准备的先决条件。学前教育阶段的语言和口语能力启蒙可以作为提高学前教育中读写能力的基础，基于此，德国一直对移民儿童语言需求高度关注，德国 16 个州中已经有 14 个引入了语言评估和筛查计划，这些评估通常在儿童进入小学前的 1~2 年进行，未通过评估的儿童，将得到专门针对个体情况制定的辅导和支持服务。

在荷兰，对儿童语言能力的发展越来越重视，政府认为所有儿童，特别是来自弱势背景的儿童，更应获得语言能力发展支持。2009 年，荷兰语言发展活动开始实施，到2012年，进一步增加预算和投入。学前教育和小学的语言课程是一贯的，只是为适应不同年龄段做了分级，有利于儿童顺利过渡，为进入学校做好准备。所有参加语言发展计划的幼儿（2.5~4岁）每周需接受10小时的课程。评估结果显示，参加计划的弱势儿童比未参加的同类儿童表现出更强的语言和功能性技巧。

加拿大很多地区为有特殊需要的儿童提供资源和专家支持，帮助儿童从幼儿阶段顺利过渡到小学阶段。通常会设立儿童个体教育计划或支持服务计划（名称因省和地区而异），通过征询各方意见，形成关于每个儿童学习和发展需求的详细信息，制订相应的支持方案，成果一般为儿童支持性文件或手册、指南。这些支持性文件为小学和早期教育机构老师、辅助人员、家庭提供指导。如艾伯塔省的特殊需要儿童父母学习小组手册；纽芬兰和拉布拉多的融合特殊需要儿童的保育服务政策手册；萨斯喀彻温省的儿童保育融合计划；马尼托巴省的特殊儿童幼小衔接行动方案；魁北克省为面临风险的、有障碍的、社会适应不良或有学习困难的儿童提供教育服务。

此外，奥地利、美国、澳大利亚实施有关项目来鼓励和支持困难家庭为儿童提供良好的学习成长环境，通过定期为父母提供咨询和指导支持，提升父母对儿童发展和衔接重要性的理解。

五、促进儿童发展的伙伴关系

核心：建立通信和信息平台，让所有儿童发展相关机构和人员分享想法、经验和建议，促进幼儿园、小学、家长和儿童的充分沟通、合作和信息交流。

经合组织国家和地区重视幼小衔接中各相关方的充分沟通、合作和信息交流，包括小学、幼儿园、家庭和儿童，尤其重视倾听儿童的看法和观点，各方形成合力，共同帮助儿童顺利过渡。很多国家教育主管部门邀请儿童发展相关利益方参与衔接政策制定、实践、研究和监测评估。

2014年，澳大利亚新南威尔士州推出的《儿童衔接准备度报告》，以改善家庭和学校之间关于早期儿童服务的沟通。该报告根据幼儿教育框架记录了儿童的特长、兴趣和学习情况。其目的是通过规划适当的、个性化的学习和教学计划，帮助学校教师为儿童做好准备。评估发现，阅读过这些报告的父母和幼儿园教师都比未阅读过的更了解儿童的优势和兴趣，以及帮助儿童顺利过渡到小学的方法。

在爱尔兰，全国小学课程的改革引入了一项新的关于幼小衔接的倡议，要求将儿童学习和发展的信息在各相关主体之间共享，规定所有学校和国家资助的早期发展机构应以儿童将进入的新学校和场所要求的标准格式提供儿童进步和表现的书面报告。在倡议框架下，由国家课程开发和评估委员会（NCCA）整合幼儿园和小学两个阶段儿童的信息。该委员会在部分早期教育机构和小学开展倡议试点，通过持续与儿童、家长和其他主要利益相关者（如小学校长和早教机构主管）协商，记录和监测早期教育机构和小学之间每个孩子的过渡情况，试点取得明显效果，倡议已于2018年9月正式出版使用。倡议还包括建立地方网络、推动小学及学前教育工作人员和儿童互访、开发衔接阶段材料和书籍等举措以支持儿童发展信息共享。

为了收集各方想法、经验和建议，共同促进儿童从早期教育阶段顺利过渡到小学，奥地利联邦教育部和妇女事务部启动了几项网络项目，通过建立通信和信息平台，供所有儿童发展相关机构和人员分享。基于各方意见，奥地利政府出台了儿童发展个性化支持法案，改善幼教机构与小学之间合作。具体举措包括，收集最佳实践案例；通过专门设计的表格或档案促进幼教机构和小学之间传递共享信息；组建“衔接工作团队”。萨尔茨堡州已经发布一份幼小衔接文件。

挪威设有专门的衔接委员会和衔接工作组，从各方选代表担任幼小衔接咨询顾问，并在教育法案和框架中明确规定儿童参与的权利，同时规定教师需要在日常教学中充分重视儿童的利益和诉求。瑞典采用衔接自评量表监测各方合作现状；丹麦、芬兰在课程制定和相关研究中会邀请家长和儿童全程参与。

执笔人：郝志荣

（原文载于《中国教育报》，2019 年 8 月 30 日）

第十八章
学龄前留守儿童心理健康问题及影响因素
——基于12个省份27个贫困县的调查分析

一、问题的提出

（一）研究目的与意义

改革开放以来，随着我国城市经济社会的快速发展，人口迁移流动十分活跃，流动人口规模大幅增长，从1982年的652万人增长至2019年的2.36亿人，流动人口是改革开放初期的约40倍。在我国人口由农村向城镇不断迁移流动的进程中，因农村劳动力外出务工而产生了大量的农村留守儿童。据估计，2015年我国农村留守儿童达到6100万人（段成荣等，2014）。其中还有较多儿童处于贫困之中。民政部数据显示，截至2018年8月，我国农村贫困地区建档立卡贫困户家庭留守儿童达到20余万人，纳入低保的有8万余人，纳入特困人员供养的有5000多人。尽管因为统计口径的差异导致对留守儿童规模测算存在不同，但是留守儿童的大量存在及其面临的各类问题都引起了政府和社会的高度重视。加强农村留守儿童，特别是贫困地区留守儿童的健康关爱工作，促进留守儿童健康成长，已成为当前一项重要而紧迫的任务。

儿童是一个民族、一个国家发展的未来和希望。农村留守儿童由于不在父母身边，引发了教育、健康、照料、心理等一系列社会问题，受到了各界的广泛关注。农村贫困地区留守儿童出现了“父母管不到、爷爷奶奶不会管、老师不敢管”的困境，他们明显缺乏父母陪伴，缺少成长中必要的关爱。较多的调查研究发现，农村留守儿童成长过程中出现诸多问题，健康问题形成的原因非常复杂多样。首先，留守儿童祖辈照料能力不足、照料不周的现象较为普遍。留守儿童在缺少父母陪伴的情况下亲子沟通也受到严重影响，在面临安全危险时缺乏必要的安全防护。其次，留守儿童卫生服务状况不理想，生活行为习惯有待改善。留守儿童的患病就诊率不及非留守儿童，饮水达标比例较低，每日吃早餐的比例较低，食用零食现象普遍，其他不良生活习惯更多。再次，留守儿童意外伤害比例高，校园欺侮与冲突问题经常发生，学校心理和健康教育干预有待加强。最后，留守儿童心理和情绪问题值得关注，贫困地区留守儿童面临多个维度的心理健康问题，不同维度的健康问题甚至相互叠加和影响，导致儿童早期发展陷入恶性循环之中。

针对留守儿童健康成长中的问题，国家在儿童关爱、困境儿童保障、关爱服务体系建设等方面出台了一系列政策文件，试图促进留守儿童健康成长，如《国务院关于加强农村留守儿童关爱保护工作的意见》（国发〔2016〕13 号）、《国务院关于加强困境儿童保障工作的意见》（国发〔2016〕36 号）、《民政部关于进一步健全农村留守儿童和困境儿童关爱服务体系的意见》（民发〔2019〕34 号）。加强农村贫困地区留守儿童的心理健康关爱工作，依靠学前教育等方式给予支持与援助，弥补儿童早期发展中家庭教育不足的缺陷，促进留守儿童健康成长，已成为当前政府和社会积极关注的话题。学校是家庭之外的第二教育场所，学前教育作为家庭保育的重要补充，对留守家庭而言更为重要。为了加强农村贫困地区留守儿童的心理健康关爱工作，有必要充分认识他们的心理健康和接受学前教育的状况，以及开展学前教育的积极作用。当前，我国 3~6 岁农村贫困地区留守儿童心理健康状况如何？他们接受学前教育状况如何？学前教育对改善他们的心理健康起到了什么作用，产生了什么效果？本课题利用2017年中国人口与发展研究中心组织实施的贫困地区农村留守儿童健康专项调查的大样本数据[①]，结合贫困地区人口和家庭特点，分析当前3~6岁农村贫困地区留守儿童的心理健康和接受学前教育状况，利用实证分析模型评估学前教育对留守儿童的影响，回答当前农村贫困地区学前教育对留守儿童心理健康改善的效果，并提出促进留守儿童健康成长的对策建议。

（二）研究现状与局限

本课题研究贫困地区学前教育对留守儿童心理健康的影响，从留守儿童心理健康状况、留守儿童心理健康影响因素、留守儿童接受学前教育状况及其影响三个方面梳理现有研究。

在留守儿童心理健康状况方面，多数研究主要是利用局部区域小样本调查数据进行分析，如陕西省696个留守儿童调查、浙江省某市100名4~6岁留守儿童调查、贵州省某市102名3~6岁的农村留守儿童调查、贵州省贫困地区877名留守儿童调查等。研究发现，留守儿童的心理健康状况明显处于劣势，他们容易出现情绪波动，有焦虑、抑郁、苦闷、烦恼等消极情绪，性格日趋变得内向、孤僻、冷淡或不善言谈（宋月萍等，2020）。也有少部分研究发现留守儿童的心理健康总体水平正常，且处于合理范畴（满小欧、曹海军，2018），但在学习焦虑、人际交往等心理健康各方面均存在不同程度的心理不适（于慧慧、夏冰月，2016）。还有学者研究发现无法得出留守儿童的社会心理健康劣于非留守儿童的结论（郭申阳等，2019）。

在留守儿童心理健康影响因素方面，父母外出务工对留守儿童的社会交往产生显著影响，在儿童成长过程中依恋关系的缺失有可能对儿童的

① 本研究所使用的调查数据涉及12省份27个县，调查对象为0~15岁贫困地区儿童，样本量达到25325个。12省份分别为河北、山西、安徽、江西、河南、湖北、湖南、广西、重庆、四川、贵州、陕西，27个县分别为上述省份辖区内的贫困县。

未来发展产生一定程度的阻碍（赵阳，2016），也有研究认为父母外出总体上并不会影响儿童的身体健康，但对儿童的心理健康有显著的消极影响（吴培材，2020）。较多学者利用小样本微观调查数据实证检验，发现个体特征、家庭特征和社区特征的保护因素对降低留守儿童心理疾患风险均有显著作用（Margolin，Gordis，2000）。

随着经济社会发展和公共服务的改善，贫困留守儿童的营养、医疗、伤害防护等问题正在逐步改善，心理健康问题对儿童中长期发展的影响则日益受到重视。与其他健康问题相似的是，儿童心理健康同样面临来自生物、经济、环境等多个维度的健康风险。第一，生物性因素是能够直接影响儿童心理健康的重要因素，如先天性遗传问题、生长发育状况、身体健康水平、膳食营养的多样性等（Shelley，1997）。第二，经济性因素主要通过改变家庭物质生活环境影响儿童心理健康，如家庭收支均衡状况、住房及耐用消费品拥有情况、家庭经济社会地位等（Robert，2002；Duncan，2017）。第三，环境性因素一般作为外生变量影响儿童心理健康水平，如父母文化程度、亲子陪伴沟通、兄弟姐妹数量、社区与校园安全、健康公共政策等（Gene，1998；Deborah，2011）。第四，监护状态一般也被视为直接影响儿童心理健康水平的重要因素，当前国内相关研究主要强调该因素的作用，如留守类型、留守时间、行为监控水平等（赵景欣，2013）。留守原因的影响方面，有研究发现父母外出务工对儿童的行为适应、社交焦虑存在显著影响，在儿童成长过程中依恋关系的缺失有可能对儿童的未来发展产生一定程度的阻碍（赵阳，2016）。留守类型的影响方面，有研究发现父母单方外出的儿童在家庭情感反应、行为控制和儿童自我控制方面均显著优于父母双方外出的儿童（陈京军，2016）。留守时间的影响方面，有研究发现随着留守时间的增加，儿童在各方面的表现均有下滑趋势，留守时间在5年以上的儿童心理失衡得分显著高于留守时间不足5年的儿童（胡心怡等，2007）。

针对学前教育发展对学龄前儿童早期发展的影响，国外的研究表明，美国早期教育有利于儿童心理健康，尤其是对于贫困儿童的影响更为明显（Phillips，Lowenstein，2011）。国内多数研究认为，学前教育缺失不利于学龄前儿童健康发展，如从定性角度研究认为，学校心理教育不到位是当前4~6岁留守儿童心理健康较差的重要原因，也有研究认为当前国家高度重视农村留守儿童的学前教育，但专门针对在园幼儿心理健康教育的政府财政投入较少，导致幼儿心理健康状况较差。

综上所述，当前针对留守儿童的心理健康的研究主要利用小样本数据，分析了心理健康状况及影响因素，讨论学龄前儿童心理健康状况及影响的研究较少，聚焦讨论学前教育对农村贫困地区留守儿童心理健康影响的研究则更少。3~6岁是儿童身心发展的关键期，心理健康对孩子成人后形成健全的人格和健康的心理有着非常重要的影响。因此，积极认识当前农村贫困地区留守儿童接受学前教育和心理健康状况，从学前教育角度提出改善农村贫困地区留守儿童心理健康的对策建议具有积极意义。

二、主要问题与发现

（一）心理健康：未入园儿童问题较突出

尽管从《长处和困难问卷》（Strengths and Difficulties Questionnaire，SDQ）得分情况来看留守儿童与非留守儿童之间不存在显著差异，但在接受学前教育的儿童与未接受学前教育的儿童之间，SDQ得分存在显著差异，同时留守儿童内部也存在明显的群体差异（见图18-1）。分群体看，未入园的留守儿童困难总分异常的比例高于入园的留守儿童，其中，情绪问题、品行问题和亲社会行为较为突出，显示出学前教育对留守儿童心理健康的影响。同时，近8成未入园的留守儿童家长认为孩子受到心理问题和困难的干扰。从儿童心理问题对监护人和儿童自身生活的影响程度看，未入园留守儿童均比入园留守儿童更为严重，超过80%的未入园留守儿童及其监护人认为困难问题对其存在一定困扰，比入园留守儿童高13.7个百分点。其中，未入园留守儿童的监护人更倾向于认为孩子的困难问题对其造成了较为严重的困扰。值得注意的是，在已入园的学龄前儿童中，留守儿童与非留守儿童之间的心理健康状况也存在差异。

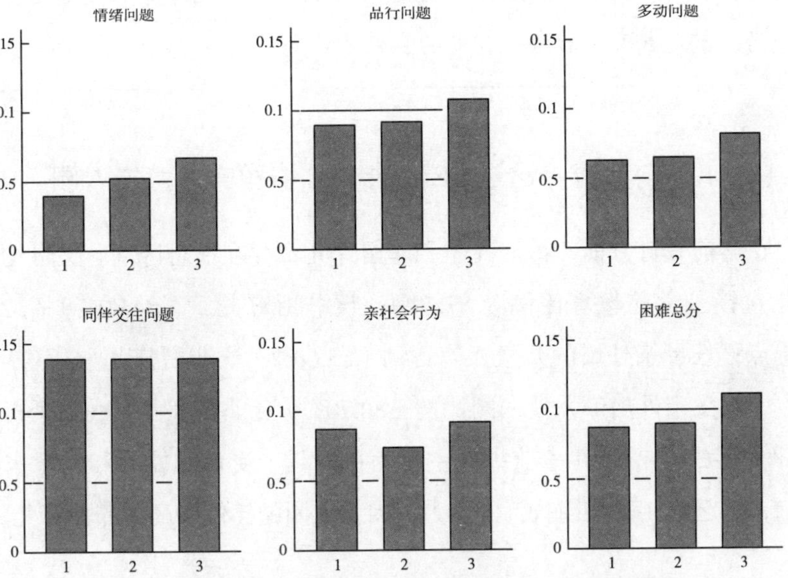

图18-1　贫困地区学龄前儿童SDQ各类因子异常比例的分组比较

注：1为入园非留守儿童，2为入园留守儿童，3为未入园留守儿童。

访谈中，多个县的教师和村级服务人员均反映，留守儿童相对非留守儿童更多地出现心理行为问题和情绪控制问题，认为自己不受父母重视，自我评价降低，容易不自信，性格内向不合群，比较孤僻和偏执，不善表达，不愿主动与老师及同学交流，不敢发言、不喜欢参加集体活动，解决事务能力较弱。同时，留守儿童较其他儿童更难及时表达需求，情感诉求缺乏有效回应。

访谈中，几个县的老师普遍表示留守儿童比非留守儿童课堂纪律差，也有教师反映部分留守儿童暴躁易怒，行为冲动、情绪不稳定，容易与同学或兄弟姐妹产生争执，并时常升级为暴力行为。访谈中安化一位老师介绍学校一名留守学生曾有过的自伤行为，会不断地拔头发至头发出现秃块，学校采取了干预措施才缓解了学生的自残行为。同时，贵州七星观一位村干部提道：“不久前有一名单亲家庭的留守儿童离家出走5天，后来在相邻的乡镇才找到。”

（二）学前教育：超过12%的3~6岁留守儿童未入园

在学前教育方面，留守儿童和非留守儿童存在显著区别。父母均外出的儿童接受学前教育比例为87.20%，比非留守儿童（84.70%）高2.5个百分点；仅母亲外出的儿童入园比例（85.60%）比非留守儿童高0.9个百分点，仅父亲外出的儿童入园比例（86.70%）比非留守儿童高2个百分点（见图18–2）。留守儿童监护人主要为祖父母，受认知能力和教育水平的限制，缺乏对儿童早期教育的能力，因此入园的比例略高于非留守儿童。

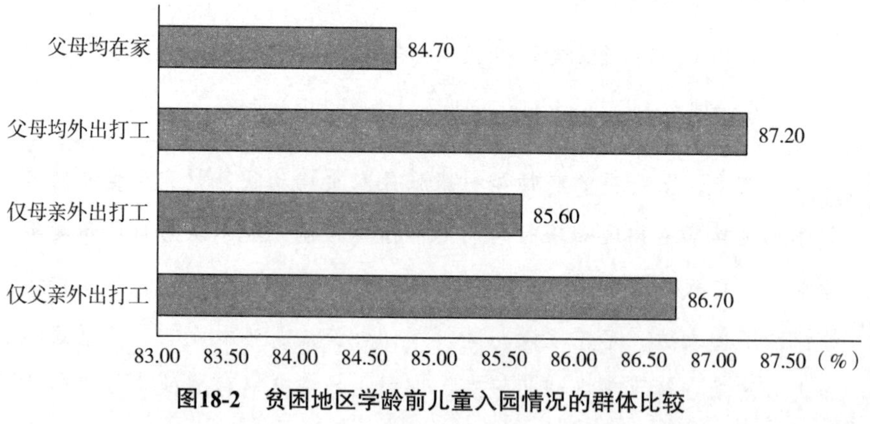

图18-2　贫困地区学龄前儿童入园情况的群体比较

由于贫困地区留守儿童家庭照料和教育能力不足，学龄前留守儿童入园接受学前教育的比例较高，入园留守儿童生长和生活环境与未入园留守儿童差异较大，对儿童心理健康的影响也存在不同。模型分析结果显示，学前教育对留守儿童心理健康的积极作用更大。入园留守儿童 SDQ 困难总分异常的概率比未入园留守儿童低 0.423 倍，显示出学前教育对儿童心理健康存在一定的积极影响；是否入园对非留守儿童心理健康也存在一定积极影响，但影响系数和显著性相对较低。

（三）家庭环境：陪伴缺失与沟通不足

从儿童监护人类型看，留守儿童隔代照料比例超过 9 成，隔代照料和父母监护的缺失是留守儿童成长面临的最大问题。贫困地区农村中有 75% 的儿童由父母照料，23% 的儿童由祖父母或外祖父母照料，由其他亲属照料的比例仅为 2%。从年龄结构看，留守儿童监护人的平均年龄为 58.23 岁，随着留守儿童年龄增加，监护人的监护能力在逐渐下降。与监护人高龄化相对应的是，祖辈照料能力不足、留守儿童照顾不周比例较高。有 14.82% 的 3~6 岁留守儿童在过去 7 天内，至少有一天被单独留下超过 1 小时（包括让 10 岁以下儿童看护），但仅有 11.13% 的非留守儿童在过去一周遭遇过照顾不周。留守儿童父母不在身边，无法时时照料孩子。

> 留守儿童的监护人年龄偏大，健康程度较差，体力、精力有限，不足以时时为儿童提供充足照料。访谈中发现，“吃饱穿暖不生病就行”是祖辈最为普遍的观点，监护人对孩子的困惑、性格、兴趣、心理和需求等过问得很少。访谈中留守儿童也表示爷爷奶奶主要是照顾自己的生活和家务，但平时几乎没有情感交流，也不会给自己讲故事或陪伴玩耍，也很少谈心等，孩子也基本不和爷爷奶奶聊自己的事情和想法。

随着儿童年龄的增加，父母外出的时间间隔也在不断增加，儿童成长中的父母缺位现象严重，近 7 成留守儿童与父母分离半年以上。同时，近4成留守儿童与父母每周电话联系一次，与父母每天交流的留守儿童不足2成。从留守儿童与父母的交流情况看，外出父母与留守儿童电话联系的频率以一周一次为主，每周联系一次的比例为40.44%，不固定时间联系的比例为22.60%，很少联系的比例仍有4.3%。从每次与父母的通话时间看，留守儿童每次通话10分钟以内的比例最高，为57.06%，每次通话10~30分钟的比例为33.93%，每次通话30分钟以上的比例最低，仅为8.90%。

> 访谈中有老师表示：有个孩子三年多没有见到过父母，虽然每周都打电话，自己都觉得父母不一定能够认出她。很多老师反映，父母的通话内容多是例行的询问，缺少情感的直接表达。不少学生与家长通话时无话可说，只是对父母问话的简单应答，多数孩子也表示电话里父母只会询问学习、身体健康和安全方面，自己也不会向父母倾诉烦恼和心事。

多因素模型分析结果显示，监护人的文化程度、儿童的兄弟姐妹数、家庭耐用消费品数量等与家庭环境有关的因素对儿童心理健康水平均存在显著影响。第一，监护人文化程度较高的家庭儿童心理健康水平一般也较高。本科学历的监护人家庭中儿童SDQ困难总分异常的概率比未上过学的监护人家庭儿童低83%。第二，有兄弟姐妹陪伴的儿童心理健康水平相对更高，SDQ困难总分异常的概率比独生子女低8%。第三，家庭耐用消费品种类较多的家庭儿童心理健康情况较好，但电脑的购置对儿童心理健康存在一定不利影响。随着儿童年龄增长进入学校，家庭因素对儿童心理健康的影响也存在一定变化。以监护人文化程度为例，随着儿童年级的增长，监护人学历高低对儿童心理健康的影响尽管显著但存在明显下降。随着儿童更多地融入校园文化，社会交往范围从家庭扩展至学校，兄弟姐妹的陪伴对儿童心理健康水平的影响也存在类似的下降效应。同时，家庭耐用消费品的种类对全样本儿童心理健康水平存在显著影响，但对不同年龄段儿童心理健康的影响存在差异，反映出家庭消费品配置策略在儿童不同发展阶段的影响存在差异，而不是耐用消费品本身的作用。

（四）经济状况：物质贫困与教育环境

第一，未入园留守儿童家庭的耐用消费品拥有量低于入园留守儿童家庭。从洗衣机和冰箱的拥有情况看，贫困地区农村未入园留守儿童家庭的拥有比例分别为 83.26% 和 80.62%，分别比入园留守儿童家庭低 3.73 个和 1.72 个百分点，两者存在显著差异。从交通工具拥有情况看，贫困地区农村家庭拥有摩托车的比例远远高于家用汽车，其中入园留守儿童家庭购置汽车、摩托车等交通工具的比例更高。从能够接入互联网的计算机拥有情况看，未入园留守儿童家庭购置计算机并连接互联网的比例仅为 19.39%，而入园留守儿童家庭拥有配置互联网电脑的比例为 36.38%，远远高于未入园留守儿童家庭，未入园留守儿童与外出父母的联系沟通缺少硬件环境支持（见图 18–3）。

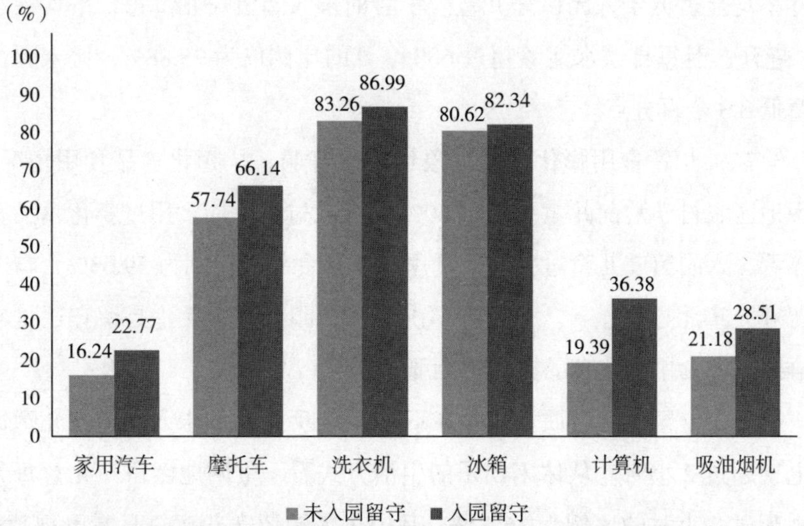

图18-3　贫困地区学龄前儿童家庭耐用消费品拥有情况

第二，未入园留守儿童家庭图书拥有量低于入园留守儿童家庭。入园留守儿童拥有 3 本及以上图书的比例为 44.68%，未入园留守儿童的图书拥有量显著低于入园留守儿童，仅为 37.95%。与之相反的是，未入园留守儿童拥有 2 个及以上玩具的比例要比入园留守儿童高出 4.83%，达到 49.98%。可见，未入园留守儿童缺少陪伴与交流，主要通过玩具填补早期发展教育活动的空白。未入园留守儿童的监护人缺少对于儿童进行早期智力开发的意识，不能为儿童提供充足的适龄书本，使儿童不能在智力发展的黄金时期得到认知能力的促进。尽管未入园留守儿童的父母文化程度并不低于入园留守儿童父母，但存在缺乏学前教育意识和能力的问题，可能对儿童早期发展产生较大影响。

（五）生活习惯：营养膳食与休闲娱乐

第一，未入园留守儿童每日饮水达标率低于入园留守儿童，年龄越高，差异越大。其中，未入园留守儿童饮水达标率为 13.84%，比入园留守儿童低 2.1 个百分点。分年龄段看，未入园留守儿童各个年龄段的饮水达标率均显著低于入园留守儿童。学龄前未入园留守儿童每日平均饮水量 503 毫升，但每日饮水能够超过 600 毫升的比例仅为 25.88%，比入园留守儿童低 3.3 个百分点。

第二，儿童食用膨化食品现象均较为普遍。从膨化食品食用情况看，贫困地区农村学龄前儿童中超过 60% 的人在过去一周食用过膨化食品。分群体看，入园留守儿童过去一周食用过膨化食品的比例为 59.63%，与未入园留守儿童无显著差异。分留守情况看，在园儿童中无论是留守还是非留守群体，在食用膨化食品方面均无显著差异。

第三，健康生活习惯养成存在不足。接近 20% 的未入园留守儿童每日看电视超过 2 小时。从休闲娱乐的生活方式看，贫困地区留守儿童每天看电视超过 2 小时的比例为 16.62%，其中未入园留守儿童每日看电视超过 2 小时的比例为 19.11%，显著高于入园留守儿童。同时，近 80% 的入园留守儿童不玩手机，近 95% 的入园留守儿童不上网，而未入园留守儿童玩手机和上网的比例分别在 40% 和 10% 左右，远远高于入园留守儿童。访谈发现，多数看护人反映部分学龄前留守儿童因缺乏有效监管，在使用网络、手机电玩、电视节目上较少受到限制，儿童在家看电视时间较长，大约一天看 2 小时以上的电视，星期天全天看电视。

第四，儿童早期的营养状况直接关系到身体健康和生长发育水平，对儿童心理健康水平也存在一定的间接影响。多因素模型结果显示，保证每天肉类的摄入有助于降低儿童 SDQ 困难总分出现异常的可能性，且肉类摄入的积极作用对各年龄段儿童都具有显著影响。同时，保证每天奶制品的摄入也有助于提高儿童心理健康水平，但主要对于留守儿童具有显著的积极作用。值得注意的是，每日蔬菜摄入对所有儿童降低 SDQ 困难总分出现异常的可能性均具有积极作用，这也反映出贫困地区儿童在膳食多样性方面存在的问题。定性访谈发现，贫困地区儿童在饮料、膨化食品等零食方面的摄入较多，正常饮食均衡性较差。因此，在学龄前阶段应重点关注肉类、奶制品的摄入量，保证蔬菜的正常摄入也非常重要。

（六）伤害防护：非意外伤害问题突出

第一，未入园留守儿童伤害发生率高于入园留守儿童。从伤害发生情况看，贫困地区未入园留守儿童伤害发生率为 12.13%，高于入园留守儿童 2.9 个百分点。分性别看，无论是入园还是未入园留守儿童，男童的伤害发生率都高于女童，留守男童和女童的伤害发生率分别为 14.40% 和 10.51%。分年龄阶段看，无论是入园还是未入园儿童，年龄越高，伤害发生率越高，其中 5 岁未入园留守儿童伤害发生率最高，达到 15.77%。因此，作为学龄前儿童中高年龄段的男童群体，5 岁未入园留守男童的伤害发生率最高，高达 18.20%，比女童高近 7 个百分点。

第二，入园留守儿童意外伤害比例低，他伤问题值得重视。在过去 12

个月曾受到伤害的儿童中，超过80%的儿童均为因自己或他人无意造成的伤害，其中入园留守儿童因自己或他人无意造成伤害的比例为82%，比未入园留守儿童低4.9个百分点。随着年龄的增长，入园留守儿童自我防护能力在不断增强，意外伤害比例不断减小。他人有意伤害的比例在不断增加，0~3岁时他人有意伤害的比例仅为0.29%，在学龄前阶段上升至3.18%，比未入园留守儿童高2.1个百分点。

> 访谈中发现，监护人暴力管教也是儿童受伤的原因之一。有5个县的部分监护人提到自己倾向于暴力管教，如发现学习成绩下降或不听话会抽打孩子，也有部分采取恐吓式管教。

第三，入园留守儿童伤害类型以跌伤为主，学校监护存在不足。跌伤是入园留守儿童伤害发生的主要类型，动物致伤需引起关注。在过去12个月曾受到伤害的儿童中，摔伤、被工具和锐器割伤、烧烫伤是入园留守儿童中较为常见的伤害类型。超过40%的入园留守儿童是因为跌倒致伤，因为钝器造成伤害的入园留守儿童比例接近20%，这两种类型伤害的比例入园留守儿童均高于未入园留守儿童。同时，在所有年龄段的儿童中，未入园留守儿童动物致伤的比例均明显高于入园留守儿童，如何做好动物伤害防护成为重要问题。

第四，多因素模型分析结果显示，儿童伤害是影响心理健康水平的重要因素，伤害次数、程度、类型和原因的差异对儿童心理健康水平影响较大。从儿童留守儿童样本数据看，过去12个月中儿童受伤次数每增加1次，儿童SDQ困难总分异常的概率将增加21%。同时，受伤对非留守儿童的心理健康水平影响不显著。在描述性统计中可以发现，随着年龄和年级的增长，他伤和自伤的比例有所增加，与意外伤害相比，非意外伤害对儿童中后期心理健康水平的影响应予以重视。

三、主要结论与建议

总体而言，当前农村贫困地区儿童学前教育覆盖率和质量均不高，其中留守儿童的心理健康状况仍有待改善。近年来，国家加强贫困地区儿童的关爱工作，增加学前教育资源供给，提升学前教育质量，促进留守儿童与父母团聚，为改善贫困地区留守儿童心理健康取得积极成效。面对当前农村贫困地区学前资源匮乏、学前教育质量不高，以及贫困地区留守儿童心理健康状况有待改善等困境，结合已有的对贫困地区的教师、家长的访谈、座谈等定性调研资料，提出促进留守儿童心理健康发展的干预建议和改善留守儿童学前教育状况的政策建议。

（一）优化配置农村贫困地区学前教育资源，提高学前教育入园率

积极研判农村贫困地区人口形势，把握生育水平和出生人口变动规律，为规划农村贫困地区学前教育资源提供支撑。超前规划建设与贫困地区人口变动相适应的学前教育资源，适应农村贫困地区人口收缩、村庄人口空心化的发展形势。加强学前教育教师培训，掌握儿童心理健康知识和技能。提升学前教育教师的地位和待遇，完善幼儿园教师的职务晋升制度，建立与中小学教师统一的教师职称体系，以满足公办学前教育发展的基本需要。将优化学前教育资源配置作为脱贫攻坚、教育扶贫的重要措施，适度加大对普惠幼儿园补贴，对新建幼儿园给予政府购买、减免租金等政策优惠，以及更好地留住学前教育教师等。做好农村贫困家庭宣传工作，引导更多的贫困儿童适龄入园，提高学前教育入园率。

（二）加强对贫困家庭入户指导，发挥家庭环境对儿童健康的积极影响

加强教育、公安、残联、扶贫和民政救助等部门合作，将开展农村贫

困地区留守儿童经常性或定期心理健康教育作为重要工作内容。加快发展培育具备开展社会服务工作条件的专业社会组织，对贫困家庭入户指导，为留守儿童个案心理问题教育干预提供专业指导和服务，增强学前教育心理辅导力量。建立留守儿童关爱机制，积极发挥村（社区）干部和志愿者队伍作用，积极走入贫困家庭户，为留守儿童提供家庭学期教育帮扶。开展“关爱农民工子女教师入户行动”，鼓励学前教育教师走入贫困户家庭，促进留守儿童照看者与幼儿园协同互动，促进共同掌握留守儿童心理健康状况。

（三）科学设置贫困地区学前教育课程，提高儿童心理健康水平

立足贫困地区差异化的自然条件、乡土人情、经济基础，结合科学的教育理念，探索融入与本地乡土风情、现代创新发展等元素，设置适合农村儿童的课程标准，为农村儿童未来个性化成长奠定坚实基础。以科学的课程理念为指导，积极开发农村地区儿童心理健康教育相关课程，通过构建课程体系、精选教学内容、创新教学方法，提高儿童参与学习积极性，塑造儿童活泼开朗性格，助力健康快乐成长。建立和完善农村幼儿园质量评价体系，加强对幼儿园质量的监测和督导评估，强化儿童心理健康和关爱内容，促进提升农村学前教育质量。

（四）构建三位一体的学前教育体系，增强学前教育发展合力

在农村贫困地区探索建立以家庭教育为主体、以学前教育为重要支柱、以社区为补充的“家庭－学校－社区”三位一体的学前教育综合发展体系。搭建“家庭－学校－社区”共育平台，探索建立贫困地区学前教育和村（社区）的邻里帮扶机制，弥补留守儿童家庭照料缺位，尽可能减少父母外出对留守儿童身心健康的不利影响。创新学前教育资源供给思路，探索适宜边远贫困地区特点的学前教育提供方式。借鉴推广中国发展研究

基金会发起的“山村幼儿园计划”（“一村一园”计划）的典型经验，利用乡村现有闲置资源，主动面向家长、社区开展公益性宣传指导，增强家庭、学校、社区三者在学前教育发展中的合力。

（五）加快新型城镇化建设，促进留守儿童同父母进城团聚

加快推进新型城镇化建设，减少农民工子女进城上学的成本，促进留守儿童同父母进城上学，缩小留守儿童规模。推进农民工市民化，优先解决农村贫困留守儿童落户问题，保障农民工在城市能够公平享受子女上学、医疗保险等基本公共服务。进一步落实支持农民工返乡创业就业的一系列政策措施，促进有条件、有能力的农民工返乡创业就业，为留守儿童同父母进城团聚创造有利地理就近条件。针对农村贫困留守儿童，还要将关爱保护工作与学前教育、脱贫攻坚相结合，促进农村贫困家庭户脱贫致富，从源头上减少农村贫困儿童。

执笔人：史毅　刘厚莲

（本文根据中国发展研究基金会 2020 年招标课题“贫困地区学前教育对留守儿童心理健康的影响与效果研究”改写而成）

参考文献

[1] Deborah A， Lowenstein A E. Early Care， Education and Child Development[J]. *Annual Review of Psychology*, 2011， 62（1）：483–500.

[2] Duncan G J， Kalil A， Ziolguest K M. Increasing Inequality in Parent Incomes and Children’s Schooling.[J]. *Demography*, 2017， 54（1）：1–24.

[3] Gene H. SIBLING RELATIONSHIP QUALITY： Its Causes and Consequences[J]. *Annual Review of Psychology*, 1998， 49（1）：1–24.

[4] Margolin G.， Gordis E B. The Effects of Family and Community Violence on Children[J]. *Annual Review of Psychology*, 2000， 51（1）：445–479.

[5] Phillips D A， Lowenstein A E. Early Care， Education， and Child Development[J]. *Annual Review of Psychology*, 2011， 62（1）：483–500.

[6] Robert H Bradley， Corwyn R F. Socioeconomic status and child development.[J]. *Annual Review of Psychology*, 2002， 21（3）：371–399.

[7] Taylor， Shelley E.， R. L. Repetti ， and T. Seeman . HEALTH PSYCHOLOGY： What is an Unhealthy Environment and How Does It Get Under the Skin?. *Annual Review of Psychology*， 48.1（1997）：411–447.

[8] 陈京军，范兴华，程晓荣，王水珍. 农村留守儿童家庭功能与问题行为：自我控制的中介作用[J]. 中国临床心理学杂志，2014（02）：319–323.

[9] 郭申阳，孙晓冬，彭瑾等.留守儿童的社会心理健康——来自陕西省泾阳县一个随机大样本调查的发现[J].人口研究，2019（6）：33–48.

[10] 胡心怡，刘霞，申继亮，范兴华. 生活压力事件、应对方式对留守儿童心理健康的影响[J]. 中国临床心理学杂志，2007（05）：502–503+501.

[11] 满小欧，曹海军.农村社区10~15岁留守儿童心理健康状况及保护性因素[J].中国公共卫生，2018（11）：1537–1540.

[12] 宋月萍，韩筱，崔龙韬.困境留守儿童社会排斥状况及对健康的影响[J].人口研究，2020（2）：102–112

[13] 吴培材.父母外出务工对农村留守儿童身心健康的影响研究[J].南方经济，2020（1）：95–111

[14] 于慧慧，夏冰月.西部贫困地区农村留守儿童心理健康状况及对策研究[J].铜仁学院学报，2016（2）：183–187

[15] 赵景欣. 养育者行为监控与农村留守儿童的孤独、反社会行为[J]. 中国临床心理学杂志，2013（03）：500–504.

[16] 赵阳. 农村经济发展中父母外出务工对留守儿童社会交往的影响——基于CFPS2010调查数据的分析[J]. 知识经济，2016（07）：15–16.

第十九章
农村教育体制改革 70 年发展及前瞻

中国是农业大国，农业人口一直占多数，农村教育在教育事业中具有十分重要的地位。新中国成立 70 年来，中国共产党和中国政府大力发展农村教育事业，取得了巨大成就，带动了教育水平和全民族素质的整体提升。面向未来，农村教育发展将面临新的形势任务，必须适应国家现代化的要求和人民群众的需求，推动农村教育迈向更高水平。

一、70 年来中国农村教育的变迁与发展

中国拥有尊师重教的优良传统，但是受经济发展水平和社会政治体制的制约，1949 年前的中国仍然是一个教育极端落后的国家。80% 的人口是文盲，小学和初中入学率仅有 20% 和 6%。由于当时绝大部分人口生活在农村，因此，迅速提高农村教育发展水平也就成为发展教育事业的主要工作。

（一）计划经济时期的农村教育（1949—1976 年）

新中国成立后，党和政府就把发展教育事业摆在突出地位，提出建设“民族的、科学的、大众的文化教育”，并确立“教育为工农服务，为生产建设服务”的方针。当时，农村人口是人民的主体，“为工农服务”的教

育必然使农村教育成为整个教育事业发展的中心。普及是当时教育工作的主线，并提出“有计划有步骤地普及儿童初等教育”的目标。在这一目标指引下，为保障更多的农民子弟能接受完整的初等教育，国家对学制进行了改革。除办好正规教育、将小学学制从六年减为五年外，还大力发展工农速成教育、成人业余教育。与此同时，也逐步建立起独立的师范教育体系特别是大力发展中等师范教育，为农村教育培养适合的师资。

这一时期，农村扫盲教育作为“一项极为重大的政治任务”受到格外重视。各地动用一切可用的教育资源，组织尚未摆脱文盲状态的农民参加识字学习，形成了全民学习的热潮。但由于农村教育的工作重点是普及小学教育，普通初中发展相对不足，小学毕业生的知识技能无法适应农业生产的要求，因而各地纷纷大力发展农业中学，旨在培养具有一定农业生产知识的初级技术人才。在此基础上，农村教育逐步形成以小学教育为主线的普通教育、以扫盲教育为中心的成人教育和以农业中学为载体的职业教育相结合的教育结构体系。这一教育体系虽然是低重心、低水平的，但毕竟在那样落后的社会经济发展条件下让数以亿计的农村孩子接触到了现代教育，是非常了不起的成就。到 1956 年，全国有小学 52.9 万所、在校学生 6346.6 万人、学龄儿童入学率为 62.6%（主体是农村学校和学生），与 1949 年相比，分别增长了 0.5 倍、1.6 倍和 2 倍以上[1]。

需要指出的是，这些成绩是在特殊的教育体制下实现的。当时，为适应赶超型发展战略需要，国家建立了基于户籍制度、统购统销制度和人民公社制度的城乡二元体制，相应形成了城乡有别的教育管理体制。在教育经费异常短缺的情况下，不得不实行财政办学与厂矿企业、农村社队办学并举的“两条腿走路”的方针，国家财政只能优先在人口集中、经济较发达的地方办学，广大农村主要依靠集体和农民自身的力量办学。这一体制也就成为很长一段时期里制约农村教育发展的重要因素。

而且，当时的农村教育也不可避免地受到政治环境的影响。以 1957 年毛泽东提出“教育必须为无产阶级政治服务，必须与生产劳动结相合”的教育方针和1958年《关于教育工作的指示》为标志，中小学“教育革命”深入开展，包括学制改革和教学改革试验、下放教育事业管理权力、加强生产劳动教育等。随着1958年“大跃进”运动兴起，农村也掀起了大办教育的高潮，甚至实现了“队队有幼儿园和小学，社社有初中，县县有高中”。当然，这种不正常的快速发展也是以缩短学时、精简教学内容、降低教学质量为代价的。在系统总结正反两方面经验的基础上，1963年，中央颁布“中学50条”“小学40条”，稳定了中小学教育秩序。到1965年，全国有小学168.19万所、学生11620.9万人、学龄儿童入学率为84.7%[1]。

“文化大革命”开始后，在“教育革命”和普及教育政策推动下，农村教育管理重心不断下移，逐步形成村办小学、生产队办初中、公社办高中的办学格局，带动农村学校在规模和数量上有了较大的发展，这与当时教育事业在全国整体上的严重挫折形成了鲜明对比。与此同时，轰轰烈烈的“教育革命”所采取的缩短学制、精简教材和课程、改革旧的教学方法、弱化文化知识考核、“停课闹革命”等，也造成了管理体制和教学秩序的混乱，加上缺乏合格师资、办学条件简陋等问题，这一时期农村教育的超常发展，其实是无序和低水平的。

（二）义务教育在农村的全面普及（1977—2000年）

改革开放以后，农村中小学教学秩序全面恢复。1978年恢复并加强对农村人口的扫盲工作，1979年进一步强调抓紧普及农村小学五年教育，1983年要求改革农村中等教育结构，发展农村职业技术教育，这些都标志着农村教育的重心开始向普及初等教育回归。

根据当时社会主义现代化建设的急切要求，提高农村教育普及水平仍然是重中之重。以1986年颁布的《中华人民共和国义务教育法》为开端，普及九年义务教育成为一段时期农村教育工作的主线。这一过程是漫长的，大致经历了三步走的实施阶段。第一步，确定分发达、中等发展和落后“三类地区”梯度推进义务教育，1992年党的十四大正式提出到世纪末实现“双基”目标，1994 年进一步细化为“双八五”①。第二步，世纪之交基本普及义务教育后，面对仍有 372 个西部地区县没有完成“两基”的形势[2]，适时实施西部地区“两基”攻坚计划（2004—2007 年），2007 年“两基”人口覆盖率提高到 98%。第三步，从 2007 年开始逐步对城乡学生实行免费义务教育，2011 年底全面普及了九年义务教育，青壮年文盲率降到 1.08%，这也成为中国教育发展史上的重要里程碑。

在拥有几亿人口的农村地区全面普及义务教育绝不是轻轻松松可以实现的，而是充满着艰辛和坎坷。普及义务教育之前，正面临着农村经济体制全面改革，“三级所有、队为基础”的办学体制被打破，社队办学困难。为此，国家提出了按照“两条腿走路”的方针筹措教育经费，并确定了“地方负责、分级管理”的管理体制，事实上却形成了以乡镇为主管理的义务教育体制。由于乡镇财力薄弱，只能动员农民参与办学，形成事实上的“农村教育农民办”。国家提出“普九”目标后，尽管中央政府高度重视、加大投入，但是义务教育点多面广，主要由农民缴纳的农业税构成的乡镇预算内教育经费难以支撑义务教育超常发展，不得不以杂费和集资的方式向农民征收费用，而这种过度汲取一度造成了沉重的农民负担，在 20 世纪 90 年代引发了严重的乡村社会危机。即便如此，为完成“普九”任务，各地还普遍依靠政策性举债进行教育投入，造成了持久的“普九”欠债问题和普遍的农村教师工资拖欠问题。在经费不足的情况下，农村集体大量雇用民办教师，他们在艰苦环境下默默奉献，但由于办学环境封闭，专业水平、教学能力难以提高，加上教学条件落后，当时的“普九”达标其实是低水平的。

这一时期，在普及义务教育的同时，农村经济的活跃也促进了农村教育与经济建设的结合。为克服农村教育脱离生产、封闭办学以及“升学教育”“离农教育”的倾向，从 1987 年开始，在一些地方自发探索的基础

---

① 即到20世纪末，在占全国总人口85%的地区普及九年义务教育，初中阶段毛学率达到85%。

上，国家以点带面开展了农村教育综合改革实验，其主要内容是改革教育思想和方法，调整教育结构，坚持三教（基础教育、职业教育、成人教育）统筹，实行农业、科学、教育的结合，旨在发挥农村教育为农村社会主义建设服务的作用。可以说，这一改革实验取得了积极的效果。

（三）统筹城乡教育发展（2001—2012 年）

世纪之交，“三农问题”包括农村教育问题受到了决策层的高度关注。从 2000 年开始探索实施的农村税费改革，取消了农村教育集资和农村教育费附加（约占农村教育投入总量的 30%[3]），并严禁政府和学校向农民摊派。2001 年确立的“以县为主”的农村义务教育新体制，抬高了管理重心，增强了农村教育的保障能力。2003 年，国务院召开了新中国成立以来第一次农村教育工作会议，印发《关于进一步加强农村教育工作的决定》，将农村教育作为教育工作的重中之重。对农村教育的高度重视，实际上反映了党和政府对城乡关系的认识发生了根本性变化。2002 年，党的十六大明确提出“统筹城乡经济社会发展”的命题，党的十六届四中全会上提出“两个趋向”①，中国总体上已到了以工促农、以城带乡的发展阶段。2004 年开始，连续出台指导“三农”工作的“一号文件”，这都体现了对“三农”的政策倾斜和支持。

这一时期最突出的成就是，2006 年新修订的《中华人民共和国义务教育法》将农村义务教育全面纳入财政保障范围，并建立中央和地方分项目、按比例分担的农村义务教育经费保障新机制。2007 年，对农村义务教育学生全部免除学杂费，免费提供教科书，对家庭经济困难寄宿生提供生活补助（简称“两免一补”）。这一时期，通过实施系列重大工程项目，农村办学条件有了很大改善；通过师范生免费教育政策、农村义务教育特设

① 即在工业化初始阶段，农业支持工业、为工业提供积累是带有普遍性的趋向；在工业化达到相当程度后，工业反哺农业、城市支持农村，实现工业与农业、城市与农村协调发展，也是带有普遍性的趋向。

岗位计划、中小学教师国家级培训计划、边远艰苦地区农村学校教师周转宿舍建设等，农村教师专业素质和地位待遇显著提高；通过加强学生资助体系建设，建立起覆盖各个学段的完整的国家资助政策体系，并为贫困学生提供营养膳食补助，基本实现了不让一个学生因家庭经济困难而失学；通过“两为主”（以流入地区政府管理为主，以全日制公办中小学为主）政策，解决进城务工人员随迁子女接受义务教育问题，并加快寄宿制学校建设，满足留守儿童住宿需求。在全面普及义务教育后，中国又将均衡发展作为义务教育的根本性任务，努力缩小城乡、区域和校际的教育差距。

这一时期，职业教育、学前教育等短板也得到加强。针对职业教育严重滑坡的情况，2002 年和 2005 年两次召开全国职业教育工作会议，职业院校招生数也从 2002 年的 565 万人增长到 2012 年的 1134 万人，主要惠及农村学生。为解决“入园难”等突出问题，2010 年开始，各地以县为单位实施学前教育三年行动计划，扩大学前教育资源，三年毛入园率从 2002 年的 36.8% 提高到 2012 年的 64.5%。在世纪之交高等教育跨越式发展、进入大众化阶段后，又实施支援中西部地区招生协作计划、农村贫困地区定向招生专项计划，扩大贫困地区学生接受优质高等教育的机会。

（四）巩固提高农村教育发展水平（2012 年至今）

党的十八大以后，中国按照城乡一体化和均衡发展的要求，继续巩固提高农村教育发展水平。

一是进一步补齐农村教育短板。2013 年底，启动实施全面改善贫困地区义务教育薄弱学校基本办学条件工作，覆盖 2600 多个县近 22 万所义务教育学校，目标是使所有义务教育学校办学条件达到底线要求，满足基本教学和生活需要，抬高农村教育的底部，这项工程因体量大、范围广，被誉为“我国义务教育学校建设史上中央财政投资最大的单项工程”[4]。针对老少边穷岛地区以及流动和留守儿童失学辍学问题频发的情况，提出依法控辍、质量控辍、扶贫控辍、保障控辍的政策措施，建立健全控辍保学工作机制。实施第二期、第三期学前教育三年行动计划，中央财政投入专项资金1000多亿元，支持中西部农村地区改扩建幼儿园。

二是提升农村教育管理水平。针对前一段时期农村义务教育学校布局调整简单化、随意化造成的“上学远、负担重、大班额、交通安全隐患增加”等问题，提出规范学校布局调整的意见。颁布实施《义务教育学校管理标准（试行）》，以标准化为抓手，提高教育教学质量，夯实义务教育内涵。以消除义务教育大班额为抓手，解决“城镇学校挤”的问题；以加强乡村小规模学校和乡镇寄宿制学校建设为抓手，解决“农村学校弱”的问题。

三是着力加强乡村教师队伍建设。针对“下不去”“留不住”“教不好”等突出问题，实施乡村教师支持计划，为290多万乡村教师出台一揽子的政策措施，旨在为农村教育提供一支素质优良、甘于奉献、扎根乡村的教师队伍。这项计划有许多真招、实招、硬招，包括实施集中连片特困地区乡村教师生活补助政策，建立乡村教师荣誉制度，为乡村学校从教30年教师颁发荣誉证书，启动专项计划，组织招募优秀退休教师到乡村学校支教讲学，等等。

四是推进县域义务教育均衡发展。按照统筹推进县域内城乡义务教育一体化的要求，落实城乡学校建设、教师编制、生均公用经费基准定额、基本装备配置“四统一”。统筹城乡义务教育教师资源配置，探索义务教育教师队伍“县管校聘”管理改革，推进县（区）域内义务教育学校校长教师交流轮岗，引导优秀校长和骨干教师向农村地区、薄弱学校流动。建立县域义务教育均衡发展督导评估制度。

二、中国农村教育发展的巨大成就

（一）建立了完整的农村教育体系

经过70年的努力，中国农村教育极端落后的局面已经彻底扭转，一个包括学前教育、初等教育、中等教育、高等教育的比较完善的农村教育体系基本形成。尽管随着工业化、城镇化深入推进，中国农村人口逐步减少，但2017年末乡村人口仍然有5.77亿人，建立覆盖如此众多人口的教育体系确实是了不起的成绩。2017年，农村幼儿园17.6万所、在园幼儿数2893.29万人，占全国比重分别为69.03%和62.90%；农村义务教育学校数（含教学点）280705所、在校生9506.33万人，占全国比重分别为87.2%和65.6%。此外，中国已经建成世界上最大规模的职业教育体系，包括1.23万所院校、10万个专业点、近3000万名在校生，其中大部分是农村学生，每年还有数以百万计农村学生进入高等学校学习。教育的大规模普及极大改善了农村人力资本结构，数以亿计的农村人口通过不同程度地接受现代教育掌握了现代化发展需要的知识和技能，实现了向城镇和非农产业转移，改变了家庭命运，也有效阻断了贫困的代际传递，并为中国持续40年的"经济奇迹"提供了重要的人力资源支撑。

（二）农村教育发展的保障条件更加完善

随着国力增强和社会各界的重视，农村教育发展的外部保障越来越稳固。2012年中国财政性教育经费支出占GDP比重首次超过4%并且连续6年保持在4%以上，2018年达到3.70万亿元（全国教育经费总投入为4.61万亿元），新增教育经费主要向农村倾斜。"农村教育农民办"的格局发生根本转变，省级政府统筹、管理以县为主、中央地方共担投入的农村义务教育经费保障机制不断完善，不仅减轻了农民的经济负担，也提高了农村学校公用经费保障水平，2017年农村普通小学、初中生均教育经费支出分别达到1.14万元、1.55万元[5]，各地还制定生均财政拨款标准，以标准推动教育投入规范化、可持续。经过底部攻坚，农村学校（含教学点）里诸如学生自带课桌椅、睡"大通铺"、在D级危房上课等现象基本消除，办学条件基本达到"20条底线"要求①。经过集中治理，城镇"大班额"现象

① 教育部督导局：《薄弱学校改造工作目标提前一年基本实现农村义务教育学校办学条件得到显著改善》，2019年2月26日，http://www.moe.gov.cn/fbh/live/2019/50340/sfcl/201902/t20190226_371170.html。

基本消除，2018 年全国义务教育阶段大班额占总班数比例为 7.06%、超大班额占比为 0.5%。针对乡村小规模学校、寄宿制学校，分别实行按 100 人拨付公用经费和按寄宿生年生均 200 元标准增加公用经费补助政策，增强了乡村学校办学力量。信息化基础设施不断完善，中国教育卫星宽带传输网为数以亿计的农村中小学师生服务，数字教育资源全部覆盖 6.4 万个教学点，有效解决了边远地区教学点开不齐、开不好课的问题[6]。

（三）高素质乡村教师队伍逐步巩固

70 年来，乡村教师队伍面貌发生了巨大变化。乡村教师形成了完整的培养培训体系，除从大学和师范院校招聘教师外，乡村学校优质教师来源渠道也得到极大扩充。2006 年以来，中西部 1000 多个县、3 万多所农村学校招聘特岗教师 75.4 万人，仅 2018 年就有 28 万名农村特岗教师在 1000 多个县 3 万多所农村学校（村小、教学点）任教，还有 1800 名退休优秀教师到中西部乡村支教。教师专业能力不断提升，2017 年农村小学专科及以上学历教师比例为 93.80%，初中本科及以上学历教师比例为 81.10%。乡村教师生活待遇不断改善，乡村教师生活补助政策惠及中西部 725 个县 8 万多所学校 127 万名教师，补助最高的每月达到 2000 元①，一些地方甚至出现了教师从城市向乡村的逆向流动。农村中小学教职工编制标准与城市统一，对学生规模较小的村小（教学点）按生师比与班师比相结合的办法核定，确保教师全覆盖。乡村教师资源配置得到改善，优秀校长和骨干教师向乡村学校交流轮岗逐步机制化，激发了乡村教师活力。

（四）城乡教育一体化程度不断提升

中国在普及教育过程中，根据当时的财力状况和政府管理能力，一度

---

① 教育部教师工作司：《加大落实力度加快补齐短板努力建设新时代高素质乡村教师队伍》，2019年2月26日，http：//www.moe.gov.cn/fbh/live/2019/50340/sfcl/201902/t20190226_371169.html。

实行对城市教育进行重点建设、农村教育主要依靠自主发展的非均衡的发展道路，这在特定历史条件下是必要的，但也在客观上拉大了城乡教育差距，扭曲了社会公平关系。21 世纪以来，随着教育外部条件改善，以及贯彻中央新的“三农”方针，中国及时调整确立了教育公平的政策导向，提出了统筹城乡教育进而推进城乡教育一体化的发展思路，相关政策措施从扶持农村教育到按照一体化要求谋划城乡教育发展，包括教师、编制、经费、管理等方面的统一，这都体现了切实消除城乡二元结构壁垒、不断扩大教育公平性和包容性的理念。特别是对农村教育建立起公共财政保障机制后，又按照义务教育均衡发展的要求，加快缩小县域内城乡教育差距，实现县域义务教育均衡发展。2019 年，全国 92.7% 的县级单位（2717 个）实现义务教育基本均衡，16 个省份整体通过国家认定，县域内城乡义务教育学校差距切实缩小。

（五）特殊困难学生就学得到切实保障

“有学上”始终是农村教育发展中的重要目标。特别是在义务教育普及过程中，由于国家财力制约，建立了多渠道筹措教育经费和教育成本分担的制度，但是超常快速增长的教育收费逐渐成为一些低收入家庭沉重的经济负担，一度造成农村大量学龄儿童少年因贫困而失学①。经过不懈努力，中国不仅实现了义务教育免费，还从无到有，逐步建立起覆盖学前教育至研究生教育阶段的国家资助政策体系，从制度上消除了“因贫失学”现象。学生资助的内涵不断丰富，从 2011 年至今，中央财政累计安排资金 1591 亿元，在 29 个省份的 1631 个县实施农村学生营养改善计划，覆盖了国家所有扶贫开发重点县，受益学生 3700 多万人[7]，中国发展研究基金会阳光校餐数据平台的监测结果显示，营养改善计划供餐质量不断提高，学生营养和体质改善明显。流动儿童和留守儿童也受到关注，80% 的

① 国家教育发展研究中心在1994—1995年进行的一项大型义务教育专项调查表明贫困地区儿童失学的首要原因是家庭贫困。

农民工随迁子女进入公办学校就读，留守儿童关爱体系逐步形成，残疾儿童少年受教育权利得到切实保障[8]。从 2015 年起，国家将新增招生计划主体全部投向中西部地区和人口大省，农村和贫困地区专项招生计划每年招生名额从 2012 年的 1 万人增至 9.6 万人，累计录取学生 37 万人，2018 年 10.38 万学生通过专项计划考上重点大学，形成保障农村和贫困地区学生上重点高校的长效机制[6]。

三、进一步提高中国农村教育发展水平的思路与建议

尽管中国正在加速推进城镇化，2018 年城镇化率达 59.58%，但在可以预见的将来，中国仍然有数以亿计的人口生活在农村，农业仍然是国民经济的重要组成部分，农村仍然需要建设和开发好，农村教育仍然是中国教育的重要环节。

（一）继续巩固提高农村教育普及水平

过去 70 年，扩大普及一直是农村教育工作的主线，取得了巨大的成绩，也是一条重要的经验。70 年来，农村教育的普及带动中国教育总体发展水平跃居世界中上行列[4]，极大提升了全民族人力资本水平。但是，农村教育普及还有不少薄弱环节，义务教育普及成果还比较脆弱，其他各级各类教育发展还比较滞后，未来仍然要扭住“普及”这个农村教育的“牛鼻子”不放松。首先，还是要巩固好义务教育，持续改善农村义务教育学校办学条件，确保高水平达标，抓好控辍保学长效机制设计，从政府、学校到家长层层传导压力，切实保障适龄儿童少年就学，还要建立常态化教育质量监测制度，让学生接受有质量的义务教育。其次，扩大教育普及，主要增长点是学前教育和高中阶段教育，要依托第三期学前教育三年行动计划和高中阶段教育普及攻坚计划（2017—2020 年），重点建设好村级幼儿园和县级以下普通高中、中等职业学校。随着普通

高中快速发展，面向农村的职业教育也有很大的发展空间，职业学校招生增量要更多向农村学生、农民工和新型职业农民倾斜，有条件的地区要积极探索免费的职业教育，让所有人都能获得优质的职业技术教育和培训。

（二）对农村教育实行补偿性政策

在快速城镇化背景下，支撑农村学校的资源相比城市要更弱，进入城市优质学校接受更好教育的主要是家庭经济条件较好的学生，弱势家庭子女在教育起点上就面临着社会不公。虽然城乡教育差距大是世界各国教育发展过程中面临的普遍问题，但是中国通过特殊的城乡二元结构推进工业化、城镇化，进而形成国家对农村、农民的公共服务欠账，也是重要的历史原因。现在，农村教育的体量已大大缩小，国家财力也大大增强，可以而且应该对农村教育进行补偿。一是通过设立专项的方式，对农村学校进行底部攻坚，弥补办学欠账，这方面正在发生着可喜的变化。二是努力在县域内实现校际均衡发展，通过重点建设农村学校、校长教师交流轮岗等，缩小城乡办学差距。为此，需要建立对地方政府促进城乡教育公平的政绩考核制度，也就是在评价一个地区教育发展成绩时，不是看升学率的高低，而是看城乡、校际的差距有没有缩小。三是加强扶助弱势学生。除完善学生资助体系并提高资助水平外，还要向营养、健康、交通、早期养育等领域拓展，尤其是对 0~3 岁农村幼儿的抢救性干预，已经刻不容缓。四是促进入学机会公平。广泛开展将优质普通高中招生指标分配到县域内初中等，通过各类招生专项计划，扩大农村学生接受职业教育和优质高等教育的机会。

（三）以更大的力度建设乡村教师队伍

发展农村教育的关键是教师，必须有专业能力强并且热爱教育事业的教师，才能把农村教育办好。党的十八大以来，国家针对乡村教师出台了一系列含金量很高的政策措施，应该说乡村教师队伍整体基本稳住了、活力不断增强。但是，受城乡发展不平衡等因素影响，乡村教师职业吸引力不足的问题仍然没有得到根本解决，还没有真正做到教师“下得去、留得住、教得好”。当然，这也是世界各国普遍存在的问题，下一步还是要继续加大政策力度。首先，要下决心继续大幅度提高乡村教师待遇，这是吸引和稳定高水平师资的基础性措施，除了切实落实好法律规定的“教师的平均工资水平应当不低于当地公务员的平均工资水平”要求外，还要进一步提高乡村教师补助标准，依据学校的艰苦边远程度实行差别化的补助政策，形成越到艰苦困难地区、享受补助水平越高的导向，吸引优秀师资向乡村流动。其次，要继续实施好特岗计划、本土化定向培养、城乡教师交流轮岗、全员培训等政策，探索教师“县管校用”体制，统筹县域教师资源，统筹大学毕业生、城市退休教师和其他人才资源，拓宽乡村教师补充渠道，优化教师结构，激发队伍活力。在当前的社会用人体制下，稳定乡村教师队伍并吸引优秀师资的最有效手段是赋予乡村教师公务员身份，其意义在于给予教师稳定预期和较高的社会地位，这并不会增加财政负担，也符合乡村教师履行公共服务职能的实际情况。而且，这也是一些国家通行的做法，比如韩国法律规定教师属于国家教育公务员，日本规定公立学校教师属于地方公务员，在这些国家，教师是青年学生十分向往的职业。

（四）解决好城镇化过程中的政策难点问题

在快速城镇化过程中，由于学校向县镇集中以及农民子女到城镇学校就读，形成了流动儿童、留守儿童以及城镇大班额、农村寄宿制学校和小规模学校（村小、教学点）等政策难点。保障流动儿童就学，关键在于要解决好成本分担和政策激励问题，比如建立教育经费可携带机制、中央财政加强对流入地政府的支持，从长期看，就是要建立以常住人口为基准的公共教育服务提供机制。留守儿童是复杂的社会问题，教育可以而且应该发挥更大作用，要办好寄宿制学校和就近的村小教学点，通过入户家访等方式对低龄留守儿童家庭进行关爱、指导和帮扶，通过大力发展多样化的高中阶段教育以满足这一群体升学、就业和技能提升等各种需求，同时要扩大城市教育的开放性，创造条件让留守儿童随迁就学。城镇班额过大难以做到因材施教，也会影响教育质量。大班额的形成，主要有人口转移、农村家庭主动追求高质量教育等方面的原因，根本还是在于城乡教育差距大，一些地方基于教育政绩冲动而人为将优质资源向城镇集中也是重要因素。因此，解决大班额问题，还是要树立城乡均衡发展的理念，切实把乡村教育办好，稳定生源。农村寄宿制学校有利于发挥集中办学的规模效益，也是居住分散地区不得不采取的办学形式，但低龄学生寄宿并不利于其身心健康发展。对此，一方面要提高寄宿制学校保障水平（如配足配齐生活老师等），另一方面要进一步完善校车服务体系，减轻学生通勤不便及经济负担。农村社会经济发展的复杂性及地域（地理）特点决定了方便农村孩子就近入学的村小、教学点等小规模学校将会长期存在，除了要保障必要的投入、充足的教师编制外，还要有一些特殊的办法，比如开展教师“走教”、复式教学、远程教学，同时还可以积极发挥社会组织和志愿者的补充作用。

（五）推动农村教育多样化发展

在中国农村教育发展过程中，价值导向上始终存在着“离农”与“为农”的争论，即纠结于农村教育是服务于农村经济社会发展还是服务于农业人口向城镇和非农产业转移。应当看到，70 年来，中国城乡关系已经发生了深刻的变化，进入到城乡一体化发展阶段，不能将“农”和“非农”对立起来。相反，当前最应该警惕的是单一的升学教育导向，这种导向源于教育尚不发达阶段，国家为了“多出人才、快出人才”，不得不以升学考试的方式培养少数拔尖人才，进而逐渐形成了一种畸形的教育政绩观。延续至今的典型案例就是设置在省会城市或地级市的“超级中学”，通过跨地区大规模招生和提前招生，对基层优秀教师、高分学生层层掐尖，集中优质教育资源，以升学率高特别是考取北大清华的学生多为标杆，而这往往是以“牺牲”大部分农村学生享有公平而有质量的教育的权利为代价的。应当看到，在当今的全民教育时代，社会经济发展对人才的需要是多层次、多样化的，农村教育不应该是单一的升学教育，而是要满足农村学生升学、进入城市就业、建设新农村、扫除文盲、参与社区管理和文化建设等不同需求，既要为高一级学校输送具有创新潜质的人才，也要培养具有技术技能的劳动后备军，还要与农业、科技、社区、文化有机结合服务当地经济社会发展。不管围绕什么发展目标，农村教育都要回归育人的根本，按照国家现代化和合格公民的要求培养人，包括人格养成、身心健康、良好的生活方式、行为习惯等综合素质，这是中国迈向现代化的基础性工作。

执笔人：佘宇　单大圣

（原文载于《行政管理改革》2019 年第 6 期）

参考文献

[1] 卓晴君.从儿童入学率20%到实现九年义务教育目标——建国 60 年教育发展辉煌的重要标志[J].中国教育学刊，2009（11）.

[2] 张力.纵论我国城镇化背景下的农村义务教育[J].中国党政干部论坛，2013（9）.

[3] 邬志辉、史宁中.农村学校布局调整的十年走势与政策议题[J].教育研究，2011（7）.

[4] 中共教育部党组.发展具有中国特色世界水平的现代教育——党的十八大以来教育改革发展的成就和经验[J].求是，2017（16）.

[5] 陈鹏.从“有学上”到“上好学”——党的十八大以来全国教育系统推进义务教育均衡发展纪实[N].光明日报，2018-09-08.

[6] 董洪亮，赵婀娜，张烁，丁雅诵.人民满意，期待教育带来更多幸福感——党的

十八大以来我国教育事业改革发展成就综述之三[N].人民日报，2018-09-09.
[7] 董洪亮，赵婀娜，张烁，丁雅诵.优先发展，坚持教育战略地位不动摇——党的十八大以来我国教育事业改革发展成就综述之一[N].人民日报，2018-09-07.
[8] 陈宝生.落实 落实 再落实——在2019年全国教育工作会议上的讲话[N].中国教育报，2019-01-31.

第二十章
中国教育体制改革及其未来发展趋势

一、改革开放以来中国教育体制改革历程回顾

1949 年中华人民共和国成立时，教育发展水平还非常落后，80% 的人口是文盲，小学和初中入学率仅有 20% 和 6%。在此背景下，中国政府将普及基础教育作为教育发展的首要任务，取得了显著成就，并形成了与高度集中的计划经济体制相适应的教育体制（范文曜、王烽，2008），其主要特征是：公有为主的办学体制；高度集中的事业管理体制，政府对教育教学、专业设置、招生计划、学校运行实行直接管理；政府为主的经费体制，教育经费以政府拨款为主；重心较高的行政管理体制，各级各类学校由县级以上教育行政部门统一领导和管理；党政分工的学校管理体制。这一时期，企事业单位、农村集体经济等多元办学也发挥了重要作用。在财政极其困难、紧张的情况下，中国采取“两条腿走路”的办学方针：一方面，坚持国家办学为主，中小学办学经费主要来自国家财政预算；另一方面，大力提倡、鼓励厂矿企业、机关、团体等单位及农村社队筹资兴办学校。应该说，“两条腿走路”的办学方针，在一定程度上缓解了教育经费的紧缺状况，对当时基础教育的发展确实发挥了积极作用。“文化大革命”时期，中国的教育事业遭到严重冲击，中小学教学秩序混乱，高校招生统一考试制度被废止，部分高校停止了教学活动，这对国家经济社会发展和人才培养产生了极为不利的影响。

（一）教育基本制度的恢复（1977—1984 年）

这一时期的主要任务是拨乱反正、整顿秩序，恢复和重建“文革”期间被破坏的基本教育制度，推动教育管理体制逐步走入正轨。1977 年，恢复“文革”期间被中断了的高等学校统一考试招生制度。1978 年，恢复大规模派遣留学生政策，规定中小学学制向“六三三”制过渡。1980 年，建立了高等教育学位制度，颁布《全日制中学暂行工作条例》《全日制小学暂行工作条例》。1983 年，恢复和建立教育督导制度。教育基本制度的恢复，使教育事业重新步入正轨，为教育体制改革提供了充分的准备。

但是，在经济社会体制逐步改革的背景下，原有教育体制越来越受到冲击，逐渐变得不适应。例如，20 世纪 70 年代末开始全面推进的农村经济体制改革（即家庭联产承包责任制）虽然极大地促进了农村生产力的解放，但农村集体经济的削弱与瓦解，使原有的农村社队筹资兴办的学校教育经费短缺的问题日益显现（杨会良，2006）。在此情况下，乡镇政府开始通过征收农村教育费附加等形式来筹措农村教育经费。

（二）教育体制改革的初步探索（1985—1992 年）

这一时期，中国开始改革高度集中的计划经济体制，同时改革科技体制，也将教育管理和投入体制作为改革的切入点（张力，2008）。1985 年，以《中共中央关于教育体制改革的决定》（以下简称《决定》）为标志，中国教育体制改革正式发端。《决定》将中国教育弊端的总根源归结为体制，强调从教育体制入手，有系统地进行改革，提出包括保证教育投入“两个增长”、把发展基础教育责任交给地方，有步骤地实施九年制义务教育、调整中等教育结构大力发展职业技术教育、鼓励社会办学等改革思路。在《决定》指引下，中国对教育体制进行了初步的改革探索，基础教育逐步形成了以县、乡为主管理的格局，学校办学自主权初步落实，中小学实行校长负责制，高等学校试行校长负责制，高校毕业生就业制度逐步改革。

不过，由于当时中国教育的突出矛盾还是教育机会不足，主要工作仍然集中在扩大教育普及上，1986年通过的《中华人民共和国义务教育法》以法律的形式确定“国家实行九年制义务教育”。1992年，中共十四大作出“到本世纪末，基本扫除青壮年文盲，基本普及九年义务教育”（简称“两基”）的重大决策，这成为20世纪90年代中国教育发展的一条主线。

需要指出的是，在当时生产力发展水平不高、财政实力不强的条件下，义务教育的经费投入实际上是由县乡政府和农民共同负担的，县级以上政府的教育经费支出主要承担了城市的教育投入，而农村教育经费则主要落到了县级以下政府和农民身上（谈松华，2002）。由于各地经济发展水平存在差异，城乡之间乃至乡乡之间教育发展的差距也很大，特别是在那些经济基础较为薄弱的地区，相当数量农村学校办学条件甚至没有达到国家规定的最低标准。

（三）教育体制改革的全面推进（1993—2002年）

以邓小平南方谈话和中共十四大为标志，中国改革开放进入了一个新阶段。1993年颁布的《中国教育改革和发展纲要》着眼于社会主义现代化建设“三步走”的战略部署，规划了2000年教育发展规模和结构，提出要改革“包得过多、统得过死”的体制，建立起与社会主义市场经济体制和政治体制、科技体制改革相适应的教育新体制，教育管理、办学和投入等体制改革全面推进。这一时期，教育体制改革的进展主要体现在以下四个方面。

一是义务教育和高等教育取得了历史性成就。义务教育方面，“两基”目标基本实现，开始向着全面普及迈进。20世纪90年代，中国坚持低重心的教育发展策略，将“两基”为教育工作的“重中之重”，集中全社会力量，着力普及义务教育。经过不懈努力，2000年底，全国2541个县级行政单位通过了“两基”验收，全国85%以上的人口地区普及了九年义务教育，青壮年文盲率下降到5%以下，总体上实现了“两基”目标。高等教育方面，实现了从精英化到大众化的历史性跨越。1999 年，中国作出高等学校“扩招”的重大决策，实现了高等教育跨越式发展，2002 年招生 563.1 万人，比 1998 年增长 1.6 倍，高等教育总入学率从 1998 年的 9.8% 提高到 2002 年的 15%，迈入大众化阶段。与此同时，中国还在 1995 年和 1999 年相继启动“211 工程”和“985 工程”，重点建设一批高等学校和重点学科，极大提升了高等教育整体水平。

二是建立多渠道筹措教育经费和教育成本分担的制度。《中国教育改革和发展纲要》提出逐步提高国家财政性教育经费支出占 GDP 的比例到 2000 年达到 4% 的目标，从 1998 年起，中央本级财政教育经费支出比例连续三年每年提高 1 个百分点，1998—2002 年，中央本级教育事业费增加 489 亿元[①]。这一时期，义务教育学校开始收取少量杂费，非义务教育学校改变国家“包学费”“包分配”机制，全面实行缴费上学制度，逐步实行毕业生自主择业。教育经费来源除财政投入外，还包括教育的税费、义务教育学校收取的杂费和非义务教育学校收取的学杂费，以及通过发展校办产业、鼓励社会捐集资助学、建立教育基金等多渠道筹集教育经费。2002 年，全国教育经费为 5480.03 亿元，其中国家财政性教育经费为 3491.40 亿元[②]，占全部教育经费的 63.71%。多元筹资和教育成本分担制度的实施，极大支撑了世纪之交普及义务教育和高等教育大众化的两次超前发展。

三是逐步形成以政府办学为主体、社会各界共同办学的格局。为满足人民群众日益增长的教育需求，中国积极鼓励社会团体和公民个人办学，试验中外合作办学。1997 年，国务院颁布《社会力量办学条例》，对民办教育发展进行了规范。2002 年，全国人大通过《中华人民共和国民

---

① 赵秀红：《4%的前世今生——写在国家财政性教育经费支出占GDP4%目标实现之际（上）》，《中国教育报》，2013年3月5日。

② 《教育部、国家统计局、财政部关于2002年全国教育经费执行情况统计公告》教财〔2003〕8号。

办教育促进法》，以法律的形式赋予了民办教育与公办教育同等的法律地位。2002 年，全国各级各类民办学校（教育机构）共 6.13 万所，在校生 1147.95 万人[①]。同时，中国还在公办学校体制改革方面进行了许多尝试，依托原有优质教育资源，建立了一批国有民办、民办公助、公办民助学校等，充分吸纳民间资本，有效扩大了全社会教育投入，促进了教育供给方式的多样性，增加了教育的选择性，缓解了教育发展瓶颈问题。

四是形成分级办学、分级管理的新体制。20 世纪 80 年代以后，随着基础教育管理重心不断下移，在不少地方形成了事实上以乡镇为主管理的体制，而乡镇政府财力往往又难以支撑基础教育运行。90 年代中期开始实行分税制改革以后，地方政府尤其是县乡政府的财政收入日渐困难，许多地区单靠县乡财政已经难以承担义务教育的全部经费（谈松华，2002）。如果没有中央财政的大幅度转移支付，随之而来的农村税费改革（尤其是取消农村教育费附加和大部分教育集资）可能会造成农村教育的严重困难。为此，2001 年，中国明确农村义务教育实行“在国务院领导下，由地方政府负责、分级管理、以县为主”的管理体制，逐步实现农村义务教育向以县为主管理的转变。1998 年，在政府机构改革的推动下，中国还针对高等教育长期存在的条块分割、重复办学、自我封闭等弊端，按照“共建、调整、合作、合并”的方针，对高等学校管理体制进行了重大改革，涉及 900 余所高校，经过调整，中央部委管理高校 120 所左右，地方政府所属或以地方为主管理高校 896 所[②]，中央和省级政府两级管理、以省级政府管理为主的高等教育新体制初步形成。

除了上述改革成就外，这一时期，中国在教育法制建设方面也取得突破性进展，1993 年、1995 年、1996 年、1998 年、2002 年分别通过了《中华人民共和国教师法》《中华人民共和国教育法》《中华人民共和国职业教

① 资料来源：《中国教育年鉴2003》。

② 教育部关于印发教育部部长陈至立在2001年度教育工作会议上的讲话和《教育部2001年工作要点》的通知（教政法〔2001〕1号）。

育法》《中华人民共和国高等教育法》《中华人民共和国民办教育促进法》。1999 年，中国作出了深化教育改革、全面推进素质教育的决定，标志着教育体制改革已经深入到教育思想和人才培养模式层面，之后，围绕素质教育开展了基础教育课程和评价制度改革、高等教育教学改革和质量评估等初步的探索。

（四）以促进公平为重点的教育体制改革（2003—2012 年）

2003 年以后，中国着眼于教育发展新的阶段性特征，鲜明提出将促进教育公平作为国家基本教育政策，开启了以促进公平为重点的教育体制改革新阶段。这一时期，教育体制改革的进展主要体现在以下五个方面。

一是全面普及免费义务教育。在 2000 年总体实现“两基”目标之后，中国面向发展基础薄弱的西部地区和农村地区，通过实施西部地区“两基”攻坚计划及一系列教育工程专项，加快普及义务教育的进程。经过不懈努力，2011 年底，全国 31 个省（自治区、直辖市）和新疆生产建设兵团全面普及了九年义务教育，青壮年文盲率降到 1.08%，成为中国教育发展史上的重要里程碑。与此同时，从 2005 年开始，中国还进行了农村义务教育经费保障机制改革，建立中央和地方分项目、按比例分担的农村义务教育经费保障机制，将农村义务教育全面纳入公共财政保障范围，实行“两免一补”（免除学杂费，对贫困家庭学生免费提供教科书并补助寄宿生生活费），2008 年扩展到城市，从而实现了真正意义上的免费义务教育。

二是促进义务教育均衡发展。在大力普及义务教育的同时，2005 年，中国又提出要把均衡发展作为实现“两基”之后义务教育发展的一项重要任务，以遏制城乡之间、地区之间和学校之间教育差距扩大的势头。2006 年新修订的《中华人民共和国义务教育法》为义务教育均衡发展提供了法律保障。各地因地制宜，进行了有益的探索，比如开展学校标准化建设，教师和校长交流制度化，优质高中招生名额合理分配到区域内初中，开展学区管理、联合办学、集团化办学、结对帮扶等扩大优质教育资源覆盖面，加强义务教育均衡发展督导评估等，在缩小教育差距方面取得了积极成效。同时，重视农民工子女和农村留守儿童的教育问题，各地按照“以输入地政府管理为主、以全日制公办中小学为主”的政策，积极接收农民工子女接受义务教育，建立农村留守儿童档案，健全动态监测机制，制定有效的教育与管护措施。

三是推进各级各类教育协调发展。进入21世纪以来，与义务教育和高等教育相比，职业教育和学前教育发展相对滞后。2002年、2004年和2005年，中国三次召开职业教育工作会议，大力发展面向人人的职业教育，中等和高等职业院校招生数从2002年的565万人增长到2012年的1134万人，每年数以千万计获得中等以上技术技能的农村和城市家庭经济困难学生进入劳动力市场，充分发挥了教育促进社会公平、促进就业的积极作用。2010年，为解决十分突出的“入园难”等问题，中国以县为单位编制实施学前教育三年行动计划，多种形式扩大学前教育资源，学前教育三年毛入园率从2002年的36.8%提高到2012年的64.5%，不断普及的学前教育对于促进起点公平发挥了基础性作用。

四是加大对农村地区、边远贫困地区、民族地区教育事业的支持力度。中国采取转移支付、专项和政策倾斜等方式加大农村特别是西部农村教育的扶持力度。通过实施一系列重大工程项目，改善农村学校办学条件。为引导大学生到农村地区长期任教，2006年，中国开始实施“农村义务教育学校教师特设岗位计划”，到2012年共招募23.5万名大学毕业生到中西部1000多个县2.7万多所农村学校任教。为吸引优秀人才攻读师范专业和长期从教，2007年中国实施免费师范生政策，5年在6所部属师范大学招收免费师范生5.5万人。此外，还加强东中西部的教育协作，实施对口支援计划，推进教育援疆、教育支援西藏和四省藏区工作，西部和民族地区的主要教育发展指标与全国平均水平差距逐步缩小。

五是建立完整的国家资助政策体系。20世纪末逐步实行的教育成本分担制度虽然扩大了社会教育投入，但是超常快速增长的教育收费逐渐成为一些低收入家庭沉重的经济负担，一度造成大量学龄儿童少年因贫困而失学。为此，中国从无到有，逐步建立起覆盖学前教育至研究生教育阶段的国家资助政策体系，从政策上基本实现了“不让一个孩子因家庭经济困难而失学”（袁贵仁，2012）。2012年，全国累计资助学生（幼儿）8413.84万人次，资助金额1126.08亿元，财政投入资助占比达73.24%[①]。为提升边远贫困地区学生营养健康水平，2011年，中央财政每年安排160多亿元专项资金，为680个国家试点县的2600多万名农村义务教育学生提供每天3元钱的营养膳食补助。

2010年，中国颁布的《国家中长期教育改革和发展规划纲要（2010—2020年）》以人才培养为核心，对人才培养体制改革、考试招生制度改革、现代学校制度、办学体制改革、管理体制改革、扩大教育开放等进行了规划，是迄今为止对教育体制改革作出的最全面最系统的顶层设计，标志着中国教育体制改革进入全面深化的新阶段。

（五）深化教育领域综合改革（2013年至今）

2013年，中国作出了对经济、政治、文化、社会、生态文明和党的建设各个领域进行全面深化改革的决定，在教育方面提出了深化教育领域综合改革的政策思路。

一是深化人才培养体制改革。2013年以来，中国积极完善教育质量标准和监测评价体系，初步建立起教育标准体系，包括中国学生发展核心素养，各学科课标与学业质量标准，教育领域各类国家标准、行业标准等。各地中小学创新教育教学方法，积极推行分层教学、走班制、学分制、选课制，开展自主、合作、探究式的学习方式，为每个学生提供更丰富的选择和满足其个性成长的发展空间。完善职业教育产教融合、校企合作机制，广泛开展订单培养、校中厂、厂中校、现代学徒制等。高校积极开展

---

① 《2012年中国学生资助发展报告》，《中国教育报》，2013年11月13日。

基础学科拔尖学生培养试验计划、卓越系列人才培养计划、科教结合协同育人行动计划等一系列计划，取得了初步成效。

二是深化考试招生制度改革。2014 年启动的考试招生制度改革，是恢复高考以来最系统最全面的一次改革，涉及各级各类教育。义务教育阶段，坚持义务教育免试就近入学原则，探索学区制和九年一贯对口招生，建立体现素质教育要求的中小学教育质量评价制度，完善进城务工人员随迁子女就学保障，在公办学校就读的随迁子女比例稳定在 80% 左右，30 个省（自治区、直辖市）实现了符合条件随迁子女在流入地参加高考[①]；高中教育阶段，各地普遍将优质普通高中的招生名额按不低于 30% 的比例合理分配到区域内各初中；职业教育阶段，积极推进分类招考或注册入学；高等教育阶段，31 个省（自治区、直辖市）均形成高考改革实施方案，上海、浙江高考综合改革试点取得积极进展。2012 年起实施的重点高校定向招收农村和贫困地区学生的国家专项计划、地方专项计划和高校专项计划，累计招收农村和贫困地区学生 27.4 万人。

三是深化办学体制改革。2016 年，中国对《中华人民共和国民办教育促进法》进行了修订，确立了对民办学校实行分类管理的基本制度，解决了长期以来制约民办教育发展的政策难题，各地积极出台民办教育分类管理、分类登记的配套政策，为民办教育发展提供了良好的政策环境，推动民办教育不断发展壮大。在职业教育领域，深入推进产教融合、校企合作，国家层面组建了 62 个行业职业教育教学指导委员会，全国建成约 1300 个职业教育集团，基本形成产教协同发展和校企共同育人的格局。在高等教育领域，积极落实高校办学自主权，支持具备条件的普通本科高校向应用型转变，促进高校办出特色。

四是深化教育管理体制改革。深入推进管、办、评分离，构建政府、学校、社会之间的新型关系。通过“放管服”改革，转变政府职能，推动

---

① 中共教育部党组：《发展具有中国特色世界水平的现代教育——党的十八大以来教育改革发展的成就和经验》，《求是》，2017年第16期。

政府向学校、社会放权，完善督导体系建设，强化督政、督学、评估监测三大功能。落实和扩大高校在学科专业设置、编制及岗位管理、教师职称评审、人事和薪酬分配、经费使用等方面的自主权。健全第三方评价机制，将委托专业机构和社会组织开展教育评价纳入政府购买服务范围，积极支持其采用现代化评价方法和技术参与教育评价，切实增强评价的专业性、独立性和客观性。在扩大省级政府教育统筹权的同时，制定对省级人民政府履行教育职责的评价办法。

五是深化教育保障机制改革。2012 年，国家财政性教育经费支出占国内生产总值的比例首次达到 4%，之后几年连续保持在 4% 以上。探索实施城乡统一“两免一补”标准和生均公用经费基准定额资金随学生流动可携带，“钱随人走”惠及近 1300 万农民工随迁子女。加强乡村教师队伍建设。2013 年，中国全面实施乡村教师生活补助政策，对在连片特困地区乡、村学校和教学点工作的教师给予生活补助，覆盖 708 个连片特困地区县 130 多万乡村教师，人均月补助标准近 300 元，在补助标准较高的乡村地区，还出现了教师逆向流动。2015 年，中国对乡村教师队伍建设制订专门计划，围绕乡村教师“下得去、留得住、教得好”，提出一系列实实在在的政策举措。2018 年，又对全面深化新时代教师队伍建设改革做出部署。

二、中国教育体制改革成就显著

改革开放 40 年来的教育体制改革，极大促进了教育事业发展，教育总体发展水平跃居世界中上行列，培养了一大批高素质人才，提高了全民族素质，推进了科技创新、文化繁荣，为经济发展、社会进步和民生改善作出了重要贡献。可以说，中国教育体制改革的成就举世瞩目，具体表现在以下六个方面。

（一）教育普及程度不断扩大

从新中国成立初期80%的人口是文盲的国情到今天，中国已建成世界上最大规模的教育体系[①]，教育普及程度不断扩大，公民受教育机会大幅提升。截至2017年底[②]，中国共有51.38万所学校、2.70亿名在校生；学前三年毛入园率达到79.6%，超过中高收入国家平均水平；小学净入学率达99.91%，初中阶段毛入学率为103.5%，超过或相当于高收入国家平均水平；高中阶段毛入学率88.3%，超过中高收入国家平均水平；高等教育毛入学率达到45.7%，超过中高收入国家平均水平，接近高等教育大众化水平，在校生总规模达3779万人，占世界高等教育总规模的1/5，位居世界第一。教育的快速普及，极大提升了中国的人力资本水平，2018年政府工作报告显示，中国劳动年龄人口的平均受教育年限已达10.5年。总体来看，中国各级各类教育均超过中高收入国家平均水平，教育总体发展水平进入世界中上行列[③]。

（二）教育发展的保障机制逐步健全

在教育投入方面，中国从1993年提出财政性教育经费支出占GDP比例达到4%开始，就一直为这个目标努力，终于在2012年实现了目标并连续几年保持。而且，在中国已经确定重点支出一般不同财政收支增幅或生产总值挂钩的原则下，仍然要求财政性教育经费支出占GDP比例一般不低于4%，这也体现了中国优先发展教育的坚强决心。在教师队伍建设方面，截至2017年，全国各级各类学校专任教师共有1626.89万人，基本满足各级各类教育发展的需求[④]。与此同时，教师队伍素质也在不断提升，小学

---

① http：//www.moe.gov.cn/jyb_hygq/hygq_bzsy/201608/t20160829_276938.html.

② 资料来源：《2017年全国教育事业发展统计公报》。

③ 《中国教育的时代选择——党的十八大以来教育改革发展成就述评·提高质量篇》，《中国教育报》，2017年10月17日。

④ 资料来源：《2017年全国教育事业发展统计公报》。

拥有专科及以上学历的占93.7%，初中、普通高中、中职专任教师拥有本科及以上学历的占比分别为82.5%、97.9%、90.8%，中小学教师中正高级职称教师近4000人；中职学校、高职院校“双师型”占比分别为29.5%、39.1%；普通高校专任教师拥有研究生学历的占69.9%，中国科学院院士748人，中国工程院院士575人[①]。在信息化建设方面，截至2016年底，全国中小学互联网接入率已达87%，多媒体教室比例达到80%，每百名中小学生拥有计算机12台。

（三）教育公平性和包容性不断增强

截至2017年底，全国已有81%的县（市、区）通过义务教育发展基本均衡督导评估，重点监测的24个大城市数据显示，2016年就近免试入学比例公办小学达98.5%、公办初中达97.8%，“择校热”现象有所缓解。学前教育、职业教育等短板逐步加强，学前三年毛入园率从2010年的56.6%提升到2017年的79.6%，“入园难”问题总体上得到缓解；职业教育年招生总规模930万人，在校生2682万人，每年培训上亿人次[②]。通过实施重大教育工程，农村和中西部地区基本办学条件和学生营养状况得到显著改善。高等教育机会公平不断提升，录取率最低省份与全国平均水平差距缩小至4个百分点，2012年以来累计37万农村和贫困地区学生通过专项计划实现了重点大学梦。特殊群体受教育权利逐步得到保障，基本实现了“不让一名学生因家庭经济困难而失学”的目标；农民工随迁子女全部纳入“两免一补”补助范围，在公办学校就读比例一直保持在80%以上，加上政府在民办学校购买学位达到了86%以上，2017年报名参考的随迁子女达到15万人；留守儿童关爱体系逐步形成；残疾儿童少年受教育权利得到切实保障，盲、聋、培智三类残疾儿童少年义务教育入学率也已达到90%以上（陈宝生，2018）。

---

① 《数据看变化·教师队伍建设情况》，教育部网站，2017年9月28日。
② 《数据看变化·职业教育与成人教育情况》，教育部网站，2017年9月28日。

（四）教育重点领域和关键环节改革取得重要突破

改革开放以来，围绕考试招生、学校管理、办学体制、管理体制等重点领域和关键环节的改革不断深化，取得积极进展。各级各类教育的管理体制、办学体制和投入体制实现重大突破。高度集中的事业管理体制逐步打破，省级政府教育统筹权不断增强，改革后的义务教育实行国务院领导、省级人民政府负责统筹规划实施、以县级人民政府管理为主的体制；职业教育实行在国务院领导下，分级管理、地方为主、政府统筹、社会参与的体制；高等教育实行中央和省级人民政府两级管理、以省级人民政府管理为主的体制。学校办学自主权逐步扩大，高等学校按照国家法律法规和宏观政策，自主开展人才培养、科学研究和社会服务活动，中小学校和职业院校在办学模式、育人方式、资源配置、人事管理等方面的自主权也不断扩大。公有为主的办学体制逐步突破，民办教育从无到有、从小到大，获得了显著的发展，2017 年，民办学校占全国学校总数的比例为 34.57%，民办教育在校学生占全国学生总数的比例为 18.96%，在弥补国家教育经费不足、提高教育的资源供给能力，以及提供多样化的教育服务、推动教育改革等方面，发挥了重要作用。

以 1977 年恢复高考制度为起点，中国的考试招生制度不断改进完善，为促进社会纵向流动学生成长、科学选拔优秀人才、服务国家现代化建设作出了历史性贡献。2014 年启动的从基础教育到高等教育的考试招生制度改革，是一次统筹考试、招生和管理制度的综合改革，更是一次深刻的体制性改革，正在对各级各类教育的教学理念、人才培养模式和评价制度产生着积极影响。

（五）人才培养模式改革扎实推进

在稳步推进体制改革的同时，中国逐步将改革的重心集中到人才培养和教育教学环节，将坚持以人为本、全面实施素质教育作为教育改革发展的战略主题，不断推进人才培养模式改革。从理念上提出教育要面向全体学生、促进学生全面发展，重点是要提高学生社会责任感、创新精神和实践能力，强调要以学生为主体，尊重学生的个性差异，为学生提供适合其个性发展需要的教育，并对各级各类教育人才培养提出很有针对性的要求。在基础教育阶段，以课程改革为核心，改革课堂教学方法，努力创设有利于学生积极参与、独立思考、主动学习与动手实践的教学环境。在职业教育方面，以服务为宗旨，以就业为导向，推进教育教学改革，强化专业设置管理，推动专业与产业、企业、岗位对接，专业课程内容与职业标准对接，教学过程与生产过程对接，学历证书与职业资格证书对接，职业教育与终身学习对接。在高等教育方面，以拔尖创新人才和高层次专门人才培养为重点，推进基础学科拔尖学生培养试验计划、卓越系列人才培养计划、科教结合协同育人行动计划等，应用型人才、复合型人才和拔尖创新人才不断涌现。

（六）教育对外开放格局基本形成

目前，中国已基本形成全方位、多层次、宽领域的教育对外开放格局（黄金鲁克，2018）。中国已成为世界最大留学生输出国，2016 年，中国出国留学人员总数为 54.5 万人，留学回国人员总数为 43.3 万人，80% 出国留学人员选择毕业后回国发展、为国服务；来华留学人员达 44.3 万人，生源地国家和地区总数 205 个，中国已成为亚洲最大的留学目的国。教育双边多边合作不断深化，中国已与 188 个国家和地区建立了教育合作与交流关系，与 46 个重要国际组织开展教育合作与交流，与 47 个国家和地区签署学历学位互认协议。海外办学取得突破性进展，截至 2016 年底，中国已在 14 个国家和地区举办 102 个本科以上境外办学机构和项目，建立 2480 个中外合作办学机构和项目，在全球 146 个国家和地区建立 525 所孔子学院和 1113 个孔子课堂。

三、中国教育还存在发展不平衡不充分的问题

尽管取得了很大成就，但是中国还是世界上最大的发展中国家，还处在社会主义初级阶段，各种教育资源历史积累不足，教育总体条件还不是很理想，与人民日益增长的美好生活需要相比，教育事业发展不平衡不充分问题仍然较为突出。

（一）教育发展差距仍然较大

从整体上看，中国教育发展在某些方面已经达到很高的水平，但由于历史原因，人力资本底子薄，积累少，现有潜力远远没有发挥出来，劳动力大军仍以初中生为主，劳动力受教育水平与美国的 13.3 年、日本的 11.6 年、德国的 12.2 年相比，仍有较大差距（赵晶晶、邓友超，2018）。

从教育发展自身看，区域、城乡、校际的办学条件和师资水平还存在较大差距。一是区域之间发展差距大。在现行财政体制下，越是经济欠发达地区，基础教育的公共投入反而越少，尤其是边远贫困地区以及民族地区，财政自给率低，教育投入稳定增长机制尚未形成，普遍办学条件落后。二是城乡之间发展差距大。城乡之间的生均拨款、办学条件、师资水平差距依然存在，随着农村学龄人口减少、农村劳动力向城市流动、农村居民对高质量教育需求提高，农村生源进一步减少，农村教师队伍不稳定，加上不合理的布局调整，导致城镇学校挤、乡村学校弱。三是校际发展差距大。由于支持方式存在偏差且激励机制扭曲，公共资金尤其是项目资金通常更多流向区域内办学条件好的学校，加上历史上形成的好学校的品牌效应，学校之间的差距短期内难以缩小。四是教师资源配置仍不合理，结构性矛盾突出。农村地区、边远贫困地区、民族地区教师依然紧缺，一些地方多年没有补充新教师，教师老龄化问题严重；农村中小学普遍缺少音乐、体育、美术、英语及信息技术教师，民族地区双语教师缺乏，幼儿园教师数量不足；优秀教师不愿去农村基层、艰苦边远地区和薄

弱学校，去了也留不住，留住的干不好，干得好的马上就要向城镇、发达地区和优质学校流动。

（二）教育人才培养与经济社会发展需求还不能很好地适应

与教育规模的快速扩张相比，科学的教育观还未在全社会真正树立，教育人才培养背离教育规律、脱离经济社会发展实际的情况还时有发生。中小学人才培养思想观念、内容形式、方法手段跟不上新的需求与变化，以学生综合素质为核心的评价体系仍不健全，一些地方和学校在评价中仍存在过分追求分数和升学率的现象。由于片面追求升学率的影响，社会和学校存在重智育、轻体育的倾向，应试教育仍然扎扎实实，进一步导致了学前教育小学化、中小学生课业负担过重等问题，严重损害了学生的健康成长。职业教育吸引力不足，与产业发展需要、广大人民群众的教育需求之间存在脱节和错位，特别是职业教育布局、专业设置及人才培养规格不能适应产业跨区域分布和要素自由流动的实际需求，校企合作未形成制度性保障等。高等学校重扩张、轻内涵，重“科研”、轻教学，重知识传授、轻能力培养等问题仍然突出。部分高校专业设置、招生的盲目性问题较为突出。

（三）教育体制机制等方面还存在不足

与社会主义市场经济体制相适应的教育体制机制尚未形成，还存在很多弊端。从管理体制来看，政府职能尚未根本转变，政府对学校管得过多过细，各级各类学校办学自主权没有完全落实，内部治理结构及外部监督机制尚未建立，有的学校行政化倾向严重。中央与地方、各部门之间教育管理职责权限交叉，教育行政部门统筹教育事业的权限不足，省级政府对区域内教育统筹不够。

从办学体制来看，民办学校发展不够充分，许多民办学校发展还处于低成本扩张的初级阶段，内部制衡和外部参与机制不健全，教育服务业仍缺乏充分竞争和规范、公平的市场秩序，制约民办学校发展的许多政策和制度问题尚未得到有效解决，特别是民办学校分类管理的相关制度还有待进一步落实。

从考试招生制度来看，作为最关键的一项教育体制改革，现行统一招生录取制度尽管具有管理效率高、整齐划一、公信度高、操作相对简单等优点（王烽，2013），但也存在较多弊端，主要是偏重于用单一标准评价和选拔学生，过于侧重学科知识，忽视对多种形式学习成果和能力水平的认定，难以有效引导学生德、智、体、美全面发展和个性潜能发挥，没有充分体现学生选择权和学校自主权，不能很好地适应全民学习、终身学习的多样化需求，事实上，当前素质教育难以实施、学生课业负担重等问题都与之密切相关。

（四）部分群体受教育权利的保障尚不充分

虽然学前教育的普及程度总体上不断提高，但由于底子薄、欠账多，以及普惠性学前教育资源仍然不足，中西部农村特别是集中连片特困地区、少数民族地区、人口分散地区、留守幼儿集中地区学前教育发展相对较弱，入园率较低，留守儿童等困难群体“入园难”问题还比较突出。义务教育已经全面普及，但成果很不稳固，受学习困难（厌学）、家庭经济困难和路途较远等因素影响，部分地区中小学生失学辍学问题仍然突出；有的虽然完成义务教育阶段的学业，但质量较低。高中阶段教育发展迅速，但一些地区，尤其是民族、贫困地区仍然十分滞后。残疾儿童义务教育入学率明显低于普通儿童，辍学率高于普通儿童，还有很多残疾孩子不能在普通学校随班就读。多数地区流动人口子女义务教育阶段的受教育权逐步得到保障，但从现实的情况看，各地公共教育资源并不都能实现与流动人口子女数量同步增长，供求矛盾比较突出；部分以接收流动人口子女为主的民办学校缺乏相应的办学条件，教学和学习的环境差，教学管理甚至学生安全存在一定隐患。

四、中国教育体制改革重点及未来发展趋势

党的十九大报告从中华民族伟大复兴的基础工程的高度提出建设教育强国、加快教育现代化、努力让每个孩子都能享有公平而有质量的教育的目标（习近平，2017），这是非常宏伟的目标。教育现代化是教育整体发展水平的体现，包括教育思想、教育制度、教育体系、教育内容、教育手段和方式方法等的现代化，未来，中国将围绕这一目标做出努力。从改革重点及未来发展趋势来看，必须切实加强党对教育工作的全面领导，全面贯彻落实党的教育方针，深入把握中央关心、群众关切、社会关注的问题，紧紧瞄准公平和质量这两个最重要的目标，并以此作为主攻方向和着力点。具体包括以下五个方面。

（一）继续坚持教育优先发展

教育是为未来培养人才，而培养人才具有一定的周期，这就决定了教育必须适度超前于经济社会发展，在资源分配上需要得到优先发展，这也是过去 40 年中国教育发展取得历史性成就的重要经验。未来，中国要培养建设社会主义现代化强国的人才，仍然需要继续坚持教育优先发展。

教育投入是评价一个国家或地区教育事业是否优先发展的重要标志。中国需要继续巩固来之不易的 4% 的成果，继续加大教育投入强度，建立长效机制，重点是督促各级政府履行投入责任，把教育作为重点支出优先保障，落实好“一个不低于、两个只增不减”①；要尽快制定、完善、健全各级各类教育生均财政拨款标准，以标准促投入，保障投入水平的稳定、规范；在继续保证财政投入稳步增长的同时，还要完善政策措施，进一步扩大社会投入比重。要坚持以教育信息化带动教育现代化，加快教育信息化建设，推进边远贫困地区信息化建设全覆盖，提升教师信息技术应用能力，加快发展基于互联网的教育服务模式。

---

① 国家财政性教育经费支出占国内生产总值比例一般不低于4%，确保一般公共预算教育支出逐年只增不减，确保按在校学生平均的一般公共预算教育支出逐年只增不减。

（二）大力促进教育公平

加快教育普及，鼓励各地因地制宜、多渠道增加学前教育资源供给，以中西部贫困地区为重点加快普及高中阶段教育，着力提升中西部高校基础能力，完善农村和贫困地区学生接受优质高等教育的保障机制，巩固义务教育普及水平，健全控辍保学的工作机制。

推动义务教育优质均衡发展。缩小城乡义务教育差距，要从县域做起，通过消除城镇大班额，对乡村小规模学校和乡镇寄宿制学校建设进行底部攻坚，率先实现城乡义务教育一体化发展，逐步向有条件的市域扩展。加快缩小教育差距，加大对困难地区、薄弱环节的教育投入和政策倾斜，实施重大教育工程项目，聚焦最贫困地区、最薄弱环节、最困难群体，推动各地改善学校办学条件；通过乡村教师支持计划加强农村教师队伍建设，通过实施“特岗计划”，招收优秀高校毕业生到乡村工作，为中西部老少边穷岛等贫困地区补充乡村教师；落实集中连片特困地区乡村教师生活补助政策，实施边远艰苦地区乡村学校教师周转宿舍建设，建立乡村教师荣誉制度，提高乡村教师地位待遇；通过教师交流、培训等途径，提高乡村教师专业能力[①]。

保障特殊困难学生受教育权利。结合教育扶贫攻坚等政策措施，精准施策，进一步健全学生资助制度，使绝大多数城乡新增劳动力接受高中阶段教育、更多接受高等教育。提升农民工随迁子女、农村留守儿童、残疾儿童等特殊群体受教育水平，不仅保障他们有公平受教育机会，还要提高教育质量。按照“两为主”政策，保障农民工随迁子女接受更多的教育，让他们融入学校、融入班级。改善农村留守儿童寄宿条件，完善关爱服务体系，加强心理干预，保证人格健全、身心健康。扩大特殊教育资源，尊重残疾孩子的个体差异，探索形式多样的特殊教育模式，提升特殊教育质量。

---

①　《国务院办公厅关于印发乡村教师支持计划（2015—2020年）的通知》（国办发〔2015〕43号）。

（三）全面提升教育质量

中国经济正在迈向高质量发展阶段，这就要求提供更高质量的教育服务。衡量教育质量的标准是促进人的全面发展、适应社会需要，因此，必须建立以提高教育质量为导向的管理制度和工作机制，把教育资源配置和学校工作重点集中到强化教学环节、推动内涵发展、提高教育质量上来[①]。一方面，更新教育观念，改变简单地把考试分数或升学率等同于教育质量的观念；另一方面，充分发挥教育督导、考试评价、质量监测的引领作用，制定从学前教育到高等教育的人才培养质量标准，建立完整的教育质量监测评估体系，为改进教学提供科学依据。

基础教育要坚持因材施教，促进德育、智育、体育、美育、劳育有机融合，深化教学改革，推行启发式、探究式、参与式、合作式等教学方式以及走班制、选课制等教学组织模式，促进学生主动学习、释放潜能、身心健康，实现全面发展与个性发展的统一。职业教育要努力探索实行工学结合、校企合作、顶岗实习的人才培养模式，建立健全技能型人才到职业学校从教的制度，积极吸收企业参加教育质量评估。高等教育要强化政府宏观指导和总量调控，对高等学校实行分类管理，建立适应不同类型高校的拨款标准、质量评估、人事管理、监测评价等制度；抓住标准、专业、课堂、教师等关键环节，提升人才培养能力，通过发布专业类国家质量标准指导高校专业建设，开展教师教学能力培训，推进科教协同、产教协同、医教协同、部委协同等模式，实现人才培养与社会经济发展更加紧密结合，通过“双一流”建设、拔尖创新人才计划、协同创新平台建设等，使高等教育人才培养、科学研究在点上取得突破，带动高等教育质量整体提升。

---

① 《国家中长期教育改革和发展规划纲要（2010—2020年）》。

（四）加强教师队伍建设[①]

有好的教师，才有好的教育。现代化的教育，必须努力造就一支高素质、专业化、创新型教师队伍。一是加强师德建设。在师范生培养、教师培训等各个环节加强师德养成教育，让教师形成爱教育、爱学生的职业自觉；加强理想信念教育，健全师德建设长效机制，强化师德考评，体现奖优罚劣，推行师德考核负面清单制度，建立教师个人信用记录，完善诚信承诺和失信惩戒机制。二是提高教师地位待遇。确立公办中小学教师作为国家公职人员特殊的法律地位，确保中小学教师平均工资收入水平不低于或高于当地公务员平均工资收入水平，通过特殊政策措施大力提升乡村教师待遇。三是提升教师专业素质能力。采取到岗退费或公费培养、定向培养等方式，吸引优秀学生报考师范院校和师范专业，提高教师培养层次，支持高水平综合大学开展教师教育，开展中小学教师全员培训，建立高等学校、行业企业联合培养“双师型”职业教育教师的机制，开展高等学校教师教学能力提升培训。四是完善教师管理制度。落实城乡统一的中小学教职工编制标准，向乡村小规模学校倾斜，加大教职工编制统筹配置和跨区域调整力度，实行义务教育教师“县管校聘”，实行学区（乡镇）内走教制度，推进义务教育校长教师交流轮岗；推动固定岗和流动岗相结合的职业院校教师人事管理制度改革；深化高等学校教师人事制度改革。改革职称和考核评价制度，畅通教师职业发展通道，建立完善教师退出机制。

（五）深化教育领域综合改革

中国教育领域改革要以体制机制改革为重点，鼓励地方和学校大胆探索和试验，从而加快教育重要领域和关键环节改革步伐。一是进一步深化人才培养体制改革。深化教育教学改革，创新教育教学方法，鼓励学校开展启发式、探究式、讨论式、参与式教学，推进分层教学、走班制、学分

① 《中共中央 国务院关于全面深化新时代教师队伍建设改革的意见》。

制、导师制等教学管理制度改革，建立适合各自特点的教育质量评价和人才评价制度。二是进一步深化考试招生制度改革。改革的总体思路是按照有利于科学选拔人才、促进学生健康发展、维护社会公平的原则，推进招生与考试相对分离，建立起分类考试、综合评价、多元录取的考试招生制度，形成政府宏观管理、专业机构组织实施、学校依法自主招生、学生多次选择的考试招生体制机制。三是进一步深化办学体制改革。改革目标是推进办学主体和投资主体的多元化，形成公办教育与民办教育共同发展格局，发展民办教育目的已不单纯是扩大社会投入，而是满足人民群众对高质量、有特色、个性化教育的需求，同时促进教育竞争和公办教育变革。四是进一步深化教育管理体制改革。以教育领域“放管服”改革为抓手，转变政府职能，推动政府向学校、社会放权，进一步加大省级政府对区域内各级各类教育的统筹，政府主要履行好统筹规划、政策引导、监督管理和提供公共教育服务的职责，学校也要建立依法办学、自主管理、民主监督、社会参与的制度，积极培育专业教育服务机构。要完善教育政绩考核机制，建立一整套可操作的教育政绩评价指标体系，完善相应的教育督导制度和问责制度，引导和督促地方政府推动教育事业发展。五是进一步推进其他社会政策改革发展。教育领域很多问题的产生，与不公平的劳动力市场环境、不完善的社会保障制度等密切相关。解决教育问题，还需放大视野，必须立足于整个社会政策的综合改革与协调。必须全面深化改革，加快完善收入分配制度，包括初次分配与再分配，逐步缩小不同群体之间过大的收入和福利差距。进一步完善劳动力市场和劳动就业政策，给各类人才平等发展的机会。通过经济权利、社会权利的更加平等，为实现更加公平而有质量的教育创造更好的社会环境。

执笔人：佘宇　单大圣

（原文载于《管理世界》2018 年第 10 期）

参考文献

[1] 陈宝生. 在全国教育工作会议上的讲话[N]. 中国教育报，2018-2-7.
[2] 范文曜，王烽. 体制机制创新推进教育跨越发展——改革开放30年的教育体制改革[J]. 复旦教育论坛，2008（6）.
[3] 黄金鲁克. 这5年，教育开放筑新局[N]. 中国教育报，2018-3-20.
[4] 谈松华. 农村教育：现状、困境与对策[J]. 经济活页文选（理论版），2002（24）.
[5] 王烽. 高校招生“综合评价”的价值导向和制度建构[J]. 北京大学教育评论，2013（1）.
[6] 习近平. 决胜全面建成小康社会，夺取新时代中国特色社会主义伟大胜利——在中国共产党第十九次全国代表大会上的报告[M]. 北京：人民出版社，2017.
[7] 杨会良. 当代中国教育财政发展史论纲[M]. 北京：人民出版社，2006.
[8] 袁贵仁. 百年大计，教育为本——党的十六大以来教育事业改革发展回顾[M]. 北京：人民出版社，2012.
[9] 张力. 改革开放 30 年我国教育成就和未来展望[J]. 中国发展观察，2008（10）.
[10] 赵晶晶，邓友超. 教育强国强在贡献[N]. 光明日报，2018-7-3.

第二十一章
进一步优化我国教育服务供给的思考和建议

一、未来10年我国教育服务[①]需求的主要变化

（一）学前教育学位总体充足，但仍需继续增强资源分配公平性

学前教育是学校教育制度的起始阶段，是国民教育体系的重要组成部分，是重要的社会公益事业。经过连续三期三年行动计划的实施，我国学前教育的普及水平和发展速度有了很大提高。2020年，学前教育入园率85.2%，普惠性幼儿园（公办幼儿园和普惠性民办幼儿园）覆盖率达到84.74%，顺利完成中共中央、国务院印发的《关于学前教育深化改革规范发展的若干意见》提出的85%的普及目标和80%的普惠目标。

从人口变化趋势看，除2021年和2022年的学前教育学龄人口数量

① 随着我国中外合作办学的快速发展，新冠肺炎疫情期间出国（境）留学有了新的应对方案，在中外合作办学高校中学习的“在地留学”正在成为新的替代选择。截至2020年底，我国现有中外合作办学机构和项目2332个，其中本科以上1230个；国内本科以上中外合作办学在读学生已超过30万人。由于数据获取困难且缺乏相关参考依据，本报告除了对中外合作办学等“在地留学”的需求不作分析外，对成人教育、职业技能培训等需求也不作分析。

超过 2020 年在园幼儿总数外，预计 2023 年起将逐年减少，但城乡略有差异。其中，城镇学前教育学龄人口数量预计从 2022 年起缓慢下降，而农村学前教育学龄人口数量则一路下滑（到 2030 年几乎减少 2/3）（见图 21–1）。

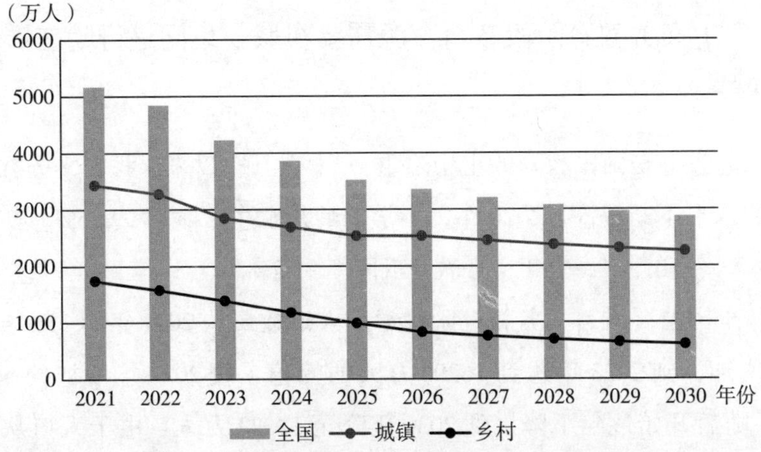

图21-1　学前教育学龄人口（3~5岁）变化情况①

即便如此，按照 2020 年 85.2% 的入园率，2021 年和 2022 年的幼儿园学位供给也较为充裕。2021 年学前教育学龄人口总数约为 5171 万人，按 85.2% 的入园率测算，在园幼儿数量约为 4405.7 万人；《中国教育现代化 2035》提出的 2035 年入园率的目标是保持在 95% 以上，2021 年即便按 90% 的入园率测算，在园幼儿数量也仅为 4653.9 万人，仍未超过《2020 年全国教育事业统计主要结果》显示的在园幼儿 4818.26 万人的总数。

中国民生调查（2020）数据显示，“周边没有公办园（或普惠性民办园）或学位不足”和“想进公办园（或普惠性民办园）进不去（受户籍、房产等限制）”排在子女没有上普惠性幼儿园的原因前两位，占比分别为 38.4% 和 23.2%；而“在私立园能学到更多东西，保育和教育质量更

① 如无特殊说明，相关人口变化情况均根据国务院发展研究中心社会和文化发展研究部人口迭代模型测算。

高”“私立园设施条件更好”“私立园教师能力更强，服务更周到”分列第三、第四、第五位，占比依次为17.2%、15.3%和12.7%。这表明，未来十年仍需继续增加普惠性学前教育资源供给，但同时也要注意满足多样化的学前教育服务需求。

（二）义务教育阶段教育资源需要在城乡之间进行动态调整和优化配置

义务教育是国民教育的重中之重。“十三五”以来，我国义务教育普及巩固水平不断提高。2020年，小学学龄儿童净入学率99.96%，初中阶段毛入学率102.5%，九年义务教育巩固率95.2%。

从全国情况看，义务教育阶段学龄人口数量从2021年的15944万人稳步增加，到2023年达到16208万人的峰值（较2020年增加约569万人），随后开始逐年下降，到2030年降至12332万人。由于人口从乡村向城镇流动，乡村学生追求更高质量的城镇教育，乡村义务教育阶段学龄人口持续减少，从2021年的5907万人减至2030年的2283万人，而城镇则从10037万人增至10049万人（2025年达到峰值的11602万人）。见图21–2。

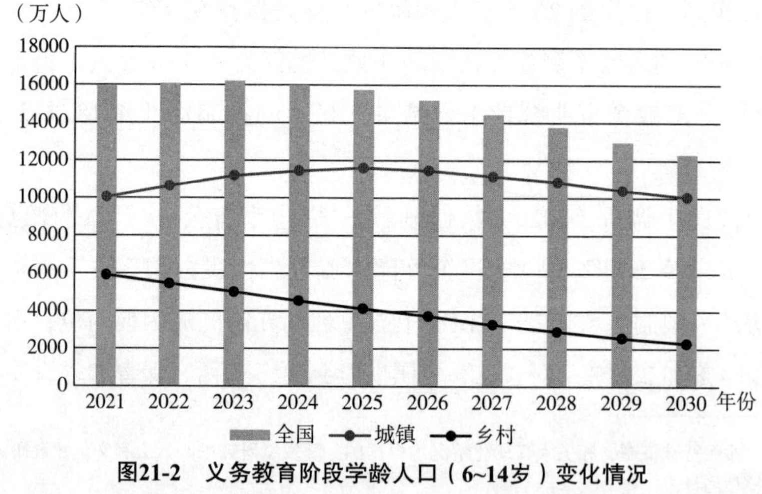

图21-2　义务教育阶段学龄人口（6~14岁）变化情况

城乡学龄人口的转折性变化，使得城乡义务教育学校规划布局和城镇学位供给面临新的挑战，义务教育学校建设也面临一些新情况和新问题，相关教育资源需要在城乡之间及时进行动态调整和优化配置。

（三）高中阶段和高等教育阶段学龄人口稳步增长，为实现普及还需要增加资源投入

高中阶段教育是国民教育体系的重要环节，肩负着为各类人才成长奠基、培养高素质技术技能型人才的使命。2017 年以来，通过实施高中阶段教育普及攻坚计划，我国高中阶段毛入学率在 2020 年实现 90% 的普及目标，达到 91.2%。作为国家发展水平和发展潜力重要标志的高等教育，其毛入学率这些年也在不断提升，从 2015 年的 40.0% 提升至 2020 年的 54.4%，我国高等教育进入普及化发展新阶段。

从高中阶段（普通高中、中等职业学校等）和高等教育阶段学龄人口变化情况看，二者在趋势上都呈现出稳步增长的特征。其中，高中阶段学龄人口从 2021 年的 4632 万人增至 2030 年的 5273 万人（2029 年达到峰值 5534 万人），高等教育阶段从 2021 年的 5650 万人增至 2030 年的 6976 万人。见图 21-3。

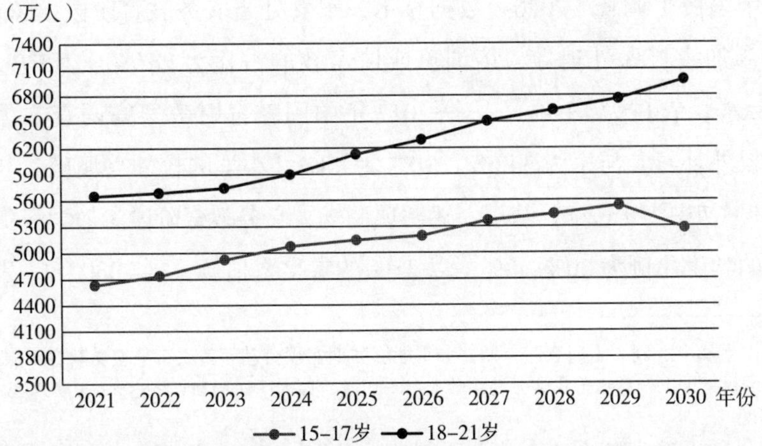

图21-3　高中阶段及高等教育阶段学龄人口（15~17岁和18~21岁）变化情况

参照《中国教育现代化 2035》提出的“到 2035 年，劳动年龄人口平均受教育年限提高至 12 年以上”[①]的目标要求，使绝大多数城乡新增劳动力都能接受高中阶段教育，2030 年高中阶段学龄人口将超出 2020 年在校生数量 1145.2 万人。按照 2030 年高等教育毛入学率达到 65%[②]的目标要求，届时将至少需要解决 4534.4 万人接受高等教育（本科、专科）的需求，超出 2020 年普通本、专科在校生数量约 1249 万人。

总体而言，未来十年仍需继续加大资源投入，进一步提升高中阶段教育和高等教育普及水平。

（四）规范、高质量的校外培训在义务教育阶段仍将持续拥有较大需求

校外培训机构面向中小学生开展的非学历教育培训是学校教育的补充，对于满足学生选择性学习需求、培育发展兴趣特长、拓展综合素质具有积极作用。尽管当前也存在部分培训机构不符合资质、管理混乱、借机敛财、虚假宣传、与学校勾连牟利等社会反映强烈的突出问题，但是规范、高质量的校外培训需求仍呈现快速增长的趋势，关键是加以规范和科学引导。

中国民生调查（2020）数据显示，子女处于义务教育阶段的家庭中，孩子参加主科课外辅导、培训班或请家教的占比为 28.7%。其中，城镇为 38.6%，农村为 19.4%。另据 2017 年中国教育财政家庭调查数据，小学的校外补习参与率为 34.6%，初中为 43%；小学的校外兴趣班参与率为 26.4%，初中为 15.2%。基于上述两项调查，义务教育阶段参加学科类校外培训的学生比例为 30%~40%，以 35% 的参培率估算，到 2030 年，累计有

① 事实上，到“十四五”末期，如果能够如期实现劳动年龄人口平均受教育年限提高至11.3年的目标，也就意味着我国劳动年龄人口平均受教育水平在2025年将达到高中二年级以上的教育程度。

② 《中国教育现代化2035》提出到2035年，高等教育毛入学率达到65%。本报告以此作为2030年的目标要求进行测算。

49984.2 万人次参加学科类校外培训。

按照中国民生调查（2020）的参培率 28.7% 估算，到 2030 年，累计有 40987 万人次参加学科类校外培训。按照 2017 年中国教育财政家庭调查数据的参培率估算，到 2030 年，小学阶段累计有 32832.3 万人次参加学科类校外培训；初中阶段累计有 20606.5 万人次参加学科类校外培训。

（五）老年教育培训需求潜力较大，但需要消除养老经济保障的担忧

老年教育是我国教育事业和老龄事业的重要组成部分，有助于满足老年人多样化学习需求、提升老年人生活品质、促进社会和谐。国务院办公厅印发的《老年教育发展规划（2016—2020 年）》（以下简称《规划》）显示，截至 2016 年，我国有 700 多万老年人在老年大学等机构学习，有上千万老年人通过社区教育、远程教育等形式参与学习。根据《规划》要求，到 2020 年，全国县级以上城市原则上至少应有一所老年大学，50% 的乡镇（街道）建有老年学校，30% 的行政村（居委会）建有老年学习点。

根据“七普”数据，2020 年我国 60 岁及以上人口为 26402 万人，根据《规划》提出的“到 2020 年，以各种形式经常性参与教育活动的老年人占老年人口总数的比例达到 20% 以上”目标，以各种形式经常性参与教育活动的老年人规模将达到 5280.4 万人。

按照 20% 的参与率估算，到 2030 年，累计将有 66648.4 万人次经常性参与教育活动。即便按照 2016 年在老年大学等机构学习的老年人比例估算（2016 年，60 岁及以上人口为 23640 万人，在老年大学等机构学习的老年人比例约为 3%），到 2030 年，也累计将有 9997.3 万人次在老年大学等机构学习。见图 21–4。

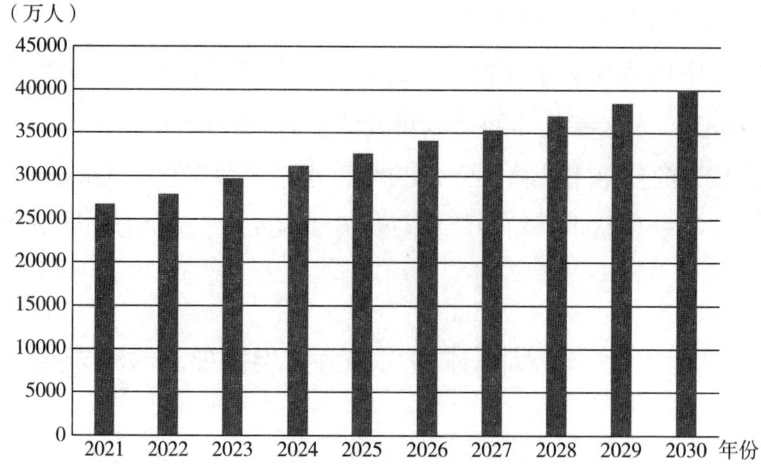

图21-4　老年人口（60岁及以上）变化情况

“七普”数据显示，老年人口的主要生活来源[①]结构发生明显变化，与“六普”数据相比，依靠离退休金、养老金的人口占比提高到最高，依靠家庭其他成员供养的人口占比减少。2020年，离退休金、养老金在老年人主要生活来源构成中所占比重达到34.67%，从2010年的第三位上升到第一位。中国民生调查（2020）数据显示，养老金、家庭赡养、工作收入是当前老年人经济生活的主要依靠，而养老金、家庭赡养和储蓄是尚未进入老年期的受访者预期年老后经济生活的三个主要依靠；无论城乡以及是否进入老年期，养老金都是占比最高的选项。对于未来是否担心无钱养老，老年人受访者中表示“非常担心”“比较担心”“有点儿担心”的占比合计为57.4%，而尚未进入老年期的受访者这一占比为62.5%。这表明，相当多的居民仍然担心没钱养老，尚未进入老年期的居民对未来养老经济保障的担心程度更高。这势必会对老年教育培训需求潜力的实现程度产生重要影响。

---

① 指60岁及以上老年人主要依靠什么生活。包括：劳动收入、离退休金、养老金、最低生活保障金、财产性收入、家庭赡养、其他。

二、相关思考和建议

根据以上测算，未来十年，为有效满足人民群众的教育服务需求，需要进一步优化相关教育服务供给，既要较好满足基本公共教育服务需求、保障教育民生，又要鼓励发展非基本公共教育服务，满足个性化、多样化需求。总体而言，基本公共教育服务（含普惠性学前教育、九年义务教育和高中阶段教育）主要由政府提供，要加大投入并建立稳定的筹资机制，切实解决土地供应紧张、具备合格素质的人员队伍供给不足等问题；而非基本公共教育服务则更多应发挥社会力量补短板、提绩效的作用，消除其进入的“堵点”“难点”“痛点”，不断完善并全面落实各项支持政策，更好发挥政府引导和监管作用，有效解决准入条件过严过多、投融资渠道不足、税费优惠政策落实不到位，以及土地供应紧张、具备合格素质的人员队伍供给不足等问题。相关思考和建议如下。

（一）加大公共财政对学前教育薄弱环节的保障力度

扩大“面向大众、收费较低、质量合格”的普惠性学前教育服务供给，加大政策扶持力度、完善财政投入保障是关键。要科学规划公办幼儿园资源布局，多渠道挖潜增量，加大对农村和学前教育资源短缺地区的支持力度，公办幼儿园优先安排在农村边远脱贫地区，并根据人口分布和发展趋势适当调整，发挥兜底线、补短板作用。优化普惠性民办园认定标准，综合采取政府奖励、购买服务、减免租金税费、派驻公办教师、教师培训、办园指导及园所共建等措施，鼓励和支持社会力量通过多种形式广泛参与普惠性学前教育资源供给。基于实际办园成本，充分考虑家长承受能力、当地经济发展水平等因素，建立合理的定价机制和收费标准，加大对农村地区及家庭经济困难等群体的资助力度，确保其享受普惠性学前教育服务。

此外，随着经济社会发展和收入水平提高，人民群众的需求不断提升，对个性化、多样化甚至高端学前教育服务的购买意愿和能力越来越强。建议通过所得税减免、享受民用水电气价格等一般竞争性行业的优惠政策加大对社会力量办园的鼓励和支持力度，并根据区域实际情况，在保障安全的前提下，适当调整或放宽现有的场地、面积等准入门槛，增加非普惠性学前教育资源供给。

（二）实现城乡之间义务教育阶段资源合理均衡有效配置

针对义务教育阶段学龄人口数量在城镇和乡村之间的变化，一方面，建议作为人口流入地的城镇和发达地区突破计划控制思维，科学预测城市人口，完善区域内学龄人口动态监测机制，进一步完善入学政策，继续降低入学门槛；适时增加教育资源供给，加大教育用地投入和学校的规划建设，提高学校空间利用效率，增加义务教育阶段资源供给，满足从乡村流入城镇或城镇化过程中产生的新市民的义务教育需求，实现基本公共教育服务对常住人口的全覆盖。另一方面，建议通过资源投入和机制改革，进一步提高义务教育质量。当然，乡村因为学龄人口数量减少造成的闲置教育资源（特别是教师资源和编制）也应纳入更大范围进行统筹安排，通过制度创新，审慎推进，有效配置区域内城乡之间教育资源，缓解城镇教育资源供给压力过大的问题。

农村学校办学条件特别是影响正常教育教学和生活的基本办学条件仍需持续改善。随着学校服务半径不断扩大，农村学生的寄宿需求还将增长，相关住宿条件（洗浴、暖气等）有待改善。规划保留的乡村小规模学校办学条件同样需要继续改善，急需必要的边远艰苦地区农村学校教师周转宿舍建设也应加快推进。

生源减少、教育资源充裕，也为延长义务教育年限提供了有利条件。建议积极探索将学前教育和普通高中教育逐步纳入免费范围，实现 12 年或 15 年免费教育，逐步过渡到义务教育，更好实现“到 2035 年，劳动年龄人口平均受教育年限提高至 12 年以上”的目标，使绝大多数城乡新增劳动力都能接受高中阶段教育。通过大力发展职业教育，培养更多适合经济社会发展需要的技术技能人才，在某种程度上也是一种结构性的人均受教育年限概念。

（三）补齐学位缺口，更好普及高中阶段教育和高等教育

普及高中阶段教育和高等教育，仍需继续增加资源投入，加快补齐学龄人口稳步增长带来的学位缺口。要加强普通高中学校、中等职业学校和中西部本科高校建设，提高学生资助水平，为农村学生、城镇家庭经济困难学生和涉农专业学生提供免费中等职业教育，为公办普通高中建档立卡等家庭经济困难在校学生、符合条件的民办普通高中学生免除学杂费，为全日制在校农村学生及城市家庭经济困难学生接受中等职业教育提供资助，为家庭经济困难学生接受普通高中教育提供资助，具体支出责任由中央与地方财政按比例分担。

要积极采取鼓励高中阶段学校多样化发展、增强职业教育适应性、提高高等教育质量等关键措施，优化教学内容和方法，完善实习实训体系，强化实践导向，加大实践性课程比重，注重创新型、复合型和应用型人才培养，增强高中阶段教育和高等教育人才培养模式与经济社会发展需求的适应性，这在某种程度上也是一种结构性的人均受教育年限提升。

（四）引导校外培训规范有序健康发展，切实加大“双减”执行力度

要深入推进校外培训机构治理，引导其规范有序健康发展，真正成为学校教育的有益补充，更多提供有益于学生身心健康发展、兴趣爱好培养以及创新思维、德育、体育、美育和劳动实践的服务，营造更加良好的校外环境。要突出分类管理，鼓励有利于加强素质教育的兴趣特长类校外培训，允许有利于实现教育均衡的补差型学科类校外培训，进一步规范培优型学科类校外培训、重在防止“培优”扩大化和应试化。与此同时，还要

有效解决校外培训市场运行不规范问题，汇聚政府、行业、学校、家长等各方力量共同治理，引导校外培训机构合规经营。

与此同时，还要进一步深化教育教学和考核评价改革，推动学习内容回归校园，提高课堂教学质量、优化课程设计，进一步优化幼升小、小升初等选拔性评价，丰富学生在校活动内容，更好发挥中小学校课外服务主渠道作用，清理规范各类竞赛活动，切实减轻中小学生校内外课业负担。充分发挥家庭、学校和社会各自的特点和优势，构建家校社协同育人的实践机制，进一步加强“减负”行动及相关政策措施的宣传，引导家长树立正确的教育理念、采取适宜的教育方式，缓解其在子女教育问题上的担忧和焦虑。

（五）扩大老年教育培训资源供给，强化养老经济保障

支持高校、职业学校、开放大学、成人教育中心举办老年教育培训，鼓励政府举办的养老机构和社区养老、文化、教学、卫生场所等开展老年教育活动，通过社区教育机构加挂牌子、培育各类老年人学习社团、引导老年人自主按需学习等方式推进社区老年教育发展。鼓励社会力量参与老年教育培训，教育、民政等部门制定相应标准和审批、登记、监管办法，明确支持政策，制定操作办法并建立扶持基金。将老年大学、老年学校、老年学习点建设列入各级财政预算科目，按照当地老年人口比例和目标要求，确定经费总数并根据各老年教育培训机构职能和受教育人数安排经费，对社会办机构采取政府购买服务等方式给予支持；在农村地区，政府要承担主体责任，落实经费来源的主渠道并建立督查考核机制。考虑到老年人接受学历教育主要是出于兴趣爱好而非就业目的，建议适当降低老年人学历教育入学考试的门槛，放开同等学力免试入学，鼓励老年人活到老、学到老。

老年教育培训需求潜力的实现程度主要取决于支付能力，为消除居民养老经济担忧，需要进一步完善多层次老年收入保障体系，逐步扩大劳动

收入在居民老年经济生活的保障作用。建立更加科学的城镇职工基本养老金调整机制和城乡居民基础养老金常态化调整机制，努力提升城乡居民的基础养老金水平。总结各地试点经验，进一步扩大企业年金和商业养老保险的覆盖范围，提升其在老年期经济保障中的作用。改革完善退休制度和劳动力市场等相关制度安排，为老年人获取劳动收入创造更多条件。

执笔人：佘宇

（原文载于国务院发展研究中心《调查研究报告》2021年第214号，2022年9月对数据予以更新和修订）

后 记

本书是“扩大学前教育高质量供给的政策研究”课题组的集体成果，选录内容包括但不限于这项研究。

办好学前教育，关系亿万儿童的健康成长，关系千家万户的切身利益，关系党和国家事业未来。2013 年至 2014 年，我曾经组建课题组开展“促进学前教育健康发展研究”并于 2015 年将研究成果结集出版。近年来，我持续关注这一领域，发表或出版了一系列代表性文章或专著。考虑到我在学前教育领域具有较好的研究基础，经前期沟通，联合国儿童基金会（UNICEF）驻华办事处教育处委托我牵头，联合北京师范大学、浙江师范大学、华中师范大学、南京师范大学、中国教育科学研究院、北京大学等相关领域专家组建课题组开展“扩大学前教育高质量供给的政策研究”，拟聚焦学前教育“系统”改革涉及的供给体系、管理体制、财政投入制度、教师制度等方面及各自面临的具体问题，梳理现有政策层面以及服务层面已经实施或存在的做法，并进一步补充、完善及在关键问题上寻求突破提出思路和建议。

这项课题得以顺利完成，主要有以下几个方面原因。一是所在单位领导和同事的大力支持。无论是我所在的国务院发展研究中心社会和文化发展研究部，还是中心下属的中国发展研究基金会，两个单位的领导和同事在研究工作中都给予了不少建设性意见，特别是作为专家多次参加中国发展研究基金会在重庆市酉阳县、湖南省古丈县开展的儿童发展项目实地调研，更是加深了我对农村地区学前教育供给模式的思考。此外，中心下属的中国国际发展知识中心的领导和同事也为更好更快启动这项研究提供了大力支持。

二是与课题委托方的充分沟通与交流。从2019年9月起，我根据UNICEF意见，不断修改完善研究计划书，并于2020年5月正式定稿。2020年11月和2021年6月，更是分别通过线下和线上方式，与UNICEF教育处处长潘思纳（Sanaullah Panezai）先生、陈学锋女士、楼春芳女士，以及社会政策处倪珊女士、李岱昕女士等，围绕研究内容、研究重点、研究方法等进行深入讨论，并提出了很多有针对性的意见建议。

三是典型地区调研获得多方支持和帮助。除了前面提到的酉阳县、古丈县的调研外，我还分别于2020年9月6日至8日、27日至30日带队赴江苏省丰县、湖北省恩施州进行专题调研，与当地相关政府部门、幼儿园园长代表等分别座谈，并实地走访了城镇地区、农村地区各种类型幼儿园，了解其服务开展情况。与此同时，我还利用赴广东、上海、湖北、西藏、云南、天津、新疆、吉林、甘肃等地出差之际，在相关政府部门或行业协会的协助下，对当地学前教育事业发展、服务供给模式等进行了实地调研。大量一手资料的获取，对课题研究的顺利开展大有裨益。

四是与课题组成员的有效沟通。鉴于课题组成员分散在北京、杭州、武汉、南京、香港等地，为提高研究效率，我主要采取一对一的方式，与相关专题负责人在线上就研究思路和研究内容进行反复沟通，并就不同阶段的研究报告（框架、观点等）提出具体的修改意见和建议。除了尽可能安排集中调研外，还专门建立微信群，方便课题组成员进行交流。正是通过这种方式，使得整个课题研究能够在较短时间内以较高质量顺利完成。

当然，这项课题还存在一些不足之处。受新冠肺炎疫情影响，原计划开展的国内部分有代表性地区和典型项目的调研并未完全如期进行；除了相关政府部门、幼儿园负责人座谈外，对幼儿园教师队伍、幼儿家长等利益相关者的主要诉求，以及其对扩大学前教育高质量供给的看法与评价，也由于多种原因并未有效展开；对学前教育管理体制、财政投入制度等没有作为单独的专题进行深入研究；等等。我想，这些都是课题组后续研究需要予以关注的内容。因此，本书作为《为了孩子，为了明天——促进学前教育健康发展研究》的姊妹篇，呈现给各位读者的仍然是阶段性的研究成果，课题组会继续为推动扩大学前教育高质量供给、增强多元化学前教育服务供给能力尽一份绵薄之力。

最后，谨以本书献给所有关注中国学前教育事业改革发展的机构及个人，献给作为希望和未来的儿童！

佘　宇

辛丑夏于北京